普通高等院校"十三五"规划教材

资产评估学

彭晓英　史婉玲　石春红◎主　编
梁巨涛　孙　秀　苏　明　宁晓娜　刘　昕　刘　伟◎副主编

清华大学出版社
北京

内容简介

本书立足于近年来国内外资产评估的研究进展和实践变革，吸收了多家院校的优势资源和研究成果，按照应用型本科院校的教学要求，根据资产评估的基本方法，围绕机器设备评估、房地产评估、无形资产评估、长期投资性资产评估、流动资产评估、企业价值评估、资产评估报告、我国资产评估行业发展概况和相关法规，通过案例及课后综合练习，强化理论基础，突出应用能力。本书分为十一章，每章都设置学习目标、导入案例、本章小结、综合练习等栏目，阐述过程力求层次及步骤清晰，注重实用性。

本书既可以作为本科院校相关专业教材，也可作为高等职业教育财经和管理专业教材，同时还可以为资产评估从业人员提供参考。

本书封面贴有清华大学出版社防伪标签，无标签者不得销售。

版权所有，侵权必究。举报：010-62782989，beiqinquan@tup.tsinghua.edu.cn。

图书在版编目(CIP)数据

资产评估学 / 彭晓英，史婉玲，石春红主编. —北京：清华大学出版社，2018(2025.1重印)
（普通高等院校"十三五"规划教材）
ISBN 978-7-302-51207-3

Ⅰ.①资… Ⅱ.①彭… ②史… ③石… Ⅲ.①资产评估-高等学校-教材 Ⅳ.①F20

中国版本图书馆 CIP 数据核字(2018)第 211511 号

责任编辑：刘志彬
封面设计：汉风唐韵
责任校对：宋玉莲
责任印制：丛怀宇

出版发行：清华大学出版社
网　　址：https://www.tup.com.cn, https://www.wqxuetang.com
地　　址：北京清华大学学研大厦 A 座　　邮　编：100084
社 总 机：010-83470000　　邮　购：010-62786544
投稿与读者服务：010-62776969，c-service@tup.tsinghua.edu.cn
质量反馈：010-62772015，zhiliang@tup.tsinghua.edu.cn

印 装 者：三河市君旺印务有限公司
经　　销：全国新华书店
开　　本：185mm×260mm　　印　张：18.5　　字　数：449 千字
版　　次：2018 年 9 月第 1 版　　印　次：2025 年 1 月第10次印刷
定　　价：52.50 元

产品编号：080210-01

前　言

资产评估作为现代市场经济中的基础性专业服务活动，在我国经济体制改革和对外开放的历史进程中发挥着重要的作用，已成为市场经济不可或缺的重要组成部分。随着市场在资源配置中的基础性作用进一步加强，各经济主体的行为日趋理性化，资产价值成为经济行为可行性的基本评价标准，资产评估作为确定资产价值的专业服务，成为促进资产顺畅流转和市场经济健康运行的重要专业工具，在服务经济建设、促进经济科学发展、构建和谐社会的过程中发挥重要作用。

本书基于应用型本科人才培养目标和培养规格，立足于近年来国内外资产评估的研究进展和实践变革，吸收了多家院校的优势资源和研究成果，按照应用型本科院校的教学要求，根据资产评估的基本方法，围绕机器设备评估、房地产评估、无形资产评估、长期投资性资产评估、流动资产评估、企业价值评估、资产评估报告、我国资产评估行业发展概况和相关法规，通过案例及课后综合练习，强化理论基础，突出应用能力。本书在编写过程中突出以下特点：

第一，体现时代精神和社会发展的需要。

经济管理类学科的一个显著特点是知识更新快，本书力求体现新形势下社会对资产评估人才的新要求，针对行业需求构建知识体系、能力体系，注重内容更新，促进具有较强社会适应能力和竞争能力的高素质应用型人才的培养。

第二，突出办学定位的一致性和适应性。

本书的编写严格遵循教材编写的一般规律，体现学科的理论知识体系，同时满足应用型本科人才培养目标的教学特点，科学安排内容，精心设计能力应用类例题，结合案例分析，满足教师教学与学生学习的需要。

第三，强化理论基础，突出应用能力。

针对应用型本科教学的特点，基础理论阐述深入浅出，循序渐进；着重实践教学，注重培养学生的应用能力，每章都设置学习目标、导入案例、本章小结、综合练习等栏目，帮助学生牢固掌握理论知识，并进一步提高其分析和解决问题的能力。

本书由贵州商学院彭晓英、南京审计大学金审学院史婉玲、黑龙江科技大学石春红任主编，湖南工业大学梁巨涛、广东外语外贸大学南国商学院苏明、云南大学滇池学院孙秀、西安财经大学行知学院宁晓娜、郑州师范学院刘昕和刘伟任副主编。

本书在编写过程中参阅了许多有关资产评估方面的教材和文献，在此特向相关学者表示衷心感谢。由于编者经验不足，水平有限，书中难免有错误和疏漏之处，恳请广大读者不吝赐教。

彭晓英

目　录

第一章　总论　1
- 第一节　资产评估的发展历程　1
- 第二节　资产评估的概念与要素　4
- 第三节　资产评估的功能与特点　11
- 第四节　资产评估的前提假设　13
- 第五节　资产评估的理论基础　14
- 第六节　资产评估与会计、审计的联系与区别　16
- 本章小结　18
- 综合练习　19

第二章　资产评估的基本方法　21
- 第一节　成本法　22
- 第二节　市场法　30
- 第三节　收益法　37
- 第四节　评估方法的选择　42
- 本章小结　43
- 综合练习　44

第三章　资产评估程序　47
- 第一节　资产评估程序概述　48
- 第二节　资产评估的具体程序和基本要求　50
- 第三节　资产评估中信息的收集与分析方法　55
- 本章小结　60
- 综合练习　61

第四章　机器设备评估　63
- 第一节　机器设备评估概述　64
- 第二节　机器设备评估的成本法　67
- 第三节　机器设备评估的市场法　83
- 本章小结　86
- 综合练习　87

第五章　房地产评估　93

- 第一节　房地产评估概述　94
- 第二节　房地产价格及其影响因素　101
- 第三节　房地产评估的收益法　109
- 第四节　房地产评估的市场法　115
- 第五节　房地产评估的成本法　123
- 第六节　房地产评估的假设开发法　130
- 第七节　房地产评估的路线价法　135
- 第八节　在建工程的评估　139
- 本章小结　141
- 综合练习　142

第六章　无形资产评估　147

- 第一节　无形资产概述　148
- 第二节　无形资产评估的收益法　153
- 第三节　无形资产评估的成本法　159
- 第四节　无形资产评估的市场法　162
- 第五节　专利资产和专有技术评估　164
- 第六节　商标资产评估　169
- 第七节　其他无形资产评估　175
- 本章小结　183
- 综合练习　183

第七章　长期投资性资产评估　190

- 第一节　长期投资性资产评估概述　191
- 第二节　长期股权投资的评估　192
- 第三节　债券评估　197
- 第四节　其他长期性资产的评估　200
- 本章小结　201
- 综合练习　201

第八章　流动资产评估　205

- 第一节　流动资产评估概述　206
- 第二节　实物类流动资产的评估　209
- 第三节　货币性资产、应收账款及其他流动资产的评估　214
- 本章小结　218
- 综合练习　218

第九章　企业价值评估　223

- 第一节　企业价值评估概述　224
- 第二节　企业价值评估中的价值类型和资料收集　226
- 第三节　企业价值评估的收益法　228
- 第四节　企业价值评估的市场法和成本法　236
- 本章小结　239
- 综合练习　239

第十章　资产评估报告　244

- 第一节　资产评估报告概述　245
- 第二节　资产评估报告的基本内容与格式　248
- 第三节　资产评估报告的编写　254
- 第四节　资产评估工作底稿与评估项目档案管理　256
- 第五节　资产评估报告的应用　258
- 本章小结　259
- 综合练习　260

第十一章　我国资产评估行业发展概况和相关法规　262

- 第一节　我国资产评估行业的发展概况　263
- 第二节　我国的资产评估准则体系　266
- 第三节　资产评估的法律规范和制度体系　273
- 本章小结　276
- 综合练习　276

附　录　277

- 附录 A　复利终值系数表　277
- 附录 B　复利现值系数表　279
- 附录 C　年金终值系数表　282
- 附录 D　年金现值系数表　284

参考文献　287

第一章 总论

> **学习目标**
>
> 本章主要介绍资产评估的发展历程、资产评估的概念、要素,以及资产评估的功能与特点、前提假设、理论基础等内容。
> 1. 了解资产评估的发展历程和基本概念;
> 2. 了解资产评估的特点、前提假设,以及资产评估与会计、审计的区别;
> 3. 掌握资产评估的价值类型和评估原则;
> 4. 掌握资产评估的理论基础。

> **导入案例**
>
> 2008年9月,巴克莱银行以现金作价1.4亿英镑(约2.5亿美元),收购雷曼兄弟估计现值为400亿英镑(约720亿美元)的交易资产及估计现值为380亿英镑(约680亿美元)的交易负债。昔日总市值达几百亿美元的雷曼兄弟在无力融资自救,又得不到政府资金支持的情况下,不得已走到低价出售这一步。美国联合通讯社称这是巴克莱银行的"妙计",因为就在几天前巴克莱银行拒绝收购雷曼兄弟的全部资产,导致后者宣布破产,资产估价进一步下跌。
>
> 通过本章学习,同学们将从资产评估学角度认识雷曼兄弟公司资产价值从几百亿美元到几亿美元变化的原因。

第一节 资产评估的发展历程

资产评估活动已经有上百年的历史,《国语·齐语》载:"相地而衰征,则民不移;政不旅旧,则民不偷;山泽各致其时,则民不苟;陆阜陵墐,井田畴均,则民不憾;无夺民时,则百姓富;牺牲不略,则牛羊遂。"(墐通"殣",掩埋。畴,同类、类别;遂,成就,顺利地做到，此处比喻顺利地成长）"相地而衰征"韦昭注曰："相，视也。衰，差也。视土地之美恶及所生出，以差征赋之轻重也。"此为管仲变革时的措施之一，是以土地优劣为基础的征收政策。《管子·乘马数》云："郡县上八之壤（上等肥沃土壤）守之若干，间壤（中等土壤）守之若干，下壤（下等土壤）守之若干，故相壤定籍而民不移。"上述两处的"相地""相壤"中的"相"就是一种土地估价行为。其可能为有关评估行为的最早文献记载。

从现象上来看，资产评估活动的开展与交易所的交易行为、海上贸易保险行为，以及房地产交易行为密切相关。从本质上来看，这些引起资产评估活动的经济行为反映了一个共同的事实——市场经济的发展，以及市场经济发展给社会经济生活带来的改变是资产评估产生的社会经济基础。可以说，资产评估是市场经济发展的必然产物，它随着市场经济和市场交易行为的发展而产生。

一、资产评估的发展阶段

资产评估作为一种相对独立的社会经济活动，在整个发展过程中也呈现出较为清晰的阶段性特征。资产评估活动的发展过程可分为以下三个阶段。

▶ 1. 原始评估阶段

在原始社会的后期，在自给自足的经济体制下出现的剩余财产给商品生产和商品交易提供了先决条件。而在这个过程中，许多财产，如土地、人力等并不具有确切的价值，于是就产生了对资产评估的迫切需要。对于这些不确定性商品的价值，交易双方的观点总是矛盾的，这就需要一个独立于买卖双方的个人或组织来评判商品的价值，从而完成交易。而这些评估的价值并非总是准确、可靠的，大多取决于评估者的心态，这就逐渐形成了资产评估的初始形态。

▶ 2. 经验评估阶段

随着商品交易的日益频繁，资产评估开始趋于规范化，拥有较为固定的人员从事评估行业。这些评估人员在长期的评估工作中逐渐积累经验，使资产评估工作达到了新的高度，资产评估在这个阶段迅速发展。这个阶段的评估工作已经属于有偿服务，也就是现在评估公司的雏形。1868年，英国皇家特许测量师协会的前身正式成立，在1881年被授予"皇家特许"称号。19世纪后期，美国出现了专业的评估公司，于1981年成立国际资产评估标准委员会，之后更名为国际评估标准委员会。资本主义经济的飞速发展使社会对资产评估的需求达到了新高峰。

▶ 3. 科学评估阶段

产业革命的到来使资本主义经济飞速发展，以资产交易为主的资产业务急剧扩大，资产业务中的社会化分工日益精细，作为中介组织的资产评估机构也逐渐产生和发展，从而推动资产评估逐渐成为一个专门的行业。行业化的运作使资产评估业务日益规范，资产评估活动步入科学评估阶段。该阶段的资产评估更具有科学性、专业性和准确性等特点，而且评估不再是简单的第三方行为，它已经成长为一种职业。这个阶段的资产评估工作开始分门别类，包括无形资产评估和有形资产评估。在长期的评估工作中，人们还总结了一些资产评估方法，如现行市价法、重置成本法、清算价格法和收益现值法。同时，在此阶段，评估工作形成了统一的准则，对评估人员也提出了相应的从业要求。资产评估从开始的摸索前进，发展成今天有规范，有流程，有专业人员的中介服务。

科学评估阶段的资产评估主要有以下几个特点。

(1) 资产评估机构公司化。在现代资产评估行业中，资产评估机构通过为资产交易双方提供评估业务，积累了大量的资产评估资料和丰富的资产评估经验，管理模式日趋符合现代企业的特点，出现了一大批具有丰富评估经验的评估人员，于是，公司化的资产评估机构应运而生。

(2) 评估人员专业化。资产评估机构的经营人员主要分为三类：第一类是由董事、经理和其他管理人员构成的评估公司管理层，负责公司的经营管理工作；第二类是评估公司的销售人员，负责承揽公司的业务；第三类是专业评估人员，他们都是具有相当专业化水平的评估人员，以专业工程师和各类专家居多，负责完成评估业务的技术性工作，是资产评估公司的主体力量。这些专业的评估人员既可以是评估公司的员工，也可以是评估公司的兼职人员，但都必须了解并掌握资产评估的专业理论与业务知识。

(3) 评估业务多元化。激烈的市场竞争促使评估公司注重品牌的培育，通过优质的服务不断扩展业务范围，实施多元化的经营战略。资产评估业务的范围非常广泛，包括有形资产评估和无形资产评估，甚至可以细分为机械设备评估、矿产资源评估和房地产评估等，几乎包含了资产评估行业所有的业务种类。

(4) 评估手段和方法的科学化。在规范评估阶段，现代科学技术与方法在资产评估中得到了广泛应用，极大地提高了资产评估结果的准确性和科学性。

(5) 评估技术规程和评估职业道德规范化。随着资产评估对象和评估范围的不断扩大，评估从业人员不断增加，资产评估行业自律性管理组织的自我约束机制也逐步建立并完善起来。随着评估人员评估经历和经验的不断积累，人们对资产评估规律的认识也有了质的提高。为了防范资产评估行业的风险，维护评估行业的社会信誉和专业荣誉，统一评估从业人员的认识和评估理念，资产评估专业组织纷纷制定评估职业操守和规范，力求统一评估专业术语、评估原则、评估技术规程和评估职业道德规范等，进而在一个国家或地区范围内形成统一的资产评估准则。

(6) 评估结果的法律责任。评估人员必须在完成的评估报告上签章，同时加盖机构公章，资产评估机构和评估人员对签章的资产评估报告要负相应的法律责任。

目前，市场经济发达的国家的资产评估业一般都已进入科学评估阶段。我国的资产评估业也已经进入科学评估阶段，其中我国某些发达地区的资产评估工作已经具有较高的水准。

二、我国资产评估的发展历程

我国的资产评估活动起源于20世纪80年代末和90年代初期。改革开放以后，我国商品经济和市场经济得到迅速发展，社会主义市场经济体制逐步确立，资产交易规模迅速扩大，大宗的资产交易日益频繁。资产评估业在我国的发展历程大致可分为以下四个阶段。

▶ 1. 产生与初步奠定基础阶段(1988—1992年)

20世纪80年代末，国有企业对外合资合作、承包租赁和兼并、破产等产权变动行为日益增多，为了确定合理的转让价格，防止国有资产流失，出现了国有资产评估活动。1988年，国家经济体制改革委员会委托中国企业培训中心在北京举办了企业资产评估研讨班，聘请美国评值公司的副总裁罗纳德·格尔根和该公司高级评估师罗伯特·芬博达讲授资产评估的理论与实务，开始从理论上引入资产评估。在大连成立了资产评估中心，对产权变动中的国有资产进行价值评估。1989年，原国家国有资产管理局颁发了《关于国有资产产权变化时必须进行资产评估的若干暂行规定》，同年，中国首家资产评估公司在深圳成立。1991年11月，国务院发布了《国有资产评估管理办法》，这是我国第一部有关资产评估方面的全国性行政法规，该法规的发布为保证全国资产评估活动的有序开展和逐步形成全国统一的资产评估行业体系奠定了初步的法律基础。

▶ 2. 行业自律与初具规模阶段(1993—1995年)

1993年12月10日，中国资产评估协会成立，标志着我国资产评估行业由政府直接管理开始向政府监督指导下的行业自律性管理过渡，行业协会成为国家宏观指导、评估人员及评估行业微观管理之间的纽带。1995年3月，中国资产评估协会加入国际评估标准委员会，标志着我国评估业管理组织已经与国际评估组织接轨。1995年5月10日，由国家人事部和国家国有资产管理局联合发布了《资产评估师执业资格制度暂行规定》和《资产评估师资格考试实施办法》，并规范了资产评估师签字制度，从而正式建立了资产评估师制度，组织了全国统一考试，产生了我国第一批资产评估师。

▶ 3. 逐步迈向科学化与规范化阶段(1996—2000年)

1996年5月，中国资产评估协会受托制定了《资产评估操作规范意见（试行）》，标志着我国资产评估业逐步进入规范化操作新阶段。同年，开始实行全国资产评估师考试制度。1999年，在北京国际评估准则委员会年会上，中国成为国际评估准则委员会常任理事国。随着我国对外开放进程的不断推进，我国迅速发展的资产评估业得到了国际评估界越来越多的认可与重视。

▶ 4. 执业标准系统工程取得实质性进展阶段(2001年至今)

在执业标准系统工程的建设方面，自2001年9月1日颁布《资产评估准则——无形资产》以来，至2011年年底，财政部和中国资产评估协会累计发布23项评估准则，其中包括2项基本准则、9项具体准则、4项评估指南和8项指导意见。这23项评估准则基本构建了我国的资产评估准则体系，涵盖了评估执业程序的各个环节和评估业务的主要领域。这些准则的发布标志着我国已初步建立起比较完整的，既适应中国国情又与国际接轨的资产评估准则体系，标志着我国资产评估业已经全面走上规范发展的道路。

第二节　资产评估的概念与要素

一、资产评估的概念

对于资产评估的定义，不同的学者从不同的角度提出了各自的观点。北京大学学者于鸿君认为："资产评估是指为了特定目的，资产评估人员运用科学方法，依据法定标准和程序对被评估资产的现时价格进行评定和估算的过程。"张燕敏认为："资产评估是指对法人或自然人在某一时点占有、使用的资产价值，依据法定的程序和标准、科学的方法进行评定估价。"2016年颁布的《中华人民共和国资产评估法》中对资产评估的定义为："资产评估是指评估机构及其评估专业人员根据委托对不动产、动产、无形资产、企业价值、资产损失或者其他经济权益进行评定、估算,并出具评估报告的专业服务行为。"

根据目前学术界和执业界的普遍共识,资产评估可以表述为:"资产评估是专业机构和人员按照国家法律、法规,以及资产评估准则,根据特定目的,遵循评估原则,依照相关程序,选择适当的价值类型,运用科学的方法,按照规定的程序和标准,对资产价值进行分析、评定和估算。"根据该定义,可以概括资产评估的核心内容:

(1) 由专门从事资产评估的机构和人员进行;
(2) 对拟发生产权交易或变动的资产进行评估;
(3) 评估人员依据有关的法律、法规,在对被评估资产有关信息全面了解的基础上做出价值判断;
(4) 资产评估具有明确的目的;
(5) 资产评估应遵循一定的原则;
(6) 资产评估必须按照一定的程序进行;
(7) 资产评估应明确所评估资产的价值类型;
(8) 资产评估应运用科学的评估方法进行评估。

要掌握资产评估的概念,首先要理解资产评估到底评估的是资产的价值还是价格。从资产评估的角度来理解,价格是指在特定的交易行为中,特定的买方或卖方对商品或服务的交换价值的认可,以及提供或支付的货币数额。价格是一个历史数据或事实,是特定的交易行为中特定买方和卖方对商品或服务实际支付或收到的货币数额。价值是一个交换价值范畴(价格范畴),它反映了可供交易的商品、服务与其买方、卖方之间的货币数量关系。资产评估中的价值不是一个历史数据或事实,而是专业人士根据特定的价值定义在特定时间内对商品、服务价值的估计。

二、资产评估的要素

资产评估作为一种评价过程,要经历若干评估步骤和程序,同时也会涉及资产评估的主体、客体、依据、目的、价值类型、原则、程序和方法等基本要素。本章重点讲解前六大评估要素。

(一) 资产评估的主体

资产评估的主体是指资产评估业务的承担者,具体包括资产评估工作的从业人员及由评估人员组成的资产评估机构。

从目前发展趋势来看,我国的资产评估机构大致可以从以下两个方面进行分类。

▶ 1. 根据资产评估机构的执业范围划分

根据资产评估机构的执业范围划分,可分为综合资产评估机构和专项资产评估机构两种类型。

(1) 综合资产评估机构。综合资产评估机构是指那些开展多种评估服务活动的资产评估机构,包括经资产评估管理机构确认的资产评估公司、会计师事务所、审计事务所、财务咨询公司等。一般情况下,综合资产评估机构的评估业务范围和领域比较广泛,如机器设备评估、房地产评估、无形资产评估、企业价值评估等,专业评估人员比较固定,整体素质相对较高。

(2) 专项资产评估机构。专项资产评估机构是指专门评估某一种或某一类资产的专项评估机构,如土地估价事务所、房地产估价事务所等。专项资产评估机构由于评估范围较窄,评估对象的性质、功能比较统一,专业性比较强,专业化程度和专业技术水平比较高,具有比较明显的专业优势。

▶ 2. 根据资产评估机构的企业组织形式划分

根据资产评估机构的企业组织形式划分,可分为合伙制资产评估机构和有限责任制资产评估机构。

(1) 合伙制资产评估机构由发起人共同出资设立、共同经营,对合伙债务承担无限连带责任。

(2) 有限责任制资产评估机构由发起人共同出资设立,评估机构以其全部财产对其债务承担责任。

从目前来看,我国的资产评估机构基本上是有限责任制和合伙制的资产评估机构。为了建立与市场经济相适应、与国际惯例相衔接的资产评估新体制,保证资产评估机构在执业中杜绝行政干预、行政垄断、地区垄断,强化资产评估机构风险意识,激励资产评估机构提高服务质量,使资产评估机构真正成为独立、客观、公正的社会中介组织,我国已全面完成资产评估机构的专营化工作,这必将促进我国的资产评估事业朝着健康、有序的方向发展。

资产评估机构开展资产评估业务时,不受地区、部门的限制,可在全国范围内承接与机构资格等级相适应的资产评估项目。

(二) 资产评估的客体

资产评估的客体泛指资产及需要利用估值技术服务的所有可以用货币表示的经济事项。对于资产评估的客体,可以从理论层面和操作层面分别加以论述。

▶ 1. 资产评估客体的含义与特征

从资产评估理论层面上来讲,资产评估的客体通常泛指资产及需要利用估值技术服务的所有可以用货币表示的经济事项。

资产评估中资产的内涵更接近经济学中的资产,即特定权利主体拥有或控制的,并能给特定权利主体带来未来经济利益的资源;资产评估中资产的外延则包括具有内在经济价值,以及市场交换价值的所有实物和无形的权利。

需要利用估值技术服务的所有可以用货币表示的经济事项是指资产以外的其他需要利用估值技术服务的可以用货币计量的事项,如企业负债、成本等。

作为资产评估客体的资产具有以下基本特征。

(1) 资产必须是经济主体拥有或者控制的。依法取得财产权利是经济主体拥有并支配资产的前提条件。对于一些以特殊方式形成的资产,经济主体虽然对其不拥有完全的所有权,但依据合法程序能够实际控制的,如融资租入固定资产、土地使用权等,按照实质重于形式原则的要求,也应将其作为经济主体的资产予以确认。

(2) 资产是能够给经济主体带来经济利益的资源,即可能给经济主体带来现金流入的资源。也就是说,资产具有能够带来未来利益的潜在能力。

(3) 资产评估中的资产必须能以货币计量。也就是说,资产价值必须能够用货币进行计量，否则就不能作为资产评估中的资产确认。

需要利用估值技术服务的其他经济事项泛指资产以外的需要利用估值技术服务才能实现其计量目的的经济事项。所以，作为资产评估客体的其他经济事项必须以货币计量，而且这种计量需要利用估值的思想、思路和相关评估技术才能实现计量的目的。

▶ 2. 资产评估客体的分类

1) 对需要评估的资产的分类

作为资产评估客体的资产，其存在形式是多种多样的，为了科学地进行资产评估，可对资产进行适当的分类。

(1) 按资产存在形态分类，可以分为有形资产和无形资产。有形资产是指那些具有实物形态的资产，包括机器设备、房屋建筑物、流动资产等。由于这类资产具有不同的功能和特征，应分别进行评估。

(2) 按资产的构成和是否具有综合获利能力分类，可以分为单项资产和整体资产。单项资产是指单台、单件的资产。整体资产是指由一组单项资产组成的具有整体获利能力的资产综合体。

(3) 按资产能否独立存在分类，可以分为可确指的资产和不可确指的资产。可确指的资产是指能够独立存在的资产，如有形资产和无形资产中除商誉以外都是可确指的资产。不可确指的资产是指不能脱离企业有形资产而单独存在的资产，如商誉。

(4) 按资产与生产经营过程的关系分类，可以分为经营性资产和非经营性资产。经营性资产是指处于生产经营过程中的资产，如企业的机器设备、厂房、交通工具等。经营性资产又可按是否对盈利产生贡献分为有效资产和无效资产。非经营性资产是指处于生产经营过程以外的资产。

2) 对需要利用估值技术服务的其他经济事项的分类

需要利用估值技术服务的其他经济事项并不是一个边界十分清晰的概念，只要能以货币计量，而且这种计量需要利用估值的思想、思路和相关评估技术才能实现其计量目的，则都可以称为需要利用估值技术服务的其他经济事项。

(1) 债务。从资产评估的角度划分，债务可以分为企业的全部债务（如企业价值评估中涉及的企业全部债务）和其他经济行为涉及的单项债务；从是否需要付息的角度划分，债务可以分为付息债务和非付息债务；从是否已经实现的角度划分，债务还可以分为现实债务和或有负债。

(2) 成本费用。从资产评估的角度划分，成本费用可以分为产品成本、资产成本、工程成本和项目成本等。

(3) 获利能力。从资产评估的角度划分，获利能力可以分为单项资产获利能力、资产组及资产组组合获利能力、项目获利能力和企业获利能力等。

(三) 资产评估的依据

资产评估的依据主要指资产评估中要遵循的法律规范和准则，这些法律规范和准则是不断完善的。

1981年，国际评估准则委员会（IVSC）成立，标志着国际评估业从此步入国际化协作发展的轨道。IVSC成立后就着手制定国际性评估准则文件，在对有关国家评估准则和评估执业情况进行研究分析的基础上，于1985年制定了《国际评估准则》(International Valuation Standards，IVS）第一版，之后分别于 1994 年、1997 年、2000 年、2001 年、2003 年对其进行了修订。2005 年推出第七版《国际评估准则》，以满足《国际会计准则》和相关实务对评估业务的需求。为适应经济发展，2007 年国际评估准则委员会修订发布了第八版《国际评估准则》，国际评估准则体系得到了系统的梳理，形成了较完善的国际评估准则体系。2008 年 10 月，国际评估准则委员会改组为国际评估准则理事会，这进一步促进了评估准则体系的发展。

我国的资产评估行业起步于 20 世纪 80 年代末。多年来，国家财政部、原国资局、中国资产评估协会等先后制定并发布了许多资产评估管理方面的制度、规定和办法，但由于这些制度、规定和办法都是针对某一项业务或工作做出规定和提出要求，故未以准则的形式发布。中国制定资产评估准则开始于 1996 年，当时中国资产评估协会组织专家起草了《资产评估操作规范意见（试行）》。1997 年，在总结资产评估理论研究和实践经验的基础上，中国资产评估协会开始启动制定资产评估准则的工作。2004 年 2 月，财政部正式发布了中国资产评估协会制定的《资产评估准则——基本准则》和《资产评估职业道德准则——基本准则》，标志着资产评估准则体系初步形成。2007 年 11 月 28 日，财政部与中国资产评估协会举行中国资产评估准则体系发布会，正式发布中国资产评估准则体系，标志着我国比较完整的资产评估准则体系初步建立。截至 2009 年，财政部和中国资产评估协会累计发布 18 项评估准则，包括 2 项基本准则、8 项具体准则、2 项评估指南和 6 项指导意见，基本构建了中国资产评估准则体系。这些准则的发布，使评估业务的基本程序、主要资产类型的评估业务都有相应的评估准则予以规范，标志着我国的评估实践全面进入准则规范时代。

为了规范资产评估行为，保护资产评估当事人合法权益和公共利益，促进资产评估行业健康发展，维护社会主义市场经济秩序稳定，全国人民代表大会常务委员会于 2016 年 7 月 2 日发布了《中华人民共和国资产评估法》（以下简称《资产评估法》），自 2016 年 12 月 1 日起实施。

《资产评估法》带动了我国资产评估行业管理制度与准则体系的更新升级。继财政部发布《资产评估行业财政监督管理办法》和《资产评估基本准则》之后，中国资产评估协会又于 2017 年 9 月 8 日推出了《资产评估执业准则——资产评估程序》（以下简称新程序准则）等 25 项资产评估执业准则和资产评估职业道德准则，为行业执业能力建设与规范化发展提供了与时俱进的准则依据。新程序准则设有总则、基本遵循、实施要求、附则四章，共二十六条，对资产评估机构及资产评估专业人员执行资产评估业务应履行的资产评估程序进行了规范。

（四）资产评估的目的

资产评估的目的说明了为什么要进行资产评估，评估结果是为何种资产业务服务。资产评估的目的不同，评估方法、原则以及应该遵循的价值标准甚至评估的程序都可能有差别。因此，明确资产评估的目的，对于科学地组织资产评估工作，提高资产评估质量具有重要意义。资产评估的目的有两个层次：一般目的和特定目的。

▶ 1. 一般目的

资产评估的一般目的又称资产评估的基本目的，是由资产评估的性质及其基本功能决定的。资产评估作为一种专业人员对特定时点及特定条件约束下资产价值的估计和判断的社会中介活动，其所要实现的一般目的只能是资产在评估时点的公允价值。资产评估中的公允价值是一种相对合理的评估价值，它是一种相对于当事人各方地位、资产状况及资产所面临市场条件的合理评估价值,是评估人员根据被评估资产自身的条件及其所面临的市场条件,对被评估资产客观交换价值的合理估计值。资产评估中的公允价值的显著特点是,它与相关当事人的地位、资产状况及资产所面临的市场条件相吻合,既没有损害各当事人的合法权益,也没有损害他人的利益。

▶ 2. 特定目的

资产评估作为一种资产价值判断活动,是为满足特定资产业务的需要而进行的,这里的资产业务是指引起资产评估的经济行为。通常把资产业务对评估结果用途的具体要求称为资产评估的特定目的。我国资产评估实践表明,资产业务主要有资产转让、企业兼并、企业出售、企业联营、股份经营、中外合资(合作)、企业清算、担保、企业租赁、债务重组等。

(1)资产转让,是指资产拥有单位有偿转让其拥有的资产,通常是指转让非整体性资产的经济行为。

(2)企业兼并,是指一个企业以承担债务、购买、股份化和控股等形式有偿接收其他企业的产权,使被兼并方丧失法人资格或改变法人实体的经济行为。

(3)企业出售,是指独立核算的企业或企业内部的分厂、车间及其他整体资产产权出售行为。

(4)企业联营,是指国内企业、单位之间以固定资产、流动资产、无形资产或其他资产的形成投入组成各种形式的联合经营实体的行为。

(5)股份经营,是指资产占有单位实行股份制经营方式的行为,包括法人持股、内部职工持股、向社会发行不上市股票和上市股票。

(6)中外合资(合作),是指我国的企业和其他经济组织与外国企业和其他经济组织或个人在我国境内举办合资或合作经营企业的行为。

(7)企业清算,包括破产清算、终止清算和结业清算。

(8)担保,是指资产占有单位,以本企业的资产为其他单位的经济行为保证,并承担连带责任的行为。担保通常包括抵押、质押、保证等。

(9)企业租赁,是指资产占有单位在一定期限内,以收取租金的形式,将企业全部或部分资产的经营使用权转让给其他经营使用者的行为。

(10)债务重组,是指债权人按照与债务人达成的协议或法院的裁决,同意债务人修改债务条件的事项。

(11)引起资产评估的其他合法经济行为。

(五)资产评估的价值类型

资产评估的价值类型是指资产评估结果的价值属性及其表现形式。不同的价值类型从不同角度反映资产评估价值的属性和特征。不同的价值类型所代表的资产评估价值不仅在性质上是不同的,在数量上往往也存在较大差异。资产评估的价值类型的形成,不仅与引起资产评估的特定经济行为,即资产评估特定目的有关,而且与被评估对象的功能、状态、评估时的市场条件等因素有密切的关系。根据资产评估的特定目的、被评估资产的功能状态和评估时的各种条件,合理地选择和确定资产评估的价值类型是每一位资产评估工作人员必须做好的工作。

由于所处的角度不同,以及对资产评估价值类型理解方面的差异,人们对资产评估的价值类型主要有以下几种分类。

（1）以资产评估的估价标准形式为依据划分，资产评估的价值类型包括重置成本、收益现值、现行市价（或变现价值）、清算价格四类。

（2）从资产评估假设的角度划分，资产评估的价值类型包括继续使用价值、公开市场价值、清算（清偿）价值三种。

（3）按照资产业务的性质即资产评估特定目的的不同划分，资产评估的价值类型包括抵押价值、保险价值、课税价值、投资价值、清算价值、转让价值、保全价值、交易价值、兼并价值、拍卖价值、租赁价值、补偿价值等。

（4）按照资产评估时所依据的市场条件和被评估资产的使用状态，以及评估结论的适用范围划分，资产评估的价值类型包括市场价值和市场以外的价值两大类。

关于市场价值的定义，无论是《国际评估准则》，还是美国的《专业评估统一标准》，以及英国、澳大利亚的评估手册等，尽管在一些词汇表达方面有差异，但基本含义是一致的。因此，我们可以直接采用《国际评估准则》中的定义。《国际评估准则》对市场价值的定义："自愿买方和自愿卖方在评估基准日进行正常的市场营销之后所达成的公平交易中某项资产应当进行交易的价值估计数额，当事人双方应各自精明、谨慎行事，不受任何强迫压制。"

对于市场价值的理解，应着重从以下三个方面把握。

第一，公开和公平的市场条件。即市场价值是在公开和公平的市场条件下形成的，市场条件不局限于某事件发生或某人发生，同时，当事人行为是在信息充分掌握的基础上做出的。公开市场是指一个竞争性的市场，交易各方进行交易的唯一目的在于最大限度地追求经济利益，交易各方掌握必要的市场信息，具备较为充裕的时间，对被评估资产具有必要的专业知识，交易条件公开并且不具有排他性。

第二，当事人是理性的。当事人充分掌握信息，不受任何压力，是在理性条件下做出的选择。

第三，市场价值是价值估计数额。

除了市场价值以外，其他的价值类型种类繁多，各个国家也不一样。根据现实的必要性和可行性，主要还有在用价值、投资价值、持续经营价值、清算价格、保险价值、课税价值等。

（六）资产评估的原则

资产评估的原则是指评估机构和评估人员在资产评估活动中应遵循的准则或标准，包括工作原则和经济技术原则。

▶ 1. 资产评估的工作原则

资产评估的工作原则是指资产评估机构及其资产评估师在执业过程中应遵循的行为规范，也是调节评估主体与委托人及资产业务有关权益各当事人在资产评估中的相互关系的准则。

（1）独立性原则，是指评估机构应始终坚持第三者立场，不为资产业务当事人的利益所影响。有两层含义：一是评估机构本身应该是一个独立的、不依附于他人的社会公正性中介组织（法人），在利益及利害关系上与资产业务各当事人没有任何联系；二是评估机构及其评估人员在执业过程中应始终坚持独立的第三者地位，评估工作不受委托人及外界的意图及压力的影响，进行独立公正的评估。

（2）客观公正性原则，是指评估结果应以充分的事实为依据。这就要求评估者在评估过程中以公正、客观的态度收集有关数据与资料，并要求评估过程中的预测、推算等主观判断建立在市场与现实的基础之上。此外，为了保证评估的客观公正性，按照国际惯例，资产评估机构收取的劳务费用应该只与工作量相关，不与被评估资产的价值挂钩。

（3）科学性原则，是指在资产评估过程中，必须根据特定目的，选择适用的价值类型和科学的方法，制定科学的评估方案，使资产评估结果准确合理。在整个评估工作中，必须把主观评价与客观测算、静态分析与动态分析、定性分析与定量分析相结合，使评估工作做到科学合理、真实可信。

▶ 2. 资产评估的经济技术原则

资产评估的经济技术原则是由资产评估执业过程中需要遵循的经济学原理和市场法则浓缩成的主要技术规范，它们为评估人员在执业过程中的专业判断提供理论依据和保证。

（1）预期收益原则，是指根据资产在未来一定期间的预期收益衡量资产的价值。资产之所以有价值，是因为它能为其拥有者或控制者带来经济利益，资产价值的高低主要取决于它能为其所有者或控制者带来的预期收益的多少。预期收益原则是评估人员判断资产价值的一个最基本的依据。

（2）供求原则，是经济学中关于供求关系影响商品价格原理的概括。假定在其他条件不变的前提下，商品的价格随着需求的增长而上升，随着供给的增加而下降。供求规律对商品价格形成的作用力同样适用于资产价值的评估，评估人员在判断资产价值时也应充分考虑和依据供求原则。

（3）贡献原则，从一定意义上是指预期收益原则在某种情况下的具体应用原则。贡献原则主要适用于某整体资产中各组成要素资产的评估，要素资产价值的高低取决于该要素资产对整体资产的贡献，或者取决于缺少该项要素资产将蒙受的损失。

（4）替代原则，是指作为一种市场规律，在同一市场上，具有相同使用价值和质量的商品，其交换价值也应大致相同。如果具有相同使用价值和质量的商品具有不同的交换价值或价格，买者会选择价格较低者。当然，作为卖者，如果可以将商品卖到更高的价值水平上，则可以在较高的价位上出售商品。在资产评估中确实存在评估数据、评估方法等的合理替代问题，正确运用替代原则是公正地进行资产评估的重要保证。

（5）评估时点原则，是指市场是变化的，资产的价值会随着市场条件的变化而不断改变。为了使资产评估得以操作，同时又能保证资产评估结果可以被市场检验，在资产评估时，必须假定市场条件固定在某一时点上，这一时点就是评估基准日，或称估价日期。资产评估的评估时点原则要求资产评估必须有评估基准日，而且评估值就是评估基准日的资产价值。

第三节　资产评估的功能与特点

一、资产评估的功能

资产评估的功能是指资产评估本身所具有的某种效能，是开展资产评估工作所发挥的实际作用。

1. 评值功能

通过资产评估，可以科学合理地评定和估算出被评估资产在某一时点的价值，为资产的交易行为提供价值尺度，这是资产评估的基本功能。

2. 评价功能

资产评估除了对资产价值大小做出专业判断以外，还具有对资产经营的状况和效果进行评价的功能，可以反映不同时间、地域、经济背景条件下的资产价值和运营绩效的差异，以此检查、考核和评价企业的经营状况。

3. 公证功能

资产评估结果的真实性、公平性和合法性在法律上具有公证效力。随着抵押贷款、财产担保等经济活动的日益频繁，资产评估经常被用来证明资产的存在和资产的价值量，以满足银行及有关部门发放贷款和进行其他形式融资的需要。通过资产评估来证实资产及资产价值量的需求使资产评估增添了发挥公证作用的职能。从这个意义上讲，资产评估的公证功能是由资产评估评值及评价功能派生出来的辅助性功能。

二、资产评估的特点

1. 市场性

资产评估的产生是市场经济发展到一定阶段的产物，是适应市场经济要求的专业中介服务活动，其基本目的就是根据资产业务的不同性质，通过模拟市场对资产价值做出经得起市场检验的评定估算和报告。

2. 系统性

资产评估必须将被评估资产置于整个企业或整个行业中，必要时还要置于整个国家的范围进行分析和评价；必须对被评估资产相互之间的匹配问题进行系统考虑，主要是不同的有形资产、无形资产以及相互之间的匹配；必须系统地收集、整理和分析被评估资产的相关资料，将影响资产价值的各种相关因素进行系统综合的考虑，在此基础上对评估结论做出系统的判断。

3. 专业性

资产评估是一种专业人员的活动，资产评估结果应该是专家意见，从事资产评估业务的机构应由一定数量和不同类型的专家及专业人士组成。一方面，这些资产评估机构形成专业化分工，使评估活动专业化；另一方面，资产评估机构及其评估人员对资产价值的估计判断也都建立在专业技术知识和经验的基础之上。

4. 公正性

资产评估的公正性主要体现在资产评估是由交易双方以外的独立的第三者，站在客观公正的立场上对被评估资产所做的价值判断，评估结果具有公正性。公正性主要体现在以下两点：

（1）资产评估按公允、法定的准则和规程进行，公允的行为规范和业务规范是公正性的技术基础。

（2）评估人员是与资产业务没有利害关系的第三者，这是公正性的组织基础。

5. 咨询性

资产评估结论是评估人员在评估时点根据所能搜集到的数据资料，模拟市场对资产价值所做出的主观推论和判断。因此，资产评估不是一种给资产定价的社会经济活动，它只是一种经济咨询或专家咨询活动。评估结果本身并没有强制执行的效力，评估人员只对评估结论的客观性负责，而不对资产交易价格的确定负责。评估结果只是为资产业务提供一个参考价值，最终的成交价格取决于交易双方在交易过程中的讨价还价能力。

第四节 资产评估的前提假设

由于认识客体的无限变化和认识主体能力有限的矛盾，人们不得不依据已掌握的数据资料对某一事物的某些特征或全部事实做出合乎逻辑的推断。这种依据有限的事实，通过一系列推理，对所研究的事物做出合乎逻辑的假定说明就叫作假设。资产评估与其他学科一样，其理论体系和方法体系的确立也是建立在一系列假设的基础之上。资产评估假设包括以下几种。

一、交易假设

交易假设是资产评估得以进行的一个最基本的前提假设，它假定所有待估资产已经处在交易过程中，评估师根据待评估资产的交易条件等模拟市场进行估价。为了发挥资产评估在资产实际交易之前为委托人提供资产交易底价的专家判断的作用，同时又能够使资产评估得以进行，利用交易假设将被评估资产置于"交易"当中，模拟市场进行评估是十分必要的。

交易假设不仅为资产评估得以进行"创造"了条件，而且明确限定了资产评估的外部环境，即资产是被置于市场交易之中，资产评估不能脱离市场条件而孤立地进行。

二、公开市场假设

公开市场假设是对资产拟进入的市场条件，以及资产在这样的市场条件下接受何种影响的一种假定说明或限定。公开市场假设的关键在于认识和把握公开市场的实质和内涵。就资产评估而言，公开市场是指在充分发达与完善的市场条件下，一个有自愿买者和自愿卖者的竞争性市场。在这个市场上，买者和卖者的地位是平等的，彼此都有获取足够市场信息的机会和时间，买卖双方的交易行为都是在自愿、理智而非强制的条件下进行的。

公开市场假设旨在说明一种充分竞争的市场条件，在这种条件下，资产的交换价值受市场机制的制约并由市场行情决定，而不是由个别交易决定。

公开市场假设是资产评估中的一个重要假设，其他假设都是以公开市场假设为基本参照。公开市场假设也是资产评估中使用频率较高的一种假设，凡是在公开市场上交易、用途较为广泛或通用性较强的资产，都可以考虑以公开市场假设为前提进行评估。

三、持续使用假设

持续使用假设也是对资产拟进入的市场条件，以及在这样的市场条件下的资产状态的一种假定性描述或说明。持续使用假设又细分为三种具体情况：在用续用、转用续用和移地续用。在用续用是指处于使用中的被评估资产在产权发生变动或资产业务发生后，将按其现行正在使用的用途及方式继续使用下去。转用续用是指被评估资产将在产权发生变动后或资产业务发生后，改变资产现时的使用用途，调换新的用途继续使用下去。移地续用则是指被评估资产将在产权变动发生后或资产业务发生后，改变资产现在的空间位置、转移到其他空间位置上继续使用。

四、清算假设

清算假设是对资产在非公开市场条件下被迫出售或快速变现条件的假定说明。清算假设首先基于被评估资产面临清算或具有潜在的被清算的事实或可能性，然后根据相应数据资料推定被评估资产处于被迫出售或快速变现的状态。

由于清算假设假定被评估资产处于被迫出售或快速变现条件之下，被评估资产的评估值通常要低于在公开市场假设前提下或持续使用假设前提下同样资产的评估值。因此，在清算假设前提下的资产评估结果的适用范围是非常有限的。当然，清算假设本身的使用也是较为特殊的。

第五节 资产评估的理论基础

资产评估需要解决的一个最根本问题就是要评估技术与资产的"价值"，不同的理论对"价值"内涵的阐释是有差异的。本节主要介绍劳动价值论、效用价值论及新古典经济学派的价值论等。

一、劳动价值论

劳动价值论由英国经济学家大卫·李嘉图创立，后经马克思发展到成熟阶段。劳动价值论认为是劳动创造了价值，即商品的价值由生产该项商品的社会必要劳动时间所决定。资产也是一种商品，在资产评估方面，劳动价值论提示了以下几点

（1）资产的价值由生产或创建该资产的社会必要劳动时间所决定，社会必要劳动时间越长，资产的价值越大。因此，在资产评估中要充分考虑生产或创建该项资产的社会必要劳动时间的长短，这是构成资产价值的物质基础。

（2）即使是新购建的经济效用相同的资产，如果技术水平发生了变化，它们的价值也可能存在较大的差别。从收益的角度来看，只能认为技术水平变化以前的资产发生了较显著的技术性贬值。因此，在资产评估中，必须注意资产的技术性贬值，有时这样的贬值非常显著，如果被忽略，资产评估的结果就不够公正合理，更不具有科学性。

（3）进行资产评估时，必须把被评估资产置于技术水平变化的动态中去考虑，站在静态的立场上是无法准确评估资产价值的。

（4）劳动价值论认为资产的价值由凝聚到资产中的物化劳动和活劳动所决定，这是生产成本决定价值论，它从资产的供给角度来度量资产的实际价值。因此，劳动价值论是资产评估的理论基础之一。

二、效用价值论

效用价值论是以物品满足人的欲望的能力或人对物品效用的主观心理评价解释价值及其形成过程的经济理论。它与劳动价值论相对立。效用价值论在19世纪60年代前主要表现为一般效用论，19世纪70年代后主要表现为边际效用论。效用价值论在17—18世纪上半期资产阶级经济学著作中有明确的表述和充分的发挥。英国早期经济学家 N. 巴本（1640—1698）是最早明确表述效用价值观点的思想家之一。他认为，一切物品的价值都来自它们的效用；无用之物，便无价值；物品效用在于满足人的欲望和需求；一切物品能满足人类天生的肉体和精神欲望，才成为有用的东西，从而才有价值。意大利经济学家 F. 加利亚尼（1728—1787）是最初提出主观效用价值观点的人之一。他认为，价值是物品与人的需求的比率，价值取决于交换当事人对商品效用的估价，或者取决于效用和物品的稀少性。资本主义商品交换关系的发展，是效用价值论在17—18世纪上半期得以存在和发展的条件。

效用价值论的基本思想是资产的价值由资产为其拥有者带来的收益，资产的收益通常表现为未来一定时期内的收入流，而收入流是有时间价值的。因此，要评定估算资产的价值，就必须把资产未来时期的收入流按一定的折现率折现，以此来表示资产的收益，这样才能确定资产的现时价值，从而评估其价值，这就是资产评估方法中收益法的基本思想。

目前，收益法是一种被西方发达国家广泛采用的资产评估方法，在企业资产交易以及企业兼并中更是被大量采用。

三、新古典经济学派的价值论

1890年，英国剑桥大学的马歇尔出版《经济学原理》一书，提出了以完全竞争为前提，以"均衡价格论"为核心的经济学体系，形成了新古典经济学派。它对价值论的贡献是把劳动价值论的价值理论和边际效用学派的价值理论结合起来，促进了价值理论的发展。

新古典经济学派的价值理论对于资产评估在理论和实践上的重要意义如下。

▶ **1. 资产评估要考虑生产或购建资产的成本**

生产成本主要从四个方面考察：人力成本、资金成本、资本成本和地租成本。生产成本取决于市场平均成本水平及其变化，平均成本水平越高，资产的价格就越高；反之，则越低。同时，市场平均成本水平的上升趋势表明资产的价格有上升趋势；反之，则有下降趋势。因此，在进行资产评估时应充分考虑资产的生产成本及其变化趋势，特别是在应用重置成本法进行资产评估时，更应该重点考虑生产成本这一因素。

▶ **2. 资产评估要考虑资产的市场需求**

市场需求一般取决于资产为其持有者带来的预期收益，收益越大，市场需求越大，资产的价格就越高；反之，就越低。资产的收益是一定时期内的收入流，在对资产的收益进行测算时，需要把未来的收入流按一定的贴现率换算成现在的收益。此外，资产的收益既包括经济收益，也包括非直接经济收益。非直接经济收益又包括对资产持有者公众形象的改善、企业商誉的提高等。

▶ **3. 资产评估要综合考虑生产成本和市场需求的影响**

资产的价格既不单纯取决于生产或购建资产的成本，也不单纯取决于市场需求，而是取决于两者的综合影响。假定一项资产的生产成本很高，但如果给其持有者带来的收益很小，则市场需求也就很小，这样的资产的价格就不会很高；反之，在短期内也可能出现这样的情况，一项资产的生产成本很低，但为其持有者带来的收益很大，这样的资产价格也不会很高，因为随着市场的变化，资产的收益会随之发生变化。

在一个竞争的市场上，商品或资产的市场价格都会随着市场的波动而变化，而影响市场波动的因素非常多，有经济本身的因素，也有非经济的因素，各种因素相互作用，造成市场供求变化，从而影响资产的市场价格，而这些因素有时和资产的本身不一定有很大关系。当宏观经济中总需求大于总供给、经济快速增长时，资产的市场价格通常会上升；反之，当总需求小于总供给、经济萧条、经济严重紧缩时，资产的价格通常会下降。但是，一般来说，资产的市场价格都是以实际价格（价值）为基础上下波动的，一只手电筒的市场价格无论如何波动也不会高于一辆汽车的价格；反之，一辆汽车的市场价格无论如何波动也不会低于一只手电筒的价格。因此，在资产评估特别是采用现行市价法时，必须充分考虑市场波动因素对资产价格的影响，但同时又不能因为市场价格的波动而掩盖资产的实际价格。

第六节 资产评估与会计、审计的联系与区别

一、资产评估与会计的联系与区别

（一）资产评估与会计的联系

资产评估和会计行业既相互区别，又互为联系，共同目的都是推动社会主义经济的发展和共同协作。资产评估的评估结果可以为会计计价提供依据，会计核算的数据信息也可以为资产评估活动提供服务。

▶ 1. 资产评估活动的理论依据部分来源于会计类学科

目前，资产评估还未形成完善的理论体系，评估活动所依据的理论主要来源于经济学和会计学等学科中与资产评估活动相关的理论，如时间价值理论、资产价值理论等。资产评估中应用最广泛的一种方法是成本法，应用成本法评估资产首要的工作是核算资产的重置成本，在评估实务中常常采用的方法有重置核算法、价格指数法、功能价值类比法和统计分析法，基本思路都是在账面历史成本的基础上对时间、技术变革等差异进行修正得到。因此，资产评估工作大多数都是以会计资料作为基本依据，特别是对企业价值进行评估时，评估师需要充分利用财务报表及相关的财务分析数据。在资产评估实务中，资产评估广泛地采用会计的计价方法。

▶ 2. 资产评估结论是资产会计计价和财务报表数据的重要来源

国有资产管理法规规定，国有资产转让，国有企业兼并、出售和联营等经济活动发生时需要提供资产评估报告。《中华人民共和国公司法》规定，股东出资时，作为出资的非货币资产应评估作价，核实财产，为会计计价提供依据。《中华人民共和国证券法》也规定了申请公开发行公司债券时，要提供资产评估报告给国务院相关授权部门，必要时可以委托资产评估机构对公司的财务状况、内部控制状况、资产的价值进行评估。这些都表明了资产评估活动为债券和资产的价值计量提供依据和数据来源，体现了资产评估和会计的紧密

联系性。2007年9月，中国资产评估协会颁布了《以财务报告为目的的评估指南（试行）》，将以财务报告为目的的评估作为资产评估业务中的一个特定的领域，使两者之间的关系更具有紧密性。以财务报告为目的的资产评估是专门为企业会计核算和财务信息披露服务的一项专项评估活动，资产评估师利用评估技术，对财务报告中各类资产和负债的公允价值或特定的价值进行分析、估算，发表专业性意见。这项业务反映了资产评估在企业会计财务报告方面的具体应用，从某种意义上来讲，以财务报告为目的的评估是资产评估理论和技术与会计规范有机结合的产物。

（二）资产评估与会计的区别

▶ **1. 性质和基本职能不同**

会计是一项以记账、算账和报账为基本手段，连续、系统地反映和监督企业生产经营、财务收支及其成果的一种社会活动，是企业组织管理中的一个重要组成部分，其基本职能是对会计主体经济活动进行反映和监督。而资产评估则是一种以提供资产价值判断为主要内容的咨询活动，是一种社会中介服务活动，评值和评价是其基本职能。

▶ **2. 确定资产价值的依据不同**

会计主要是以历史成本为依据记录资产的价值，对于没有发生实际耗费的资产，通常情况下不予确认。

资产评估是以资产的效用和市场价值为依据判断一项资产是否有价值，以及价值的大小，对于那些虽有历史成本的发生，但在评估基准日及其以后不能再给企业创造收益的资产，或没有市场需求的资产，则判断为没有价值；而对于那些虽没有发生实际支出，但能给企业带来预期收益的项目，仍然可以对其价值进行评估。

▶ **3. 计价方法不同**

现代会计理论为了解决通货膨胀因素的影响，使会计资料更好地反映资产的现时价值，对于资产计价方法在历史成本计价的基础上，又提出了重置成本、变现价值、收入现值和清算价值等多种新的会计计量标准。但到目前为止，世界各国普遍采用的资产计价方法仍然以历史成本计价为主。

资产评估中的资产价值评估除了可以利用核算方法外，还广泛应用收益法、市场法等多种技术方法。

▶ **4. 计价目的不同**

会计计价的总体目标是全面反映企业的历史和现实资产状况，为企业管理服务。资产评估的总体目标则是为资产交易提供估值服务。

二、资产评估与审计的联系与区别

（一）资产评估与审计的联系

▶ **1. 使用的方法有相同之处**

审计主要是对反映企事业单位经济活动的财务资料及其相关资料的真实性、公允性、合理性等方面做出判断，属于"事实判断"的范畴，因此审计中主要运用的方法是分析和证实法。

资产评估是对被评估资产的价值做出判断，具有"价值判断"的性质，也广泛运用分析和证实法。资产评估中的很多方法借鉴了审计的方法，特别是对流动资产的评估。

▶ 2. 资产评估与审计相互配合开展工作

在实际工作中，资产评估与审计在通常情况下是相互配合的。企业经过审计后，剔除了财务资料中的虚假成分，使其公允性得到证实，在此基础上开展资产评估工作，可以大大减少资产评估的工作量，如评估前期的财产清查、企业整体资产评估中的流动资产评估等，审计结果为评估提供了基础数据。企业经过资产评估后，对资产的现存数量及其产权进行了核实，对资产的现实价值进行了估算，这些资料都为审计财务报表提供了重要参考。

（二）资产评估与审计的区别

▶ 1. 产生的社会条件和活动的本质不同

审计是在现代企业两权分离背景下产生的，旨在对企业财务报表所反映的企业财务状况和经营成果的真实性和公允性做出事实判断，具有明显的公正性特征。

资产评估是在市场经济充分发展的情况下，适应资产交易、产权变动的需要而产生的，旨在为委托人与有关当事人的被评估资产做出价值判断，具有明显的咨询性特征。

▶ 2. 执业过程中遵循的原则不同

审计人员在执业过程中要自始至终地贯彻公正、防护和建设三大专业原则，而资产评估人员在执业过程中则必须遵循供求、替代、贡献、预期等基本经济技术原则。

▶ 3. 专业基础不同

开展审计工作所需的专业知识主要以会计学、税法及其他经济法规等知识为基础，因此，审计人员主要由具有财务方面知识的人员构成。而开展资产评估工作不但要有经济学、法律、会计学等社会科学知识，还必须具有工程、技术等方面的自然科学知识。因此，资产评估人员中不但要包括具有财务方面知识的人员，还应包括具有建筑、设备、土地等方面专业技术的人员。

▶ 4. 与会计原则的关系不同

尽管现代审计的业务范围不断扩大，但对会计报告的审计仍然是审计的基本业务，审计会计报表及其相关业务的标准与会计是一致的。

资产评估虽然与会计有着密切的联系，但在资产价值计量标准上却有很大区别，会计强调资产的历史成本，而资产评估则强调资产的现时价值，注重资产的重置成本、市场价值和未来收益的价值。

本章小结

资产评估在市场经济发达的国家已进入规范化发展阶段，我国某些发达地区的资产评估已经具有较高的水准。资产评估在市场经济发展过程中发挥着评值、评价、公证等重要作用。资产评估包括评估主体、客体、依据、目的、价值类型、原则、程序、方法等八大要素。资产评估业务的开展需要以一系列假设为前提，并遵循相关的经济理论基础，才能保证资产评估结论和相关信息的有用性。

综合练习

一、单项选择题

1. 中国资产评估协会成立于（　　）。
   A. 1993年12月　　B. 1993年10月　　C. 1995年12月　　D. 1995年10月

2. 资产评估结论是为资产业务提供专业化估价意见，该意见本身并无强制执行的效力，这体现了资产评估的基本作用是（　　）。
   A. 鉴证　　　　　B. 管理　　　　　C. 咨询　　　　　D. 核算

3. 资产评估师注册有效期一般为（　　）。
   A. 2年　　　　　B. 3年　　　　　C. 5年　　　　　D. 10年

4. 假定所有待评估资产已经处在交易过程中，资产评估师根据待评估资产的交易条件等模拟市场进行估价，这是资产评估的（　　）。
   A. 特定假设　　　　　　　　　　　B. 市场条件假设
   C. 评估对象状况假设　　　　　　　D. 基本情景假设

5. 下列各项中，属于资产评估行业自律管理机构的是（　　）。
   A. 资产评估协会　　B. 国务院　　C. 财政部　　D. 资产评估事务所

二、多项选择题

1. 资产评估的基本作用有（　　）。
   A. 核算　　　　　B. 咨询　　　　　C. 管理　　　　　D. 鉴证

2. 同一资产在同一评估基准日可能会有不同的评估价值，主要因为（　　）。
   A. 相同或同一资产因环境或条件所限，存在着使用方式和利用程序上的差异
   B. 相同或同一资产在同一评估基准日可能面对不同的细分市场，如正常交易市场或拍卖市场
   C. 相同或同一资产即使在同一细分市场中，也可能面对不同的交易主体
   D. 相同或同一资产即使在同一细分市场中，可能面对不同的交易时限和交易方式

3. 下列各项中，属于评估对象状况假设的有（　　）。
   A. 在用续用假设　　B. 转用续用假设　　C. 移地续用假设　　D. 特定假设

4. 下列各项中，属于非公开市场假设的有（　　）。
   A. 有限交易主体假设　　　　　　　B. 关联交易假设
   C. 快速变现假设　　　　　　　　　D. 特定假设

5. 资产评估的技术原则包括（　　）。
   A. 替代原则　　B. 贡献原则　　C. 预期收益原则　　D. 评估时点原则

三、判断题

1. 评估人员在完成的评估报告上必须签章，同时加盖机构公章，资产评估机构和评估人员对签章的资产评估报告要负相应的法律责任。（　　）

2. 资产评估从事的主要是权属鉴证，而不是价值鉴证。（　　）

3. 不同评估主体对同一资产在同一评估基准日的评估价值一定相同。（　　）

4. 如果评估人员使用了特定假设，需要说明使用特定假设的理由、限制条件，并提醒评估报告使用者正确理解评估结论。（　　）

5. 资产评估机构开展资产评估业务，不受地区、部门的限制，可在全国范围内从事与其资格等级相适应的资产评估项目。（　　）

四、简答题

1. 什么是资产评估主体？什么是资产评估客体？
2. 资产评估的客体包括哪些？
3. 什么是资产评估假设？资产评估假设包括哪些内容？
4. 资产评估的前提假设有哪些？
5. 资产评估的技术原则有哪些？这些原则对资产评估提出了哪些实质性的要求？
6. 为什么同一资产在同一评估基准日可能会有不同的评估价值？

五、案例分析题

广东TLYM公司拟收购北京ZCWX公司20%股权

2014年10月17日，ZH资产评估有限公司出具了"ZH评报字（2014）第KMV1197号"资产评估报告书。报告书宣称：本次评估的目的是广东TLYM公司拟收购北京ZCWX公司20%的股权，需要对北京ZCWX公司20%的股权价值进行评估，以确定其在评估基准日2014年7月31日的市场价值，为该收购提供价值参考。根据本次评估的评估目的，本次评估的评估对象为北京ZCWX公司20%的股权价值，评估范围是北京ZCWX公司的全部资产及相关负债。本次评估采用持续经营前提下的市场价值作为选定的价值类型。本次评估的评估假设包括基本假设、一般性假设和针对性假设，其中：基本假设包括交易假设、公开市场假设、资产持续使用假设、企业持续经营假设；一般性假设包括国家现行的税赋基准及税率、银行信贷利率和其他政策性收费等不发生重大变化，以及ZCWX公司提供的历年财务资料和进行收益预测时所采用的会计政策在重要方面基本一致等4个假设；针对性假设包括ZCWX公司各年间的技术队伍及其高级管理人员保持相对稳定、ZCWX管理层勤勉尽责并具有足够的管理才能和良好的职业道德等4个假设。

本次评估的评估依据包括行为依据、法律法规依据、准则依据、产权依据、取价依据和其他依据，其中：行为依据为广东TLYM公司2014年9月14日第三届董事会第十五次会议决议；法律法规依据为《中华人民共和国公司法》《中华人民共和国证券法》《会计监管风险提示第5号——上市公司股权交易资产评估》及其他涉及资产评估行为规定的法律法规；准则依据包括《资产评估准则——基本准则》《资产评估职业道德准则——独立性》《资产评估价值类型指导意见》《资产评估准则——企业价值》等。

本次评估按照必要的评估程序，分别采用了收益法和市场法，资产评估结果最终选定为收益法，评估结果的使用有效期为一年。本次评估的结论如下：在评估基准日2014年7月31日，在持续经营前提下及本报告所揭示的评估假设基础上，ZCWX公司全部股东权益收益法评估价值为23 540.00万元，广东TIYM公司拟购买ZCWX公司20%股权评估价值为4 708.00万元。

思考：

1. 案例中的评估主体、对象、范围分别是什么？
2. 案例中的评估目的和价值类型是什么？
3. 案例中采取哪些评估假设和评估依据？
4. 什么是评估基准日？什么是评估结果有效期？

第二章 资产评估的基本方法

> **学习目标**
>
> 本章主要介绍了资产评估成本法、市场法和收益法三大评估方法的基本原理、相关参数估算等内容。
> 1. 掌握资产评估三种基本方法的基本原理。
> 2. 掌握资产评估三种基本方法的相关参数的估算。
> 3. 运用三种基本方法对常见的资产进行评估。

导入案例

一头牛的"资产评估"

一个牲口市场上,一群人围着一头待出售的耕牛,评定耕牛的价格。张三说,这头牛值300元,因为这头牛正当壮年,但"肩"部太瘦;李四说,应该加20元,因为这头牛至少还可以耕10年地;赵五说,加10元就够了,因为这头牛看起来像有寄生虫;作为卖家的陈六发表意见,他说这头牛怎么也值350元,因为昨天一头同样年龄、同样性别、同样体形、同样骨骼的牛卖了350元;旁边的王七马上不同意了,他说这头牛养这么大,所有成本加起来也用不了350元……大家你一言我一语,最后敲定这头牛值335元,并且以335元成交。这个场景就是"资产评估",评估对象是一头牛。在这个过程中,资产评估的各种方法都用上了,请问王七采用的评估方法是什么?陈六采用的评估方法是什么?李四采用的评估方法又是什么?

资料来源:邱庆剑.到评估事务所拿高薪[M].北京:电子工业出版社,2010.

资产评估方法是实现评定估算资产价值的技术手段,但就资产评估方法本身来讲,它并不为资产评估所独有。事实上,资产评估方法是在工程技术、统计、财务管理、会计等学科的技术方法的基础上,结合自身特点形成的一整套方法体系。资产评估方法与其他学科的技术方法既有联系又有区别,区别就在于资产评估将其他学科的技术方法按资产评估运作的内在要求,用资产评估的技术思路加以重组,从而构成了资产评估方法体系。该体系由多种具体资产评估方法构成，这些方法按分析原理和技术路线的不同可以归纳为三种基本类型，或称三种基本方法，即成本法、市场法和收益法。

第一节 成本法

一、成本法的基本思路

成本法是资产评估的基本方法之一。成本法的基本思路是重建或重置被评估资产。在条件允许的情况下，任何潜在的投资者在决定投资某项资产时，所愿意支付的价格不会超过购建该项资产的现行购建成本。如果投资对象并非全新，投资者所愿支付的价格会在投资对象全新的购建成本的基础上扣除各种贬损因素。上述评估思路可概括为

资产评估价值＝资产的重置成本－资产的实体性贬值－资产功能性贬值－
　　　　资产的经济性贬值　　　　　　　　　　　　　　　　　　　　(2-1)

成本法是以再取得被评估资产的重置成本为基础的评估方法。由于被评估资产的再取得成本的有关数据和信息来源较广泛，并且资产重置成本与资产的现行市价及收益现值也存在内在联系和替代关系，因此，成本法也是一种被广泛应用的评估方法。

二、成本法的基本前提

成本法从再取得资产的角度反映资产价值，即通过资产的重置成本扣减各种贬值反映资产价值。只有当被评估资产处于继续使用状态下，再取得被评估资产的全部费用才能构成其价值的内容。资产的继续使用不仅是物理上的概念，它包含有效使用资产的经济意义。只有当资产能够继续使用并且在持续使用中为潜在所有者或控制者带来经济利益的，资产的重置成本才能被潜在投资者和市场所承认和接受。从这个意义上讲，成本法主要适用于继续使用前提下的资产评估。对于非继续使用前提下的资产，如果运用成本法进行评估，需对成本法的基本要素做必要的调整。从相对准确合理、减少风险和提高评估效率的角度，把继续使用作为运用成本法的前提具有积极意义。

采用成本法评估资产的前提条件如下：

(1) 被评估资产处于继续使用状态或被假定处于继续使用状态；
(2) 应具备可利用的历史成本资料；
(3) 形成资产价值的耗费是必要的；
(4) 被评估资产的预期收益能够支持其重置及投入价值。

三、成本法中的基本要素

成本法的运用涉及四个基本要素，即资产的重置成本、资产的实体性贬值、资产的功能性贬值和资产的经济性贬值。在实际评估实践中，不是所有的评估项目都存在这三种贬值，要视具体情况而定。

▶ 1. 资产的重置成本

资产的重置成本(replacement cost，RC)就是资产的现行再取得成本。具体来说，重置成本又分为复原重置成本和更新重置成本两种。

(1) 复原重置成本是指采用与评估对象相同的材料、建筑或制造标准、设计、规格及技术等，以现时价格重新购建与评估对象相同的全新资产所需的成本。

(2) 更新重置成本是指采用新型材料并根据先进标准和设计，在现时价格条件下购建与现有资产功能相同或相似的全新资产所需的成本。

▶ 2. 资产的实体性贬值

资产的实体性贬值(physical depreciation，PD)亦称有形损耗，是指资产由于使用及自然力的作用导致的资产的物理性能的损耗或下降而引起的资产的价值损失。资产的实体性贬值通常采用相对数计量，即实体性贬值率(physical depreciation rate，PDR)，用公式表示为

$$实体性贬值率＝资产的实体性贬值÷资产重置成本 \qquad (2-2)$$

▶ 3. 资产的功能性贬值

资产的功能性贬值(functional depreciation，FD)是指由于技术进步引起的资产功能相对落后而造成的资产价值损失。它包括由于新工艺、新材料和新技术的采用，而使原有资产的建造成本超过现行建造成本的超支额，以及原有资产超过体现技术进步的同类资产的运营成本的超支额。

▶ 4. 资产的经济性贬值

资产的经济性贬值(economic devaluation，ED)是指由于外部条件的变化引起资产闲置、收益下降等造成的资产价值损失。引起外部条件变化的主要原因有：宏观经济衰退导致社会总需求不足进而影响对资产或资产所生产产品的需求；国家调整产业政策对资产所在行业的冲击，国家环保政策对资产或资产所生产产品的限制，从而引起资产闲置、收益下降等造成的资产价值损失。

四、成本法中的具体评估方法

通过成本法评估资产的价值不可避免地要涉及被评估资产的重置成本、实体性贬值、功能性贬值和经济性贬值四大因素。成本法中的各种具体方法实际上都是在成本法总的评估思路的基础上，围绕上述因素采用不同的方式方法测算形成的。在评估实务中，人们可能会根据习惯来称谓成本法中的具体方式，以及根据评估对象的自身特点来称谓成本法中的各种具体方法。

(一) 重置成本的测算方法

▶ 1. 重置核算法

重置核算法亦称细节分析法、核算法等，是指利用成本核算的原理，根据重新取得资产所需的成本项目，逐项计算然后累加得到资产的重置成本。实际测算过程又具体划分为两种类型：购买型和自建型。

(1) 购买型是以购买资产的方式作为资产的重置过程，购买的结果一般是资产的购置价，如果被评估资产属于不需要运输、安装的资产，购置价就是资产的重置成本。如果被

评估资产属于需要运输、安装的资产,资产的重置成本具体是由资产的现行购买价格、运杂费、安装调试费,以及其他必要的成本构成。将上述取得资产的必需成本累加起来,便可计算出资产的重置成本。

(2) 自建型是把自建资产作为资产重置方式,根据重新建造资产所需的料、工、费及必要的资金成本和开发者的合理收益等分析和计算出资产的重置成本。

资产的重置成本应包括开发者的合理收益。一是重置成本是按在现行市场条件下重新购建一项全新资产所支付的全部货币总额,应该包括资产开发和制造商的合理收益;二是资产评估旨在了解被评估资产模拟条件下的交易价格,一般情况下,价格都应该含有开发者或制造者合理收益部分。资产重置成本中的收益部分的确定,应以现行行业或社会平均资产收益水平为依据。

【例2-1】待评估资产为一台机器设备,评估师拟运用成本法评估。评估人员收集的成本资料有:该机器设备的现行市场价格每台180 000元,运杂费5 000元,直接安装成本为19 000元(其中原材料6 000元、人工成本13 000元),根据统计分析,计算求得安装成本中的间接成本为每人工成本0.8元,安装期限较短。

评估人员分析认为,被评估资产为外购需安装机器设备,其重置成本应包括买价(含增值税)、运杂费、安装成本(包括直接成本和间接成本),由于安装期限较短可不考虑资金成本。按重置核算法估算该机器设备的重置成本如下:

直接成本＝购买价格＋运费＋直接安装成本＝180 000＋5 000＋19 000＝204 000(元)

间接成本(安装成本)＝13 000×0.8＝10 400(元)

重置成本＝204 000＋10 400＝214 400(元)

▶ 2. 价格指数法

价格指数法是利用与资产有关的价格变动指数,将被估资产的历史成本(账面价值)调整为重置成本的一种方法,其计算公式为

$$\text{重置成本} = \text{资产的账面原值} \times \text{价格指数} \tag{2-3}$$

或

$$\text{重置成本} = \text{资产的账面原值} \times (1 + \text{价格变动指数}) \tag{2-4}$$

式中,价格指数可以是定基价格指数或环比价格指数。定基价格指数是评估基准日的价格指数与资产购建时点的价格指数之比,即

$$\text{定基价格指数} = \frac{\text{评估基准日价格指数}}{\text{资产购建时的价格指数}} \times 100\%$$

环比价格变动指数的计算公式为

$$x = (1+a_1) \times (1+a_2) \times (1+a_3) \times \cdots \times (1+a_n) \times 100\% \tag{2-5}$$

式中,x 为环比价格指数;a_n 为第 n 年环比价格变动指数,$n=1, 2, 3, \cdots, n$。

【例2-2】某被估资产购建于2014年,账面原值为50 000元,当时该类资产的价格指数为95%,评估基准日该类资产的定基价格指数为160%,则被估资产重置成本＝50 000×(160%÷95%)×100%＝84 210(元)。

又如,被估资产历史成本为200 000元,2012年建成,2017年进行评估,经调查已知同类资产环比价格指数如下:2013年为11.7%,2014年为17%,2015年为30.5%,2016年为6.9%,2017年为4.8%,则被估资产重置成本＝200 000×(1+11.7%)×(1+

17%)×(1+30.5%)×(1+6.9%)×(1+4.8%)×100%＝200 000×191%＝382 000(元)。

价格指数法与重置核算法是重置成本估算较常用的方法，但两者具有明显的区别：

(1) 价格指数法估算的重置成本仅考虑了价格变动因素，因而确定的是复原重置成本；而重置核算法既考虑了价格因素，也考虑了生产技术进步和劳动生产率的变化因素，因而可以估算复原重置成本和更新重置成本。

(2) 价格指数法建立在不同时期的某一种或某类甚至全部资产的物价变动水平上；而重置核算法建立在现行价格水平与购建成本费用核算的基础上。

明确价格指数法和重置核算法的区别，有助于重置成本估算中方法的判断和选择。一项科学技术进步较快的资产，采用价格指数法估算的重置成本往往会偏高。当然，价格指数法和重置核算法也有其相同点，即都是建立在利用历史资料的基础上。因此，注意分析、判断资产评估时重置成本口径与委托方提供历史资料(如财务资料)口径的差异，是上述两种方法应用时需注意的共同问题。

▶ 3. 功能价值类比法

功能价值类比法也称类比估价法、指数估价法，是指利用某些资产的功能(生产能力)的变化与其价格或重置成本的变化呈某种指数关系或线性关系，通过参照物的价格或重置成本，以及功能价值关系估测评估对象价格或重置成本的技术方法。当资产的功能变化与其价格或重置成本的变化呈线性关系时，人们习惯把线性关系下的功能价值类比法称为生产能力比例法，而把非线性关系条件下的功能价值类比法称为规模经济效益指数法。

(1) 生产能力比例法，是指寻找一个与被评估资产相同或相似的资产为参照物，根据参照资产的重置成本及参照物与被评估资产生产能力的比例，估算被评估资产的重置成本。计算公式为

$$被评估资产重置成本 = \frac{被评估资产年产量}{参照物年产量} \times 参照物重置成本 \qquad (2-6)$$

【例 2-3】某重置全新的一台机器设备价格为 6 万元，年产量为 6 000 件。现知被评估资产年产量为 4 000 件，由此可以确定其重置成本：

被评估资产重置成本＝4 000÷6 000×60 000＝40 000(元)

这种方法运用的前提条件和假设是资产的成本与其生产能力呈线性关系，生产能力越大，成本越高。应用这种方法估算重置成本时，首先应分析资产成本与生产能力之间是否存在这种线性关系，如果不存在，这种方法就不可以采用。

(2) 规模经济效益指数法。通过不同资产的生产能力与其成本之间关系的分析可以发现，许多资产的成本与其生产能力之间不存在线性关系。当资产 A 的生产能力比资产 B 的生产能力大一倍时，其成本却不一定大一倍，也就是说，资产生产能力和成本之间只呈同方向变化，而不是等比例变化，这是规模经济效益作用的结果。两项资产的重置成本和生产能力相比，其关系可用下列公式表示：

$$被评估资产的重置成本 = 参照物资产的重置成本 \times \left(\frac{被评估资产的产量}{参照物资产的产量}\right)^x \qquad (2-7)$$

式中，x 是一个经验数据，又被称为规模经济效益指数。在美国，这个经验数据一般为 0.4~1.2。我国到目前为止尚未有统一的经验数据，评估过程中要谨慎使用这种方法。

公式中的参照物一般可选择同类资产中的标准资产。

上述几种方法均可用于确定采用成本法评估时的重置成本(估测资产重置成本的具体方法并不局限于上述几种方法,至于选用哪种方法,应根据具体的评估对象和可以搜集到的资料确定。这些方法中,对某项资产可能同时都能用,有的则不然,应用时必须注意分析方法运用的前提条件,以免得出错误的结论。

另外,在运用成本法对企业整体资产及某一相同类型资产进行评估时,为了简化评估业务,节省评估时间,还可以采用统计分析法确定某类资产重置成本,这种方法运用的步骤如下:

(1) 在核实资产数量的基础上,把全部资产按照适当标准划为若干类别,如房屋建筑物按结构划分为钢结构、钢筋混凝土结构等;机器设备按有关规定划分为专用设备、通用设备、运输设备、仪器、仪表等。

(2) 在各类资产中抽样选择适量具有代表性的资产,应用功能价值法、价格指数法、重置核算法或规模经济效益指数法等估算其重置成本。

(3) 依据分类抽样估算资产的重置成本与账面历史成本,计算分类资产的调整系数。计算公式为

$$K=\frac{R'}{R} \tag{2-8}$$

式中:K 为资产重置成本与历史成本的调整系数;R' 为某类抽样资产的重置成本;R 为某类抽样资产的历史成本。

根据调整系数 K 估算被评估资产的重置成本,计算公式为

$$被评估资产重置成本 = \sum 某类资产账面历史成本 \times K \tag{2-9}$$

【例 2-4】评估某企业某类通用设备,经抽样选择具有代表性的通用设备 7 台,估算其重置成本之和为 100 万元,而该 7 台具有代表性通用设备历史成本之和为 50 万元,该类通用设备账面历史成本之和为 500 万元。则 $K=100\div50=2$,该类通用设备重置成本 $=500\times2=1\,000$(万元)。

(二) 资产实体性贬值的测算方法

实体性贬值是由于使用和自然力的作用使资产的物理功能下降导致的资产价值的减少。决定实体性贬值的因素有:①使用时间;②使用率,也叫利用率;③资产本身的质量;④维修保养程度。

▶ 1. 观察法

观察法又称成新率法,是指由具有专业知识和丰富经验的工程技术人员对被评估资产的实体各主要部位进行技术鉴定,并综合分析资产的设计、制造、使用、磨损、维护、修理、大修理、改造情况和物理寿命等因素,将评估对象与其全新状态相比,考察由于使用磨损和自然损耗对资产的功能、使用效率带来的影响,判断被评估资产的成新率,从而估算实体性贬值。计算公式为

$$资产实体性贬值 = 重置成本 \times 实体性贬值率$$

或

$$资产实体性贬值 = 重置成本 \times (1-实体性成新率) \tag{2-10}$$

2. 使用年限法

使用年限法又称为公式法，是指利用被评估资产的实际已使用年限与其总使用年限的比值来判断其实体贬值率（程度），进而估测资产的实体性贬值。计算公式为

$$资产实体性贬值率 = \frac{实际已适用年限}{总适用年限}$$

$$资产实体性贬值 = \frac{重置成本 - 预计残值}{总使用年限} \times 实际已使用年限 \qquad (2\text{-}11)$$

式中，预计残值是指被评估资产在清理报废时净收回的金额，在资产评估中，通常只考虑数额较大的残值，如残值数额较小则可以忽略不计；总使用年限是指实际已使用年限与尚可使用年限之和。计算公式为

$$总使用年限 = 实际已使用年限 + 尚可使用年限$$

$$实际已使用年限 = 名义已使用年限 \times 资产利用率$$

由于资产使用中负荷程度的影响，必须将资产的名义已使用年限调整为实际已使用年限。名义已使用年限是指资产从购进使用到评估时的年限。名义已使用年限可以通过会计记录、资产登记簿、登记卡片查询确定。实际已使用年限是指资产在使用中实际损耗的年限。实际已使用年限与名义已使用年限的差异可以通过资产利用率来调整。资产利用率计算公式为

$$资产利用率 = \frac{截至评估日资产累计实际利用时间}{截至评估日资产累计法定利用时间} \times 100\% \qquad (2\text{-}12)$$

当资产利用率>1时，表示资产超负荷运转，资产实际已使用年限比名义已使用年限长；当资产利用率=1时，表示资产满负荷运转，资产实际已使用年限等于名义已使用年限；当资产利用率<1时，表示开工不足，资产实际已使用年限小于名义已使用年限。

【例 2-5】 某资产于 2005 年 2 月购入，2015 年 2 月评估时，名义已使用年限是 10 年。根据该资产技术指标，正常使用的情况下，每天应工作 8 小时，该资产实际每天工作 7.5 小时。则

资产利用率 = 10×360×7.5÷(10×360×8)×100% = 93.75%，由此可确定其实际已使用年限为 9.4 年。

实际评估过程中，由于企业基础管理工作较差，再加上资产运转中的复杂性，资产利用率的指标往往很难确定。评估人员应综合分析资产的运转状态，如资产开工情况、大修间隔期、原材料供应情况、电力供应情况、是否季节性生产等各方面因素分析确定。尚可使用年限是根据资产的有形损耗因素，预计资产的继续使用年限。

使用年限法所显示的评估技术思路是一种应用较为广泛的评估技术，在资产评估实务中，评估人员还可以利用资产的工作量、行驶里程等指标，使用年限法的技术思路测算资产的实体性贬值。

3. 修复费用法

修复费用法是指利用恢复资产功能所支出的费用金额来直接估算资产实体性贬值的一种方法。修复费用包括资产主要零部件的更换或者修复、改造、停工损失等费用支出。如果资产可以通过修复恢复到全新状态，可以认为资产的实体性损耗等于其修复费用。

使用这种方法时,特别要注意区分实体性贬值的可修复部分与不可修复部分。可修复部分的实体性贬值是技术上可以修复而经济上合算;不可修复部分的实体性贬值则是技术上不可修复,或者技术上可修复,但经济上不合算。对于可修复部分的实体性贬值可用直接支出的金额来估算,对于不可修复的实体性贬值,则可运用观察法或使用年限法来确定。可修复部分和不可修复部分的实体性贬值之和构成全部的实体性贬值。

(三) 资产功能性贬值的测算方法

功能性贬值是由于技术相对落后造成的贬值。估算功能性贬值时,主要根据资产的效用、生产加工能力、工耗、物耗、能耗水平等功能方面的差异造成的成本增加或效益降低,相应确定功能性贬值额。同时,还要重视技术进步因素,注意替代设备、替代技术、替代产品的影响,以及行业技术装备水平现状和资产更新换代速度。

功能性贬值有两种表现形式:一是超额投资成本(超额购建成本);二是超额运营成本。

▶ 1. 超额投资成本

由于新技术、新材料、新工艺不断出现,使相同功能的设备的建造成本比过去低,原有设备中就有一部分超额投资得不到补偿,主要反映为更新重置成本低于复原重置成本,即

$$功能性贬值 = 复原重置成本 - 更新重置成本 \tag{2-13}$$

注意:如使用复原重置成本则应考虑是否存在超额投资成本引起的功能性贬值;如使用的是更新重置成本,这种贬值因素则已经考虑在内,无须再考虑;如使用现行市场价格作为重置成本,也无须再考虑超额投资成本。

▶ 2. 超额运营成本

由于技术进步出现了新的、性能更优的设备,致使原有设备的功能落后于新设备,新设备在运营费用上低于原有设备。

分析设备的超额运营成本,应考虑下列因素:①生产效率是否提高;②维护保养费用是否降低;③材料消耗是否降低;④能源消耗是否降低;⑤操作工人数量是否降低。

通常情况下,超额运营成本的估算可以按下列步骤进行:

(1) 将被评估资产的年运营成本与功能相同但性能更好的新资产的年运营成本进行比较。

(2) 计算两者的差异,确定净超额运营成本。由于企业支付的运营成本是在税前扣除的,企业支付的超额运营成本会导致税前利润额下降,所得税额降低,使企业负担的运营成本低于其实际支付额。因此,净超额运营成本是超额运营成本扣除其抵减的所得税以后的余额。

(3) 估计被评估资产的剩余寿命。

(4) 以适当的折现率将被评估资产在剩余寿命内每年的超额运营成本折现,这些折现值之和就是被评估资产功能性损耗(贬值),计算公式为

$$被评估资产功能性贬值 = \sum(被评估资产年净超额运营成本 \times 折现系数) \tag{2-14}$$

【例 2-6】某技术先进的设备比原有的陈旧设备生产效率高,节约工资费用,有关技术资料及计算结果如表 2-1 所示。

表 2-1 某设备技术资料

项　目	技术先进设备	技术陈旧设备
月产量	10 000 件	10 000 件
单件工资	0.80 元	1.2 元
月工资成本	8 000 元	12 000 元
月差异额		12 000－8 000＝4 000(元)
年工资成本超支额		4 000×12＝48 000(元)
减：所得税(税率为25%)		12 000 元
扣除所得税后年净超额工资		36 000 元
资产剩余使用年限		5 年
假定折现率10%，5年年金折现系数		3.790 8
功能性贬值		136 468.8 元

(四) 资产经济性贬值的测算方法

就表现形式而言，资产的经济性贬值主要表现为运营中的资产利用率下降，甚至闲置，并由此引起资产的运营收益减少。当有确实证据表明资产已经存在经济性贬值，可参考下面方法测算其经济性贬值率或经济性贬值额。

导致经济性贬值的原因有：

(1) 竞争加剧，社会总需求减少，导致开工不足；

(2) 材料供应不畅，导致开工不足；

(3) 材料成本增加，导致企业费用直线上升；

(4) 通货膨胀的情况下，国家实行高利率政策，导致企业运营成本加大；

(5) 产业政策的变动、使用寿命缩短等。

外部环境因素产生的结果主要有两种：一是运行成本上升或收益下降；二是开工率不足，生产能力下降。根据这两种结果，采用两种测算方法。

▶ 1. 直接计算法

当外部环境的变化导致运行成本上升或收益下降时，就用年收益损失净额折现来测算经济性贬值，也称为经济损失资本化法。计算公式为

$$\text{经济性贬值额}=\text{资产年收益损失额}\times(1-\text{所得税税率})\times(P/A,r,n) \quad (2-15)$$

式中，$(P/A,r,n)$为年金现值系数。

【例2-7】如果某电视机生产企业不降低生产量，就必须降价销售电视机。假定原电视机销售价格为2 000元/台，经测算每年完成10万台的销售量，售价需降至1 900元/台，即每台损失毛利100元。经测算，该生产线还可以继续使用3年，企业所在行业的平均投资报酬率为10%，试测算该生产线的经济性贬值。

$$\text{经济性贬值}=(100\times100\ 000)\times(1-25\%)\times(P/A,10\%,3)=18\ 651\ 750(\text{元})$$

▶ 2. 间接计算法

当外部环境的变化导致资产闲置、开工率不足、生产能力下降时，用实际生产能力和原设定生产能力之比来求经济性贬值率，再求经济性贬值，也称为生产能力比较法。计算公式为

经济性贬值率＝[1－(资产预计可被利用的生产能力÷

资产原设计生产能力)^x]×100%   (2-16)

经济性贬值＝(重置成本－实体性贬值－功能性贬值)×经济性贬值率   (2-17)

式中，x 为功能价值指数，实践中多采用经验数据，数值一般为 0.6～0.7。经济性贬值额的计算应以评估对象的重置成本为基数，按确定的经济性贬值率测算。

【例 2-8】 某被估生产线设计生产能力为年产 20 000 台产品，因市场需求结构变化，在未来可使用年限内，每年产量估计要减少 6 000 台左右。根据上述条件，该生产线的经济性贬值率为

经济性贬值率＝[1－(14 000/20 000)$^{0.6}$×100%]＝[1－0.81]×100%＝19%

经评估，该生产线的重置成本为 1 500 万元，实体性损耗额为 300 万元，功能性损耗额为 150 万元，则该生产线的经济性贬值为

经济性贬值＝(1500－300－150)×19%＝199.5(万元)

在实际评估工作中也有经济性溢价的情况，即当评估对象及其产品有良好的市场及市场前景或有重大政策利好，评估对象就可能存在经济性溢价。

第二节 市 场 法

一、市场法的基本思路

市场法是指利用市场上同样或类似资产的近期交易价格，经过直接比较或类比分析以估测资产价值的各种评估技术方法的总称。

市场法是根据替代原则，采用比较和类比的思路及其方法判断资产价值的资产评估方法。任何一个正常的投资者在购置某项资产时，他愿意支付的价格不会高于市场上具有相同用途的替代品的现行市价，运用市场法要求充分利用类似资产成交价格信息，并以此为基础判断和估测被评估资产的价值。运用已被市场检验了的结论来评估被评估对象，显然是容易被资产业务各当事人接受的。因此，市场法是资产评估中最直接、最具说服力的评估方法之一。

二、市场法的基本前提

运用市场法进行资产评估需要满足两个最基本的前提条件：一是需要有一个活跃的公开市场。市场上有自愿的买方和卖方，彼此之间要进行平等交易。按市场行情估测被评估资产价值，评估结果会更贴近市场，更容易被资产交易各方所接受。二是公开市场上要有可比的资产及其交易活动。资产及其交易的可比性是指选择的可比资产及其交易活动在近期的公开市场上已经发生过，并且与被评估资产及资产业务相同或相似。这些已经完成交易的资产可以作为被评估资产的参照物，其交易数据是进行比较分析的主要依据。资产及其交易的可比性具体体现在以下几个方面：

(1) 参照物与评估对象在功能上具有可比性，包括用途、性能上的相同或相似；

(2) 参照物与评估对象面临的市场条件具有可比性，包括市场供求关系、竞争状况和

交易条件等；

（3）参照物成交时间与评估基准日间隔时间不能过长，应在一个适度的时间范围内，同时，时间对资产价值的影响是可以调整的。

三、决定现行市价的基本因素

资产的现行价格虽然千差万别，但决定其价格高低的基本因素大体相同，这是由资产的商品属性决定的。

▶ 1. 基础价格

基础价格是指资产的生产价格，大多数资产都是由产品转化而成的，按照马克思劳动价值论原理，其价值量是生产过程中所耗费的劳动（包括物化劳动和活劳动）的凝结，因此，决定资产现行市价的基础是其生产成本。

▶ 2. 供求关系

一项商品或劳务的价格与需求量呈正比例关系，与供应量呈反比例关系。当需求量大于供应量时，价格就高；反之，价格就低。在资产评估时，应充分考虑市场供求关系对资产现行市场价格的影响。当一项资产有多个买主购买而处于竞买状态时，这种买方之间的竞争可以导致资产价格的上涨；反之，多个卖主向同一个买主竞卖同类资产时，这种卖方之间的竞争可以导致资产价格的下降。

▶ 3. 质量因素

质量因素是指资产本身的功能、性能、耐用度等状况。一般来说，商品价格是优质优价，同类商品质量好的价格高、质量差的价格低。在资产评估中，质量因素对资产价格的影响也必须予以充分的考虑。

▶ 4. 成新率

由于被评估资产通常不是全新资产，故其新旧程度、可被利用程度也就成了影响该资产价值的重要因素。成新率一般用尚可使用年限与法定年限之比来表示。

除了上述因素之外，类比资产的现行市价、所处的时间和地域以及通货膨胀等因素也对被评估资产的市价有重要影响。

四、市场法的评估程序

采用市场法进行评估时，其基本程序如下。

▶ 1. 确定被评估资产

市场法的主要思路是通过选择参照物进行类比调整得到被评估资产的市场价值。选择的参照物与被评估资产相似度越高，调整的差异就越少，评估的结果就越容易被市场接受。因此，选择参照物之前，要收集被评估资产的相关资料，包括实体特征、地理特征、经济特征等，以此为依据选择参照物。

▶ 2. 选择参照物

评估对象无论是单项资产还是整体资产，运用市场法评估时都必须选择参照物。对参照物的选择要求关键是可比性，包括功能、市场条件及成交时间等，另外就是参照物的数量问题。无论参照物与评估对象如何相似，均应选择三个以上参照物。因为运用市场法评估资产价值，被评估资产的评估值高低在很大程度上取决于参照物的成交价，而参照物成交价不仅是参照物功能自身的市场体现，它还受买卖双方交易地位、交易动机、交易时限等因素的影响。为了避免某个参照物个别交易中的特殊因素和偶然因素对成交价及评估值的影响，运用市场法评估资产时应尽可能选择多个参照物。

▶ 3. 在评估对象与参照物之间选择比较因素

总体来讲，影响资产价值的基本因素大致相同，包括资产性质、市场条件等。但具体到每一种资产时，影响资产价值的因素又各有侧重，如影响房地产价值的主要因素是地理位置，而技术水平则在机器设备评估中起主导作用。所以，应根据不同种类资产价值形成的特点，选择对资产价值形成影响较大的因素作为对比指标，在参照物与评估对象之间进行比较。

▶ 4. 指标对比、量化差异

根据前面选定的对比指标，在参照物及评估对象之间进行比较，并将两者的差异进行量化。例如资产功能指标，尽管参照物与评估对象功能相同或相似，但在生产能力、产品质量，以及资产运营过程中的能耗、料耗和工耗等方面都可能有不同程度的差异。运用市场法的一个重要环节就是将参照物与评估对象对比指标之间的上述差异数量化和货币化。

▶ 5. 在各参照物成交价格的基础上调整已经量化的对比指标差异

市场法是以参照物的成交价格作为估算评估对象价值的基础。在这个基础上将已经量化的参照物与评估对象对比指标差异进行调增或调减，就可以得到以每个参照物为基础的评估对象的初步评估结果。初步评估结果与所选择的参照物个数密切相关。

▶ 6. 综合分析确定评估结果

按照一般要求，运用市场法通常应选择三个以上参照物。所以，在一般情况下，运用市场法评估的初步结果也在三个以上。根据资产评估的一般惯例的要求，正式的评估结果只能是一个，这就需要评估人员对若干初步评估结果进行综合分析，以确定最终的评估值。在这个环节上没有什么硬性规定，主要取决于评估人员对参照物的把握和对评估对象的认识。当然，如果参照物与评估对象可比性很好，评估过程中没有明显的遗漏或疏忽，采用算术平均法或加权平均法等将初步评估结果转换成最终评估结果也是可以的。

五、市场法的具体评估方法

实际上，市场法是指在一种评估思路下的若干具体评估方法的集合。市场法的具体评估方法可以根据不同的划分标准进行分类，这些分类并不是严格意义上的方法分类，大多是尊重某种习惯分类，分类目的仅仅是便于叙述和学习。按照参照物与评估对象的相似程度，市场法可以分为两大类：直接比较法和类比调整法。

（一）直接比较法

直接比较法是指能够在市场上找到与被评估资产完全相同的参照物，或者被评估资产的取得时间与评估基准日非常接近且市场价格基本稳定的情况，或者参照物与被评估资产仅存一方面差异时的资产评估。

当参照物与被评估资产完全相同时，不需要调整差异，直接以参照物的现行市价作为评估值；或者当被评估资产的取得时间与评估基准日非常接近且市场价格基本稳定时，直接以被评估资产的账面价值或现行市场价格作为评估值。这种方法叫作现行市价法。

当参照物与评估对象仅存一方面差异时，需要在参照物的交易价格的基础上，量化调

整此方面的差异得到被评估资产的价值。计算公式为

$$资产评估价值 = 参照物成交价 \times 差异调整系数$$

$$资产评估价值 = 参照物成交价 \times \frac{被评估资产的相关指标}{参照物的相关指标} \qquad (2\text{-}18)$$

或

$$资产评估价值 = 参照物成交价 \pm 差异调整额 \qquad (2\text{-}19)$$

参照物与被评估资产之间的差异因素包括时间因素、区域因素、功能因素、交易情况、个别因素和新旧程度等。

▶ 1. 时间因素

时间因素是指参照物交易时间与被评估资产评估基准日时间上的不一致所导致的差异。这种差异一般用价格指数法(或称物价指数法)进行调整。

价格指数法是以参照物成交价格为基础，考虑参照物的成交时间与评估对象的评估基准日的时间间隔对资产价值的影响，利用价格指数调整估算评估对象价值的方法。计算公式为

$$资产评估价值 = 参照物成交价格 \times 时间差异修正系数$$
$$= 参照物成交价格 \times (1 + 物价变动指数) \qquad (2\text{-}20)$$

或

$$资产评估价值 = 参照物成交价格 \times 价格指数 \qquad (2\text{-}21)$$

价格指数包括定基价格指数和环比价格指数，具体计算方法见公式 2-5。

【例 2-9】 与评估对象完全相同的参照资产 6 个月前的成交价格为 8 万元，半年间该类资产的价格上升了 5%，则资产评估价值 $= 8 \times (1 + 5\%) = 8.4$ (万元)。

▶ 2. 区域因素

区域因素是指资产所在地区或地段条件对资产价格的影响差异。区域因素对房地产价格的影响尤为突出。当评估对象与参照物之间只存在区域因素的差异时，被评估资产价值的计算公式为

$$资产评估价值 = 参照物成交价格 \times 区域因素修正系数 \qquad (2\text{-}22)$$

▶ 3. 功能因素

功能因素是指资产实体功能过剩和不足对价格的影响。当评估对象与参照物之间只存在功能因素的差异时，一般用功能价值类比法进行调整，即以参照物的成交价格为基础，依据参照物与评估对象之间的功能差异进行调整来估算评估对象价值。计算公式为

$$资产评估价值 = 参照物成交价格 \times 功能差异修正系数 \qquad (2\text{-}23)$$

根据资产的功能与其价值之间的关系可分为线性关系和指数关系两种情况。

(1) 资产价值与其功能呈线性关系时，通常被称作生产能力比例法，计算公式为

$$资产评估价值 = 参照物成交价格 \times \frac{评估对象生产能力}{参照物生产能力} \qquad (2\text{-}24)$$

当然，功能价值类此法不仅表现在资产的生产能力这一项指标上，它还可以通过对参照物与评估对象的其他功能指标的对比，利用参照物成交价格推算出评估对象价值。

【例 2-10】 被评估资产年生产能力为 120 吨，参照资产的年生产能力为 150 吨，评估基准日参照资产的市场价格为 10 万元，由此确定被评估资产价值接近 8 万元，即资产评估价值 $= 10 \times 120 \div 150 = 8$ (万元)。

(2)资产价值与其功能呈指数关系时,通常被称作规模经济效益指数法,计算公式为

$$资产评估价值=参照物成交价格\times\left(\frac{评估对象生产能力}{参照物生产能力}\right)^x \qquad (2-25)$$

【**例 2-11**】被评估资产年生产能力为 90 吨,参照资产的年生产能力为 120 吨,评估基准日参照资产的市场价格为 10 万元,该类资产的功能价值指数为 0.7,由此确定被评估资产价值接近 8.18 万元,即资产评估价值 $=10\times(90\div120)^{0.7}=8.18$(万元)。

▶ 4. 交易情况

交易情况主要包括交易的市场条件和交易条件。市场条件主要是指参照物成交时的市场条件与评估时的市场条件是属于公开市场还是属于非公开市场,以及市场供求状况。交易条件主要包括交易批量、动机、时间等。

当评估对象与参照物之间只存在交易情况的差异时,被评估资产的价值计算公式为

$$资产评估价值=参照物成交价格\times交易情况修正系数 \qquad (2-26)$$

当被评估资产在销售条件、销售时限等方面存在不利因素时,需要以参照物成交价格为基础,依据评估人员的经验或有关部门的规定,设定一个价格折扣率来估算评估对象的价值,这种方法叫作市价折扣法。计算公式为

$$资产评估价值=参照物成交价格\times(1-价格折扣率) \qquad (2-27)$$

【**例 2-12**】评估某拟快速变现资产,在评估基准日与其完全相同的正常变现价为 30 万元,经评估师综合分析,认为快速变现的折扣率应为 20%,因此,拟快速变现资产价值接近 24 万元,即资产评估价值 $=30\times(1-20\%)=24$(万元)。

▶ 5. 个别因素

个别因素主要包括资产的实体特征和质量。资产的实体特征主要是指资产的外观、结构、规格型号等。资产的质量主要是指资产本身的建造或制造的工艺水平。

当评估对象与参照物之间只存在个别因素的差异时,被评估资产的价值计算公式为

$$资产评估价值=参照物成交价格\times个别因素修正系数 \qquad (2-28)$$

▶ 6. 新旧程度

考虑参照物与评估对象新旧程度上的差异,以参照物的成交价格为基础,通过成新率调整估算出评估对象的价值,这便是成新率价格调整法。计算公式为

$$资产评估价值=参照物成交价格\times\frac{评估对象成新率}{参照物成新率} \qquad (2-29)$$

其中:

$$资产的成新率=\frac{资产的尚可使用年限}{资产的已使用年限+资产的尚可使用年限}$$

此方法一般只运用于评估对象与参照物之间仅存在成新程度差异的情况。当然此方法略加改造也可以作为计算评估对象与参照物成新程度差异调整率和差异调整值的办法。

直接比较法具有适用性强、应用广泛的特点,但对信息资料的数量和质量要求较高,而且要求评估人员要有比较丰富的评估经验、市场阅历和评估技巧。没有足够的数据资料,以及对资产功能、市场行情的充分了解和把握,很难准确地估算出评估对象的价值。

(二)类比调整法

类比法又称市场成交价格比较法,是指在公开市场上无法找到与被评估资产完全相同的

参照物时,可以选择若干个类似资产的交易案例作为参照物,通过分析比较评估对象与各参照物成交案例的因素差异,并对参照物的价格进行差异调整,来确定被评估资产价值的方法。

在具体操作过程中,使用频率较高的有以下几种技术方法。

▶ 1. 市场售价类比法

市场售价类比法是指以参照物的成交价格为基础,考虑参照物与评估对象在功能、市场条件和销售时间等方面的差异,通过对比分析和量化差异,调整估算出评估对象价值的方法。计算公式为

资产评估价值=参照物售价+功能差异值+时间差异值+…+交易情况差异值

(2-30)

资产评估价值=参照物售价×功能差异修正系数×…×时间差异修正系数 (2-31)

【例 2-13】待估地块为城市规划中属于住宅区的一块空地,面积为600平方米,地形为长方形。要求评估该地块2007年10月的公平市场交易价格。

(1)选择评估方法。该种类型的土地有较多的交易实例,故采用市场法进行评估。

(2)搜集有关的评估资料。

① 搜集待估土地资料。(略)

② 搜集交易实例资料。选择4个交易实例作为参照物。交易实例情况如表2-2所示。

表2-2 交易实例情况表

对比项目		交易实例A	交易实例B	交易实例C	交易实例D	估价对象
所处地区		临近	类似	类似	类似	一般市区
用地性质		住宅	住宅	住宅	住宅	住宅
土地类型		空地	空地	空地	空地	空地
交易日期		2007年4月	2007年3月	2006年10月	2006年12月	2007年10月
价格	总价/万元	19.6	31.2	27.4	37.8	
	单价/(元/m²)	870	820	855	840	
面积/m²		225	380	320	450	600
形状		长方形	长方形	长方形	略正方形	长方形
地势		平坦	平坦	平坦	平坦	平坦
地质		普通	普通	普通	普通	普通
基础设施		较好	完备	较好	很好	很好
交通状况		很好	较好	较好	较好	很好
正面路宽/m		8	6	8	8	8
容积率		6	5	6	6	6
剩余使用年限/年		35	30	35	30	30

(3)进行交易情况修正。经分析,交易实例A、D为正常买卖,无需进行交易情况修正;交易实例B比正常买卖价格低2%;交易实例C比正常买卖价格低3%。

各交易实例的交易情况修正率:交易实例A为0;交易实例B为2%;交易实例C为3%;交易实例D为0。

(4) 进行交易日期修正。根据调查,自 2006 年 10 月以来土地价格平均每月上涨 1%,则各参照物交易实例的交易日期修正率如下:交易实例 A 为 6%;交易实例 B 为 7%;交易实例 C 为 12%;交易实例 D 为 10%。

(5) 进行区域因素修正。交易实例 A 与待估土地处于同一地区,无需进行区域因素修正。交易实例 B、C、D 的区域因素修正情况可参照表 2-3 判断。

表 2-3 区域因素比较表

区域因素 \ 类似地区	B	C	D
自然条件	(相同)10	(相同)10	(相同)10
社会环境	(较差)7	(相同)10	(相同)10
街道条件	(相同)10	(相同)10	(相同)10
交通便捷度	(稍差)8	(稍好)12	(相同)10
离交通车站点距离	(较远)7	(稍近)12	(相同)10
离市中心距离	(相同)10	(稍近)12	(相同)10
基础设施状况	(稍差)8	(相同)10	(稍好)12
公共设施完备状况	(相同)10	(较好)12	(相同)10
水、大气、噪声污染状况	(相同)10	(相同)10	(相同)10
周围环境及景观	(稍差)8	(相同)10	(稍差)8
综合打分	88	108	100

本次评估设定待估地块的区域因素值为 100,根据表 2-3 各种区域因素的对比分析,经综合判定,交易实例 B 所属地区为 88,交易实例 C 所属地区为 108,交易实例 D 所属地区为 100。

(6) 进行个别因素修正。

① 经比较分析,待估土地的面积较大,有利于充分利用。另外环境条件也比较好,故判定比各交易实例土地价格高 2%。

② 土地使用年限因素的修正。交易实例 B、D 与待估土地的剩余使用年限相同无需修正。交易实例 A、C 均需进行使用年限因素的调整,其调整系数测算如下(假定折现率为 8%):

$$年限修正系数 = \left[1 - \frac{1}{(1+8\%)^{30}}\right] \div \left[1 - \frac{1}{(1+8\%)^{35}}\right]$$
$$= (1 - 0.099\ 4) \div (1 - 0.067\ 6)$$
$$= 0.900\ 6 \div 0.932\ 4 = 0.965\ 6$$

(7) 计算待估土地的初步价格。

交易实例 A 修正后的单价 = $870 \times \frac{100}{100} \times \frac{106}{100} \times \frac{100}{100} \times \frac{102}{100} \times 0.965 = 909(元/m^2)$

交易实例 B 修正后的单价 = $870 \times \frac{100}{98} \times \frac{107}{100} \times \frac{100}{88} \times \frac{102}{100} = 1\ 038(元/m^2)$

交易实例 C 修正后的单价 = $870 \times \frac{100}{97} \times \frac{112}{100} \times \frac{100}{108} \times \frac{102}{100} \times 0.965\ 9 = 901(元/m^2)$

交易实例 D 修正后的单价 $=870\times\dfrac{100}{100}\times\dfrac{110}{100}\times\dfrac{100}{100}\times\dfrac{102}{100}=942(元/m^2)$

(8) 采用简单算术平均法求评估结果。

土地评估单价 $=(909+1\,038+901+942)\div4=948(元/m^2)$

土地评估总价 $=600\times948=568\,800(元)$

▶ 2. 价值比率法

价值比率法是指将参照物的市场交易价格与其某一经济参数或经济指标相比形成的价值比率作为乘数或倍数，乘以评估对象的同一经济参数或经济指标，从而得到评估对象价值的一种具体评估方法。价值比率法中的价值比率种类非常多，包括了盈利类指标的价值比率，如息税前收益价值比率、税后现金流量价值比率和每股收益价值比率（市盈率）等；收入类指标的价值比率，如销售收入价值比率（市销率）；资产类指标的价值比率，如净资产价值比率、总资产价值比率等；其他类指标的价值比率，如成本市价比率、矿山可开采储量价值比率等。这里只介绍两种简单的价值比率及相应的具体评估方法。

(1) 成本市价法。成本市价法是以评估对象的现行合理成本为基础，利用参照物的成本市价比率来估算评估对象价值的方法。计算公式为

$$资产评估价值 = 评估对象现行合理成本 \times \dfrac{参照物的成交价格}{参照物的现行合理成本} \qquad (2-32)$$

【例 2-14】评估时点某市商品住宅的成本市价率为 150%，已知被估全新住宅的现行本为 20 万元，则资产评估价值 $=20\times150\%=30(万元)$。

(2) 市盈率乘（倍）数法。市盈率乘数法主要适用于整体企业的评估。市盈率乘数法是以参照物（企业）的市盈率作为乘数（倍数），以此乘数与评估对象（企业）的收益额相乘估算评估对象（企业）价值的方法。计算公式为

$$资产评估价值 = 被评估企业相同口径收益额 \times 参照物（企业）市盈率 \qquad (2-33)$$

【例 2-15】某被估企业的年净利润为 800 万元，评估基准日资产市场上同类企业平均市盈率为 20 倍，则该企业的评估价值 $=800\times20=16\,000(万元)$。

在上述各种具体评估方法中，许多具体评估方法既适用于直接评估单项资产的价值，也适用于在市场法（途径）中估测评估标的与参照物之间某一种差异的调整系数或调整值。在现代市场经济条件下，单项资产和整体资产都可以作为交易对象进入市场流通，不论是单项资产还是整体资产的交易实例都可以为运用市场法进行资产评估提供可供参照的评估依据和资料。但是，市场法的使用前提必须满足两个最基本的条件：一是利用参照物进行评估，且参照物与评估对象必须相同或相似，即具有可比性；二是参照物的交易时间与评估基准日的间隔不能过长。

第三节 收 益 法

一、收益法的基本概念

收益法是指通过估算被评估资产未来预期收益并折算成现值，借以确定被评估资产价

值的各种资产评估方法的总称。采用收益法时，假设任何一个理智的投资者在购置或投资于某一资产时，所愿意支付或投资的货币数额不会高于所购置或投资的资产在未来能给其带来的回报，即收益额。收益法利用投资回报和收益折现等技术手段，把评估对象的预期产出能力和获利能力作为评估标的来估测评估对象的价值。根据评估对象的预期收益来评估其价值，容易被资产业务各方接受。

二、收益法的基本前提

收益法是依据资产未来预期收益经折现或本金化处理来估测资产价值的，它涉及三个基本要素：一是被评估资产的预期收益；二是折现率或资本化率；三是被评估资产取得预期收益的持续时间。因此，清晰地把握上述三要素就成为运用收益法的基本前提。从这个意义上讲，应用收益法必须具备的前提条件如下：

(1) 被评估资产的未来预期收益可以预测并可以用货币衡量；

(2) 资产拥有者获得预期收益所承担的风险也可以预测并可以用货币衡量；

(3) 被评估资产预期获利年限可以预测。

三、收益法的评估程序和基本参数

(一) 收益法的评估程序

采用收益法进行评估的基本程序如下：

(1) 搜集并验证与评估对象未来预期收益有关的数据资料，包括经营前景、财务状况、市场形势和经营风险等；

(2) 分析测算被评估对象未来预期收益；

(3) 确定折现率或资本化率；

(4) 用折现率或资本化率将评估对象未来预期收益折算成现值；

(5) 分析确定评估结果。

(二) 收益法的基本参数

运用收益法进行评估涉及许多经济技术参数，其中最基本的参数有三个：收益额、折现率和收益期限。

▶ 1. 收益额

收益额是使用收益法评估资产价值的基本参数之一。在资产评估中，资产的收益额是指根据投资回报的原理，资产在正常情况下所能得到的归其产权主体的所得额。资产评估中的收益额有两个比较明确的特点：

(1) 收益额是资产未来预期收益额，而不是资产的历史收益额或现实收益额；

(2) 用于资产评估的收益额是资产的客观收益，而不是资产的实际收益。

收益额的上述两个特点是非常重要的，评估人员在执业过程中应切实注意收益额的特点，以便合理运用收益法来估测资产的价值。因资产种类较多，不同种类资产的收益额表现形式亦不完全相同，如企业的收益额通常表现为净利润或净现金流量，而房地产则通常表现为纯收益等。

▶ 2. 折现率

从本质上讲，折现率是一种期望投资报酬率，是投资者在投资风险一定的情况下，对投资所期望的回报率。折现率就其构成而言，是由无风险报酬率和风险报酬率组成的。无风险报酬率亦称安全利率，一般参照同期国库券利率。风险报酬率是指超过无风险报酬率以上部分的投资回报率。在资产评估中，因资产的行业分布、种类、市场条件等的不同，其折现率亦不相同。资本化率与折现率在本质上是相同的，习惯上人们将未来有限期预期收益折算成现值的比率称为折现率，而将未来永续性预期收益折算成现值的比率称为资本化率。折现率与资本化率在量上是否恒等主要取决于同一资产在未来长短不同的时期所面临的风险是否相同。确定折现率，首先应该明确折现的内涵。折现作为一个时间优先的概念，认为将来的收益或利益低于现在的同样收益或利益，并且随着收益时间向将来推迟的程度而有序地降低价值。同时，折现作为一个算术过程，是把一个特定比率应用于一个预期的收益流，从而得出当前的价值。

▶ 3. 收益期限

收益期限是指资产具有获利能力所持续的时间，通常以年为时间单位。收益期限由评估人员根据被评估资产自身效能及相关条件，以及有关法律、法规、契约、合同等加以估测，具体来讲包括三种方法：

（1）以法律、法规的规定时间为基础进行估测；

（2）以合同规定的时间为基础估测；

（3）根据产品寿命周期进行估测。

四、收益法中的具体方法

实际上，收益法是预期收益还原思路下的若干具体方法的集合。总体来看，收益法中的具体方法可以分为若干类：一是针对评估对象未来预期收益有无限期的情况划分，可分为有限期和无限期的评估方法；二是针对评估对象预期收益额的情况划分，可分为等额收益评估方法、非等额收益评估方法等。为了便于学习收益法中的具体方法，先对这些具体方法中所用的字符含义做统一的定义：P 为评估值；i 为年序号；P_t 为未来第 t 年的评估值；R_t 为未来第 t 年的预期收益；r 为折现率或资本化率；r_t 为第 t 年的折现率或资本化率；n 为收益年期；t 为收益年期；A 为年金。

（一）纯收益不变

（1）在收益永续、各因素不变的条件下，计算公式为

$$P = \frac{A}{r} \tag{2-34}$$

其成立条件是：①纯收益每年不变；②资本化率固定且大于零；③收益年期无限。

（2）在收益年期有限、资本化率大于零的条件下，计算公式为

$$P = \frac{A}{r}\left[1 - \frac{1}{(1+r)^n}\right] \tag{2-35}$$

这是一个经常在估价实务中使用的计算公式，其成立条件是：①纯收益每年不变；②资本化率固定且大于零；③收益年期有限为 n。

（3）在收益年期有限、资本化率等于零的条件下，计算公式为

$$P = A \cdot n \tag{2-36}$$

其成立条件是：①纯收益每年不变；②收益年期有限为 n；③资本化率为零。

(二) 纯收益在若干年后保持不变

▶ 1. 无限年期收益

无限年期收益的计算公式为

$$P = \sum_{i=1}^{n} \frac{R_i}{(1+r)^i} + \frac{A}{r(1+r)^n} \tag{2-37}$$

其成立条件是：①纯收益在 n 年（含第 n 年）以前有变化；②纯收益在 n 年（不含第 n 年）以后保持不变；③收益年期无限；④r 大于零。

▶ 2. 有限年期收益

有限年期收益的计算公式为

$$P = \sum_{i=1}^{t} \frac{R_i}{(1+r)^i} + \frac{A}{r(1+r)^t} \left[1 - \frac{1}{(1+r)^{n-t}} \right] \tag{2-38}$$

其成立条件是：①纯收益在 t 年（含第 t 年）以前有变化；②纯收益在 t 年（不含第 t 年）以后保持不变；③收益年期有限为 n；④r 大于零。

(三) 纯收益按等差级数变化

(1) 在纯收益按等差级数递增、收益年期无限的条件下，计算公式为

$$P = \frac{A}{r} + \frac{B}{r^2} \tag{2-39}$$

其成立条件是：①纯收益按等差级数递增；②纯收益逐年递增额为 B；③收益年期无限；④r 大于零。

(2) 在纯收益按等差级数递增、收益年期有限的条件下，计算公式为

$$P = \left(\frac{A}{r} + \frac{B}{r^2} \right) \left[1 - \frac{1}{(1+r)^n} \right] - \frac{B}{r} \times \frac{n}{(1+r)^n} \tag{2-40}$$

其成立条件是：①纯收益按等差级数递增；②纯收益逐年递增额为 B；③收益年期有限为 n；④r 大于零。

(3) 在纯收益按等差级数递减、收益年期无限的条件下，计算公式为

$$P = \frac{A}{r} - \frac{B}{r^2} \tag{2-41}$$

其成立条件是：①纯收益按等差级数递减；②纯收益逐年递减额为 B；③收益年期无限；④r 大于零；⑤收益递减到零为止。注意：该计算公式是成立的，但完全套用于资产评估是不合适的，因为资产产权主体会根据替代原则，在资产收益递减为零之前停止使用该资产或变现资产，不会无限制地永续地使用下去。

(4) 在纯收益按等差级数递减、收益年期有限的条件下，计算公式为

$$P = \left(\frac{A}{r} - \frac{B}{r^2} \right) \left[1 - \frac{1}{(1+r)^n} \right] + \frac{B}{r} \times \frac{n}{(1+r)^n} \tag{2-42}$$

其成立条件是：①纯收益按等差级数递减；②纯收益逐年递减额为 B；③收益年期有限为 n；④r 大于零。

(四) 纯收益按等比级数变化

(1) 在纯收益按等比级数递增、收益年期无限的条件下，计算公式为

$$P = \frac{A}{r - s} \tag{2-43}$$

其成立条件是：①纯收益按等比级数递增；②纯收益逐年递增比率为 s；③收益年期无限；④r 大于零；⑤$r>s>0$。

（2）在纯收益按等比级数递增、收益年期有限的条件下，计算公式为

$$P=\frac{A}{r-s}\left[1-\left(\frac{1+s}{1+r}\right)^n\right] \quad (2\text{-}44)$$

其成立条件是：①纯收益按等比级数递增；②纯收益逐年递增比率为 s；③收益年期有限；④r 大于零；⑤$r>s>0$。

（3）在纯收益按等比级数递减、收益年期无限的条件下，计算公式为

$$P=\frac{A}{r+s} \quad (2\text{-}45)$$

其成立条件是：①纯收益按等比级数递减；②纯收益逐年递减比率为 s；③收益年期无限；④r 大于零；⑤$r>s>0$。

（4）在纯收益按等比级数递减、收益年期有限的条件下，计算公式为

$$P=\frac{A}{r+s}\left[1-\left(\frac{1-s}{1+r}\right)^n\right] \quad (2\text{-}46)$$

其成立条件是：①纯收益按等比级数递减；②纯收益逐年递减比率为 s；③收益年期有限为 n；④r 大于零；⑤$0<s\leqslant 1$。

（5）在已知未来若干年后资产价格的条件下，计算公式为

$$P=\frac{A}{r}\left[1-\frac{1}{(1+r)^n}\right]+\frac{P_n}{(1+r)^n} \quad (2\text{-}47)$$

其成立条件是：①纯收益在第 n 年（含 n 年）前保持不变；②预知第 n 年的价格为 P；③r 大于零。

【例 2-16】某企业尚能继续经营，3 年的营业收益全部用于抵充负债，现评估其 3 年经营收益的折现额。经预测得出某企业未来 3 年的预期收益的数据如表 2-4 所示。

表 2-4 某企业未来 3 年的预期收益

时 间	收益额/万元	折现率/%	折现系数	收益折现值/万元
第一年	300	6	0.943 4	283
第二年	400	6	0.890 0	356
第三年	200	6	0.836 9	167.9

由此可以确定资产评估价值＝283＋356＋167.9＝806.9（万元）。

【例 2-17】某收益性资产预计未来 5 年收益额分别是 12 万元、15 万元、13 万元、11 万元和 14 万元。假定从第 6 年开始，以后各年收益均为 14 万元，确定的折现率和资本化率均为 10%。确定该收益性资产在永续经营和持续经营 50 年的企业评估价值。

（1）永续经营条件下的评估过程：

首先，确定未来 5 年收益额的现值。

$$\begin{aligned}
\text{现值总额} &= \frac{12}{(1+10\%)}+\frac{15}{(1+10\%)^2}+\frac{13}{(1+10\%)^3}+\frac{11}{(1+10\%)^4}+\frac{14}{(1+10\%)^5}\\
&=12\times 0.909\ 1+15\times 0.826\ 4+13\times 0.751\ 3+11\times 0.683\ 0+14\times 0.620\ 9\\
&=49.277\ 7(\text{万元})
\end{aligned}$$

计算上式采用的现值系数,可从复利现值系数表中查得。

其次,将第 6 年以后的收益进行资本化处理,即 14÷10%=140(万元)。

最后,确定该企业评估价值,企业评估价值=49.277 7+140×0.620 9=136.20(万元)。

(2) 持续经营 50 年的收益价值评估过程:

$$
\begin{aligned}
\text{企业评估价值} &= \frac{12}{(1+10\%)} + \frac{15}{(1+10\%)^2} + \frac{13}{(1+10\%)^3} + \frac{11}{(1+10\%)^4} + \frac{14}{(1+10\%)^5} + \\
&\quad \frac{14}{10\%(1+10\%)^5} \times \left[1 - \frac{1}{(1+10\%)^{50-5}}\right] \\
&= 49.277\,7 + 140 \times 0.620\,9 \times (1-0.013\,7) \\
&= 49.277\,7 + 85.735\,1 = 135.01(\text{万元})
\end{aligned}
$$

第四节 评估方法的选择

一、评估方法之间的关系

资产评估的市场法、成本法和收益法,以及由以上基本评估思路衍生出来的其他评估方法共同构成了资产评估的方法体系。资产评估的专业性质决定了构成资产评估方法体系的各种评估方法之间存在内在联系,而各种评估方法的独立存在又说明它们各有特点。正确认识资产评估方法之间的内在联系以及各自的特点,对于恰当地选择评估方法、高效地进行资产评估具有重要意义。

(一) 资产评估方法之间的联系

评估方法是实现评估目的的手段。对于特定经济行为,在相同的市场条件下,对处于相同状态下的同一资产进行评估,其评估价值应该是客观的。需要指出的是,运用不同的评估方法评估同一资产,必须保证评估目的、评估前提、被评估对象状态的一致,以及运用不同评估方法所选择的经济技术参数合理。

(二) 市场法与成本法的区别

资产评估过程中,市场法和成本法往往容易混淆,这两种方法的区别如下。

(1) 成本法是按现行市场价格确定重新购买该项资产的价值,而市场法则是按市场上该项资产的交易价格确定的。前者主要从买者角度,即以购建某项资产的耗费来确定;后者则是从卖者角度,即以市场上的销售价格来确定。

(2) 市场法中的现行市价指的是资产的独立价格,是交易过程中采用的。而重置成本不仅包括该资产的自身价格(购建价格),还包括该项资产的运杂费、安装调试费等。

(3) 市场法的运用与原始成本没有直接联系,而成本法中的某些计算则要依据被评估资产的原始成本和原始资料。

(4) 成本法是按全新资产的购建成本扣除被评估资产的各项损耗(或贬值)后确定评估价值;市场法则是按参照物价格,并考虑被评估资产与参照物的各项差异因素进行调整来确定评估值。两种方法具有不同的操作程序,资料的获得和指标的确定有不同的思路。

二、影响资产评估方法选择的因素

资产评估方法的多样性为评估人员提供了选择适当的评估途径,有效完成评估任务的现实可能。选择合适的资产评估方法,有利于快速、合理地确定资产评估价值。资产评估方法的选择主要应考虑以下几个因素。

(1) 资产评估方法的选择必须与资产评估价值类型相适应。资产评估价值类型决定了应该评估的价格类型,资产评估方法作为获得特定价值尺度的技术规程,必须与评估价值类型适应。资产评估价值类型与资产评估方法是两个不同层次的概念。资产评估价值类型说明"评什么",是资产评估价值的质的规定,具有排他性,对评估方法具有约束性;资产评估方法说明"如何评",是资产评估价值量的确定,具有多样性和替代性,并服务于评估价值类型。资产评估价值类型确定的准确性与科学的、相匹配的资产评估方法,是资产评估价值具有科学性和有效性的重要保证。

(2) 资产评估方法必须与评估对象相适应。评估对象的类型、理化状态等因素是选择资产评估方法时着重考虑的方面。

例如,一台市场交易很活跃的旧机器设备可以采用市场法进行评估,而旧的专用设备的评估通常只能采用成本法进行。

(3) 评估方法的选择还要受可收集数据和信息资料的制约。各种评估方法的运用都需要有充分的数据资料作为根据和参数,没有相应的数据和资料,方法就会失效。资产评估的过程实际上也是收集资料的过程。例如,在方法运用过程中,西方评估机构更多地采用现行市价。但在我国,由于受市场发育不完全、不完善的限制,市场法的应用无论从广度还是使用效率,均远远落后于其他成熟的市场经济国家。因此,评估师应根据可获取的资料,以及经努力能收集到的资料满足程度来选择适当的方法。就资产评估来说,方法的科学性取决于方法运用中指标的确定。

(4) 选择评估方法还要纳入不同评估途径中统筹考虑。在同一评估价值类型约束之下,由于方法的替代性,可能会有几种方法都适用。在选择方法时,一是充分考虑资产评估工作的效率,选择简便易行的方法;二是根据资产评估人员的特长进行选择。一般来说,方法的选择应在评估开始之前予以确定。当然,也可以分别采取几种方法进行评估,分析比较结果的科学性。

总之,在评估方法的选择过程中,应注意因地制宜和因事制宜,不可机械地按某种模式或某种顺序进行选择。但是,不论选择哪种评估方法进行评估,都应保证评估目的、评估时所依据的各种假设和条件、评估所使用的各种参数数据,以及评估结果在性质和逻辑上的一致。尤其在运用多种方法评估同一评估对象时,更要保证运动每种评估方法时所依据的各种假设、前提条件、数据参数的可比性,以便确保运用不同评估方法所得到的评估结果的可比性和相互可验证性。

本章小结

资产评估方法是实现评估的目的和手段,正确认识资产评估方法之间的内在联系以及各自的特点，对于恰当地选择评估方法、高效地进行资产评估具有重要的作用。本章系统地阐述了三种不同的资产评估方法的概念、应用前提条件，以及对评估参数的要求，同时对各种评估方法的关系，以及正确选择不同评估方法应考虑的因素进行了分析。充分掌握每一种评估方法的内涵、应用前提条件，以及对评估参数的要求，是正确理解和认识资产评估方法的基础，同时也是正确运用评估方法的基础。

综合练习

一、单项选择题

1. 资产功能性贬值的计算公式为：被评估资产功能性贬值额 = $\sum$（被评估资产年净超额运营成本×折现系数）。其中，净超额运营成本是（　　）。
   A. 超额运营成本乘折现系数所得的数额
   B. 超额运营成本扣除其抵减的所得税以后的余额
   C. 超额运营成本扣除其抵减的所得税以后的余额，乘以折现系数的所得额
   D. 超额运营成本加上其应抵减的所得税税额

2. 对被评估的机器设备进行模拟重置，按现行技术条件下的设计、工艺、材料、标准、价格和费用水平进行核算，这样求得的成本称为（　　）。
   A. 更新重置成本　　B. 复原重置成本　　C. 完全重置成本　　D. 实际重置成本

3. 评估一台机器设备，三年前购置，据了解该设备尚无替代产品。该设备账面原值10万元，其中，买价8万元，运输费0.4万元，安装费用（包括材料）1万元，调试费用0.6万元。经调查，该设备现行价格9.5万元，运输费、安装费、调试费分别比三年前上涨40%、30%、20%。该设备的重置成本是（　　）万元。
   A. 12.08　　　　　B. 10.58　　　　　C. 12.58　　　　　D. 9.5

4. 评估资产为一条年产量为8万件甲产品的生产线。经调查，市场现有类似生产线成本为25万元，年产量为15万件。如果规模经济指数为0.7时，则该设备的重置全价为（　　）万元。
   A. 19.2　　　　　B. 17.35　　　　　C. 24　　　　　　D. 16.10

5. 某项专用技术预计可用5年，预测未来5年的收益分别为40万元、42万元、44万元、45万元、46万元，假定折现率为10%，则该技术的评估价值为（　　）万元。
   A. 217　　　　　　B. 155.22　　　　C. 150.22　　　　D. 163.43

二、多项选择题

1. 价格指数调整法通常用于（　　）的机器设备的重置成本估测。
   A. 技术进步速度不快　　　　　　　　B. 技术进步因素对设备价格影响不大
   C. 技术进步因素对设备价格影响很大　　D. 单位价值较小的自制设备
   E. 价值量较大的设备

2. 资产评估中，不能采用会计学中的折旧年限来估算成新率是因为（　　）。
   A. 会计计价是由企业会计进行，而资产评估是由企业以外的评估人员进行的
   B. 会计学中的折旧年限是对某一类资产做出的会计处理的统一标准，对同一类资产

具有普遍性和同一性，而资产评估中的成新率则具有特殊性和个别性

C. 会计学中修理费的增加不影响折旧年限，而资产评估中的修理费的增加要影响资产的成新率

D. 会计学中的折旧年限未考虑同一类资产中个别资产之间在使用频率、保养和维护等方面的差异

E. 会计学中的折旧年限是按照折旧政策确定的，而成新率反映了资产实际的新旧程度

3. 应用市场法必须具备的前提条件是（　　）。

A. 需要有一个充分活跃的资产市场

B. 必须具有与被评估资产相同或相类似的全新资产价格

C. 可收集到参照物及其与被评估资产可比较的指标、技术参数

D. 被评估资产未来收益能以货币衡量

E. 被估资产所面临的风险也能够衡量

4. 市场法中，交易情况的调整是指（　　）。

A. 由于参照物的成交价高于或低于市场正常交易价格所需进行的调整

B. 因融资条件差异所需进行的调整　　C. 因投资环境差异所需进行的调整

D. 因销售情况不同所需进行的调整　　E. 因交易时间差异所需进行的调整

5. 以下各项中，对市场法的理解正确的有（　　）。

A. 市场法是资产评估的基本方法之一

B. 市场法的优点是能够反映资产目前的市场情况

C. 市场法的优点是评估值较能直观地反映市场现实价格

D. 市场法的缺点是有时缺少可比较的数据

E. 市场法是最具说服力的评估方法之一

三、判断题

1. 收益法中的收益是指评估基准日后若干年的平均收益。（　　）

2. 政府实施新的经济政策或发布新的法规限制了某些资产的使用，造成资产价值的降低，这是一种非评估考虑因素。（　　）

3. 对于一项科学技术进步较快的资产，采用物价指数法往往会比采用重置核算法估算的重置成本高。（　　）

4. 收益年限是指资产从购置开始到报废为止所经历的全部时间，通常以年为时间单位。（　　）

5. 复原重置成本与更新重置成本相比，设计差异、功能差异、技术差异和标准差异是两者之间的主要差异。（　　）

四、计算题

1. 被评估机组为 5 年前购置，账面价值为人民币 20 万元，评估时该类型机组已停产并被新型机组所取代。经调查和咨询了解到，在评估时点，其他企业购置新型机组的取得价格为人民币 30 万元，专家认定被评估机组与新型机组的功能比为 0.8，被评估机组尚可使用 8 年，预计每年超额运营成本为 1 万元。假定其他费用可以忽略不计。

要求：(1) 估测该机组的现时全新价格；

(2) 估算该机组的成新率；

(3)估算该机组的评估值。

2. 某台机床需评估,企业提供的购建成本资料如下:该设备采购价 5 万元,运输费 0.1 万元,安装费 0.3 万元,调试费 0.1 万元,已服役 2 年。经市场调查得知,该机床在市场上仍很流行,且价格上升了 20%;铁路运价近两年提高了 1 倍,安装的材料和工费上涨幅度加权计算为 40%,调试费上涨了 15%。试评估该机床原地续用的重置全价。

3. 现有一台与评估资产 X 设备生产能力相同的新设备 Y,使用 Y 设备比 X 设备每年可节约材料、能源消耗和劳动力等约 60 万元。X 设备的尚可使用年限为 6 年,假定年折现率为 10%,该企业的所得税税率为 40%,求 X 设备的超额运营成本。

4. 某上市公司欲收购一家企业,需对该企业的整体价值进行评估。已知该企业在今后保持持续经营,预计前 5 年的税前净收益分别为 40 万元、45 万元、50 万元、53 万元和 55 万元;从第 6 年开始,企业进入稳定期,预计每年的税前净收益保持在 55 万元。折现率与资本化率均为 10%,企业所得税税率为 40%,试计算该企业的评估值是多少?

五、简答题

1. 什么是市场法?市场法适用的前提条件是什么?
2. 采用市场法如何选择参照物?
3. 什么是收益法?收益法适用的前提条件是什么?
4. 什么是复原重置成本和更新重置成本?
5. 收益现值法对资产的估价取决于难以把握的未来收益因素和折现率,但为什么这种方法还是得到普遍的运用?
6. 运用重置成本法应考虑哪些因素对资产价值的影响?

六、案例分析题

长安汽车全资收购合肥长安

2014 年 3 月,长安汽车发布公告称,公司董事会经过审议,将自筹资金 43 998 万元收购由中国长安持有的合肥长安汽车有限公司(简称合肥长安)100%的股权。据悉,本次收购的主要目的是扩充产能,并将合肥长安纳入上市公司整体资产,为长安汽车未来整体上市做铺垫。合肥长安前身为合肥昌河汽车有限责任公司。数据显示,截至 2013 年 10 月 31 日,合肥长安资产总额为 12.65 亿元,净资产为 3.99 亿元,应收款项总额为 3.57 亿元。2013 年 1—10 月,合肥长安营业收入为 6.47 亿元,营业利润为 -1.6 亿元,净利润为 -1.11 亿元。

根据长安汽车的规划,2015 年之后其自主品牌乘用车将存在产能缺口。此番长安汽车收购合肥长安主要是为了获得其厂房和每年 15 万辆汽车产能的生产线,经过必要的改造和建设之后,可以使项目建设期缩短 24 个月以上,节省新建工厂所需的 12 亿元资金,并快速解决长安自主品牌乘用车产能受限的问题。

据悉,在未来三年,长安汽车将在合肥长安工厂生产奔奔 mini、CX20、悦翔三款车,通过以上自主品牌乘用车产品布局调整,从产能上保障 CS35、逸动、致尚 XT 等重点产品实现计划的产销目标,提升自主品牌乘用车整体盈利水平,未来将为上市公司业绩形成稳定支撑。

思考:

1. 请分析长安汽车以 43 998 万元收购合肥长安的原因,它运用了资产评估学的哪些知识?
2. 请比较合肥长安收购前的价值和收购后的价值,并说明价值差异的原因。

第三章 资产评估程序

学习目标

本章主要介绍了资产评估程序的概念、重要意义,以及资产评估的具体程序与基本要求,重点介绍了资产评估中相关信息的收集与分析方法。

1. 掌握资产评估的概念;
2. 理解资产评估程序的重要意义;
3. 掌握资产评估的具体程序与基本要求;
4. 掌握资产评估中相关信息的收集与分析方法。

导入案例

全国人大常委会委员对规范资产评估程序的建议

何晔晖委员认为,《资产评估法》草案对于资产评估程序的规定不明确。委托人应该出具什么样的法律手续,被委托人要依照什么程序进行评估,在审查过程中应该有哪些法律意义上的程序要求等,有关这些问题的条款不多,不够清楚。

李连宁委员认为,《资产评估法》草案在评估师、评估机构、自律组织、行业监管方面都规定得比较明确,但是最大的一块缺失是对资产评估程序的规范。从目前的实际情况来看,草案规范了主体和机构,如果不对程序做出更加明确的规范,对资产评估的结果就要打很大的问号。程序公正才能保证实体公正,程序公正才能实现利益公平。所以,要在现有草案的基础上对资产评估程序进行充实。

李连宁委员还说:"评估程序涉及两个方面。一是哪些人是合格的资产评估委托人,对此应该有明确的规范。例如,这个财产是我的,别人拿去评估了肯定是不对的,这样就等于侵犯了我的财产权利。草案对委托人没有任何规范,只规定委托人可以是自然人、法人或者其他组织,这就会有评估风险。建议对委托人的资格做出明确规定。二是如果对资产评估有异议,草案的规定是要求资产评估机构予以解释,但对解释服不服是另一回事。委托的结果显失公平怎么办?没有发现违法行为,没有串通、收受贿赂等行为,但结果与价值相去甚远怎么办?对此,要有一些补救性的程序。在《民法通则》中,如果交易意思的表达是自愿的，但是显失公平，那是可以改变的。因此，如果对评估结果有异议，仅请求评估机构进行解释，对于当事人的权利保障是不合适的。建议建立对整个资产评估程序的基本规范。"

资料来源：法制网．

第一节 资产评估程序概述

一、资产评估程序的概念

资产评估程序是指资产评估师执行资产评估业务所履行的系统性工作步骤。资产评估程序由具体的工作步骤组成，不同的资产评估业务由于评估对象、评估目的、资产评估资料收集情况等相关条件的差异，资产评估师可能需要执行不同的资产评估具体程序或工作步骤，但由于资产评估业务的共性，各种资产类型、各种评估目的的资产评估业务的基本程序是相同或相似的。通过对资产评估基本程序的总结和规范，可以有效地指导资产评估师开展各种类型的资产评估业务，因此，有必要加强对资产评估基本程序的研究和规范。

基于不同的角度，我国资产评估实务界对资产评估程序有着不同的理解，总体来说可以从狭义和广义的角度来认识资产评估程序。资产评估是一种基于委托合同的专业服务，从狭义的角度来讲，资产评估程序开始于资产评估机构和人员接受委托，终止于向委托人或相关当事人提交资产评估报告。从广义的角度来讲，资产评估程序开始于承接资产评估业务前的明确资产评估业务基本事项环节，终止于资产评估报告提交后的资产评估文件归档管理。作为一种专业性、风险性很强的中介服务，为保证资产评估业务质量、控制资产评估风险、提高资产服务水平，以便更好地服务于委托人，维护资产评估行为各方当事人合法权益和社会公共利益，有必要从广义的角度认识资产评估程序。《资产评估准则——基本准则》和《资产评估准则——评估程序》就是从广义的角度对评估程序进行规范的。

根据不同的分类标准，资产评估程序可以有不同的划分方法。资产评估的具体程序或工作步骤的划分，取决于资产评估师对各资产评估步骤共性的归纳，资产评估业务的性质和复杂程度也是影响资产评估具体程序划分的重要因素。根据各工作步骤的重要性，资产评估通常包括以下基本评估程序：

（1）明确资产评估业务基本事项；
（2）签订资产评估业务约定书；
（3）编制资产评估计划；
（4）现场调查；
（5）收集资产评估资料；
（6）评定估算；
（7）编制和提交资产评估报告；
（8）资产评估工作底稿归档。

二、资产评估程序的重要性

在《国际评估准则》、美国《专业评估执业统一准则》、英国《评估与评估指南》(红皮书)、澳大利亚《专业评估守则》和我国香港特别行政区《资产评估指南》等国际上的主要评估准则中,都没有设立独立的评估程序准则。但是,这并不表示国际各主要评估准则不重视对评估程序的规范,相反,在国际各主要评估准则的各项具体评估准则中,都以大量的篇幅和文字对评估程序进行了系统的论述和规范。例如,《国际评估准则》中的"机器设备评估"(评估准则 302.01)、"不动产权益评估"(评估准则 303.01),美国《专业评估执业统一准则》在"不动产"(准则 1)、"个人财产"(准则 7)、"企业价值与无形资产"(准则 9)等准则中都涉及大量对评估程序的规范与建议。由此可见,国际资产评估界都高度重视评估程序问题,一般都把评估程序的要求表述于具体的评估准则内容之中。

长期以来,由于我国资产评估业务发展的特殊性,我国资产评估行业对资产评估程序没有予以足够的重视,在理论上未进行深入研究。而管理界和实务界在实践中往往将《国有资产评估管理办法》中所确定的申请立项、资产清查、评定估算、验证确认等国有资产评估管理程序作为资产评估程序,这种分类没有反映资产评估程序的本质属性。资产评估程序应以评估机构与资产评估师为主体,反映为执行资产评估业务、形成资产评估结论所应履行的系统性工作步骤。

资产评估程序的重要性表现在以下三个方面。

(1) 资产评估程序是规范资产评估行为、提高资产评估业务质量和维护资产评估服务公信力的重要保证。资产评估机构和资产评估师接受委托,不论执行何种资产类型、何种评估目的的资产评估业务,都应履行必要的资产评估程序,按照工作步骤有计划地进行资产评估。这样做不仅有利于规范资产评估师的执业行为,而且能够有效地避免由于机构和人员水平不同而导致的在执行具体资产评估业务中可能出现的程序上的重要疏漏,切实保证资产评估业务质量。恰当履行资产评估程序,可以提高资产评估师的业务水平乃至中介服务的水平。资产评估师严格地履行资产评估程序也是赢得客户和社会公众信任、提高资产评估行业社会公信力的重要保证。

(2) 资产评估程序是相关当事方评价资产评估服务质量的重要依据。由于资产评估结论是相关当事方进行决策的重要参考依据之一。因此,资产评估服务必然会引起许多相关当事方的关注,包括委托人、产权持有者、资产评估报告使用人、相关利益当事人、司法部门、证券监督及其他行政监督部门、资产评估行政主管部门与行业协会,以及社会公众、新闻媒体等。资产评估程序不仅为资产评估师执行资产评估业务提供了必要的指导和规范,还为上述相关当事人提供了评价资产评估服务的重要依据,也是委托人、司法和行政监管部门及资产评估行业协会监督资产评估机构和资产评估师、评价资产评估服务质量的主要依据。

(3) 资产评估程序是资产评估机构和资产评估师防范执业风险、保护自身合法权益和合理抗辩的重要手段之一。随着资产评估行业的发展,资产评估机构和资产评估师与其他当事人之间就资产评估服务引发的纠纷和法律诉讼越来越多。从各国的实践来看,由于资产评估工作的专业性,无论当事人还是司法部门在举证、鉴定方面都存在较大难度,因此倾向于追究资产评估机构和人员在履行必要资产评估程序方面的疏漏和责任,而避免在专业判断方面下结论。

随着我国资产评估行业的发展,有关各方对资产评估的认识逐渐提高,目前已经开始执行必要的资产评估程序。因此,恰当履行资产评估程序是资产评估机构和资产评估师防范执业风险的主要手段,也是在产生纠纷或诉讼后,合法保护自身权益、合理抗辩的重要手段。

第二节 资产评估的具体程序和基本要求

一、资产评估的具体程序

(一) 明确资产评估业务基本事项

明确资产评估业务基本事项是资产评估程序的第一个环节,包含在签订资产评估业务约定书以前所进行的一系列基础性工作,对资产评估项目风险评价、项目承接,以及资产评估项目的顺利实施具有重要意义。由于资产评估专业服务的特殊性,资产评估程序甚至在资产评估机构接受业务委托前就已经开始。资产评估机构和资产评估师在接受资产评估业务委托之前,应采取与委托人等相关当事人讨论、阅读基础资料,进行必要的初步调查等方式,与委托人等相关当事人共同明确以下资产评估业务基本事项。

(1) 委托方和相关当事人的基本状况。资产评估师应了解委托方基本状况、产权持有者等相关当事人的基本状况。在不同的资产评估项目中,项目当事人有所不同,主要包括产权持有者、资产评估报告使用方、其他利益关联方等。委托方与相关当事方之间的关系也应作为重要基础资料予以充分了解,这对全面理解资产评估目的、相关经济行为,以及防范恶意委托等十分重要。资产评估师还应要求委托人明确资产评估报告的使用人或使用人范围,以及资产评估报告的使用方式。明确资产评估报告的使用人范围,不但有利于资产评估机构和资产评估师更好地根据使用人的需求提供良好的服务,同时也有利于降低评估风险。

(2) 资产评估目的。资产评估师应与委托方就资产评估目的达成明确、清晰的共识,并尽可能细化资产评估目的,说明资产评估业务的具体目的和用途,避免仅仅笼统地列出通用资产评估目的的简单做法。

(3) 评估对象基本状况。资产评估师应了解评估对象及其权益的基本状况,包括法律、经济和物理状况,如资产类型、规格型号、结构、数量、购置(生产)年代、生产(工艺)流程、地理位置、使用状况、企业名称、住所、注册资本、所属行业、在行业中的地位和影响、经营范围、财务和经营状况等。资产评估师应特别了解有关评估对象的权利受限状况。

(4) 价值类型及定义。资产评估师应在明确资产评估目的的基础上,恰当确定价值类型,确定所选择的价值类型适用的资产评估目的,并就所选择价值类型的定义与委托方进行沟通,避免出现歧义、误导。

(5) 资产评估基准日。资产评估师应通过与委托方的沟通,了解并明确资产评估基准日。资产评估基准日是评估业务中极为重要的基础条件，也是评估原则之一的时点原则在评估实务中的具体体现。资产评估基准日的选择应有利于资产评估结论有效地服务于资产评估目的，减少和避免不必要的资产评估基准日期后事项。资产评估师应根据专业知识和经验，建议委托方根据评估目的、资产和市场的编号情况等因素合理选择评估基准日。

（6）资产评估限制条件和重要假设。资产评估机构和资产评估师应在承接评估业务前，充分了解所有对资产评估业务可能构成影响的限制条件和重要假设，以便进行必要的风险评价，并更好地为客户服务。

（7）其他需要明确的重要事项。根据具体评估业务的不同，资产评估师应在了解上述基本事项的基础上，了解其他对评估业务的执行可能具有影响的相关事项。

资产评估师在明确上述资产评估基本事项的基础上，应分析下列因素，确定是否承接资产评估项目：①评估项目风险。资产评估师应根据初步掌握的有关评估业务的基础情况，具体分析资产评估项目的执业风险，以判断该项目的风险是否超出合理的范围。②专业胜任能力。资产评估师应根据所了解的评估业务的基础情况和复杂性，分析资产评估机构和资产评估师是否具有与该项目相适应的专业胜任能力及相关经验。③独立性。资产评估师应当根据职业道德和国家相关法规的规定，结合评估业务的具体情况分析资产评估师的独立性，确认与委托人或相关当事方是否存在现实或潜在的利害关系。

（二）签订资产评估业务约定书

资产评估业务约定书是资产评估机构与委托人共同签订的，确认资产评估业务的委托与受托关系，明确委托目的、被评估资产范围及双方权利义务等相关重要事项的合同。根据我国资产评估行业的现行规定，资产评估师承办资产评估业务，应由其所在的资产评估机构统一受理，并由评估机构与委托人签订书面资产评估业务约定书，资产评估师不得以个人名义签订资产评估业务约定书。资产评估业务约定书应由资产评估机构和委托方的法定代表人或其授权代表签订。

1）资产评估业务约定书的签订和效力

（1）资产评估人员执行资产评估业务，应在明确评估业务基本事项、决定承接评估业务后，由所在评估机构与委托方签订业务约定书。

（2）签约双方应具有相应的民事权利能力和民事行为能力。资产评估人员应具有与所承接评估业务相适应的专业能力，评估机构应具有与所承接业务相适应的专业资格。根据我国资产评估行业现行规定，资产评估人员不得在业务约定书签订过程中做出超越自身专业胜任能力和影响独立性的承诺，不得对预测和未来事项做出承诺，不得承诺承担相关当事人决策的责任。

（3）资产评估业务约定书应由评估机构法定代表人（首席合伙人）或其授权代表和委托方共同签订，自双方当事人签字盖章之日起生效。

（4）资产评估人员在签订业务约定书的过程中知悉的商业秘密，无论业务约定书是否成立，均不得泄露或者不正当使用。

（5）资产评估人员应将业务约定书归入工作底稿。

2）资产评估约定书的内容

资产评估业务约定书的内容因评估业务不同而存在差异，但至少应包括以下基本要素。

（1）签约双方名称。资产评估约定书中应明确委托方名称或姓名、住所、评估机构名称、住所。

（2）评估目的。资产评估业务约定书中载明的评估目的应唯一，评估目的的表述应明确、清晰。

（3）评估对象与评估范围。不同评估业务的评估对象存在差异，资产评估师应与委托方进行沟通，在业务约定书中以恰当的方式表述评估对象。资产评估对象通常表述为企业整体资产、股东全部权益、股东部分权益、单项资产或资产组合。资产评估业务约定书中应简要说明纳入评估范围资产的具体类型、分布情况和特性。

（4）评估基准日。资产评估业务约定书中载明的评估基准日应唯一，并以年月日表示。

（5）价值类型。

（6）评估服务总额、支付时间和方式。资产评估业务约定书中应明确评估服务总额、支付时间和方式，并明确评估服务费未包括的其他费用项目和承担方式。

（7）评估报告类型。

（8）评估报告提交时间和方式。

（9）评估报告使用者和使用方式。按照规定，委托方是当然的评估报告使用者。如果存在委托方以外的其他评估报告使用者，业务约定书中应明确。资产评估业务约定书中应约定，除法律、法规另有规定外，评估报告仅供委托方和业务约定书中明确的其他评估报告使用者使用；未经委托方许可，资产评估人员不得将评估报告及内容向第三方提供或公开；未经资产评估人员许可，委托方不得将评估报告及内容在公开媒体上披露。

（10）当事人的其他权利和义务。

（11）违约责任和争议解决。

（12）签约时间。

3）资产评估业务约定书的履行和变更

签约双方应按照业务约定书全面履行义务。资产评估业务约定书生效后，如果发现相关事项没有约定、约定不明确或发生变化的，资产评估人员可以要求与委托方签订补充协议或重新签订业务约定书。另外，资产评估业务约定书生效后，如果评估目的、评估对象、评估基准日、价值类型、评估报告类型发生变化或评估范围发生重大变化，资产评估人员也应要求与委托方签订补充协议或重新签订业务约定书。

4）资产评估业务约定书权利和义务的终止。按照规定，资产评估业务约定书履行完毕或解除，业务约定书权利和义务自行终止。同时，签约双方应履行与业务约定书终止相关的通知、协助和保密等义务。

5）违约责任和争议解决。如果签约双方任何一方不履行业务约定书义务或履行义务不符合约定的，应按照约定承担继续履行、采取补救措施或者赔偿损失等违约责任。如果签约双方任何一方因不可抗力无法履行业务约定书的，应根据不可抗力的影响，部分或者全部免除责任，但法律另有规定的除外。签约双方任何一方延迟履行后发生不可抗力的，不能免除责任。

（三）编制资产评估计划

为高效完成资产评估业务，资产评估师应编制资产评估计划，对资产评估过程中的每个工作步骤以及时间和人力进行规划和安排。资产评估计划是资产评估师为执行资产评估业务拟订的资产评估工作思路和实施方案，对合理安排工作量、工作进度、专业人员调配，以及按时完成资产评估业务具有重要意义。由于资产评估项目千差万别，资产评估计划也不尽相同，其详略程度取决于资产评估业务的规模和复杂程度。资产评估师应根据所承接的具体资产评估项目情况，编制合理的资产评估计划，并根据执行资产评估业务过程中的具体情况，及时修改、补充资产评估计划。

资产评估计划应涵盖资产评估工作的全过程，评估人员在资产评估计划编制过程中，应与委托人等就相关问题进行洽谈，以便资产评估计划的实施，并报经资产评估机构相关负责人审核批准。编制资产评估工作计划应重点考虑以下因素。

（1）资产评估目的和资产评估对象状况对资产评估技术路线的影响及评估机构的对策、措施安排。

（2）资产评估业务风险、资产评估项目的规模和复杂程度对评估人员安排及其构成的要求，限定评估精度对评估风险的估计及控制措施。

（3）评估对象的性质、行业特点和发展趋势。

（4）资产评估项目所涉及资产的结构、类别、数量及分布状况对资产清查范围和清查精度的要求。

（5）评估项目对相关资料收集的要求及具体安排。

（6）委托人或资产占有方过去委托资产评估的经历、诚信状况及提供资料的可靠性、完整性和相关性，判断评估项目的风险及控制措施。

（7）资产评估人员的专业胜任能力、经验、专业，以及助理人员配备情况。

（8）资产评估途径和方法的选择及基本要求。

（9）评估中可能出现的疑难问题及专家利用。

（10）评估报告撰写要求及委托方制定的特别分类和披露要求。

（四）资产勘察及现场调查

资产评估师执行资产评估业务，应对评估对象进行必要的资产勘察及现场调查，包括对不动产和其他实物资产进行必要的现场勘察，对企业价值、股权和无形资产等非实物资产进行评估时，也应根据评估对象的具体情况进行必要的现场调查。进行资产勘察和现场调查工作不仅仅是基于资产评估人员尽责义务的要求，同时也是资产评估程序和操作的必经环节，有利于资产评估机构和人员全面、客观地了解评估对象，核实委托方和产权持有者提供资料的可靠性，并通过在资产勘察和现场调查过程中发现的问题、线索，有针对性地开展资料收集、分析工作。由于各类资产差别很大且评估目的不同，不同项目中对评估对象进行资产勘察或现场调查的具体方式和程度也不尽相同。资产评估师应根据评估项目的具体情况，确定合理的资产勘察或现场调查方式，并与委托方或资产占有方进行沟通，确保资产勘察或现场调查工作的顺利进行。

（五）收集资产评估资料

在上述几个环节的基础上，资产评估师应根据资产评估项目的具体情况收集资产评估相关资料。资料收集工作是资产评估业务质量的重要保证，也是进行分析、判断进而形成评估结论的基础。由于资产评估的专业性和评估对象的广泛性，不同的项目、不同的评估目的、不同的资产类型对评估资料有着不同的需求。另外，由于评估对象及其所在行业的市场状况、信息化和公开化程度差别较大，相关资料的可获取程度也不同。因此，资产评估师的执业能力在一定程度上体现为收集、占有信息资料的能力，应根据所承接项目的情况确定收集资料的深度和广度，尽可能全面、翔实地占有资料，并采取必要措施确定资料来源的可靠性。

资产评估师应通过与委托人、资产占有方沟通并指导其对评估对象进行清查等方式，对评估对象或资产占有单位资料进行了解，并对委托人和资产占有方提供的资料进行必要的核实。同时，资产评估师也应主动收集与资产评估业务相关的评估对象资料及其他资产评估资料。根据资产评估项目的进展情况，资产评估师应及时补充、收集所需要的材料。

（六）评定估算

资产评估师在占有相关资产评估资料的基础上，进入评定估算环节，具体工作步骤包括：分析资产评估资料，恰当选择资产评估方法，运用资产评估方法形成初步资产评估结论，综合分析确定资产评估结论，资产评估机构内部复核等。

资产评估师应对所收集的资产评估资料进行充分分析，确定其可靠性、相关性、可比性，摒弃不可靠、不相关的信息，对不可比信息进行必要的分析和调整，在此基础上恰当地选择资产评估方法，并根据业务需要及时补充、收集相关信息。

市场法、成本法和收益法是三种通用的资产评估基本方法，原则上在任何资产评估项目中，资产评估人员都应首先考虑这三种方法的适用性。长期以来，在我国资产评估实践中，绝大多数资产评估业务都采用成本法作为资产评估方法。随着我国资产评估理论和实践的发展，特别是市场及其他相关条件的日益成熟，应提倡我国资产评估人员根据评估对象、评估目的、资料收集情况等相关条件恰当地选择资产评估方法，鼓励尽可能选用多种评估方法进行评估，对适合采用两种以上资产评估方法的评估项目，应使用两种以上资产评估方法，并说明选择该方法的理由。

资产评估师在选择恰当的资产评估方法后，应根据评估基本原理和评估准则的要求恰当地运用评估方法进行评估，形成初步的评估结论。采用成本法，应合理确定完全重置成本和各相关贬值因素；采用市场法，应合理选择参照物，分析参照物的信息资料，根据评估对象与参照物的差异进行必要的调整；采用收益法，应合理地预测未来收益，合理地确定收益期和折现率等相关参数。

资产评估师在形成初步资产评估结论的基础上，需要对信息资料、参数的数量、质量和选取的合理性等进行综合分析，以最终形成资产评估结论。当采用两种以上资产评估方法时，资产评估人员应在初步结论的基础上，综合分析评估方法的相关性和恰当性、相关参数选取的合理性，以形成资产评估结论。

资产评估机构应建立内部质量控制制度，由不同人员对资产评估的过程和结论进行必要的复核工作。

（七）编制和提交资产评估报告

资产评估师在执行必要的资产评估程序、形成资产评估结论后，应按有关资产评估报告准则与规范编制资产评估报告。资产评估师应以恰当的方式将资产评估报告提交给委托人。在提交正式资产评估报告之前，可以与委托人等进行必要的沟通，听取委托人、资产占有方等对资产评估结论的反馈意见，并引导委托人、产权持有者、资产评估报告使用者等合理地理解资产评估结论。

（八）资产评估工作底稿归档

资产评估师在向委托人提交资产评估报告后，应及时将资产评估工作底稿归档。将这一环节列为资产评估基本程序之一，充分体现了资产评估服务的专业性和特殊性，不仅有利于评估机构应对今后可能出现的资产评估项目的检查和法律诉讼案，也有利于资产评估师总结、完善和提高资产评估业务水平。资产评估师应将在资产评估工作中形成的、与资产评估业务相关的、有保存价值的各种文字、图表、音像等资料及时予以归档，并按国家有关规定对资产评估工作档案进行保存、使用和销毁。

二、执行资产评估程序的基本要求

鉴于资产评估程序的重要性，资产评估师在执行资产评估程序环节中应符合以下要求：

（1）资产评估师应在国家和资产评估行业规定的范围内，建立、健全资产评估程序制度。由于不同的资产评估师具有不同的专业胜任能力和经验，所承接的主要业务范围和执业风险也各有不同，各资产评估机构应结合本机构实际情况，在资产评估基本程序的基础上进行细化及其他必要调整，形成本机构资产评估程序制度，并在资产评估执业过程中切实履行、不断完善。

（2）资产评估师执行资产评估业务，应根据具体资产评估项目的情况和资产评估程序制度，确定并履行适当的资产评估程序，不得随意简化或删减资产评估程序。资产评估师应在且仅在执行必要资产评估程序后，形成和出具资产评估报告。

（3）资产评估机构应建立相关工作制度，指导和监督资产评估项目经办人员及助理人员实施资产评估程序。

（4）如果由于资产评估项目的特殊性，资产评估师无法或没有履行资产评估程序中的某个基本环节（如在损害赔偿评估业务中评估对象已经毁损，无法进行必要的现场勘察），或受到限制无法实施完整的资产评估程序，资产评估师应考虑这种状况是否会影响资产评估结论的合理性，并在资产评报告中明确披露这种状况及其对资产评估结论可能造成的影响，必要时应拒绝接受委托或终止资产评估工作。

（5）资产评估师应将资产评估程序的组织实施情况记录于工作底稿，并将主要资产评估程序执行情况在资产评估报告中予以披露。

第三节 资产评估中信息的收集与分析方法

从资产评估的过程来看，资产评估实际上就是对被评估资产的信息进行收集、分析、判断并做出披露的过程。对资产评估加以严格的程序要求，其目的也是保证信息收集、分析的充分性和合理性。因此，资产评估师应了解信息的收集渠道、收集方法，以及信息分析处理的方法，并能熟练加以运用，以避免对资产评估的程序控制流于形式。

一、执行资产评估业务过程中需要收集的信息

资产评估师应独立获取评估所依据的信息,并确保信息来源是可靠的和适当的。资产评估师在执行业务过程中,需要收集包括委托方在内的各方人士所提供的信息资料,但不能随意地采用那些不具有可靠来源和不合理的信息资料。

资产评估师在资产评估的过程中,应考虑下列相关信息:

(1) 有关资产权利的法律文件或其他证明资料;
(2) 资产的性质、目前和历史状况信息;
(3) 有关资产的剩余经济寿命和法定寿命信息;
(4) 有关资产的使用范围和获利能力信息;
(5) 资产以往的评估及交易情况信息;
(6) 资产转让的可行性信息;
(7) 类似资产的市场价格信息;
(8) 卖方承诺的保证、赔偿及其他附加条件;
(9) 可能影响资产价值的宏观经济前景信息;
(10) 可能影响资产价值的行业状况及前景信息;
(11) 其他相关信息。

二、执行资产评估业务过程中信息的来源

在执行资产评估业务的过程中,资产评估师所依据的信息通常包括产权所有者内部的资料信息和外部的资料信息。

(一) 收集资产所有者或占有者内部的资料信息

产权所有者的内部资料信息通常是与被评估的目标资产直接相关的信息,主要包括公司历史沿革、组织结构、宣传手册及目录、关键人员、客户及供应商基数、合同义务、有关目标资产的历史经营情况及其未来发展前景的信息数据(如财务报告等)。一般情况下,分析人员应收集的资料信息包括:目标资产的相关文件,如产权证明、技术说明等;使资产达到目前状态(截至评估基准日)所花费的所有成本;涉及目标资产及类似资产的交易;作为现行企业经营的一部分的资产的未来应用及效用。此外,资产的预期剩余使用寿命也是评估的重要组成部分,因此,还应收集与资产的预期剩余使用寿命相关的信息,以及法律、合同、物理、功能、技术、经济等影响因素的信息。

资产评估师通常应事先编制常见的评估资料需求表,由产权所有者根据需求表提供这些信息。产权所有者可能并不拥有现成的信息资料,资产评估师需要在产权所有者协助下进行调查才能取得。

(二) 收集资产所有者或占有者外部的资料信息

在资产评估中,应注重获得外部信息资料并加以应用。这些外部资料信息一般包括行业资料、技术发展趋势、宏观经济及人口统计资料、市场交易定价资料等。这些资料一般来源于公共信息领域,如公开市场、政府部门、证券交易机构、媒体、行业协会及其出版物、学术出版物等。

1. 公开市场

公开市场是资产评估师获取信息资料的最主要来源，市场信息具有公开性、直接性等特点，同时直接获得的市场信息也可能存在未充分反映交易内容和条件的问题。因此，对市场信息的收集应尽可能全面，并进行必要的分析和调整。资产评估师应掌握必要的市场信息渠道，在日常工作中收集必要的市场信息，根据具体评估业务的需要，及时获得与评估业务相关的市场信息。

2. 政府部门

许多有关企业的信息可通过查看各级政府部门的资料获取，例如各级工商行政管理部门都保存注册公司的基本登记信息。政府部门的资料包括有关产业的统计数据，这些数据对于资产评估中分析行业及产业状况非常重要，一般包括详尽的库存情况、生产情况、需求情况等。政府部门的资料一般比较正式，具有较高的权威性和可信度，但在时效性等方面也可能存在问题。

3. 证券交易机构

有关上市公司的资料可在证券交易所查询。上市公司都必须向监管部门和有关证券交易所提交年度报告和中期报告，并予以公告。上市公司的这些公开信息要接受审计师审计，反映的情况相对而言较为可靠，资产评估师查询收集这些信息也较为方便。利用这些信息，资产评估师不仅可以了解资产所有者的状况，也可以了解其竞争对手的状况及所处行业的情况。对于未上市公司，也可从上市公司中挑选可比的对象作为目标公司的参照物进行类比分析，了解相关情况。

4. 媒体

媒体一般包括新闻媒介、专业杂志等。新闻媒介的信息不仅包含了原始信息，并且通常都有一些分析，有助于资产评估师加深对所需信息的理解，并能节约分析时间。但应注意新闻媒介在报道一些产业、公司和政府机构时往往带有一定的倾向性，资产评估师要注意对此类信息进行鉴别。对于资产评估来说，权威的专业杂志具有重要价值，这些刊物上发表的文章专业性突出，披露的信息也更详细，分析也较有深度。

5. 行业协会及其出版物

行业协会及其出版物也是资产评估信息的重要来源。通常可从行业协会得到有关产业结构与发展情况、市场竞争情况等信息，还能咨询到有关专家的意见。行业协会一般都出版该行业的专业刊物和书籍，这些出版物是了解该行业情况的重要资料来源，如我国的证券交易机构出版的行业分析报告等。

6. 学术出版物

已出版的有关资产评估和经济分析的文章，可以通过标准索引进行查询。这些标准索引可以从绝大部分的公共图书馆或学术图书馆中找到，还可查询学术和行业出版的文章资料，通过相关书籍或专业书籍收集有关的资料信息。对于国外的资料信息一定要谨慎，要研究使用条件并做出适当的调整才能加以利用。

随着经济全球化的发展，资产交易的市场范围不断扩大，因此，在资产外部资料信息的收集方面，也应加强国外资料信息的收集。

三、资产评估过程中信息的初步处理

由于资产评估中需要收集的信息量大、面广,评估人员应对收集的相关信息进行必要的分析,做到去伪存真、去粗取精。

(一)资产信息资料的分析

资产信息资料的分析是指对资产信息资料的合理性和可靠性的识别。由于收集资料的方法多种多样,收集到来的资料难免存在失真情况,对于失真的资产信息资料要及时鉴别并剔除。另外,对所收集数据的合理性、相关性也需要进行分析,使评估所依据的资产信息具有可靠性。资产信息资料的分析,通常可通过确定信息源的可靠性和资料本身的可靠性来解决。信息源的可靠性可通过对以下因素的考察进行判断:

(1)该渠道过去提供的信息的质量;
(2)该渠道提供信息的动因;
(3)该渠道是否通常被认为是该种信息的合理提供者;
(4)该渠道的可信度。

信息资料本身的可靠性可通过参考其他来源的信息进行查证,必要时也可以进行适当的调整验证。实践中,常采用电话询问查证和扩大调查范围的做法。

根据信息源的可靠性和信息的准确度,可将收集的信息"定级"。这种"定级"不仅能帮助评估人员分析所收集的信息,而且还能帮助评估人员掌握信息源的概况。评估人员把对信息源的可靠性评价积累下来,对以后收集信息十分有用。

通常,信息源的可靠性可分为:①完全可靠;②通常可靠;③比较可靠;④通常不可靠;⑤不可靠;⑥无法评价可靠性。

信息本身的准确度可分为:①经其他渠道证实;②很可能是真实的;③可能是真实的;④真实性值得怀疑;⑤很不可能;⑥无法评价真实性。

(二)资产信息资料的筛选与调整

在对资产信息资料鉴定的基础上,要对资产信息资料进行筛选、整理和分类。一般可将鉴定后的资产信息资料按以下两种标准进行分类。

▶ 1. 按可用性原则划分

(1)可用性资产信息资料,是指在某一具体评估项目中可以作为评估依据的资产信息资料。

(2)有参考价值的资产信息资料,是指资产信息资料中与评估项目有联系的部分。

(3)不可用信息资料,是指在某一个具体的评估项目中,与此项评估业务没有直接联系或根本无用的资产信息资料。

▶ 2. 按信息来源划分

(1)一级信息,是指从信息源得到的未经处理的事实。这些信息是没有经过变动、调整或根据有关人员的观点选择处理过的。公司的年度报告、证券交易所的报告或其他的出版物通常被认为是一级信息。

(2)二级信息,是指变动过的信息。二级信息比一级信息更容易找到,包括报纸、杂志、行业协会出版物、有关公司的学术论文和分析员的报告等所提供的信息。二级信息是从更多的信息源中有选择地加工过的,或按一定思想倾向改动过的信息,具有重点突出、容易理解的特点。例如证券分析师的投资分析报告等，可帮助评估人员更全面地了解目标公司及其所处产业的状况。对于这类信息，评估人员应进行去伪存真和去粗取精的分析。

四、评估过程中常用的逻辑分析方法

（一）比较

比较就是对照各个事物，以确定其差异点和共同点的逻辑方法。事物间的差异性和同一性是进行比较的客观基础。比较是人类认识客观事物、揭示客观事物发展变化规律的一种基本方法。在资产评估中，比较分析法是一种应用十分广泛的方法，如市场法就是一种通过比较分析确定资产价值的方法。通过对不同来源的信息进行比较分析，还可鉴定其可靠性和准确性。

比较通常有时间上的比较和空间上的比较两种类型。时间上的比较是一种纵向比较，即将同一事物在不同时期的某一（或某些）指标如资产的性能、成本等进行对比，以动态地认识和把握该事物发展变化的历史、现状和趋势。空间上的比较是一种横向比较，即将某一时期不同国家、不同地区、不同企业的同类事物进行对比，找出差距，判明优劣。在实际评估中，时间上和空间上的比较往往是彼此结合的。在比较时，需要注意以下几点。

（1）注意可比性。所谓可比性，是指进行比较的各个对象必须具有共同的基础，包括时间上的可比性、空间上的可比性和内容上的可比性。时间上的可比性是指所比较的对象应是同期的；空间上的可比性是指在比较时要注意国家、地区、行业等的差异；内容上的可比性是指在比较时要注意所比较的对象内容范畴的一致性。

（2）注意比较方式的选择。不同的比较方式产生不同的结果，并可用于不同的目的。例如，时间上的比较可反映某一事物的动态变化趋势，可用于预测未来；空间上的比较可找到不同比较对象之间的水平和差距。

（3）注意比较内容的深度。在比较时，应注意不要被所比较对象的表面现象所迷惑，而应该了解决定其价值的本质特征。

（二）分析

分析就是把客观事物整体按照研究目的的需要分解为各个要素及其关系，并根据事物之间或事物内部各要素之间的特定关系，通过由此及彼、由表及里的研究，以正确认识事物的一种逻辑方法。在分析某一事物时，常常要将事物逻辑分解为各个要素。只有通过分解，才能找到这些要素，才能通过研究找出这些要素中影响客观事物发展变化的主要要素或关键要素。例如，对于不同行业的企业，有些行业的企业业绩受技术进步的影响较大，而有些行业的企业业绩受营销能力的影响较大。分析的基本步骤如下：

（1）明确分析的目的；

（2）将事物整体分解为若干个相对独立的要素；

（3）分别考察和研究各个事物以及构成事物整体的各个要素的特点；

（4）探明各个事物以及构成事物整体的各个要素之间的相互关系，进而研究这些关系的性质、表现形式，以及在事物发展变化中的地位和作用等。

在实际评估中，各个事物以及构成事物整体的各个要素之间的关系是错综复杂、形式多样的，如因果关系、表象和本质关系、一般和特殊关系等。

(三) 综合

综合是与分析对立的一种方法，是指人们在思维过程中，将与研究对象有关的众多片面分散的各个要素联系起来考虑，以便从错综复杂的现象中探索它们之间的相互关系，从整体的角度把握事物的本质和规律的一种逻辑方法。综合是把对研究对象的各个要素之间的认识统一为整体的认识，从而把握事物的本质和规律，是按照各个要素在研究对象内部的有机联系从总体上把握事物。综合的基本步骤如下：

(1) 明确综合的目的；

(2) 把握被分析出来的研究对象的各个要素；

(3) 确定各个要素的有机联系形式；

(4) 从事物整体的角度把握事物的本质和规律，从而获得新的认识结论。

在资产评估中，综合分析是一种行之有效的方法。它将来源不同、内容各异的分散信息按特定的目的汇集、整理、归纳和提炼，从而形成系统、全面的认识。例如，影响一项资产价值的因素是多种多样的，评估人员通常需要收集大量的关于目标资产的信息资料，包括它的技术性能、市场前景、相关技术发展状况、所属企业经营历史与现状等。评估人员需要对这些信息资料进行综合的考虑，才能准确把握目标资产的价值。

(四) 推理

推理是由一个或几个已知的判断推出一个新判断的思维形式。具体来讲，就是在掌握一定的已知事实、数据或因素相关性的基础上，通过因果关系或其他相关关系顺次、逐步地推论，最终得出新结论的一种逻辑方法。任何推理都包含以下三个要素。

(1) 前提，即推理所依据的一个或几个判断。

(2) 结论，即由已知判断推出的新判断。

(3) 推理过程，即由前提到结论的逻辑关系形式。推理是一种重要的逻辑方法，在信息分析与预测中有着广泛的应用。例如，通过对某些已知事实或数据及其相关性的严密推理，可以获得一些未知的事实或数据，如科技发展的动向、技术优势和缺陷、市场机会和威胁等；通过对科技、技术、经济、市场等因素进行历史、现状的逐步推理，可以顺势推测出未来发展的趋势。

本章小结

资产评估程序是指资产评估师执行资产评估业务、形成资产评估结论所履行的系统性工作步骤。本章系统地阐述了资产评估程序的主要环节、执行资产评估程序的要求、资产评估过程中信息的收集和分析方法。鉴于资产评估程序的重要意义，资产评估师执行资产评估程序的各环节应符合一定的要求，确定并履行恰当的资产评估程序。从资产评估操作过程来看，资产评估实际上就是对被评估资产的信息进行收集、分析、判断，并做出披露的过程。资产评估师首先应分析所收集的信息资料的合理性和可靠性，并在此基础上对信息资料进行筛选与调整，一般运用比较、分析、综合与推理等技术手段。

| 综合练习 |

一、单项选择题

1. 资产评估程序的起点和终点是（　　）。
   A. 从明确评估基本业务到评估工作档案归档
   B. 从接受委托到评估工作档案归档
   C. 从接受委托到提交资产评估报告
   D. 从承接评估业务前的明确基本事项到提交报告后的文件归档

2. 资产评估程序中的首要环节是（　　）。
   A. 资产勘察　　　　　　　　　　B. 评定估算
   C. 编制资产评估作业计划　　　　D. 接受委托并明确相关事项

3. 资产评估中的信息资料鉴定的完成主要依据（　　）。
   A. 信息源的可靠性　　　　　　　B. 信息量和信息源的可靠性
   C. 信息源和资料本身的可靠性　　D. 信息量和信息本身的可靠性

二、多项选择题

1. 明确资产评估业务基本事项包括（　　）。
   A. 评估目的　　　　　　　　　　B. 评估计划
   C. 评估基准日　　　　　　　　　D. 评估业务约定书
   E. 评估委托方基本情况

2. 评估计划应重点考虑的因素包括（　　）。
   A. 评估目的　　　　　　　　　　B. 评估收费
   C. 评估基准日　　　　　　　　　D. 评估对象结构
   E. 评估对象性质

3. 资产评估业务约定书的基本内容包括（　　）。
   A. 评估假设　　　　　　　　　　B. 评估收费
   C. 评估目的　　　　　　　　　　D. 评估计划
   E. 评估基准日

三、判断题

1. 只要执行了资产评估程序就可以规避资产评估风险。（　　）
2. 资产评估计划一经确定就不得改动。（　　）
3. 资产评估程序是规范资产评估行为、提高资产评估业务质量的重要保证。（　　）
4. 合理确定资产评估基准日有助于减少和避免不必要的资产评估基准日期后事项。（　　）
5. 所有的资产评估项目都应该制订资产评估计划。（　　）

四、简答题

1. 资产评估前进行风险评价应考虑哪些主要因素？
2. 资产评估作业计划的主要内容是什么？
3. 资产勘察的主要内容是什么？

五、案例分析题

上海某汽车空调有限公司委托评估机构对 A 汽车空调有限公司进行评估，拟收购该公司另一股东日本 S 株式会社在该公司 25% 的股权。经查，A 公司有 10 483.15 万元的存货，其账面价值占总资产的 34.11%，占净资产的 92.91%，主要构成为原材料和产成品。该公司的产品主要为汽车空调用压缩机，每台售价约为 1 000 元。对于如此大量的存货，评估机构是否认真进行了清查核实？清查的数量和金额是否达到《资产评估操作规范意见》第 25 条中"存货抽查数量要占总量的 40% 以上，账面价值量要占总价值的 60% 以上"的要求？

带着这些疑问，评估管理机构对企业及评估机构进行了调查。评估机构的答复是，他们根据资产占有方提供的存货清单，核实了有关的采购和销售合同、购置和销售发票等会计凭证，并与该公司的存货负责人一起到存货存放地清查核实有关的存货，对各类存货进行了盘点，抽查数量和金额均达到了要求。但在企业了解到的情况是，该公司的存货除少量在厂区内存放外，其余大部分都存放在外地，如长春、武汉和广州等，以便随时向附近厂商供货。

资料来源：于翠芳. 资产评估学[M]. 北京：科学出版社，2013.

思考： 通过本案可以发现，该评估机构对 A 汽车空调有限公司异地存放的存货未进行现场清查核实，仅从账面上进行了复核，评估机构对存货的清查核实没有达到标准，资产评估程序不够规范。那么，资产评估程序对资产评估项目风险评价、项目承接，以及资产评估项目的顺利实施具有哪些重要意义？资产评估程序与评估成本及评估工作质量之间的关系是什么？

第四章 机器设备评估

学习目标

本章主要介绍机器设备的概念、分类和特点，机器设备评估的程序，以及成本法、市场法在机器设备评估中的具体应用。

1. 了解机器设备的分类与特点；
2. 掌握机器设备评估的成本法；
3. 掌握机器设备评估的现行市价法。

导入案例

亦博股份有限公司要扩大经营，拟将一台闲置的数控机床出售，委托国荣资产评估有限公司进行评估。

2011年8月，资产评估师李某和机械工程师冯某进入该企业车间进行实地勘察，收集到以下资料：

设备名称：S8J4-1数控立式铣床。

规格型号：006-1型 S8J4-1。

工作台面尺寸：381mm×965mm。

制造厂家及生产日期：长征机床厂，2003年生产。

投入使用时间：2004年2月投入。

账面原值：398 334.00元。

该机床可钻孔、镗孔、铰孔、攻丝、铣圆槽、方槽平面，使用美国通用公司MCI数控系统。经现场勘察，该机床几何精度、工作精度能基本满足生产和工艺要求，数控系统已经老化，运行不稳定；立铣头设计不能搬动角度，运用范围小，目前技术状况和运行状况稍差。

评估过程如下。

(1) 重置成本。经调查，该设备控制系统为第一代产品，目前已经停产。第二代数控系统NUC0，使用该数控系统的立式铣床，市场价格为370 000元，经比较，确定该设备的现行市价为296 000元。运费按市价的2%计算。安装调试费按市价的3%计算。

重置成本=296 000×(1+0.02+0.03)=310 800(元)

(2)成新率。按使用年限法和技术状况法综合确定。该数控机床从2004年2月投入使用至评估基准日已使用7.5年,经济技术寿命按18年计算,尚可使用年限为10.5年。

$$使用年限成新率 = \frac{尚可使用年限}{已使用年限+尚可使用年限} \times 100\% \times 40\% = \frac{10.5}{7.5+10.5} \times 100\% \times 40\% = 23\%$$

技术状况成新率=技术状况鉴定分×100%×60%=48×100%×60%=29%

综合成新率=23%+29%=52%

(3)评估价值。

评估价值=重置成本×成新率=310 800×0.52=161 616(元)

资料来源:百度文库.

思考: 该案例中的机器设备评估的目的、依据、程序、价值类型是什么?应采用什么评估方法?机器设备评估还有什么方法?重置成本、成新率的含义是什么?应如何计算?

第一节 机器设备评估概述

一、机器设备的定义

在自然科学领域,机器设备是指将机械能或非机械能转换为便于人们利用的机械能,以及将机械能转换为某种非机械能,或利用机械能来做一定工作的装备或器具,包括动力机械、能量变换机械和工作机械。

《国际评估准则》从资产的角度对机器设备做了权威的定义:设备、机器和装备是为所有者提供收益的、不动产以外的有形资产。设备包括特殊性非永久性建筑物、机器和仪器在内的组合资产;机器包括单独的机器和机器组合,是指使用或者应用机械动力的器械装置,由具有特定功能的结构组成,用于完成一定的工作;装备是用于支持企业功能的附属性资产。

资产评估中所指的机器设备是广义的概念,不仅包括利用机械原理制造的装置,也包括利用电子、电工、光学等各种科学原理制造的装置,一般泛指机器设备、电力设备、电子设备、仪器、仪表、容器、器具等。

《资产评估准则——机器设备》第二条对机器设备的定义为:机器设备是指人类利用机械原理及其他科学原理制造的、特定主体拥有或控制的有形资产,包括机器、仪器、器械、装置,以及附属的特殊建筑物等资产。

二、机器设备的分类

机器设备的种类繁多,分类方法十分复杂。在资产评估业务中,一般根据目的的不同对机器设备采取不同的分类方式。

（一）按国家固定资产的分类标准分类

目前，我国固定资产管理使用的是国家技术监督局于1994年1月24日批准发布的《固定资产分类与代码》国家标准(GB/T 14885-94)。该标准是基于清产核资，以及国有资产管理的标准化、科学化、计算机化的需要，将机器设备分为通用设备，专用设备，交通运输设备，电器设备，电子及通信设备，仪器仪表、计量标准器具及工具。该标准对上述六类设备都列出了详细的目录。

目前，国内大部分企业的固定资产管理已采用上述分类方法，由于被评估企业建账和资产管理的需要，评估机构提供的机器设备明细清单也必须符合上述分类要求，因此，这种分类方法是资产评估中使用的最基本的分类方法。

（二）按现行会计制度分类

根据我国现行会计制度，机器设备可按其使用性质分为以下六类。

(1) 生产用机器设备，是指直接为生产经营服务的机器设备，包括生产工艺设备、辅助生产设备、动力能源设备等。

(2) 非生产用机器设备，是指在企业所属的福利部门、教育部门等非生产部门使用的设备。

(3) 租出机器设备，是指企业出租给其他单位使用的机器设备。

(4) 未使用机器设备，是指企业尚未投入使用的新设备、库存的正常周转用设备、正在修理改造尚未投入使用的机器设备等。

(5) 不需用机器设备，是指已不适合本单位使用，待处理的机器设备。

(6) 融资租入机器设备，是指企业以融资租赁方式租入使用的机器设备。

（三）按机器设备的取得方式和渠道分类

(1) 外购机器设备，是指企业通过市场公平交易购置的机器设备，包括外购国产设备和进口设备。这样更有利于根据其成本构成方式选择不同的清查评估方法。

(2) 自制机器设备，是指企业自行建造的机器设备。

（四）其他的分类方式

按机器设备在再生产中的作用分类，可以分为生产工艺类设备、辅助生产设备和服务设备。

按机器设备的技术性特点分类，可以分为通用机器设备、专用机器设备和非标准设备。

按非标准设备的自动化程度分类，可以分为自动化设备、半自动化设备和其他设备。

按机器设备的价值高低分类，可以分为A类设备、B类设备和C类设备。

三、机器设备的技术经济特点及其对评估的影响

根据机器设备自身的技术经济特点和资产评估的基本原则，评估时需要注意以下几点。

(1) 机器设备属于固定资产，是一种劳动工具，具有固定资产的单位价值高、使用年限长等特点。因此，与流动资产相比，在对机器设备进行评估时往往以单个机器设备作为评估对象，并且应持更为谨慎、严格的态度。

(2) 机器设备属于有形资产，但常常兼含无形资产的价值。例如，一辆八成新的奥迪

汽车会比一辆十成新的富康车价格还高，排除汽车性能等有形因素外，奥迪汽车的品牌价值在其估价中影响很大，评估人员应时刻把握这一特点，以使评估结果更为准确。

（3）机器设备属于动产类资产，具有可移动性等特点，数量大、品种多、分布广，个体情况复杂。基于此，在评估前应仔细清点资产数量和评估范围，防止遗漏和重复。评估时往往根据不同设备的具体情况使用许多特定的技术指标，并加以综合分析判断。

（4）机器设备的价值补偿和实物补偿不同时进行。机器设备属于固定资产，其价值补偿是基于管理上的需要和会计上配比原则的要求，是通过分期提取折旧冲减收益来实现的；而实物补偿是在设备寿命终结更换新设备或通过对原有设备改造、翻新来实现的。因此，在评估中，不能单纯依靠设备价值的转移程度来确定成新率，还应注意机器设备的维修使用情况，实际评估中往往要通过技术检测手段来确定其损耗程度。

（5）在现代化大工业生产中，单台机器设备很难单独生产出完整的产品，因此，机器设备通常不具备单台收益能力，也就是说，通常状况下，单台机器设备很难满足收益现值评估方法所要求的条件。

四、机器设备评估的基本程序

▶ 1. 接受委托阶段

接受委托方的委托，了解委托评估资产现状，掌握并明确委托业务的性质、目的、范围等基本事宜，确定评估目的、评估对象及范围。

▶ 2. 评估准备阶段

在确定接受委托后，开始进行评估准备工作，主要包括以下内容。

（1）指导委托方填写和准备与评估事项有关的资料和文件。指导委托方填写被评估机器设备清单、准备机器设备产权资料及有关经济技术资料；被评估机器设备清单及分类明细表的填写，被评估机器设备的自查及盘盈盘亏事项的调整，机器设备产权资料及有关技术资料的准备等。

（2）收集与评估活动相关的价格资料，包括被评估设备的现行市价，可比资产或类似资产现行价格资料、国家公布的有关物价指数、评估人员自己收集的物价指数等。

（3）整理有关资料和数据。将收集的相关资料和数据进行筛选、审核、验证、分类、编号和存档。

（4）制定评估方案，落实人员安排。分析研究委托方提供的有关资料和资产评估师整理的相关资料，明确评估、清查重点，制定评估方案；落实人员安排，并设计主要设备的评估技术方案。

▶ 3. 现场工作阶段

现场工作阶段是通过观察、询问设备状况，了解设备的工艺过程、核实数量，明确权属等。这是整个评估过程的重要步骤。

（1）逐台（件）核实评估对象。通过对委托评估的全部机器设备进行逐台（件）的清点、核实，分别确定每台设备的实体状态、技术水平等。该步骤主要核实设备的存在性和权属问题。

（2）按评估重点或人员安排对被评估设备分类。当被评估设备种类、数量较多时，为了突出重点，以及发挥具有专长的评估人员的作用，可对被评估设备进行必要的分类。一种分类方法是按设备的重要性划分,如 ABC 分类法,单位价值大的重要设备作为 A 类;单位价值小且数量多的设备作为 C 类;介于 A 类和 C 类之间的设备作为 B 类。根据委托方对评估时间的要求,对 A、B、C 三类机器设备投入不同的精力和时间进行评估。另一种分类方法是按设备的性质分为通用设备和专用设备,以便有效地收集数据资料,合理地配备评估人员。

(3) 设备鉴定。这是现场工作的重点,主要工作内容包括对设备进行技术状况、使用情况、设备质量、磨损程度等鉴定。对设备进行技术状况的鉴定主要是对设备满足生产工艺的程序、生产精度和废品率,以及各种消耗和污染情况的鉴定,判断设备是否有技术过时和功能落后等情况存在。对设备使用情况鉴定主要是了解设备是处于在用状态还是闲置状态,使用中的设备的运行参数、故障率、零配件保证率、设备闲置的原因和维护情况等。对设备质量进行鉴定主要应了解设备的制造质量、设备所处环境、条件对设备质量的影响,设备现时的完整性和外观、内部结构等情况。对设备的磨损程度鉴定主要了解和掌握设备的有形损耗和无形损耗等。

现场工作要有现场工作记录,特别是设备的鉴定工作要有详细的鉴定记录,这是评估设备的重要依据,也是工作底稿的重要组成内容。

▶ 4. 评定估算阶段

根据评估目的、评估价值类型的要求,以及评估时的各种条件,选择适宜的评估途径和方法,运用恰当的经济技术参数对待评估设备的价值进行评定估算。在评估中,应尽可能地选择高效、直接的评估途径和方法,使机器设备的评估快速、合理、低成本、低风险。在机器设备评定估算阶段,要注意与委托方有关人员进行信息交流,及时沟通评估中遇到的问题和困难。在保证资产评估独立性的前提下,可以听取和吸纳委托方的合理化建议,以保证评估结论的相对合理性。

▶ 5. 撰写评估报告和评估说明

按照当前有关部门及行业管理组织对评估报告撰写的要求,在评定估算过程结束后,应及时撰写评估报告书和评估说明,并整理评估工作底稿。在此阶段,要注意与委托方有关人员进行信息交流,沟通评估中遇到的问题和困难。在保证资产评估独立性的前提下,可以听取和吸纳委托方的合理化建议,以保证评估结论的相对合理性。按照当前有关部门及行业管理组织对评估报告撰写的要求,完成相应技术表格,撰写评估报告。

▶ 6. 评估报告的审核及报送阶段

评估报告完成后,要有必要的审核,包括复核人的审核、项目负责人的审核和评估机构负责人的审核。在三级审核确认评估报告无重大纰漏后,再将评估报告送达委托方及有关部门。

第二节 机器设备评估的成本法

成本法是通过估算被评估机器设备的重置成本和各种贬值,用重置成本扣减各种贬值作为资产评估价值的一种方法,它是机器设备评估中最常使用的方法之一。计算公式为

$$评估值 = 重置成本 - 实体性贬值 - 功能性贬值 - 经济性贬值 \quad (4\text{-}1)$$

其中，各种贬值有时采用贬值率来计算，即

$$评估值 = 重置成本 \times (1-实体贬值率) \times (1-功能性贬值率) \times (1-经济性贬值率) \quad (4\text{-}2)$$

一、重置成本的测算

(一) 机器设备重置成本计算中应注意的问题

▶ 1. 选择复原重置成本还是更新重置成本

运用成本法评估机器设备价值，首先要估算机器设备的重置成本。机器设备的重置成本通常包括复原重置成本和更新重置成本。

复原重置成本是指按现行价格购建一台与被评估设备完全相同的设备所需要的成本。

更新重置成本是指按现行价格购建一台不论任何类型，但能提供同样服务和功能的新设备替代现有设备所需的成本。

一般来讲，在技术进步快、技术进步因素对设备价格的影响较大，或者被评估设备已被淘汰（原企业不再生产）的情况下，应选择更新重置成本。复原重置成本仅在两种情况下适用：一种是技术进步慢或刚购建的设备；另一种是自制非标准设备。前者采用复原重置成本是由于无形损耗小，对设备的价格影响不大；后者采用复原重置成本是由于缺乏可以参照的技术先进的设备。

▶ 2. 机器设备的重置成本构成

由于使用成本法评估机器设备一般以继续使用为假设前提，因此，机器设备的重置成本应包括使设备处于在用状态下所发生的全部成本。设备的重置成本包括设备的直接费用和设备的间接费用。

设备的直接费用由基础费用和其他费用两部分构成。基础费用是指设备的购置价或建造价；其他费用是指设备运杂费、安装调试费、必要的配套费以及进口设备的关税、增值税、银行手续费等。

设备的间接费用通常包括为购置、建造设备而发生的各种管理费用、总体设计制图费用、资金成本以及人员培训费用等。

机器设备成本的构成如图 4-1 所示。

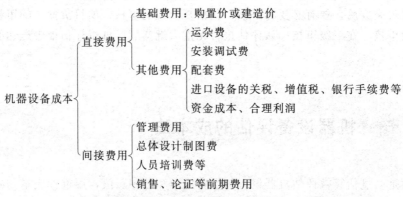

图 4-1 机器设备成本的构成

(二)常见机器设备重置成本的测算

机器设备按来源不同分为外购设备和自制设备,外购设备又分为外购国产设备和外购进口设备。

▶ 1. 外购国产设备重置成本的测算

外购国产机器设备是指企业购置的由国内厂家生产的各种通用设备和专用设备。该类设备在企业的机器设备中所占的比重最大,是机器设备评估中最重要的内容。对该类机器设备重置成本的评估应根据不同情况采用不同的方法。

(1) 对于目前仍在生产和销售的机器设备,应以市场价为基础,再加上运杂费和安装调试费,即采用重置核算法计算其重置成本。市场价格资料可以直接向制造商或销售商咨询,也可以从商家的价格表、正式出版的价格资料、广告、互联网上公开的价格信息等渠道获取。但是通过各种渠道获得的市场价格信息可能与设备的真实价格有一定的差异,需要通过分析后方可使用。

评估时,评估人员需要考虑的问题主要有:①根据替代原则,同等条件下选择可获得的最低售价;②通过了解近期成交价剔除报价水分;③注意折扣因素对成交价的影响;④市场价格是否反映了评估基准日时的价格水平等。

外购设备的重置成本中除购买价外,一般还需考虑运杂费、基础费和安装调试费等。设备的运杂费一般可以根据设备的重量、体积、运输距离、运输方式确定。计费标准可以向有关运输部门查询得到。对于设备的基础费、安装费,评估人员可以通过逐项估算基础和安装工程的人工费、材料费、机械费等来确定。在设备数量较多的情况下,评估人员也可以按设备购置价的一定比例来计算设备的运杂费、基础费和安装费。

单台(件)设备与成套机组的成本构成不尽相同。单台(件)设备有时无须安装,即便需要安装,安装周期也较短,这种情况下设备购置与安装费等所占用资金的成本可以忽略不计。但是成套设备的安装调试周期一般较长,因此需要考虑设备购置、安装调试所占用资金的成本。

【例 4-1】某设备的现行市价为 190 000 元,运杂费为 15 000 元,安装调试费用中原材料费为 20 000 元,人工费为 10 000 元,则该机床重置成本=190 000+15 000+30 000=235 000(元)。

(2) 对于无法直接取得现行购置价或建造费用的设备,如果能够寻找到现有同类设备的市价、建造费用,以及运杂费和安装调试费,就可采用功能成本法计算设备的更新重置成本。

1) 当机器设备的功能与成本之间的内在联系呈线性等比关系或近似等比关系时,采用生产能力比例法。计算公式为

$$被评估机器设备的重置成本 = 参照物机器设备的重置成本 \times \frac{被评估机器设备功能}{参照物机器设备功能} \quad (4-3)$$

2) 当机器设备的功能与成本之间的内在联系呈指数关系时,采用规模经济效益指数法。计算公式为

$$被评估机器设备的重置成本 = 参照物机器设备的重置成本 \times \left(\frac{被评估机器设备功能}{参照物机器设备功能}\right)^x \quad (4-4)$$

式中,x 为功能价值指数(或称规模效益指数),用来反映机器设备成本与其功能之间关系的具体指标。经过国外资产评估业务的大量实践,其取值范围是 $0.4 \sim 1$,一般为

0.6~0.7。

上述公式得出的结果不一定是完全重置成本，需要进一步考虑评估对象原始数据的构成，特别是参照物价格中是否含增值税等因素，并做出适当调整。

(3) 对于既无法直接取得设备现行购置价或建造成本，也无法获得同类设备的购置价或建造成本的，可以采取物价指数调整法计算其复原重置成本。这种方法是在被评估机器设备历史成本基础上，通过现实物价指数确定其重置成本，计算公式为

$$机器设备重置成本 = 机器设备账面原值 \times \frac{评估基准日定基物价指数}{购建时定基物价指数} \quad (4-5)$$

或

$$机器设备重置成本 = 机器设备账面原值 \times 历年环比物价指数的乘积 \quad (4-6)$$

【例 4-2】某企业 2012 年购置某设备，原始成本为 60 000 元，计算 2017 年该设备的重置成本。已知 2017 年定基物价指数为 115%，2012 年的定基物价指数为 102%，则重置成本 $= 60\ 000 \times \frac{115\%}{102\%} = 67\ 647.06$（元）。

【例 4-3】某设备 2014 年的历史成本为 50 000 元，环比物价指数如表 4-1 所示，计算 2017 年该设备的重置成本。

表 4-1 环比物价指数表

年 份	2014	2015	2016	2017
物价指数/%	100.9	102.8	100.9	102.7

重置成本 $= 50\ 000 \times (102.8\% \times 100.9\% \times 102.7\%) = 53\ 262.89$（元）

【例 4-4】某企业 2010 年购入一台机床，入账总成本 5 万元；2 年后进行改造采用自控技术，投资 3 万元；2013 年对机床局部改造，投资 1 万元，拆除部件的原值约 0.5 万元；2014 年投资 0.5 万元改进功能。该类设备的价格从 2010 年至评估基准日每年上涨 10%。试评估 2015 年的重置全价。

分析：该机床自 2010 年购入后历经 3 次技术改造，没有可比的市场资料。由于更换或添加部件很难逐一按复原或更新重置成本评估，因此，采取指数调整法比较现实。评估人员运用搜集整理的最接近该类物资的价格指数资料进行评估，应用指数调整法对某企业机床重置全价的评估如表 4-2 所示。

表 4-2 应用指数调整法对某企业机床重置全价的评估

投资时间	原始成本/万元	改造后原始成本/万元	价格指数/%	重置全价/万元（2015 年）
2010	5	4.5	1.61	7.25
2012	3	3	1.33	3.99
2013	1	1	1.21	1.21
2014	0.5	0.5	1.1	0.55
合计	—	9	—	13

对于技术进步速度较快，且技术进步对设备价格影响较大的设备，不宜采用物价指数法计算其重置成本。在使用物价指数法时，评估人员应注意的问题有：应使用设备的分类

物价指数,避免使用综合物价指数;对设备重置成本的各个构成部分,如购置价、运杂费、安装费、基础费等,应采用各自的物价指数分别计算;对于进口设备,应使用设备生产国的分类物价指数;对于在不同时期投入资金进行技术改造的设备,一般根据分类物价指数将不同时期投入的资金分别折算成现行价格,然后加总确定重置成本。

用物价指数调整法评估机器设备,比重置核算法简便,但其准确性不如重置核算法高,属于粗略的复原重置成本。

▶ 2. 外购进口设备重置成本的测算

1) 进口设备重置成本构成

进口设备的重置成本的基本构成如下:

$$\text{重置成本} = \text{现行国际市场的离岸价(FOB)} + \text{境外途中保险费} + \text{境外运杂费} + \text{进口关税} + \text{增值税} + \text{消费税} + \text{银行及其他手续费} + \text{国内运杂费} + \text{安装调试费} \quad (4-7)$$

其中,各组成要素的计算过程如下:

(1) 离岸价(FOB)是指卖方在出口国家的装运港口交货的价格(包括运至船上的运费及装船费);若把前三项成本构成加总(离岸价 FOB+境外途中保险+境外运费),则叫作到岸价,用 CIF 来表示。

(2) 境外运杂费可按设备的重量、体积及海运公司的收费标准计算,也可以按一定比例计取,取费基数为设备的离岸价,计算公式为

$$\text{海运费} = \text{离岸价 FOB} \times \text{海运费率} \quad (4-8)$$

远洋海运费率一般取 5‰~8‰,近洋海运费率一般取 3‰~4‰。

(3) 境外途中保险费计算公式为

$$\text{境外途中保险费} = (\text{离岸价 FOB} + \text{海运费}) \times \text{保险费率} \quad (4-9)$$

保险费率可根据保险公司费率表确定,一般在 0.4‰左右。

(4) 进口关税计算公式为

$$\text{进口关税} = \text{进口设备完税价格} \times \text{关税税率} \quad (4-10)$$

完税价格一般采用到岸价 CIF,关税税率按国家发布的进口关税税率表计算。

(5) 消费税的计税基数为关税完税价+关税,计算公式为

$$\text{消费税} = (\text{关税完税价} + \text{关税}) \times \frac{\text{消费税税率}}{1 - \text{消费税税率}} \quad (4-11)$$

消费税税率按国家发布的消费税税率表计算。

(6) 增值税的取费基数为关税完税价+关税+消费税,计算公式为

$$\text{增值税} = (\text{关税完税价} + \text{关税} + \text{消费税}) \times \text{增值税税率} \quad (4-12)$$

注意:减免关税的同时减免增值税。

(7) 银行及其他手续费一般包括银行财务费、外贸手续费等。如果进口的是车辆,还包括车辆购置附加费。

① 银行财务费计算公式为

$$\text{银行财务费} = \text{离岸价 FOB} \times \text{银行财务费率} \quad (4-13)$$

我国现行银行财务费率一般为 0.4‰~0.5‰。

② 外贸手续费计算公式为

$$\text{外贸手续费} = \text{到岸价 CIF} \times \text{外贸手续费率} \quad (4-14)$$

目前，我国进出口公司的进口费率一般在1%～1.5%。

③ 车辆购置附加费的取费基数为到岸价人民币数＋关税＋消费税，计算公式为

$$车辆购置附加费＝(到岸价CIF人民币数＋关税＋消费税)×费率 \quad (4-15)$$

(8) 进口设备的国内运杂费是指进口设备从进口国运抵我国后，从到达的港口、车站、机场等地，将设备运至使用的目的地现场所发生的港口费用、装卸费用、运输费用、保管费用、国内运输保险费用等各项运杂费，不包括在运输超限设备时发生的特殊措施费。计算公式为

$$进口设备国内运杂费＝进口设备到岸价CIF×进口设备国内运杂费率 \quad (4-16)$$

其中，进口设备国内运杂费率分为海运方式和陆运方式两种，国家有相应的规定。

(9) 进口设备安装调试费计算公式为

$$进口设备安装调试费＝相似国产设备原价×国产设备安装调试费率 \quad (4-17)$$

或

$$进口设备安装调试费＝进口设备到岸价CIF×进口设备安装调试费率 \quad (4-18)$$

由于进口设备原价较高，进口设备的安装调试费率一般低于国产设备的安装调试费率。《机械工业建设项目概算编制办法及各项概算指标》规定：进口设备的安装调试费率可按相同类型国产设备的30%～70%选用，进口设备的机械化、自动化程度越高，取值越低；反之，越高。特殊情况，如设备的价格很高，而安装调试很简单，则应低于该指标；设备的价格很低，而安装较复杂，则应高于该指标。

2) 进口设备重置成本测算方法的选择

(1) 如果可查询到进口设备的现行离岸价(FOB)或到岸价(CIF)，计算公式为

$$重置成本＝(FOB价格＋途中保险费＋国外运杂费)×现行外汇汇率＋进口关税＋$$
$$增值税＋银行及其他手续费＋国内运杂费＋安装调试费 \quad (4-19)$$

或

$$重置成本＝CIF价格×现行外汇汇率＋进口关税＋增值税＋银行及其他手续费＋$$
$$国内运杂费＋安装调试费 \quad (4-20)$$

(2) 无法寻找进口设备的现行离岸价(FOB)或到岸价(CIF)的，若可以取得国外替代产品的现行离岸价(FOB)或到岸价(CIF)，可采用功能价值法或比较法来估测被评估机器设备的重置成本；若没有其国外替代品的现行离岸价(FOB)或到岸价(CIF)，可利用国内替代设备的现行市价或重置成本推算被评估进口设备的重置成本。

(3) 若以上几种渠道都行不通的话，也可利用物价指数调整法估测进口设备的重置成本。但是，用物价指数调整法评估进口设备的重置成本有其限制范围：① 对于那些技术已经更新的进口设备不宜采用物价指数调整法，因为一旦技术更新，旧型号设备很快被淘汰，其价格会大幅度下降。只有那些技术更新周期较长、该型号设备仍在国外大量使用、在技术上未被淘汰的设备适合采用物价指数调整法。② 运用物价指数调整法调整计算进口设备重置成本时，其中，原来用外币支付的部分(原来的CIF价格)，应使用设备生产国的物价变动指数来调整，而不用国内价格变动指数来调整，但对原来的国内费用(进口关税、增值税、银行手续费、国内运杂费、安装调试费等)都应按国内的物价变动指数来调整。用物价指数调整法估测进口设备的重置成本的计算公式为

重置成本＝账面原值中的到岸价值÷进口时的外汇汇率×进口设备生产国同类资产价

格变动指数×评估基准日外汇汇率×(1＋现行进口关税税率)×(1＋其他税费率)＋账面原值中支付人民币部分价格×国内同类资产价格变动指数 (4-21)

该公式假定进口设备的到岸价格全部以外汇支付,其余均为人民币支付。如实际情况与此假设不符,应自行调整。式中,被评估进口设备的账面原值中的到岸价值除以进口时的外汇汇率,相当于按进口时的汇率将以人民币计价的进口设备到岸价值调整为以外币计价的设备到岸价值。进口设备生产国同类资产价格变动指数,可根据设备生产国设备出口时的同类资产价格指数与评估时点同类资产的价格指数的比值求取。但实际操作过程中,不仅设备生产国设备出口时的同类资产价格指数不易获取,即使是评估时点的同类资产价格指数也不易取得。所以,实际运用上述公式时,往往以进口设备生产国在设备出口时的价格水平为基期价格水平,再根据设备生产国从基期到评估时点每年的价格变化率,将生产国出口设备价值从原值调整为现值。计算公式为

重置成本＝设备原值中支付外汇部分÷设备进口时的外汇汇率×
(1＋设备生产国从设备出口到评估时点的价格变化率) (4-22)

评估基准日的外汇汇率比较容易获得,其他税费中的关税、增值税和消费税的税率视进口设备的性质、种类的不同,按评估基准日海关的税收手册所规定的税率纳税。

设备原值中支付人民币部分主要是指国内运杂费和安装调试费等项目。对于这部分费用,可利用国内价格变动指数直接将其原值调整为现值。

在运用指数调整法对进口设备重置成本进行估测时,应尽量将支付外汇部分与支付人民币部分,或者说将受设备生产国物价变动影响部分与受国内价格变动影响部分分开,分别运用设备生产国的价格变动指数与国内价格变动指数进行调整,不应综合采用国内或设备生产国的价格变动指数综合调整。

3) 进口设备重置成本测算举例

(1) 进口单台(件)设备的实例。

【例 4-5】某进口设备离岸价为 12 000 000 美元,关税税率为 16%,增值税税率为 17%,银行财务费率为 0.4%,公司代理费率为 1%,国内运杂费率为 1%,安装费率为 0.6%,基础费率 1.7%。设备从订货到安装完毕投入使用需要 2 年时间,第一年投入的资金比例为 30%,第二年投入的资金比例为 70%。假设每年的资金投入是均匀的,银行贷款利率为 5%,美元兑人民币的汇率为 1∶6.8,试计算该设备的重置成本。

该设备的重置成本包括:①设备的货价;②海外运输费;③海运保险费;④关税;⑤增值税;⑥银行财务费用;⑦公司代理手续费;⑧国内运费;⑨安装费;⑩基础费;⑪资金成本。设备重置成本的计算过程见表 4-3。

表 4-3 设备重置成本的计算过程

序号	项目	计费基数	费率	计算公式	金额
1	设备离岸价				1 200 000 美元
2	国外海运费	设备离岸价	5%	计费基数×海运费率	600 000 美元
3	国外运输保险费	设备离岸价＋海运费	0.4%	计费基数×保险费率	50 400 美元
	到岸价外币合计				12 650 400 美元

续表

序号	项目	计费基数	费率	计算公式	金额
	CIF 价人民币合计	外币额	6.8	计费基数×汇率	86 022 720 元
4	关税	CIF 价	16%	CIF 价×16%	13 763 635.2 元
5	增值税	CIF 价+关税	17%	(CIF 价+关税)×17%	16 963 680.38 元
6	银行手续费	设备离岸价	0.4%	设备离岸价×0.4%	326 400 元
7	公司手续费	CIF 价	1%	CIF 价×1%	860 227.2 元
8	国内运杂费	CIF 价	1%	CIF 价×1%	860 227.2 元
9	安装费	CIF 价	0.6%	CIF 价×0.6%	516 136.32 元
10	基础费	CIF 价	1.7%	CIF 价×1.7%	1 462 386.24 元
	合计				120 775 412.54 元
11	资金成本		5%	资金合计×30%×5%×1.5+资金合计×70%×5%×0.5	4 831 000.75 元
	重置成本合计				125 606 413.29 元

(2) 进口机组(成套)设备的实例。

【例 4-6】企业 2011 年从美国进口了一条汽车生产线,进口总价为 200 万美元,国内运杂费为 10 万元人民币。2014 年对该生产线进行评估,评估人员通过市场调查获得该类设备目前在美国市场上的销售价格比 2011 年增长了 14%,国内运杂费上涨了 20%,评估基准日美元对人民币的汇率为 1∶7.994,该类设备的进口关税为 16%,增值税为 17%,则该进口生产线的重置成本=200×(1+14%)×7.994×(1+16%)×(1+17%)+10×(1+20%)≈2 485.68(万元)。

▶ 3. 自制设备重置成本的测算

1) 自制设备重置成本构成

自制设备的重置成本主要包括:制造成本和相配比的期间费用(如应分摊的管理费用和财务费用);大型设备的合理制造利润;其他必要的合理费用,如设计、论证等前期费用;安装调试费用等。

2) 自制设备重置成本测算举例

自制设备可分为标准设备与非标准设备。对于标准设备的重置成本可参考专业生产企业的标准设备价格。非标准自制设备的市场价格资料一般难以获得,故经常采用核算法来计算其重置成本。如果以原来的材料、工艺重新制造同类型的设备,则计算得到的是复原重置成本,参考例 4-7;如果按新材料、新工艺重新制造同类设备,则计算得到的是设备的更新重置成本,参考例 4-8。

【例 4-7】某企业有一台自制设备,账面原值 11 万元,市场无可替代产品,评估其重置全价。

分析:该设备在市场上没有可替代产品,且又是自制性质,由于服役时间不长和自制的设备适合按复原重置成本评估,因此,可按复原重置成本评估该设备。

自制设备的成本核算资料,经评估人员核查企业提供的账表得知,账面原值11万元的构成如下。

(1)制造费用10万元,其中:钢材消耗24吨,单位1 250元/吨,计3万元;铸铁消耗25吨,单价400元/吨,计1万元;外协件15吨,单价2 000元/吨,计3万元;工时消耗5 000定额工时,单价4元/工时,计2万元;管理费用为每定额工时分摊2元,计1万元。

(2)安装调试费1万元,其中:水泥消耗8吨,单价250元/吨,计0.2万元;钢材消耗4吨,单价1 250元/吨,计0.5万元;工时消耗500定额工时,单价4元/工时,计0.2万元;管理费用为每定额工时分摊2元,计0.1万元。

经市场调查和测算,现行使用单价,钢材为1 600元,铸铁为500元,外协件为2 400元,水泥为250元;每定额工时成本为5元,每定额工时分摊管理费用2元。根据现价和费用标准,以及该设备原自制和安装调试的量耗资料,重估价格如下。

(1)制造费用重置全价12.19万元,其中:钢材消耗24吨,单价1 600元/吨,计3.84万元;铸铁消耗25吨,单价500元/吨,计1.25万元;外协件15吨,单价2 400元/吨,计3.6万元;工时消耗5 000定额工时,单价5元/工时,计2.5万元;管理费用为每定额工时分摊2元,计1万元。

(2)安装调试费用重置全价1.19万元,其中:水泥消耗8吨,单价250元/吨,计0.2万元;钢材消耗4吨,单价1 600元/吨,计0.64万元;工时消耗500定额工时,单价5元/工时,计0.25万元;管理费用为每定额工时分摊2元,计0.1万元。

综合上述重估结果,得该自制设备原地续用的重置成本为12.19+1.19=13.38(万元)。

这里有必要说明一下,例4-7中的材料现行价是使用方价格,包括购价、采购费用、运杂费、挑选整理费、途耗、库耗、自然损耗等费用,而不能直接使用现行市价。

【例4-8】某企业一台机器设备需评估其重置全价,有关资料如下。

自制设备成本为30万元(其中,钢材占40%,铸铁占20%,人工费占30%,管理费占10%)。按现行技术条件更新自制设备,钢材和铸铁均可节约20%,人工节约10%。通过调查市场得知,该自制设备自制造以来,钢材价格上升80%,铸铁价格上升50%,工时成本上涨100%,管理费按工时分摊的额度上升40%。

分析:按现行技术条件,该自制设备的结构大有改进的必要,改进以后能节约用料,其功能仍能保持,根据这种情况,可按更新重置的要求,采用成本法来评估。评估人员对费用和价格上涨的情况进行试算,表明企业提供的该项资料合乎职业标准。听取专业人员的评价,得知材料、人工节约概算是符合现实的。

评估人员在确定该项设备的评估方法后,可依据上述资料进行计算:

材料成本=17.28+7.2=24.48(万元)

其中,钢材为$30\times40\%\times(1-20\%)\times(1+80\%)=17.28$(万元);铸铁为$30\times20\%\times(1-20\%)\times(1+50\%)=7.2$(万元)。

人工成本=$30\times30\%\times(1-10\%)\times(1+100\%)=16.2$(万元)

管理费用=$30\times10\%\times(1-10\%)\times(1+40\%)=3.78$(万元)

合计44.46万元,因此,该自制设备的更新重置全价为44.46万元。

核算自制机器设备重置成本的方法很多,以下再介绍一种测算自制非标设备重置成本的方法：综合估价法。

由于设备的主材费和主要外购件费与设备成本费用有一定的比例关系，是指通过确定设备的主材费用和主要外购件费用，计算设备的完全制造成本，并考虑企业利润、税金和设计费用来确定设备的重置成本。计算公式为

$$RC = (M_{rm}K_m + M_{pm}) \times (1+K_p) \times (1+K_{d/n}) \times (1+r_t) \quad (4-23)$$

式中：RC 为设备的重置成本；M_{rm} 为主材费；K_m 为成本主材费率（不含外购件）；M_{pm} 为主要外购件费；K_p 为成本利润率；r_t 为综合税率；K_d 为非标准设备的设计费率；n 为非标准设备的生产数量。

【例 4-9】某蒸汽对流烘干室为非标准自制设备，构建日期为 2009 年 12 月，评估基准日为 2016 年 9 月 30 日，计算该蒸汽对流烘干室的重置成本。

根据设计图纸，该设备主材为钢材，主材的净消耗量为 30 吨，评估基准日钢材不含税市场价为 3 500 元/吨。另外，所需主要外购件不含税费用为 50 000 元。主材利用率为 90%，成本主材费率 55%，成本利润率 15%，设计费率 16%，产量 1 台。

首先确定设备的主材费用，该设备的主材利用率为 90%，则 $M_{rm}=30 \div 90\% \times 3\ 500 = 116\ 667$（元），成本主材费率 $K_m = 55\%$，主要外购件费 $M_{pm} = 55\ 000$ 元，成本利润率 $K_p = 15\%$。若增值税率为 17%，城市维护建设税率为 7%，教育附加费率为 3%，则综合税率 $r_t = 17\% \times (1+7\%+3\%) = 18.7\%$。设备的设计费率 $K_d = 16\%$，非标准设备的数量 $n=1$ 台。

设备重置成本 = (116 667÷55% + 50 000) × (1+15%) × (1+16%÷1) × (1+18.7%)
≈ 415 058.89（元）

二、实体性贬值

机器设备实体性贬值也称有形损耗，是指机器设备由于使用磨损和自然损耗造成的贬值。评估时主要依据其工作环境、功能工作量、工作时间，以及维护修理状况来估算机器设备的实体性贬值。相应地，实体性贬值率也称有形损耗率，是使用磨损和自然损耗所造成的贬值相对于机器设备重置成本的比率，也可以理解为机器设备实体性损耗状况与全新状况的比率。全新设备的实体性贬值率为零，完全报废设备的实体性贬值率为 100%。

成新率是反映评估对象评估基准日新旧程度的指标，是评估对象现行价值与其全新状态重置成本的比率，也可以理解为机器设备的现实状态与设备全新状态的比率。所以，实体性贬值率和成新率是同一事物的两面，即

$$成新率 = 1 - 实体性贬值率 \quad (4-24)$$

或

$$实体性贬值率 = 1 - 成新率 \quad (4-25)$$

估测机器设备实体性贬值通常采用三种方法：观察法、使用年限法和修复费用法。

（一）观察法

设备的磨损一般会引起一些宏观症状的变化，如震动、噪音增大、温度升高、精度下降、生产能力下降、能耗增高、故障率升高等。观察法是指评估师通过现场观察，查阅机器设备的历史资料，向操作人员询问设备的使用情况、使用精度、故障率、磨损情况、维修保养情况、工作负荷等，对所获得的信息进行分析、归纳、综合，依据经验判断设备的

磨损程度及贬值率。估测机器设备贬值率时应重点观测分析以下主要指标：机器设备的现时技术状态、实际使用时间、机器设备的正常负荷率、机器设备的原始制造质量、维修保养状况、重大故障（事故）经历、机器设备大修、技改情况、机器设备的工作环境和条件、机器设备的外观和完整性等。

观察法是评估师通过观察，凭借视觉、听觉、触觉，或借助少量的检测工具，对设备进行检查，根据经验对鉴定对象的状态、损耗程度做出判断。在不具备测试条件的情况下，这种方法是最常使用的方法。该方法一般适用于单位价值小、数量多、技术性不是很强的机器设备的实体性贬值率的确定。表 4-4 为美国评估协会使用的实体性贬值率参考表。

表 4-4　美国评估协会使用的实体性贬值率参考表

设备状态		贬值率/%
全新	全新，刚刚安装，尚未使用，资产状态极佳	0
		5
很好	很新，只轻微使用过，无需更换任何部件或进行任何修理	10
		15
良好	半新资产，但经过维修或更新，处于极佳状态	20
		25
		30
		35
一般	旧资产，需要进行某些修理或更换一些零部件，如轴承之类	40
		45
		50
		55
		60
尚可使用	处于可运行状况的旧资产，需要大量维修或更换零部件，如电机等	65
		70
		75
		80
不良	需要进行大修理的旧资产，如更换运动机件或主要结构件	85
		90
报废	除了基本材料的废品回收价值外，没有希望以其他方式出售	97.5
		100

（二）使用年限法

使用年限法是从使用寿命角度来估算贬值，也称寿命比率法。这种方法假设机器设备有一定的使用寿命,在使用过程中,设备的价值随着设备使用寿命消耗而同比例损耗。因此,设备的实体性贬值率也可以用使用寿命消耗量与总使用寿命之比来表示。计算公式为

$$实体性贬值率 = \frac{设备已使用年限}{设备已使用年限 + 尚可使用年限} \times 100\% \tag{4-26}$$

上述公式是计算实体性贬值率的典型算式,因为不是所有的机器设备都是以"年"为单位反映寿命,例如:汽油机、柴油机、机床、电子设备等,一般都用工作小时或年限来表示它们的使用寿命;模具的使用寿命一般按使用次数来表示;汽车的使用寿命可以用行驶里程表示。尽管反映寿命的单位不同,但评估实体性贬值率的原理与按"年"计量的评估方法并无区别,因此可统称为使用年限法。

运用使用年限法测算设备的实体性贬值率涉及3个基本参数:总使用年限、已使用年限和尚可使用年限。

▶ 1. 设备总使用年限

设备总使用年限是指设备的使用寿命。通常机器设备的使用寿命可以分为物理寿命、技术寿命和经济寿命。设备的物理寿命是指机器设备从开始使用到报废为止所经历的时间,物理寿命的长短主要取决于机器设备本身的质量、使用保养和正常维修情况;设备的技术寿命的长短在很大程度上取决于社会技术进步、更新的速度和周期;设备的经济寿命是指从开始使用到因经济上不合算而停止使用所经历的时间,经济寿命与机器设备本身的物理性能以及物理寿命、技术进步速度、设备使用的外部环境的变化等均有直接联系。

当采用机器设备总使用年限估算设备的成新率或有形损耗率时,通常首选机器设备的经济寿命作为其总使用年限,这是国际上资产评估业常用的做法,但并不排除把机器设备的物理寿命和技术寿命作为机器设备总使用年限的可能性。在进行机器设备评估时,应根据机器设备评估的总体思路和要求,在保证确定机器设备评估值的各经济技术参数前后一致、协调的前提下,可以使用机器设备的物理寿命或技术寿命作为设备的总使用寿命。

▶ 2. 设备已使用年限

设备已使用年限是指机器设备从开始使用到评估基准日所经历的时间。由于机器设备在使用中负荷程度及日常维护保养差别的影响,已使用年限可分为名义已使用年限和实际已使用年限。名义已使用年限是指会计记录记载的资产的已提折旧的年限;实际已使用年限是指资产在使用中实际磨损的年限,可根据设备运行的记录资料用下列公式计算。

$$实际已使用年限 = 名义已使用年限 \times 设备利用率 \tag{4-27}$$

或

$$设备利用率 = \frac{截至评估基准日设备累计实际利用时间}{截至评估基准日设备累计法定利用时间} \times 100\% \tag{4-28}$$

在机器设备的评估中,应根据机器设备的名义已使用年限(折旧年限),考虑机器设备的使用班次、使用强度和维修保养水平,据实估测其实际已使用年限。

▶ 3. 设备尚可使用年限

设备尚可使用年限也称设备的剩余使用寿命,估测的依据是设备的实际状态和评估人员的专业经验。但在实际评估中往往采用一种替代的方法:

$$尚可使用年限 = 总使用年限 - 实际已使用年限$$

这种替代方法特别适合较新设备的评估,具有简便易行、前后易于统一的优点,但该

替代方法有一定的局限性，对已使用较长时间的老设备不适用，因为有些老设备已达到甚至超过设备预计的总使用年限。在这种情况下，评估人员可根据设备的实际状态和长年积累的专业经验直接估算其尚可使用年限。另外，对国家明文规定限期淘汰、禁止超期使用的设备，其尚可使用年限不能超过规定的禁止使用日期(不论设备现实状态如何)。

使用年限法估算机器设备成新率的假设前提是机器设备的投资是一次完成的，没有更新改造和追加投资等情况发生。这个假设对于许多机器设备的特定时期来说是符合实际情况的，所以该方法也可以称为简单年限法。与此相对应，在机器设备的投资是分次完成，或经过大修理、技术更新改造和追加投资等情况下，所运用的方法可称为综合年限法。简单年限法和综合年限法都属于使用年限法，只是考虑机器设备的状况不同而已。

利用综合年限法估算机器设备成新率的计算公式为

$$成新率 = \frac{机器设备尚可使用年限}{机器设备加权投资年限 + 机器设备尚可使用年限} \times 100\% \quad (4-29)$$

其中：

$$机器设备加权投资年限 = \frac{\sum 加权更新成本}{\sum 更新成本} \quad (4-30)$$

$$加权更新成本 = 已使用年限 \times 更新成本 \quad (4-31)$$

【例 4-10】某企业 2007 年购入一台设备，账面原值为 3 万元，2012 年和 2014 年两次更新改造，当年投资分别为 3 000 元和 2 000 元。2017 年对该设备进行评估，假定从 2007 年至 2017 年年通货膨胀率为 10%，该设备的尚可使用年限经检测，鉴定为 7 年，试估算该设备的成新率。

第一步，计算调整成本，即 $30\ 000 \times (1+10\%)^{10} + 3\ 000 \times (1+10\%)^5 + 2\ 000 \times (1+10\%)^3 = 78\ 000 + 4\ 830 + 2\ 660 = 85\ 490$(元)。

第二步，计算加权更新成本，即 $780\ 00 \times 10 + 4\ 830 \times 5 + 2\ 660 \times 3 = 812\ 130$(元)。

第三步，计算加权投资年限，即 $\frac{812\ 130}{85\ 490} \approx 9.5$(年)。

第四步，计算成新率，即 $\frac{7}{9.5+7} \times 100\% = 42\%$。

(三) 修复费用法

修复费用法是指以修复机器设备的有形损耗并使之达到全新状态所需要支出的金额，作为估测被修复机器设备的有形损耗的一种方法。例如，某机床的电机损坏，如果这台机床不存在其他贬值，则更换电机的费用即机床的实体性贬值。

使用修复费用法，评估人员要注意区分可修复性损耗和不可修复性损耗。可修复性损耗是指可以用经济上可行的方法进行修复的损耗，即修复这些损耗在经济上是合理的，而不是指在技术方面是否可以修复。有些损耗尽管在技术上可以修复，但在经济上是不划算的，这种损耗则为不可修复性损耗。不可修复性损耗不能用修复费用法计算贬值。大多数情况下，设备的可修复性损耗和不可修复性损耗是并存的，评估人员应分别计算它们的贬值。

$$实体性贬值 = 可修复性损耗 + 不可修复性损耗 \quad (4-32)$$

$$不可修复性损耗 = (重置成本 - 可修复性损耗) \times \frac{实际已使用年限}{总使用年限} \times 100\% \quad (4-33)$$

$$\text{实体性贬值率} = \frac{\text{可修复性损耗} + \text{不可修复性损耗}}{\text{设备重置成本}} \times 100\% \tag{4-34}$$

【例 4-11】 一台数控折边机，重置成本为 150 万元，已使用 2 年，其经济使用寿命约 20 年，现该机器数控系统损坏，估计修复费用约 2 万美元（折合人民币 13.6 万元），其他部分工作正常。

该设备存在可修复性损耗和不可修复性损耗，数控系统损坏是可修复性损耗，我们用修复费用法计算其贬值，贬值额等于机器的修复费用，约人民币 13.6 万元。另外，该机器运行两年，可以用年限法来确定由此引起的实体性贬值，此项贬值率为 2/20。

所有实体性贬值及贬值率计算过程如下：重置全价 150 万元，可修复性损耗引起的贬值 13.6 万元，不可修复性损耗引起的贬值 $= (150 - 13.6) \times \frac{2}{20} = 13.64$（万元），实体性贬值 $= 13.6 + 13.64 = 27.24$（万元），贬值率 $= \frac{27.24}{150} \times 100\% = 18.2\%$。

修复费用法有着比较广泛的应用领域，尤其适用于需定期更换易损件的机器设备的成新率的评估。但在运用修复费用法估算机器设备的成新率时，必须考虑该修复费用是否包括了对被评估机器设备的技术更新和改造支出，以便在考虑设备的功能性贬值时避免重复计算或漏评。

三、功能性贬值

由于无形磨损而引起资产价值的损失称为机器设备的功能性贬值。功能性贬值主要是由于技术进步所导致的。技术进步不仅使购建新设备常常比复原重置成本便宜，而且新设备的效率更高、运营费用更低。因此，机器设备的功能性贬值主要体现在超额投资成本和超额运营成本两方面。

（一）由超额投资成本引起的功能性贬值的测算

超额投资成本是指由于技术进步引起的社会劳动生产率的提高，现在生产制造与原设备功能相同的新设备所需的社会必要劳动时间减少、成本下降。即功能相同的新设备的购建成本比原设备购建成本更低，两者差异就是功能性贬值。计算公式为

$$\text{超额投资成本} = \text{设备复原重置成本} - \text{更新重置成本} \tag{4-35}$$

需要指出的是，如果评估中直接使用设备的更新重置成本，其实已经将被评估设备价值中所包含的超额投资成本部分剔除掉了，因而不必再去单独计算设备的复原重置成本，然后再减去设备的更新重置成本得到设备的超额投资成本，以免重复计算。

在评估实务中，经常遇到的情况是，被评估设备可能已经停止生产，评估时只能参照其替代设备，而这些替代设备的性能通常优于被评估设备，其价格也会高于被评估设备的复原重置成本。在这种情形下，不应机械照搬上述公式来测算设备的超额投资成本，而应采用功能系数法测算被评估设备的更新重置成本，即更新重置成本中已同时扣减了设备的超额投资成本和超额运营成本。

（二）由超额运营成本引起的功能性贬值的测算

测算由超额运营成本引起的功能性贬值的步骤如下：

（1）选择参照物，并将被评估设备的年运营成本与参照物的年运营成本做比较，计算两者之间的差额（年超额运营成本额）；

(2) 估测被评估设备的剩余寿命;

(3) 按企业适用的所得税率计算被评估设备因超额运营成本而抵减的所得税,从而得到被评估设备的年超额运营成本净额;

(4) 确定折现率,将被评估设备在剩余使用年限中的每年超额运营成本净额(超额运营成本扣除所得税因素)折现累加,从而求得被评估设备的功能性贬值额。

【例 4-12】某一生产控制装置拟作为评估对象,其正常运行需 7 名操作人员。目前同类新式控制装置所需的操作人员定额为 4 名。假设该被评估控制装置与参照物在运营成本的其他支出项目方面大致相同,操作人员人均年收入为 12 000 元,被评估控制装置尚可使用 3 年,所得税率为 25%,适用的折现率为 10%。试测算被评估控制装置的功能性贬值额。

根据上述资料,被评估控制装置的功能性贬值额测算如下:

被评估控制装置的年超额运营成本额 = (7−4)×12 000 = 36 000(元)

被评估控制装置的年超额运营成本净额 = 36 000×(1−25%) = 27 000(元)

将被评估控制装置在剩余使用年限内的年超额运营成本净额折现累加,估算其功能性贬值额 = 27 000×$(P/A, 10\%, 3)$ = 27 000×2.486 9 = 67 219(元)

(三) 测算机器设备功能性贬值时应注意的问题

(1) 对比参照物的选择直接影响功能性贬值的大小。一般应选择评估涉及的地区范围内已普遍使用的先进设备,而非尚未普遍使用的最先进的设备。因为后者的技术在评估所涉及的行业或地区范围内尚未成熟,其功能价值尚未被普遍接受。

(2) 在计算评估值时,功能性贬值是否需单独计算:如果所测算的机器设备的重置成本是复原重置成本,就需单独计算功能性贬值,除非被评估设备刚购建尚不存在功能性贬值的问题;如果所测算的机器设备的重置成本是更新重置成本,进一步考虑所测算的更新重置成本是将两类功能性贬值均剔除了还是仅剔除了超额投资成本。如果是后者,仍需单独计算超额运营成本。

【例 4-13】例 4-12 中,若被评估生产装置用价格指数法计算其复原重置成本为 90 000 元,由市场询价得到同类新装置的更新重置成本为 100 000 元,其他资料与例 4-12 相同。估算被评估装置的功能性贬值。

如果采用更新重置成本评估设备价值,这时应扣除的功能性贬值就是超额运营成本,即例 4-12 中计算得到的 36 000 元。

如果采用复原重置成本评估设备价值,这时应扣除的功能性贬值就是超额投资成本与超额运营成本的代数和,被评估生产装置的投资性功能贬值额 = 90 000 − 100 000 = −10 000(元)。

被评估生产装置的超额运营性功能贬值额,为 36 000 元,两者代数和,即 −10 000 + 36 000 = 26 000(元)。

四、经济性贬值

(一) 引起经济性贬值的外部因素

机器设备的经济性贬值是指由于外部因素变化引起的设备价值贬值。外部因素包括:由于市场竞争加剧,产品需求减少,导致设备开工不足,生产能力相对过剩;原材料、能源等提价,造成成本提高,而生产的产品售价没有相应提高;国家有关能源、环境保护等方面的法律法规使产品生产成本提高或者使设备强制报废,缩短了机器设备的正常使用寿命等。这些情况可以归纳为三个方面:机器设备利用率下降,开工不足、收益额减少和使用寿命缩短。因此,可以从这三个方面测算机器设备的经济性贬值。

▶ 1. 因机器设备利用率下降导致的经济性贬值的测算

当机器设备因外部因素(如经济衰退、产业结构调整、国家环保政策限制等)影响出现开工不足,致使设备的实际生产能力显著低于其额定或设计能力时,它的价值也就低于能充分利用时的价值。这种差别可以用经济性贬值率来表示:

$$经济性贬值率 = \left[1 - \left(\frac{设备预计可利用的生产能力}{设备原设计生产能力}\right)^x\right] \times 100\% \quad (4-36)$$

式中,x 为规模效益指数,一般为 0.6~0.7。

经济性贬值额一般是以设备的重置成本减去有形损耗和功能性贬值的余额乘以经济性贬值率求得。

【例 4-14】某生产线的设计生产能力为 10 000 吨,由于市场疲软,企业竞争力下降,预计现实生产能力为 8 000 吨。经评估,生产线的重置成本为 1 500 万元,有形损耗为 300 万元,功能性损耗为 150 万元,求该生产线的经济性损耗。

解:扣除有形损耗和功能性损耗以后的价值 = 1 500 − 300 − 150 = 1 050(万元)

经济性贬值率 = $\left[1 - \left(\frac{8000}{10000}\right)^x\right] \times 100\%$,当 $x = 0.7$ 时,经济性贬值率 = $[1 - (0.8)^{0.7}] \times 100\% = 15\%$。

经济贬值额 = 1 050 × 15% = 157.5(万元)

▶ 2. 因开工不足、收益额减少导致的经济性贬值的测算

由于企业外部的原因,虽然设备生产负荷并未降低,但出现原材料涨价、劳动力费用上升等情况导致生产成本提高,或迫使产品降价出售等情况,均可能使设备创造的收益减少,使用价值降低,进而产生经济性贬值。

如果由于外部因素变化造成设备收益额减少(收益减少额能直接测算),可直接按设备继续使用期间每年收益损失额折现累加求得设备的经济性贬值额,用公式表达如下:

$$经济性贬值额 = 设备年收益损失额 \times (1 - 所得税税率) \times (P/A, r, n) \quad (4-37)$$

式中,$(P/A, r, n)$ 为折现率为 r、年限为 n 的年金现值系数。

【例 4-15】某家电生产厂家面临着市场疲软状况,如果不降低彩电生产量,就必须降价销售家电产品。假定原产品销价为 2 000 元/台,要使 10 万台产品全部卖掉,产品销价需降至 1 900 元/台,每台产品损失毛利 100 元。经估测,该家电厂的生产尚可续用 3 年,企业所在行业的投资报酬率为 10%,企业所得税税率为 25%,试估算该生产线的经济性贬值额。

经济性贬值额 = $[(2\ 000 - 1\ 900) \times 100\ 000] \times (1 - 25\%) \times (P/A, 10\%, 3)$
         = 6 700 000 × 2.486 9 = 18 651 750(元)

▶ 3. 因使用寿命缩短导致的经济性贬值的测算

引起机器设备使用寿命缩短的外部因素主要是国家有关能源、环境保护等方面的法律法规。近年来,由于环境污染问题日益严重,国家对机器设备的环保要求越来越

高,对落后的、高能耗的机电产品施行强制淘汰制度,缩短了机器设备的正常使用寿命等。

【例 4-16】某汽车已经使用 10 年,按目前的技术状态还可以正常使用 10 年,但出于环保、能源方面的考虑,国家新出台的汽车报废政策规定该类汽车的最长使用年限为 15 年,因此该汽车 5 年后必须报废,该汽车的重置成本为 20 万元,要求估算该汽车的经济性贬值。

解:年限法下该汽车的贬值率 $= \dfrac{10}{10+10} \times 100\% = 50\%$

新政策下该汽车的贬值率 $= \dfrac{10}{10+5} \times 100\% = 66.7\%$

由此引起的经济性贬值率为 16.7%。

经济性贬值额 $= 20 \times 16.7\% = 3.34$(万元)

(二)测算机器设备经济性贬值时应注意的问题

(1)注意被评估设备是否是能够单独计算获利能力的生产线、成套设备。一般来说,不能单独计算获利能力的单台(件)设备不计算经济性贬值。

(2)需对评估基准日后即未来的影响设备利用率或收益额的因素进行预测,进而判断是否存在经济性贬值的问题。

第三节 机器设备评估的市场法

市场法评估机器设备是根据市场上类似机器设备的交易价格资料,通过对评估对象和市场参照物之间的差异调整,确定被评估设备价格的方法。该方法主要适用于单项机器设备变现价格的估测。

运用市场法评估机器设备需具备两个前提条件:

首先,要具备一个发达、交易活跃的设备市场,尤其是二手设备市场;

其次,被评估机器设备与选取的参照物之间要具有可比性。可比性包括两个方面的内容:①被评估机器设备与参照物之间在规格、型号、用途、性能、新旧程度等方面应具有可比性;②参照物的交易情况(如交易目的、交易条件、交易数量、交易时间、结算方式等)与被评估机器设备将要发生的交易情况具有可比性。

一、运用市场法评估机器设备的基本步骤

(一)明确鉴定评估对象,获取基本资料

资产评估师通过鉴定被评估设备,了解设备的基本资料,具体包括设备类别、名称、规格型号、生产厂家、生产日期、设备性能、现实技术状况及有效役龄。

(二)进行市场调查,选择参照物

在设备交易市场选择参照物,最重要的是参照物与被评估对象具有可比性,同时参照物的成交价格应具有代表性。对于机器设备而言,可比性因素具体包括:①设备的规格型

号；②设备的生产厂家；③设备的制造质量；④设备的零部件、配件情况；⑤设备的有效役龄；⑥设备的技术状况；⑦设备的成新率情况，即设备的实体状况，如使用强度、大修理记录等；⑧设备的出售目的和出售方式；⑨设备的成交数量；⑩设备交易时的市场状况；⑪设备的交易时间；⑫设备的存放和使用地点。

上述可比因素中，①~⑦属于个别因素，⑧~⑩属于交易因素；⑪属于时间因素；⑫属于地域因素，因为不同地区市场供求条件等因素不同，设备的交易价格也会受到影响。

(三) 调整差异

尽管在选择参照物时应尽可能与被评估设备相接近，但是两者之间在实体状态、交易时间、交易地点、交易背景等方面总会存在一定差异，需要评估人员在对比分析的基础上确定调整系数或调整值。

(四) 确定评估值

由于选择市场售价类比法评估设备价值需选择多个交易案例，因此需将多个参照物设备调整后的价格通过算术平均或加权平均来确定评估值。此外，由于采用市场法评估的仅仅是设备的购买价格，一般不包括运杂费、安装调试费等，因此如果需评估设备的在用、续用价值，就要在购买价的基础上加上必要的相关费用。

二、运用市场法评估机器设备的具体方法

(一) 直接比较法

直接比较法是指利用二手设备市场上已经成交的相同设备的交易资料，通过与被评估设备的直接比较，调整得到被评估设备价值的方法。此方法运用的前提是市场上有与被评估设备相同且已成交的设备交易数据和资料，这里的"相同"可以理解为基本可比因素相同，仅个别因素存在差异。例如，参照物与被评估设备在生产厂家、型号、役龄、附属装置等方面均相同，只是成新率方面因使用强度不同而存在差异，这种情况可采用成新率价格法计算评估值。

(二) 类比法

类比法是指利用与被评估设备相似的且已经在市场上成交的设备的交易数据和资料，通过评估对象与参照物之间可比因素的对比分析，计算调整系数或调整值来确定评估值。

【例 4-17】 运用市场法对某车床进行评估。

(1) 首先对被评估对象进行鉴定，基本情况如下：

设备名称：普通车床。

规格型号：CA6140。

制造厂家：甲机床厂。

出厂日期：2011 年 2 月。

投入使用时间：2012 年 2 月。

安装方式：未安装。

附件：齐全（包括仿形车削装置、后刀架、快速换刀架、快速移动机构）；

实体状态：评估人员通过对车床的传动系统、导轨、进给箱、溜板箱、刀架、尾座等

部位进行检查、打分,确定其综合分值为61分。

(2) 对二手设备市场进行调研,确定三个与被评估对象较接近的市场参照物。

(3) 对评估对象和参照物进行因素比较。

① 个别因素比较,如表4-5所示。

表 4-5 个别因素比较

对比项目	评估对象	参照物A	参照物B	参照物C
规格型号	CA6140×1500 1	CA6140×1500 1	CA6140×1500 1	CA6140×1500 1
制造厂家	甲机床厂 1	甲机床厂 1	乙机床厂 1.11	乙机床厂 1.11
役龄	7 1	7.5 1.05	7 1	6.5 0.95
安装方式	未安装 1	未安装 1	未安装 1	未安装 1
附件	齐全 1	齐全 1	齐全 1	齐全 1
实体状态	61 1	57 1.07	60 1.02	66 0.92
比较系数	1	1.12	1.13	0.97

表4-5中:第一,三个参照物与评估对象的规格型号、安装方式、附件情况均相同,调整系数为1;第二,参照物B和参照物C为乙机床厂生产,已知相同型号的新机床甲机床厂比乙机床厂产品贵11%,以此作为调整系数;第三,役龄因数调整,评估人员根据市场调查,发现设备的役龄相关0.5年,其售价约相差5%左右;第四,根据评估对象和参照物的实体状态分值确定实体状态调整系数。

② 市场因素比较。根据评估对象和参照物的市场交易状况、交易动机及背景、交易数量等因素均相同,调整系数为1。

③ 时间因素比较。三个参照物的交易时间如表4-6所示,根据不同交易时间的物价水平确定时间因素调整系数。

表 4-6 时间因素比较

对比项目	评估对象	参照物A	参照物B	参照物C
交易时间	当前	半年前	半年前	一年前
时间调整因素	1	1.02	1.02	1.05

④ 地域因素。参照物A与评估对象属同一地区,参照物B和参照物C的交易地点在另一地区,已知参照物B和参照物C所在地区的交易价格比评估对象所在地区高2%,如

表 4-7 所示。

表 4-7　地域因素比较

对比项目	评估对象	参照物 A	参照物 B	参照物 C
交易地区	X 地区	X 地区	Y 地区	Y 地区
区域因素调整	1	1	0.98	0.98

(4) 计算评估值（见表 4-8）。

表 4-8　参照物的价格调整

对比项目	参照物 A	参照物 B	参照物 C
交易价格/元	27 590	27 070	32 350
比较因素调整系数	1.142 4	1.129 5	0.998 1
调整后价格/元	31 520	30 580	32 290

被估设备的评估值＝(31 520＋30 580＋32 290)/3＝31 463(元)

(三) 市价折扣法

市价折扣法是指以估测二手设备市场上参照物的成交价为基础，考虑评估对象在销售条件、销售时限等方面的不利因素，依据评估人员的经验或有关部门的规定，设定一个折旧率来估算评估对象价值的方法。此方法一般只适用于评估对象与参照物之间仅存在交易条件方面差异的情况。

【例 4-18】评估某项拟快速变现的机床。在评估时点，与评估对象完全相同的机床在二手设备市场上的正常交易价为 10 万元，评估人员经综合分析，认为快速变现的折旧率应为 40%，因此被评估机床的价值为 6 万元，即评估值＝10×(1－40%)＝6 (万元)。

本章小结

　　机器设备是企业固定资产的重要组成部分，是企业生产能力的基本标志，也是决定企业素质和效益的基本因素，因此，机器设备评估在整个资产评估中占有重要地位。

　　本章主要介绍机器设备的概念、范围、类别及机器设备评估的基本程序，详细阐述了机器设备评估应注意的问题，重点介绍了成本法和市场法在机器设备评估中的应用。成本法是机器设备评估最重要的方法。影响成本法的基本因素包括重置成本、实体性贬值、功能性贬值和经济性贬值。求得机器设备的重置成本、实体性贬值额、功能性贬值额和经济性贬值额之后，在重置成本的基础上扣减各个贬值项，即可确定被评估机器设备的价值。市场法是机器设备评估的又一重要方法，应用时要科学、合理地选择参照物。

综合练习

一、单项选择题

1. 由于社会对产品的需要量降低造成产品销售困难，从而导致生产该产品的设备开工不足，并由此引起设备贬值，这种贬值称为(   )。
   A. 功能性贬值　　　B. 实体性贬值　　　C. 经济性贬值　　　D. 无形损耗贬值

2. 机器设备重置成本中的直接费用包括(   )。
   A. 各种管理费用　　　　　　　　　B. 安装调试费用
   C. 人员培训费用　　　　　　　　　D. 总体设计费用

3. 计算重置成本时，不应计入的费用是(   )。
   A. 购建费用　　　B. 维修费用　　　C. 安装费用　　　D. 调试费用

4. 进口设备的到岸价是指(   )。
   A. 设备的离岸价＋进口关税
   B. 设备的离岸价＋海外运杂费＋进口关税
   C. 设备的离岸价＋海外运杂费＋境外保险费
   D. 设备的离岸价＋境外保险费

5. 采用价格指数调整法评估进口设备所适用的价格指数是(   )。
   A. 设备进口国零售商品价格指数　　　B. 设备出口国零售商品价格指数
   C. 设备出口国综合价格指数　　　　　D. 设备出口国生产资料价格指数

6. 机器设备的经济寿命是指(   )。
   A. 从评估基准日到设备继续使用在经济上不合算的时间
   B. 机器设备从使用到运营成本过高而被淘汰的时间
   C. 机器设备从使用到出现了新的技术性更好的设备而被淘汰的时间

7. 鉴定机器设备的已使用年限，不需考虑的因素是(   )。
   A. 技术进步因素　　　　　　　　　B. 设备使用的日历天数
   C. 设备使用强度　　　　　　　　　D. 设备的维修保养水平

8. 运用修复费用法估测成新率适用于(   )。
   A. 所有机器设备
   B. 具有特殊结构及可补偿有形损耗的设备
   C. 具有特殊结构及在技术上可修复的有形损耗的设备
   D. 具有特殊结构及不可补偿有形损耗的设备

9. 需安装的设备，且安装调试周期很长，其重置成本不仅需考虑正常费用，且需考虑(   )。
   A. 调试费用　　　B. 安装费用　　　C. 运输费用　　　D. 资金成本

10. 按成本法评估设备的重置成本，当被评估对象已不再生产时，评估应采用(   )。
    A. 替代型设备的价格　　　　　　　B. 按被评估设备的账面净值
    C. 采用市场法评估　　　　　　　　D. 参照替代设备价格采用类比法估测

二、多项选择题

1. 对设备进行鉴定，具体包括(   )。

A. 磨损鉴定 B. 账面价值鉴定
C. 技术鉴定 D. 使用情况鉴定
E. 质量鉴定

2. 构成机器设备重置成本的间接费用主要有（   ）。
A. 购建设备所发生的管理费用 B. 购建设备所发生的运输费用
C. 购建设备所占用资金的资金成本 D. 购建设备所发生的总体设计费用
E. 购建设备所发生的安装费用

3. 对于进口设备，常用的重置成本测算方法有（   ）。
A. 功能价值法 B. 统计分析法
C. 价格指数法 D. 重置核算法
E. 清算价格法

4. 当利用参照物及比较法估测被评估机组的重置成本时，需调整的重要参数有（   ）。
A. 设备所在地与参照物所在地的地区因素，包括交通条件和周围环境等
B. 设备的生产能力因素，包括年产量、单位时间产量
C. 设备交易的时间差别因素
D. 被评估设备所在地与参照物所在地与设备供应地的距离和通行条件。

5. 设备成新率的估测通常采用（   ）进行。
A. 使用年限法 B. 修复费用法
C. 观测分析法 D. 功能价值法
E. 统计分析法

6. 利用国产替代设备的重置成本推算进口设备重置成本的前提条件是（   ）。
A. 无进口设备的现行 CIF B. 关税税率变化很大
C. 无国外替代设备的现行 FOB D. 外汇汇率变化很大

7. 设备的功能性贬值通常表现为（   ）。
A. 超额重置成本 B. 超额投资成本
C. 超额运营成本 D. 超额更新成本
E. 超额复原成本

三、判断题

1. 实体性贬值与成新率是同一事物的两面，实体性贬值用相对数来表示，它的余数就是成新率。（   ）

2. 运用收益现值法评估机器设备的前提条件是，被评估机器设备具有独立的、能连续用货币计量的可预期收益，所以单件设备比较适合使用这种方法。（   ）

3. 一般在技术进步快、技术进步因素对设备价格的影响较大的情况下，应选择计算复原重置成本。（   ）

4. 价值补偿和实物更新不同时进行是机器设备的主要特点，其价值补偿是通过折旧形式逐渐实现的，而实物更新一般是一次完成的。（   ）

5. 采用使用年限法估算设备成新率时，机器设备的已使用年限可以用会计中的已提折旧年限来直接代替。（   ）

6. 机器设备的经济性贬值是由外部因素变化引起的设备价值贬值，具体可表现为两

种情况：设备利用率下降和收益减少。（　　）

四、计算题

1. 机器设备一台，于3年前购置，据了解，该设备尚无替代产品。该设备的账面原值为10万元，其中买价为8万元，运输费为0.4万元，安装费用（包括材料）为1万元，调试费用为0.6万元。经调查，该设备的现行价格为9.5万元，运输费、安装费、调试费分别比3年前上涨了40%、30%、20%。求该设备的重置成本。（保留两位小数）

2. 2015年年底评估某企业的一台设备，该设备账面原值300万元，年产产品10 000件，已使用10年。经调查，评估时与评估设备一样型号的设备已不再生产，取而代之的是更新型号的设备，2015年年底该新型号设备的价格为600万元，年产产品20 000件。该类设备的规模效益指数为0.7，该被评估设备截至评估基准日的法定利用时间累计28 800小时，实际累计利用时间为25 920小时，该设备尚可使用6年。该设备由于设计不合理，造成能耗较高，与新型号设备相比，每年多支出运营成本10 000元。已知该企业的所得税税率为25%，评估选定的折线率为8%。折线率为8%，年限为6年的年金现值系数为4.629 9。根据上述资料，采用成本法对该设备进行评估。

3. 评估机构受托评估一台某型号压力机，该机器设备购置于2009年2月。购置时压力机账面原值为100万元，其中，压力机的购买价为80万元，基础及安装费15万元，运杂费5万元。评估基准日为2016年2月20日。经过调查得知，该类压力机的定基价格指数2009年和2016年分别为130%和180%，基础安装费7年间上涨了100%，评估基准日的运杂费为10万元。该压力机2014年2月前的利用率为120%，其后利用率降为100%，预计尚可以使用8年。与同类设备相比，该设备的操作需要5个工作人员，而同类设备需要3个工作人员，操作人员的年工资及福利费用为6万元/人。所得税税率为25%，折现率为10%。

要求：(1)计算机器设备的重置成本；
(2)计算机器设备的实体性贬值额；
(3)计算机器设备的功能性贬值额；
(4)计算机器设备的评估值。

4. 评估机构受托评估一台进口设备，该设备为2014年从英国进口，FOB报价是26万欧元，2017年评估时英国生产厂家已不再生产这种设备，其替代产品的FOB报价为28万欧元，而国内其他企业2017年从英国进口设备的CIF价格为30万欧元。境外海运费约占FOB价格的4%，海运保险费约占FOB价格的1.5%，被评估设备所在企业，以及与之发生交易的企业均属于进口关税、增值税免税单位，银行手续费按CIF价格的1%计算，国内运杂费按CIF价格加银行手续费之和的5%计算，安装调试费含在设备价格中不再另行计算，被评估设备尚可使用8年，评估时欧元与美元的汇率为1∶1.2，人民币与美元的汇率为6.5∶1，请评估该进口设备的价值。

五、简答题

1. 机器设备可以按哪几种标准分类？其具体内容是什么？
2. 计算机器设备重置成本时，应计算复原重置成本还是更新重置成本？
3. 机器设备评估中，成本法的思路和基本步骤是什么？
4. 机器设备的功能性贬值应如何估算？

六、案例分析题

Q港务局是交通部省属企业,其所属A、B码头是国家重点工程。新建9个泊位,新增吞吐能力525万吨。A、B码头于2000年建成,并通过国家级验收。

2006年2月10日,Q港务局(合资公司甲方)以A、B码头的部分岸线使用权折价出资,占合资公司注册资本51%;香港Y公司(合资公司乙方)以美元现汇方式出资,占合资公司注册资本41%。甲乙双方合资成立"中外合资QY集装箱港务有限公司"(以下简称QY公司),合资合同条款规定:Q港务局可将出资岸线的27台集装箱专用设备转让给QY公司。QY公司于2006年8月18日领取了企业法人营业执照,正式营业。

根据合资有关条款的规定,本着平等自愿的原则,Q港务局与QY公司就集装箱专用设备的转让问题进行了协商:Q港务局出资岸线内的27台集装箱专用设备由QY公司一次性购入,交割时间为QY公司注册登记日。

为转让作价,Q港务局委托T评估事务所对拟转让的27台集装箱专用设备进行评估。经评估,27台集装箱专用设备评估总值为人民币6 000万元,香港Y公司对此结果提出异议。香港Y公司认为:2005年10月,在组建合资公司的可行性研究报告中,已暂估27台集装箱专用设备的价值为人民币2 850万元,并且这一结果已经国家主管部门批准,应视为已履行了《国有资产评估管理办法》规定的必要程序而确定的设备价值。

香港Y公司提出同意Q港务局在可行性研究报告中明示的价格,由QY公司以美元现汇资金,按公司合同约定向Q港务局购买27台集装箱专用设备。香港Y公司认为:QY公司没有义务按照Q港务局事后确定的条件和价格购买。现QY公司投资人之一的Q港务局(甲方),在QY公司成立后单方委托评估所得价值,较可行性研究报告的数值高出很多,并要求投资乙方以美元现汇方式出资,占合资公司注册资本49%,QY公司的甲方以高估价的设备出让给QY公司,实际上是将甲方Q港务局的负担转嫁给乙方香港Y公司。乙方认为甲方作为投资人之一的这种做法不但不符合中国政府关于《国有资产评估管理办法》的程序和原则,同时也违反了合同义务和法律要求的公平原则。

香港Y公司提出对27台集装箱设备重新评估,并提请有关部门进行仲裁。评估过程如下。

1. 评估基准日

根据委托方的要求,确定2006年6月30日为评估基准日。

2. 设备状况

Q港务局的集装箱装卸桥、集装箱龙门起重机分别为2002年和2004年从日本引进的退役二手设备,这两台设备于20世纪80年代制造,使用年限较长。目前,这两台设备使用频率较低,减速箱机油清澈,齿面无磨损,钢丝绳状况符合要求,各机构运转参数满足原设计要求,电气绝缘满足要求;各接线盒帘封严,内部端子连接紧而无锈,各电器触点无磨损;段及整流子光滑,点击运转平稳。只是吊具的限位开关接触不良,易影响起升信号,但更换全套吊具的限位开关费用不足千元。另外,1号吊桥在2004年被上海一艘煤船将行走部分撞毁,由于得到及时修复,各方面状况良好。

为解决B码头集装箱场装卸设备与前沿装卸能力不配套的问题,Q港务局于2004年再次从日本引进39吨/23米二手轮船式龙门吊6台。但由于货源不足,该6台设备到港以来,未经正式启用,除正常自然腐蚀外,无任何其他损伤。

集装箱提运车、叉车的运行情况较好,利用率、故障率均较低,并有部分已封存。集装箱拖挂车为近两年购进,行驶公里数较少,技术状况很好。

3. 评估依据

(1) 提供的评估范围清单;
(2) 进口合同、设备发票;
(3) 技术档案资料;
(4) 有关的价格资料;
(5) 现场勘察及座谈记录;
(6) 有关政策法律。

4. 评估程序

(1) 全面听取委托方的情况介绍;
(2) 对设备型号有效地进行清点、核实、拍照取证;
(3) 细致查对每台设备的制造厂商、购置时间、运行时间(里程)、账面原值、净值、法定使用年限等历史情况和数据;
(4) 调整每台设备的技术性能、机械作业量、完好率、利用率、故障率,检查其使用保养状况,检查、测定有形磨损程度;
(5) 实地与操作人员和管理人员进行座谈,充分了解设备的当前状况,综合考虑后,确定成新率;
(6) 调查与该 27 台设备相同或类似规格型号的产品在评估基准日前后的市场价格;
(7) 调查国家对进口设备的有关政策及项目背景;
(8) 整理、分析全部所得资料,选定评估方法和计算公式,求评估值;
(9) 进行分类汇总,撰写评估报告。

5. 评定估算

选用重置成本法进行评估,具体步骤如下。

(1) 重置成本的确定。

① 了解集装箱装卸桥和集装箱起重机原进口渠道,以及各大港口已购进的相同或类似型号、相近生产年代及技术状况的二手装卸设备的价格资料,综合考虑关税、增值税、运输费、安装调试费等因素确定其重置全价。

$$重置成本 = 到岸价 + 关税 + 增值税$$

到岸价是以 Q 港为目的港的 CIF 价,包括运输费、安装费和调试费。关税税率为 20%,增值税税率为 17%。

② 集装箱提运车、拖挂车和叉车的重置全价是通过中国对外贸易运输公司 Q 市分公司、Q 市国际经济贸易公司和市场调查,了解有关设备价格而获得。

(2) 成新率的确定。根据对设备的考察和现场记录,通过对设备技术状况的分析,并经专家鉴定,确定该设备的尚可使用年限(行驶公里),并根据已使用年限(行驶公里),计算成新率。

$$成新率 = 尚可使用年限 / (已使用年限 + 尚可使用年限) \times 100\%$$

或

$$成新率 = 可行驶公里 / (已行驶公里 + 尚可行驶公里) \times 100\%$$

对于经过大修的设备，再乘以系数 0.8 予以调整。对于二手设备，设购入时的成新率为 100%。

（3）功能性贬值。

① 两台 25 吨大叉车均为 1993 年以后从日本购进的全新设备，通过对比同吨位新设备的各项技术、经济参数（发动机型号、功率、叉距、提升高度），综合确定功能性贬值率为 15%。

② 对于进口二手设备，因其现售价中已包含功能性贬值因素，故不重复考虑。

③ 其他设备购进时间短，技术较为先进，因此不考虑功能性贬值问题。

被评估的 27 台集装箱装卸设备的评估结果为：账面净值 1 395 万元，评估值 6 000 万元，增值率 330%。

思考：

1. 确定外购进口设备重置全价时，应该获得哪些资料？
2. 现场观察技术成新率时，应注意哪些问题？

第五章 房地产评估

学习目标

本章主要介绍房地产的概念、特征，房地产价格的特性，以及房地产评估的原则和影响因素；重点阐述了收益法、市场法、成本法和假设开发法在房地产评估中的具体应用，包括评估原理和相关参数的估算。

1. 了解房地产的概念与特征；
2. 掌握房地产价格的特性和影响因素；
3. 掌握房地产评估的原则；
4. 掌握收益法、市场法、成本法和假设开发法在房地产评估中的应用；
5. 了解路线价法在房地产评估的应用；
6. 了解在建工程的含义及其评估方法。

导入案例

在一个国家或地区的总财富中，房地产一般占50％～70％，其他各类资产之和通常仅占30％～50％。例如，1909—1919年，美国的房地产价值为983～1 477亿美元，占其总财富的51.9％～59.8％。1990年，美国的房地产价值为8.8万亿美元，大约占其总财富的56％。可见，上百年来美国的房地产价值均占其总财富的一半以上。房地产也是家庭财富的最主要部分。据有关资料，房地产占家庭总资产的比重，在西欧国家为30％～40％，在美国为25％左右。美国家庭平均拥有的房地产资产是其股票资产的4倍。2002年，中国农村居民的财产中，土地和房产是最大的两项，约占74％；城市居民的财产中，房产占的比重高达64.39％。现在，房地产不仅是一种重要的资源、财产、生产要素和消费品，而且是一种商品或资产，是人们交易和投资的主要对象，因此，房地产价格或价值成为人们普遍关注的问题之一。由于房地产具有"独一无二"和"价值较大"两个特性，对其估价不仅是人们有兴趣了解和掌握的一种知识，而且成为一种需要专门的知识和经验、具有公信力、承担法律责任的专业估价活动。

思考：影响房地产价值的因素有哪些？房地产价值评估应遵循哪些原则？房地产价值

评估的具体方法有哪些?

第一节 房地产评估概述

一、房地产的概念与特性

（一）房地产的概念

房地产是土地和地上建筑物及其衍生的权利的总称，是房产和地产构成的综合体。房地产是实物、权益和区位三者的结合。

▶ 1. 实物

实物是指房地产的物质实体部分，包括建筑物的结构、设备、外观和土地的形状及基础设施完备状况等。

从房地产估价的角度来看，土地是指地球的陆地表面及其上下范围内的空间，可分为三部分：

（1）地球表面，简称地表；

（2）地球表面以上一定范围内的空间，简称地上空间；

（3）地球表面以下一定范围内的空间，简称地下空间。

一宗土地的地表范围是指该土地在地表上以权属界线组成的封闭曲线所围合的区域。理论上讲，一宗土地的地上空间范围是从该土地的地表边界向上扩展到无限天空的空间，地下空间范围是从该土地的地表边界呈锥形向下延伸到地心的空间。通常，地上空间的高度以飞机的飞行高度为限，地下空间的深度以人类能力所及为限。

建筑物是最主要的地上定着物，有广义和狭义之分。广义的建筑物包含房屋和构筑物；狭义的建筑物仅指房屋，不包括构筑物。在房地产估价中，将建筑物做广义理解，即指人工建造的供人们进行生产、生活等活动的房屋和场所。房屋是指有基础、墙、顶、门、窗，起着遮风挡雨、保温隔热等作用，供人们在里面进行生产或生活活动的空间场所。构筑物是指人们一般不直接在里面进行生产和生活的建筑物，如烟囱、水塔、道路、桥梁、隧道等。不同的领域对建筑物、房屋有不同的界定。《城市房地产管理法》第2条第2款指出："本法所称房屋，是指土地上的房屋等建筑物及构筑物。"建筑物、房屋和构筑物都是人工建筑而成，其中，建筑物的范围最大，包括房屋和构筑物。

其他地上定着物是指除建筑物以外的地上定着物，附属于或结合于土地或建筑物上，与土地、建筑物不可分离，或者虽然可分离但分离是不经济的，或者分离后会破坏土地、建筑物的完整性、使用价值或功能，或者会使土地、建筑物的价值明显减损。例如，为了提高土地或建筑物的使用价值或功能，埋设在地下的管线、设施，建造在地上的围墙、假山、水池，种植在地上的树木、花草等都属于其他地上定着物。

房地产包括土地和建筑物两大部分，但并不意味着只有土地和建筑物在一起才成为房地产。单独的土地或者单独的建筑物都是房地产，只是存在的形态不同。房地产是一种总称。因此，在房地产估价中，评估对象有三种，即土地、建筑物和房地合一。

2. 权益

权益是指由房地产实物所产生的权利和收益，房地产交易不仅是实物交易，更重要的是权益交易，因此，房地产登记在房地产交易过程中具有特别重要的地位。房地产产权包括所有权、使用权、租赁权、抵押权、典权和地役权等。

房地产权益以房地产权利为基础。房地产所有权是房地产所有人在法律规定的范围内，独占性地拥有对其所拥有的房地产行使占有、使用、收益、处分的权利，并可以排除他人对于其财产违背意愿的干涉。房地产所有权是一种最充分、最完整的财产权或物权。我国现行的房地产所有制是指土地只能由国家或集体所有，房屋可以私人所有，因我国的土地所有权只有国家所有权和集体所有权两种，房屋所有权则有国家所有权、集体所有权和私人所有权三种。

房地产使用权是指房地产所有人以外的使用者在法律允许范围内，对房地产享有的占有、使用和部分收益的权利。我国土地使用权可以分为国家土地使用权和集体土地使用权。国有土地使用权又可分为城镇国有土地使用权和农村国有土地使用权。城镇国有土地使用权是指国有土地的使用者依照法律规定或者合同规定，享有使用土地并取得收益的权利，负有保护和合理利用土地的义务。农村国有土地使用权主要指农林、牧、渔场依法拥有的土地使用权。集体土地使用权主要指农村集体土地使用权，即使用农村集体土地的使用者依照国家法律规定或者合同规定享有使用土地，并取得收益的权利，负有保护和合理利用土地的义务。农村集体土地使用权又可分为农用土地使用权、农村居民宅基地使用权和农村集体非农业建设用地使用权。农用土地使用权主要指联产承包地的使用权，即由集体或者个人承包经营从事农、林、牧、渔业生产所取得的使用权。农村居民宅基地使用权是指农村居民建造住宅经依法批准取得的使用集体所有土地的权利。农村集体非农业建设用地使用权是指乡（镇）村集体企业和农村集体事业单位进行非农业建设（除建住宅外）依法取得使用集体所有土地的权利。

其他权利主要包括抵押权、地役权、租赁权、典权等。抵押权是指债务人或者第三人不转移房地产的占有，将该房地产作为履行债务担保，债务人不履行到期债务或者发生当事人约定实现抵押权的情形，债权人有权依照法律的规定以该房地产折价，或者以拍卖、变卖该房地产所得价款优先受偿。地役权是指房地产所有权人或土地使用权人按照合同约定利用他人的房地产，以提高自己的房地产效益的权利。租赁权是指以支付租金的形式从房屋所有权人或土地使用权人那里获得的占有和使用房地产的权利。典权是指通过支付典价而占有他人房地产加以使用和取得收益的权利。房地产评估中的房地产是房地产实体和权益的综合体，房地产实体是房地产权益的载体。房地产的特性决定了房地产实物不能在市场上流通，因此，房地产的流通实质上是一种权益的流转，其价格的高低与转移的权益性质和大小有密切的关系。房地产评估是评估师对房地产在某一时点特定权益的价值的估算。

3. 区位

区位原本是房地产的外在因素，由于房地产不可移动而成为房地产的重要组成部分。房地产区位是指一宗房地产与其他房地产或者事物在空间方位和距离上的关系。人们的各种生产、生活活动都需要房地产，并对其区位有一定要求。房地产区位的优劣直接关系房地产所有者或使用者的经济效益、生活便利或社会影响。因此，房地产区位不同，如是坐落在城市还是乡村,是位于城市中心还是城市边缘地带,是临街还是不临街,价格会有很大的差异,尤其是城市土地,其价格高低几乎取决于区位优劣。

房地产区位优劣的形成原因有两个:一是先天的自然条件;二是后天的人工影响。在实际估价中,关键要弄清什么样的区位为优,什么样的区位为劣。房地产区位优劣的判定标准,虽然因不同的用途而有所不同,但在一般情况下,凡是位于或接近经济活动的中心、要道的通口、行人较多、交通流量较大、环境较好、配套设施较完备位置的房地产,价格一般较高;反之,处于闭塞街巷、郊区僻野的房地产,价格一般较低。具体来说,居住房地产的区位优劣主要取决于交通条件、配套设施完备程度、周围环境和景观。其中,别墅的要求是接近大自然,周围环境和景观良好(如有青山、水、蓝天),居于其内又可保证一定的生活私密性;商业房地产的区位优劣主要取决于繁华程度、临街状况、交通条件等;办公房地产的区位优劣主要取决于商务氛围、交通条件等;工业房地产的区位优劣通常需要视产业的性质而定,一般来说,凡是有利于原料和产品的运输,便于动力取得和废料处理的区位,价格必有趋高的倾向。

房地产区位因素是一个综合性因素,如果对其进行分解,可分为位置、交通条件、外部配套设施、周围环境和景观等方面。

(二)土地和房地产的特性

房地产特性是指房地产有别于其他类型资产的特殊性质。房地产的特性决定着房地产的价格特征、市场特征,以及房地产价格评估的特殊规律性。房地产的特性既源于土地的特性,又与建于其上的建筑物有关,由于土地是大自然的产物,是永久性的,建筑物为人工所建造,它定着于土地上,因此房地产的特性主要取决于土地,是以土地特性为基础的。

▶ 1. 土地的特性

土地具有两重性,它不仅是资源,也是资产,尤其是城市土地,是人类改造自然、经过加工的改良物,凝聚了人类大量的物化劳动,投入了各种基础设施,是由人类开发和再开发形成的。因此,土地的特性可以分为自然特性和经济特性两个方面。

1)土地的自然特性

(1)土地位置的固定性。土地具有位置的固定性,不随土地产权的流动而改变其空间的位置。地产交易不是土地实体本身的空间移动,而是土地产权的转移。土地位置的固定性决定了土地价格具有明显的地域性特征。

(2)土地质量的差异性。自然地理位置及社会经济条件的差异,不仅使土地构成的诸要素(如土壤、气候、水文、地貌、植被、岩石)的自然性状不同,而且对人类活动的影响也不同,从而使土地的结构和功能各异,最终表现在土地质量的差异上。

(3)土地面积的有限性。土地是自然的产物,人类不能创造土地。从广义上来讲,在地球形成后,土地的总面积就由地球表面积所决定。人类虽然能移山填海、扩展陆地或围湖造田、增加耕地,但这仅仅是土地用途的转换,并没有增加土地面积。

(4)土地资源的永久使用性。土地是自然的产物,是不可再生资源,但是,在合理使用和有效保护的条件下,土地是一种非耗竭性资源,可以被人类永续使用。土地利用的永续性具有两层含义:一是作为自然物和生产资料,具有永不消失性;二是土地的永续利用是相对的,只有在利用过程中维持了土地的功能,才能实现永续利用。

2) 土地的经济特性

土地资源的自然特性决定了土地具有以下经济特性。

(1) 土地供给的稀缺性。一方面，土地本身面积的有限性和位置的固定性这两个自然特性导致了土地供给的稀缺性；另一方面，全球人口的急剧增加，使人均土地面积减少，也是一个重要原因。此外，不同用途的土地面积是有限的，往往不能完全满足人们对各类用地的需求，这也是造成土地稀缺性的一个原因。

(2) 土地利用的多样性。土地的使用价值有很多种，既可以用作农业耕地、工业建设用地，也可以用作住宅用地等。由于这一特性，对一块土地的利用常常同时产生两个以上用途的竞争，并可以从一种用途转为另一种用途。这种竞争常使土地趋于最佳用途和最大经济效益，人们在利用土地时，考虑土地的最有效利用原则，使土地的用途和规模、利用方法等均为最佳。

(3) 土地利用方向变更的困难性。土地一旦进入实用就很难做出调整，例如已经建好的工业厂房用地短时期内不可能再进行农业耕种。土地利用的变更需要较长时间，具有一定的难度。在制定土地利用规划、确定土地用途时，要认真调查研究，充分进行可行性论证，以便做出科学、合理的决策。

(4) 土地报酬递减的可能性。土地报酬递减规律是指在技术不变、其他要素不变的前提下，对相同面积的土地不断追加某种要素的投入所带来的报酬的增量（边际报酬）迟早会出现下降。虽然现代科学技术是不断发展的，但是土地报酬递减对土地的集约化利用会产生一定的影响。

(5) 土地利用后果的社会性。土地的合理利用能够促进人类社会健康发展，有利于社会经济的发展；反之，则阻碍经济的发展。土地所承接的经济活动的合理配置有助于提高土地利用价值，土地利用后果具有积极的作用，土地的合理运用会对整个社会产生积极的影响。

(6) 区位的效益性。土地区位利用有三个原理：农业区位理论、工业区位理论和中心地理论（城市区位论）。区位理论说明土地区位的合理利用会产生较好的经济效益。土地区位效益实质上就是"位置级差地租"。由于土地距离产品消费中心位置不同而导致土地利用纯收益的差异，好的区位规划会带来较大的经济效益。

(7) 土地的增值性。土地是可再生资源，在土地上追加投资的效益具有持续性，而且随着人口增加和社会经济的发展，对土地的投资具有显著的增值性。

▶ 2. 房地产的特性

房地产是土地和房屋及其权属的总称。土地是房屋不可缺少的物质载体，任何房屋都不能离开土地而独立存在。我国《城市房地产管理法》第三十一条规定："房地产转让、抵押时，房屋的所有权和该房屋占用范围内的土地使用权同时转让、抵押。"同时，土地的区位决定了房屋的位置，直接影响房地产的价格，因此，在房地产评估中，通常评估房地产的整体价值。当然，在某种情况下也可以分别评估房产的价值和地产的价值。

房地产一般具有以下特性。

(1) 位置固定性。由于房屋固着在土地上，因此，房地产的相对位置是固定不变的。可以说，地球上没有完全相同的房地产，即使有两宗房地产的地上建筑物设计、结构和功能等相同，但因土地位置的差异，也会造成价格的差异。

(2) 供求区域性。由于土地位置的固定性，房地产还具有区域性的特点。一个城市房地产的供给过剩并不能解决另一个城市供给不足的问题。房地产供求关系的地区差异又造成了区域之间房地产价格的差异性。

(3) 使用长期性。由于土地可以永续利用，建筑物也是耐用品，使用年限可达数十年甚至长达上百年，使用期间即使房屋变旧或受损，也可以通过不断的翻修，延长其使用期。

(4) 投资大量性。房地产的生产和经营管理要经过一系列过程，包括取得土地使用权、土地开发和再开发、建筑设计和施工、房地产销售等，在这些过程中要投入大量的资金。例如，大城市的地价和房屋的建筑成本都相当高，无论开发者还是消费者，一般都难以依靠自身的资金进行房地产投资开发，因此，金融业的支持和介入是发展房地产业必不可少的条件。

(5) 保值与增值性。一般物品在使用过程中，由于老化、变旧、损耗、毁坏等原因，其价值会逐渐减少。与此相反，在正常的市场条件下，从长期来看，土地的价值呈上升走势。土地资源的有限性和固定性制约了对房地产不断膨胀的需求，特别是对良好地段物业的需求，导致价格上涨。同时，对土地的改良和城市基础设施的不断完善，使土地原有的区位条件改善，也会导致土地增值。

(6) 投资风险性。房地产使用的长期性和保值与增值性使之成为投资回报率较高的行业，同时房地产投资的风险也比较大，主要来自三个方面：①房地产无法移动，建成后又不易改变用途，如果市场销售不对路，容易造成长期的空置和积压；②房地产的生产周期较长，从取得土地到房屋建成销售通常需要 3~5 年的时间，在此期间，任何一项影响房地产发展的因素发生变化，都会对房地产的投资效果产生影响；③自然灾害、战争、社会动荡等，都会对房地产投资产生无法预见的影响。

(7) 难以变现性。由于房地产具有位置的固定性、用途不易改变等特点，房地产不像股票和外汇那样，可以迅速变现，其变现性较差。

(8) 政策限制性。房地产市场受国家和地区政策的影响较大。城市规划、土地利用规划、土地用途管制、住房政策、房地产信贷政策、房地产税收政策等都会对房地产的价格产生直接或间接的影响。

(9) 外部影响性。一宗房地产的兴建、使用会对邻近的房地产产生影响，这种影响可能是正面的，也可能是负面的。例如，兴建一个购物中心，会带来购物的便利；修建一个花园，会带来观赏价值；而兴建一座化工厂，则可能带来环境污染。

(10) 使用限制性。为了增进公众安全，保护公共利益，促进城市合理布局，减少房地产外部因素影响的负面性，房地产的使用和支配会受到限制，房地产市场也受国家和地区政策的影响，如城市规划、土地利用规划、土地用途管制、住房政策、房地产信贷政策、房地产税收政策等都会对房地产的价格产生直接或间接的影响。其中，城市规划对土地用途、建筑高度、容积率、建筑密度和绿地覆盖度等有具体限制和规定。政府为了公共利益需要，可以征用单位或个人所拥有的房地产。

二、房地产评估的作用和原则

1999 年 2 月 12 日，作为国家评估标准公布并于同年 6 月 1 日起正式实施的《房地产估价规范》中指出，房地产估价是指专业估价人员根据估价目的，遵循估价原则，按照估价程序，选用适宜的估价方法，并在综合分析影响房地产价格因素的基础上，对房地产在估价时点的客观合理价格或价值进行估算和判定的活动。

国外以及我国香港和台湾地区对房地产估价的称谓及定义不尽相同，如美国大多称为 real estate appraisal，英国和其他英联邦国家大多称为 property valuation，日本和韩国称为不动产鉴定评价，中国香港地区习惯上称为物业估值或物业估价，中国台湾地区称为不动产估价。

房地产估价具有两个鲜明的特性：科学性和艺术性。房地产估价是揭示房地产价格形成及发展规律，以指导人们的经济和社会实践活动的专业工作，具有科学、严谨、客观的一般特点，具体表现在对估价人员的资格、估价的原则、程序、方法等的严格规范，以及必须以客观的市场数据资料为主要估价依据等，这就是房地产估价的科学性特征。但是，房地产估价又不同于一般的科学，它还具有另一个重要特征，即艺术性。艺术也是人类对自然和社会的反映，但艺术具有独特性、不重复性、模糊性。房地产估价在这一点上与艺术有相似之处，即由于房地产本身的个别性，房地产估价具有明显的个别性，不同的房地产估价项目之间不能简单地相比。同时，由于房地产估价过程离不开估价人员经验的运用，而经验是非常个性化的东西，因此对于同一个估价项目，虽然在科学性的约束下，不同的估价人员得到的估价结果相互接近，但数值完全一样却几乎是不可能的。而且，由于影响房地产价格的因素纷繁复杂，每一种因素又处于不断的变动之中，任何一个人都不可能对这些因素百分之百地把握，因此对一宗具体的房地产，估价人员对其真实、客观、合理的价格只能做估计，而不可能很精确地予以确定。

（一）房地产评估的作用

由于房地产价格自身的一系列特殊性，房地产价格是市场价格体系中最复杂的价格类型之一，因此，它很难被一般人识别、认识；而房地产估价正是通过具有丰富的知识和经验的估价人员的专业化劳动，使这一难以识别的价格得以合理地呈现，以满足人们正确认识房地产价格的需要，这是房地产估价对于社会的第一个重要意义。尽管人们可以采用非正规的房地产估价对一些房地产的价格进行推测和判断，但在各种经济活动中，不同的主体具有不同的经济利益，非正规的房地产估价受这些利益的驱使，往往缺乏公正性，也不容易被不同的利益主体共同接受。而房地产估价由专业的估价人员来评估房地产价格，其职业的专业性不仅使人们认可其专业水准，而且容易使人们认可其公正性。因此，房地产估价对于房地产价格问题还起到类似仲裁的作用。

正因为如此，房地产评估在社会经济活动中发挥着极其重要的作用，而且，随着经济的发展，这种作用所渗透的领域越来越广。具体而言，房地产评估的作用体现在以下6个方面。

（1）为房地产交易、投资、开发等房地产经济活动服务。目前，除新建商品房销售一般不需要估价以外，房地产买卖、租赁、抵押，以及土地使用权转让等各类房地产交易活动，都需要对交易标的进行价格评估。房地产投资和开发过程中，取得开发基地是重要的工作环节，这也离不开对土地价格的评估。

（2）为建立股份制企业、合资、合营、国有企业转制、企业兼并、破产等经济活动服务。在建立股份制企业时，投资方常常以房地产作为股本入股，这就需要将房地产作价，而作价的依据只能来自房地产估价。此外，在企业转制、兼并、破产时，都需要对企业的资产进行估价,而房地产通常是企业资产很重要的组成部分,因此也离不开房地产估价。

在市场经济条件下,各种经济活动的合作合营现象很多,如一方出土地另一方出资金的合作建房、一方出房地产(如酒店、餐馆)另一方出流动资金的合作经营等,这其中对作为合作条件的房地产进行价值评估,通常是合作合营的基础。

(3) 为信贷、保险等金融活动服务。在信贷活动中,银行为了保证贷款的安全性,常会要求贷款人提供抵押物作为信用担保,而房地产由于具有空间固定性和价值高的特点,是非常好的抵押物,以房地产作为抵押物就必须对其价格进行评估。房地产财产保险是一项重要的财产保险项目,被保房地产的价格是确定保额乃至保费的根本依据,因此也离不开房地产估价。

(4) 为市政建设、城市规划调整等城市建设和管理活动服务。城市道路、桥梁、地铁的兴建和扩建等都不可避免地要征用土地和拆迁房屋,这就必须对被征用的土地或被拆迁的房屋进行补偿,补偿的依据就是房地产的价格,自然需要对这些土地和房屋进行估价。城市规划的调整涉及一些地块土地用途的改变,从经济效益来考虑,必须对这种变更的成本和收益进行权衡分析,这也离不开房地产估价。而城市规划调整的实施也需要拆迁房屋,因此也需要房地产估价的服务。

(5) 为政府征税服务。与房地产有关的税种中,土地增值税、房产税或物业税、契税等税种的税费计算都依据标的房地产的价格,因此需要房地产估价的服务。

(6) 为处理房地产经济纠纷的司法仲裁活动服务。在市场经济环境中,房地产交易开发,以及企业合资、合营、合作中不可避免地会发生一些涉及房地产的经济纠纷,这些纠纷的解决经常需要对有关房地产的价格进行评估。因此,房地产估价也可以为司法活动服务。

(二) 房地产评估的原则

评估师在进行评估活动时,必须受到行业行为准则的约束,在一定的评估原则下开展评估活动。在进行房地产评估时,也需要遵循供求原则、替代原则、最有效使用原则、合法原则和房地分估合一原则。

▶ 1. 供求原则

由于土地位置的固定性、地块的个别性,以及自然供给缺乏弹性等限制了土地的经济供给,并形成土地的垄断性占有或使用。同时,土地交易时,不像一般商品那样是同质商品成批量交易,而是个别地块交易,由于不同地块往往有其独特的性质,因此替代性受到一定的限制,也使供给和需求形成不同的特点。尽管如此,房地产价格的形成最终是由房地产市场供求状况决定的,遵循经济学中的供求均衡法则。不过,这里所指的供求状况是指类似房地产的供求状况。

▶ 2. 替代原则

根据经济学的替代原理,在同一市场上效用相同或相似的房地产,由于市场竞争的影响,必然使其价格趋于一致。依据这一原理,评估房地产价格时,在房地产同一供需圈内,可以通过调查近期发生交易的、与待估房地产有替代可能的房地产价格及条件,对待估房地产与已交易的房地产进行价格和条件的比较,从而确定待估房地产价格,因此替代原理是估价中现行市价法的理论基础。

替代原则也是重置成本法可以成立的依据,在评估旧有房地产价格时,如果重置新的不动产的成本考虑折旧后高于旧的不动产价格，是不会考虑重建的。因此，由于替代原则的存在，对于可能重置的不动产，重置原价就成为其价格上限。

替代原则与收益现值法也有较密切的关系。某一房地产价格如有替代可能，则可以决定能与该房地产产生同等纯收益的其他房地产的价格。

▶ 3. 最有效使用原则

土地及其建筑物可以有商业、居住、工业等多种用途，但同一房地产在不同用途状况下，其收益并不相同。房地产权利人为了获得最大收益，总是希望房地产达到最佳使用效果。但是房地产的最佳使用必须在法律、法规允许的范围内，必须受城市规划的制约。在市场经济条件下，房地产用途可以通过竞争决定，使房地产达到最有效使用。因此，在评估房地产价值时，不能仅仅考虑房地产现时的用途和利用方式，而是要结合预期原则和合法原则，考虑在何种情况下房地产能达到最佳使用及实现的可能，以最佳使用所能带来的收益评估房地产的价值。

▶ 4. 合法原则

合法原则是指房地产评估应以评估对象的合法产权、合法使用和合法处分等为前提进行。在分析房地产的最有效使用时，必须根据城市规划及有关法律的规定，依据规定用途、容积率、建筑高度与建筑风格等确定该房地产的最有效使用。例如，测算房地产的净收益时，其经营用途应为合法用途。城市规划为居住用地的，评估该地块价值时，必须以居住用地作为其用途，不能用作工业用地或商业用地。测算房地产的净收益时，不能以临时建筑或违章建筑的净收益作为测算依据。

▶ 5. 房地分估合一原则

在我国的房地产评估中，房产和地产的价格属性不同，地产不需要评估所有权价格，而房产需要评估所有权价格。房产和地产价格的影响因素不同，影响房产的因素包括建筑物的用途、规模、外观、建筑结构、建筑内的设施设备及装饰装修等；影响地产的因素包括土地的位置、面积、形状、地质条件、地形地势、开发程度等。同时，土地可以反复利用，不需计提折旧，而建筑物需要计提折旧。因此，在用成本法评估房地产价值时，一般要分别估算房产和地产的价格，然后再加总求和。

第二节 房地产价格及其影响因素

一、房地产价格的特性

(一) 土地价格的特殊性

土地价格与一般商品价格相比，其特殊性主要表现在以下方面。

▶ 1. 价格构成的特殊性

土地价格与一般商品价格的构成不同。一般商品是劳动产品，其价格是价值的货币表现，而商品价值则是由生产该商品所消耗的社会必要劳动时间所决定。土地不是人类劳动的产物，没有价值，但有使用价值，因此不是一般商品，而是一种特殊商品。所以土地价格不是土地商品价值的货币表现，而只是土地所有权或使用权转让时获得这种所有权或使用权的人所支付的代价，其实质是地租的资本化价格，即土地价格是指能带来同地租等量利息的货币额。此外，现实经济生活中，土地价格还包括另外一部分，即人类在开发利用土地的过程中投入的物化劳动和活劳动所创造的价值，这部分价值及价格与一般商品的价值和价格构成是一样的。

▶ 2. 价格决定机制的特殊性

一般商品的价格是以价值为基础，价格受市场供求关系的影响，围绕价值上下波动，而且一般商品有较完善的市场，形成的价格较客观。土地价格则主要由地租或收益所决定，即由土地的使用价值所决定。影响土地使用价值的因素很多，从城市土地价格的形成来看，一是取决于地理位置即区位是否优越；二是取决于周围社会、经济环境状况、交通状况，以及城市基础设施完善状况；三是取决于土地的使用方向即用途。此外，由于土地缺乏完善的市场，地价的形成受主观因素的影响较大，且一系列偶然因素对土地价格的形成也有较大影响。

▶ 3. 市场供求关系的特殊性

一般商品价格与土地价格都受供求关系变化的影响，但是土地市场的供求关系与一般商品的供求关系不同，土地的供给弹性较小，所以土地价格主要受需求方面的影响。从全社会角度来看，土地数量是固定的，人们不能增加土地的供给，土地供给几乎是没有弹性的。相反，土地的需求由于人口的增加、城市的扩展和经济的增长却处于不断扩张之中。所以在市场供求关系中，土地价格基本上是由人们对土地的需求状况所决定，这是一种特殊的市场供求关系。但是，对于某种特定用途的土地来说，情况又有所不同。因为土地往往可以有多种用途的选择，分配于各个不同的产业部门，对于某一个产业部门来说，土地的供给是有弹性的，也就是说，就局部而言，土地的价格要受到供求两方面的影响，但这并不否定土地供求关系总体上的特殊性。

▶ 4. 价格呈不断增长趋势

对于一般商品，只要生产该商品的社会必要劳动时间不变，则价值不变，在币值不变的条件下，该商品的价格也不变。但是，在技术不断进步、劳动生产率不断提高的条件下，单位商品的价值及价格会不断下降，同时，一般商品因自然损耗和使用损耗，随着时间的推移会丧失其使用价值，其价格最终为零。但是，土地价格，特别是城市土地价格则不同，它会呈现不断上涨的趋势，其原因有：一是在技术进步的条件下，只要合理使用土地，其生产力就会不断提高，土地收益也会随之增加，从而使地租也不断增加；二是随着城市经济的发展，其周边的社会经济环境质量会不断提高和改善，交通及其他基础设施也会更加完备，土地的收益也会不断提高，从而使地租随之提高；三是在城市建设中，对土地不断投入大量的开发资金，也会提高土地的价值；四是随着社会经济的发展和人口的不断增长，对城市土地的需求不断扩张，但由于土地市场供求关系的特殊性，导致土地价格往往不断上涨。

（二）房地产价格的其他特性

房地产价格除了具有土地价格的特殊性质外，还具有以下特征。

▶ 1. 房地产价格构成具有复杂性

房地产价格与一般商品价格相比，其价格构成特别复杂，包含地价和房价两部分，两者的形成机制是不同的。地价是土地使用权的价格，包括土地作为自然资源的价格和对土地开发所投入的资金。房价是所有权价格，房屋建筑物是劳动产品，房价的形成机制与一般商品价格类似。此外，影响房地产价格形成的因素特别复杂，从而影响房地产的价格构成。

▶ 2. 房地产价格具有明显的区域性、个别性

由于房地产不能移动，属于不动产，人们无法把甲地生产的房地产运往乙地销售，通过竞争来形成一个全国性的交易市场，因此房地产价格基本上是由房地产所在区域的需求状况所决定的，其他区域的需求一般不会对其产生较大的影响，从而使房地产价格具有明显的区域性。此外，由于房地产具有个别性，不具有完善的市场，其现实价格一般随着交易的需要而个别形成，尤其是房地产价格，交易主体之间的个别因素容易起作用，从而使房地产价格又带有明显的个别性，一般很少有两宗价格完全相同的房地产交易。

▶ 3. 房地产价格具有较强的政策性

由于房地产的特性，以及房地产在国民经济和人民生活中的特殊作用，决定了政府必须对土地进行合理开发和利用，对房地产的生产和交易给予比较多的直接或间接干预。由此而产生了政府关于房地产的一系列政策、法规，以及对土地的利用规划等，这些政策、法规、规划必然会对房地产的价格产生重要影响，有时甚至是决定性的影响。

二、房地产价格的种类

房地产价格有各种表现形式，可根据其权益、价格形成方式、实物形态和房地产价格的表示单位等加以分类。

▶ 1. 根据权益的不同划分

根据权益的不同，可分为所有权价格、使用权价格和其他权利价格。

房地产发生交易行为时，所针对的权益有所有权、使用权、抵押权、租赁权、典权等。所针对的房地产权益不同，其价格就不同，如房地产使用权价格、房地产抵押权价格、房地产租赁权价格等。房地产的使用权价格是指房地产使用权的交易价格。一般情况下，房地产所有权价格高于房地产使用权价格。房地产抵押权价格是为房地产抵押而评估的房地产价格。房地产租赁权价格是承租方为取得房地产租赁权而向出租方支付的价格。

▶ 2. 根据价格形成方式的不同划分

根据价格形成方式的不同，可分为市场交易价格和评估价格。

(1) 市场交易价格是房地产在市场交易中实际成交的价格。在正常的市场条件下，买卖双方均能迅速获得交易信息，买方能自由地在市场上选择其需要，卖方亦能自由地出售其房地产，买卖双方均以自身利益为前提，在彼此自愿的条件下，以某一价格完成房地产交易。由于交易的具体环境不同，市场交易价格经常波动。市场交易价格一般具有交易双方收支价款的依据、缴纳契税和管理费的依据等作用。

(2) 评估价格是对市场交易价格的模拟。由于评估人员的经验、对房地产价格影响因素理解的不同，同一宗房地产可能得出不同的评估价格，评估结果也可能不同，但在正常的情况下，不论运用何种方法，评估结果都不应有太大的差距。房地产评估价格根据使用

目的及其作用可分为基准地价、标定地价、房屋重置价格、交易底价、课税价格等几种。其中，基准地价、标定地价、房屋重置价格由政府制定，且由政府定期公布。交易底价则不一定由政府制定，而由交易有关方面制定。房屋重置价格是指在重置时的建筑技术、工艺水平、建筑材料价格、工资水平及运输费用等条件下，重新建造与原有房屋相仿的结构、式样、设备和装修的新房屋时所需的费用。课税价格是指政府为课征有关房地产税而由评估人员评估的作为课税基础的价格。

▶ 3. 根据实物形态的不同划分

根据实物形态的不同，可分为土地价格、建筑物价格和房地产价格。

（1）土地价格主要包括基准地价、标定地价和土地交易价格等。基准地价是按照城市土地级别或均质地域分别评估的商业、住宅、工业等各类用地和综合土地级别的土地使用权的平均价格。基准地价评估以城市为单位进行。标定地价是市、县政府根据需要评估的，正常地产市场中具体宗地在一定使用年限内的价格。标定地价可以以基准地价为依据，根据土地使用年限、地块大小、土地形状、容积率、微观区位等条件，通过系数修正进行评估得到，也可以通过市场交易资料直接进行评估得到。

单纯的土地及附有建筑物的房地产中的土地的价格都是土地价格，但是同一块土地，其开发条件不同，会有不同的价格，如拟作为国家建设用地而未进行征地补偿的农地，购地者须办理土地征收手续、支付征地补偿费，即使已征为国家所有，尚需看其开发情况是否达到"三通一平""五通一平"或"七通一平"等。在其他条件相同的情况下，在城区内附有待拆迁建筑物的土地与城区内的空地价格亦相差很大。

（2）建筑物价格是指纯建筑物部分的价格，不包含其占用的土地的价格。

（3）房地产价格是指建筑物连同其占用的土地的价格。

▶ 4. 根据房地产价格的表示单位划分

根据房地产价格的表示单位，可分为总价格、单位价格和楼面地价。

（1）总价格是指一宗房地产的整体价格。

（2）单位价格有三种情况：对土地而言，是指单位土地面积的土地价格；对建筑物而言，是指单位建筑面积的建筑物价格；对房地产而言，是指单位建筑面积的房地产价格。房地产的单位价格能反映房地产价格水平的高低，而房地产总价格则一般不能说明房地产价格水平的高低。

（3）楼面地价又称单位建筑面积地价，是指平均到每单位建筑面积上的土地价格，即

$$楼面地价 = \frac{土地总价格}{建筑总面积} \tag{5-1}$$

因为：

$$容积率 = \frac{建筑总面积}{土地总面积} \tag{5-2}$$

所以：

$$楼面地价 = \frac{土地单价}{容积率} \tag{5-3}$$

▶ 5. 其他价格类型

公告地价是指政府定期公布的土地价格，在有些国家和地区，一般作为征收土地增值

税和征收土地进行补偿的依据。

申报价格是指房地产权利人向政府申报的房地产交易成交价格。《城市房地产管理法》第三十五条规定:"国家实行房地产成交价格申报制度。房地产权利人转让房地产,应当向县级以上地方人民政府规定的部门如实申报成交价,不得瞒报或者做不实的申报。"

三、房地产价格的影响因素

影响房地产价格的因素众多且复杂,由于这些因素本身具有动态性,因此它们对房地产价格的影响也是动态的。随着时间不同、地区不同、房地产用途不同,这些因素的影响效果也不相同。例如,本来是影响较小的因素,可能会成为主导因素;相反,主导因素也会成为次要因素。它们对房地产价格的影响程度有的可以量化,有的则难以量化,只能凭借评估师的经验加以判断。影响房地产价格的因素通常可划分为一般因素、区域因素和个别因素,下面分别予以阐述。

(一) 一般因素

一般因素是指影响一定区域范围内所有房地产价格的一般的、普遍的、共同的因素。这些因素通常会对较广泛地区范围内的各宗房地产的价格产生全局性的影响,主要包括经济因素、社会因素、行政因素和心理因素等。

▶ 1. 经济因素

(1) 经济发展因素。国民经济增长速度、国民生产总值、居民收入水平、物价指数等经济因素都会对地价的形成产生影响。例如,在国民经济增长快、国民生产总值大、居民收入水平高、资金充裕的地区,国民生产总值用于投资、消费的部分加大,用于生产性、投资性或消费性等方面的房地产的支出增加,从而促进房地产业的繁荣,带动房地产价格上涨。有关研究表明,房地产业发展周期与国民经济发展周期总体趋势基本一致。因此,房地产价格总水平与地区经济发展状况呈正相关关系。

(2) 财政金融因素。存款利率、贷款利率、物价上升指数、税率、贷款比例和土地资本化率等财政金融因素与房地产价格的形成有着密切的关系。例如,利率和税率的变化将影响房地产的供给和需求,因而对房地产价格产生影响。土地资本化率与地价的关系非常明显,在地租一定的情况下,土地资本化率越高,地价越低;反之,土地资本化率越低,地价越高。

(3) 产业结构因素。产业结构在这里主要是指第一产业、第二产业及第三产业在国民经济及国民生产总值中的比例关系以及房地产业在其中所占的比重。一般来说,第三产业的比重越大,房地产价格会相应上升。

▶ 2. 社会因素

(1) 人口因素。房地产需求的主体是人,因此,人的数量和素质直接决定对房地产的需求程度,因而对房地产价格有着很大影响。具体来说,人口因素对房地产价格的影响表现为人口数量、人口密度和人口素质三个方面。

人口数量与房地产价格的关系是正相关的。人口总量增长,对房地产的需求就会增大,房地产价格一般也就会上升;反之,房地产价格则下降。

人口密度是人口数量的相对指标。人口密度高的地区,一般房地产的供给相对缺乏,供不应求,因此,该地区的房地产价格水平趋高。同时,人口密度高,有可能刺激商业、服务业等产业的发展,因而会提高土地价格。但是,在人口密度过高的地区,生活环境的舒适程度会受到影响,因此,也有可能降低土地价格。

社会文明、人口平均文化程度、居民的修养也能间接地影响房地产价格。居民素质较高的地区,居住环境维护得较好,房地产价格水平一般趋高;居民素质较低的地区,组成复杂,秩序欠佳,房地产价格则会低落,尤其是居住用地的房地产价格会降低。

(2)家庭规模因素。家庭规模是指社会或某一地区家庭平均人口数。即使一个地区人口总数不变,家庭人口数的变化也将影响居住面积的变化。例如,随着家庭人口平均数的下降,即家庭小型化,对总的住宅套数的需求将增加,因此,对房地产的需求会增加,房地产的价格也就会上涨。

(3)房地产投机因素。房地产投机是市场经济下的一种明显的社会现象,是投资者期望并利用房地产价格的变动获得超常利润的行为。这种现象主要体现在三个方面:①当房地产价格不断上涨时,预测房地产价格还将进一步上涨的房地产投机商会纷纷抢购,哄抬价格,造成一种虚假需求,这将促使房地产价格进一步上涨。②当房地产价格不断下跌时,预测房地产价格将进一步下跌的房地产投机商纷纷抛售时,在市场上造成一种虚假的供过于求的现象,引起房地产价格进一步下跌。③当房地产价格跌落时,预测将来房地产价格会上涨的房地产投机商收购房地产,造成房地产需求增加,从而抑制房地产价格的进一步下跌;或当房地产价格上涨时,囤积房地产的投机商抛出房地产,增加房地产供给,从而也能平抑房地产价格。

(4)教育科研水平和治安因素。如果一个地区的教育水准高、科研水平高,则意味着受教育的方便程度提高,科学技术转化为生产力的可能性增大,因而房地产价格水平也会上升。一个地区若经常发生偷盗、抢劫等犯罪案件,则意味着该地区居民的生命财产缺乏保障,因此会造成房地产价格低落。

(5)社会福利因素。社会福利的状态会影响社会文化生活水平,从而间接地影响房地产价格水平。

▶ 3. 行政因素

经济因素和社会因素对房地产价格的影响主要是以利益为中心,但行政因素的影响则以公益为中心,行政因素是从公益观点出发,积极扶助和促进房地产的利用或限制其消极作用,但最终目的是提高整体房地产的效用。行政因素通过对社会、经济等行为加以规范来影响房地产价格,主要包括影响房地产价格的制度、政策、法规、行政措施等因素。

(1)土地使用制度与住房制度、地价政策。土地使用制度科学合理,可以调动土地利用者或投资者的积极性,促进土地资源合理配置、带动土地增值,导致地价上涨。过去,我国土地无偿无限期使用,且土地不允许转让、出租,因此不存在房地产价格水平,隐形的地价也较低。改革开放以来,土地使用制度发生了重大变革,土地使用权可以依法出租、转让,房地产价格随着经济的发展而上升。居住用地在城市用地中占有相当比重,在低租金福利分配住房的制度下,住宅用地价格必然极低。随着住房制度改革的深入、住房进一步商品化,住房价格逐步上升,并由市场决定。

根据对国民经济或地区经济宏观调控的需要,政府可能推行高地价政策,引导房地产价格上涨。某些时期也可能实行低房地产价格政策,抑制房地产价格上涨。

(2)城市规划、土地利用规划、城市发展战略。这些因素决定了一个城市的性质、发展方向和发展规模，还决定城市用地结构、城市景观轮廓线、地块用途、利用程度等。土地被规划为住宅区、商业区、工业区、农业区等不同区域，对土地价格的影响较大。

（3）税收制度、投资倾斜、优惠政策。房地产税收可以调节房地产投资者的积极性，抑制不正当的房地产投机，理顺房地产收益分配关系，稳定房地产市场。进行房地产估价时，需考虑不同税种对房地产市场中供需双方的不同影响。国家宏观经济政策向某地区倾斜，会诱发该地区房地产价格上涨。对某一地区在税收、管理等方面的优惠政策，会吸引投资、增加收益，促进房地产价格上涨。

（4）行政隶属关系变更。一个地区的行政隶属关系发生变更，也会影响其房地产价格水平。行政隶属关系变更包括级别升格和管辖权变更。例如，将非建制镇升格为建制镇，将建制镇升格为市，或将经济落后地区的地方划归经济发达地区管理，都会促进房地产价格水平上涨。

（5）交通管制。交通管制包括禁止通行、实行单行道及限制通行时间等规定。一般而言，由于交通管制，使该地区道路的通达性及便捷度受到影响，从而降低房地产价格，但在住宅区内禁止货车通行，则可以减少噪声、保持清净和行人安全，却会提高房地产价格。

▶ 4. 心理因素

心理因素对房地产价格的影响是很微妙的，是一个不可忽视的因素，主要表现为购买或出售心态、对居住环境的认同度、欣赏趣味、时尚风气、接近名家住宅心理、讲究门牌号码或土地号码、讲究风水、价值观的变化等。

（二）区域因素

区域因素是指某一特定区域内的自然条件与社会、经济、行政、技术等因素相结合所产生的区域特性对该区域内的各块土地的价格水平产生影响的因素。这类因素可细分为商业繁华因素、道路通达因素、交通便捷因素、城市设施状况因素和环境状况因素等。

▶ 1. 商业繁华因素

商业繁华因素是指所在地区的商业、服务业繁华状况及各级商业、服务业中心的位置关系。如果商业服务繁华度较高，该地区的房地产价格水平也会较高。

▶ 2. 道路通达因素

道路通达因素是指所在地区道路系统通畅程度，道路的级别（主干道、次干道、支路）越高，该地区的房地产价格水平也较高。

▶ 3. 交通便捷因素

交通便捷因素是指交通的便捷程度，包括公共交通系统的完善程度和公共交通的便利程度，其便捷度越高，房地产价格水平也较高。

▶ 4. 城市设施状况因素

城市设施可以分为以下三类：

（1）基础设施，主要包括供水、排水、供电、供气、供热和通信等设施。

（2）生活设施，主要包括学校、医院、农贸市场、银行、储蓄所、邮局等设施。

（3）文体娱乐设施，主要包括电影院、图书馆、博物馆、俱乐部、文化馆等设施。

以上三类设施可以用基础设施完善度、生活设施完备度、文体娱乐设施完备度等指标来衡量。这些指标一般对房地产价格产生正相关影响。

▶ 5. 环境状况因素

若一个地区绿地较多、公园充足、环境优美，则该地区的房地产价格水平较高；若噪声污染、大气污染、水污染较严重，则房地产价格水平较低。

（三）个别因素

个别因素分为土地个别因素和建筑物个别因素。

▶ 1. 土地个别因素

土地个别因素也称宗地因素，是宗地自身的条件和特征对该地块价格产生影响的因素。

（1）区位因素。区位是影响地价的一个非常主要的因素。区位也叫宗地位置，有自然地理区位与社会经济区位之别。土地的自然地理区位是固定不变的，但是，其社会经济区位却会随着交通建设和市政设施的变化而变化。当区位由劣变优时，房地产价格会上升；相反，则房地产价格下跌。

（2）面积因素、宽度因素、深度因素。一般来说，宗地面积必须适宜，规模过大或过小都会影响土地效用的充分发挥，从而降低单位地价。临街宽度过窄，影响土地使用，影响土地收益，从而降低房地产价格。宗地临街深度过浅、过深，都不适合土地最佳利用，从而影响房地产价格水平。

（3）形状因素。土地形状有长方形、正方形、三角形、菱形、梯形等，形状不规则的土地不便于利用，从而导致房地产价格。一般认为宗地形状以矩形为佳，特殊情况下，如街道的交叉口，三角形等不规则土地的地价也可能畸高。

（4）地力因素、地质因素、地势因素、地形因素。地力又称土地肥沃程度或土地肥力，该因素只与农业用地的价格有关，土地肥沃，房地产价格就高；相反，房地产价格则低。地质条件决定着土地的承载力，直接影响建筑物的造价和建筑结构设计。地质条件对于高层建筑和工业用地的地价影响尤其大。地质条件与房地产价格的关系是正比关系，即地质条件越优则房地产价格越高。地势因素是指土地与相邻土地的高低关系，特别是与邻近道路的高低关系，一般来说，地势高的宗地房地产价格比地势低的宗地房地产价格高。地形是指地面的起伏形状，一般来说，土地平坦，房地产价格较高；反之，土地高低不平，房地产价格较低。

（5）容积率因素。该因素也是影响土地价格的主要因素之一。容积率越大，房地产价格越高；反之，容积率越小，房地产价格越低。容积率与房地产价格的关系一般不呈线性关系。

（6）用途因素。土地的用途对房地产价格影响相当大，同样一块土地，规划为不同用途，则价格不相同。一般来说，对于同一宗土地而言，商业用地、住宅用地、工业用地的价格是递减的。

（7）土地使用年限因素。在年地租不变的前提下，土地使用年限越长，价格越高。

▶ 2. 建筑物个别因素

在影响房地产价格的个别因素中，影响土地价格的个别因素和影响建筑物价格的个别因素并不完全相同，以下阐述影响建筑物价格的个别因素。

（1）面积、结构、材料等。建筑物的建筑面积、居住面积、高度等不同，则建筑物的重建成本也不相同。建筑物的结构及使用的建筑材料的质量也对建筑物的重建成本有影响，从而影响其价格。如果建筑物的面积或高度与基地及周围环境不相协调，则该建筑物的价值会大大降低。

（2）设计、设备等是否良好。建筑物形状、设计风格、建筑装潢应与建筑物的使用目的相适应，建筑物设计、设备是否与其功能相适应，对建筑物价格有很大的影响。

（3）施工质量。建筑物的施工质量不仅影响建筑物的投入成本，更重要的是影响建筑物的耐用年限和使用的安全性、方便性、舒适性。因此，施工质量是否优良，对建筑物的价格亦有很大影响。

（4）法律限制。有关建筑物方面的具体法律限制，主要是城市规划及建筑法规，如建筑物高度限制、消防管制、环境保护等，评估时应考虑这些法律限制对建筑物价值已经产生和可能产生的影响。

（5）建筑物是否与周围环境协调。建筑物应与其周围环境相协调，否则就不是最有效使用状态。建筑物不能充分发挥使用效用，其价值自然会降低。

第三节 房地产评估的收益法

一、收益法概述

（一）收益法的基本原理

收益法又称收益还原法、投资法、收益现值法，是指为取得待估房地产的价格，以资本化率将房地产在未来所能产生的正常纯收益贴现到估价时点，并以其贴现之和作为待估房地产的价格的方法。收益法在国外被广泛地运用于收益性房地产价格的评估，在我国也是常用的评估方法之一。

收益法的理论前提是收益性房地产能够在未来时期内形成源源不断的收益。房地产所有者可以凭借对房地产拥有的所有权合法地取得这些收益，这是房地产所有权在经济上的体现。对于收益性房地产的投资者来说，其主要目的是取得收益性房地产所能够带来的直接或潜在的收益。

房地产在交易时，随着房地产所有者权利的让渡，房地产的收益转归房地产购买者。房地产所有者让渡出去的权利必然要在经济上得以实现，房地产购买者必须一次性支付一定的金额，补偿房地产所有者失去的收益。这一货币额每年给房地产所有者带来的利息收入必须等于其每年能从房地产获得的纯收益。这个金额就是该收益性房地产的理论价格，计算公式为

$$房地产价格 = \frac{纯收益}{利率} \tag{5-4}$$

这种理论的抽象包含三个假设前提：①纯收益每年不变；②利率固定，且房地产投资风险与利息收入风险相当；③收益为无限年期。例如，假设有一宗房地产每年能产生 100

万元的纯收益,同时在年利率为10%的前提下,存入银行1 000万元也能产生100万元的年收益,因此,对房屋所有者来说,1 000万元的资本与房屋每年所能带来的100万元的纯收益是等价的。

运用收益法评估房地产价格,首先,需要求取纯收益,通过总收益减总费用求得;其次,确定资本化率;最后,选用适当的计算公式求得待估房地产的价格。

(二)收益法的适用范围

房地产所产生的收益分为可以用货币度量和无法用货币度量的收益两类。收益法适用于有收益或有潜在收益,并且收益和风险都能够量化的土地或房地产,如旅店、商场、写字楼、公寓、游乐场、厂房等价格的评估,对于收益或潜在收益难以量化的房地产,如政府机关、学校、公园等公用、公益性房地产的估价大多不适用。

二、实务中的计算公式

运用收益法,只要待估房地产具有连续的、可预测的纯收益,就可以评估待估房地产的收益价格。在运用该方法时,既可以评估房地合在一起的房地产价格,也可以评估单独的土地价格,还可以评估单独的地上建筑物价格。

▶ 1. 评估房地合在一起的房地产价格

$$房地产价格 = \frac{房地产纯收益}{综合资本化率} \tag{5-5}$$

$$房地产纯收益 = 房地产总收益 - 房地产总费用 \tag{5-6}$$

$$房地产总费用 = 管理费 + 维修费 + 保险费 + 税金 \tag{5-7}$$

▶ 2. 评估单独的土地价格

(1)由土地收益评估土地价格,一般适用于空地出租的情况。

$$土地价格 = \frac{土地纯收益}{土地资本化率} \tag{5-8}$$

$$土地纯收益 = 土地总收益 - 土地总费用 \tag{5-9}$$

$$土地总费用 = 管理费 + 维护费 + 税金 \tag{5-10}$$

(2)由房地产收益评估土地价格。

$$\begin{cases} 土地价格 = 房地产价格 - 建筑物现值 & (5-11) \\ 建筑物现值 = 建筑物重置价格 - 年折旧额 \times 已使用年数 & (5-12) \\ 年折旧额 = \dfrac{建筑物重置价格 - 残值}{耐用年限} & (5-13) \end{cases}$$

$$\begin{cases} 土地价格 = \dfrac{(房地产纯收益 - 建筑物纯收益)}{土地资本化率} & (5-14) \\ 建筑物纯收益 = 建筑物现值 \times 建筑物资本化率 & (5-15) \\ 建筑物现值 = 建筑物重置价格 - 年折旧额 \times 已使用年数 & (5-16) \\ 年折旧额 = \dfrac{建筑物重置价格 - 残值}{耐用年限} & (5-17) \end{cases}$$

▶ 3. 评估单独的地上建筑物价格

$$建筑物价格 = 房地产价格 - 土地价格 \tag{5-18}$$

$$建筑物价格 = \frac{房地产纯收益 - 土地纯收益}{建筑物资本化率} \tag{5-19}$$

这里需要特别说明的是，以上所列计算公式均假设土地使用年期为无限年期，但在评估实务中应注意土地使用权的有限年期。

三、各参数的估算

(一) 纯收益

▶ 1. 纯收益的含义

纯收益是指归属于土地或房地产的除去各种费用后的收益，一般以年为单位。在确定纯收益时，必须注意土地或房地产的实际纯收益和客观纯收益的区别。实际纯收益是在现状下待估土地或房地产实际取得的纯收益，实际收益由于受到多种因素的影响，通常不能直接用于评估。例如，当前收益权利人在法律上、行政上享有某种特权或受到特殊的限制，致使土地或房地产的收益偏高或偏低，而这些权利或限制又不能随同转让；当前土地或房地产并未处于最佳利用状态，收益偏低；收益权利人经营不善，导致亏损，纯收益为零甚至为负值；土地处于待开发状态，无当前收益，同时还必须支付有关税、费，纯收益为负值。由于评估的结果是用来作为正常市场交易的参考，因此，必须对存在上述偏差的实际纯收益进行修正，剔除其中特殊的、偶然的因素，取得在正常的市场条件下的土地或房地产用于法律上允许最佳利用方向上的纯收益值，其中还应包含对未来收益和风险的合理预期。我们把这个收益称为客观纯收益，只有客观纯收益才能作为评估的依据。

$$客观纯收益＝客观总收益－客观总费用 \tag{5-20}$$

▶ 2. 客观总收益

客观总收益是指以收益为目的的房地产和与之有关的各种设施、劳动力及经营管理者要素结合产生的收益，即待估房地产在一年内所能得到的所有收益。求取总收益时，是以客观收益即正常收益为基础，而不能以实际收益来计算。在计算以客观收益为基础的总收益时，需具备以下条件。

(1) 房地产处于最佳利用状态下所产生的正常收益。最佳利用状态是指该房地产处于最佳利用方向和最佳利用程度。在现实经济中，应为正常使用下的正常收益。例如，某人因特别的技能产生的特别收益，就不是客观收益。

(2) 收益必须能持续产生。用收益法求房地产价格，是基于房地产收益永续性这一特征。若收益不能持续产生，则这种收益就不能作为资本化的基础，如农地即将沙化，短期的租赁契约，其收益不能作为标准收益。不规则的收益，如因当事人之间的特殊关系、个别时期的政策限制等，导致收益忽高忽低，呈不规则变化，则应将这种不规则收益转换为规则年收益，而不能任意用某一年的收益作为标准收益。

(3) 收益应为可实现的收益。由于现实经济过程复杂，呈现在估价人员面前的收益状况也非常复杂，预测房地产的未来收益也较难。例如，某种经营能带来的收益虽较丰厚，但在未来存在激烈竞争或存在潜在的风险，使现实收益具有下降趋势，则不能用现实收益估价，而必须加以修正。为此，在确定收益值时，一是需与类似房地产的收益相比；二是需对市场走势做准确的预测。

▶ 3. 客观总费用

客观总费用是指取得该收益所必需的各项支出，如维修费、管理费等，也就是为创造总收益所必须投入的正常支出。总费用也应该是客观费用。总费用所应包含的项目，因待估房地产的状态不同而异。费用支出,有些是正常支出,有些是非正常支出。对从总收益中扣除的总费用要进行认真分析,剔除不正常的费用支出。

(二) 资本化率

资本化率又称还原利率,是决定评估价格的关键因素,这是因为评估价格对资本化率最为敏感。资本化率的每个微小变动,都会使评估价格发生显著改变。确定资本化率是一项复杂的、精度要求较高的工作,运用收益法进行房地产评估的评估人员必须认真对待并高度重视这一工作。

▶ **1. 求取资本化率的方法**

(1) 纯收益与售价比率法。评估人员收集市场上近期交易的与待估房地产相同或相近的房地产的纯收益、价格等资料,反算出它们各自的资本化率。这种方法运用的是房地产商品的替代性,选取的交易案例均来自市场,最直接地反映了市场供求状况,因此,反算出来的资本化率基本上能够反映投资该房地产的利润率。此时求得的各资本化率是用实际收益与房地产价格之比求出来的,可以通过选取多个案例的资本化率取平均值的方法来消除各种偶然因素的干扰。具体可以根据实际情况,采用简单算术平均值或加权算术平均值的方法。这种方法要求市场发育比较充分、交易案例比较多,评估人员必须拥有足够的资料,并尽可能以与待估房地产情况接近的资料作为参照。

【例 5-1】通过市场调查,收集资料,取得了三个与待估房地产相似的交易实例,其相关资料如表 5-1 所示。

表 5-1 选取的可比实例及相关资料

交易实例	纯收益/(元/年·平方米)	价格/(元/平方米)	资本化率/%
A	425	5 600	7.59
B	445	5 900	7.54
C	470	6 300	7.46

对以上三个交易实例的资本化率进行简单算术平均得:
资本化率=(7.59%+7.54%+7.46%)/3=7.53%

(2) 安全利率加风险调整值法。安全利率加风险调整值法又称累加法,是指以安全利率加上风险调整值作为资本化率的一种方法。该方法主要是从投资者获取期望目标收益的角度考虑,其关键是风险调整值的确定。该方法的具体操作如下:首先,选择市场上无风险的资本投资的收益率作为安全利率,通常选择银行中长期存款利率作为安全利率;然后,根据影响待估房地产的社会经济环境,估计投资风险程度,确定一个调整值,把它与安全利率相加或在安全利率上加风险调整值。其计算公式为

$$资本化率=安全利率+风险调整值 \tag{5-21}$$

这种方法简便易行,对市场要求不高,应用比较广泛,但是风险调整值的确定主观性较强,不容易掌握。

(3) 投资收益率排序插入法。投资收益率排序插入法是指找出相关投资类型及其收益率,按风险大小排序,将评估对象与这些投资的风险程度进行比较、判断,确定资本化率,具体步骤如下。

第一步，调查、收集评估对象所在地区的房地产投资、相关投资及其收益率和风险程度的资料，如各种类型的银行存款、贷款、政府债券、保险、企业债券、股票，以及有关领域的投资收益率等。

第二步，将所收集的不同类型投资的收益率按由低到高的顺序排列，制成收益率与风险程度对应表，如图 5-1 所示。

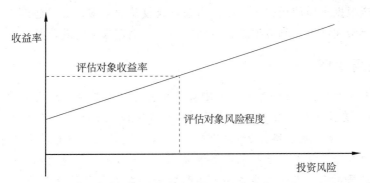

图 5-1 收益率与风险程度对应表

第三步，将评估对象与这些类型投资的风险程度进行分析比较，考虑投资的流动性、管理的难易程度，以及作为资产的安全性等，确定评估对象风险程度。

第四步，根据评估对象风险程度，在图上找出对应的收益率，从而确定所要求的资本化率。

（4）复合投资收益率法。复合投资收益率法是将购买房地产的抵押贷款利率与自有资金收益率的加权平均数作为资本化率。其计算公式为

$$资本化率=\frac{抵押贷款额}{房地产价格}\times 抵押贷款利率+\frac{自有资金额}{房地产价格}\times 自有资金收益率 \qquad (5-22)$$

▶ 2. 资本化率的种类

在房地产评估中，应用最广泛的三种资本化率分别是综合资本化率、建筑物资本化率和土地资本化率。这是与房地产评估对象的三种实物存在形态相对应的。

（1）综合资本化率，是把土地和附着于其上的建筑物看成一个整体进行评估所采用的资本化率。此时评估的是房地产整体的价格，采用的纯收益也是房、地合一的纯收益。

（2）建筑物资本化率，用于评估建筑物的自身价格。这时采用的纯收益是建筑物自身所产生的纯收益，把房地产整体收益中的土地纯收益排除在外。

（3）土地资本化率，用于求取土地自身的价格。这时采用的纯收益是土地自身的纯收益，把房地产整体收益中的建筑物纯收益排除在外。

综合资本化率、建筑物资本化率和土地资本化率的关系可用公式表示如下：

$$r = (r_1 L + r_2 B)/(L + B) \qquad (5-23)$$

或

$$r = r_1 x + r_2 y \qquad (5-24)$$
$$r_1 = [r(L+B) - r_2 B]/L \qquad (5-25)$$
$$r_2 = [r(L+B) - r_1 L]/B \qquad (5-26)$$

式中，r 为综合资本化率；r_1 为土地资本化率；r_2 为建筑物资本化率；x 为土地价格占

房地产价格的比例；y 为建筑物价格占房地产价格的比例；L 为土地价格；B 为建筑物价格。

（三）收益年期

对于单独土地和建筑物的评估，应分别根据土地使用权和建筑物经济寿命确定未来可获得收益的年限。

对于土地与建筑物合成体的评估对象，如果建筑物的经济寿命晚于或与土地使用年限一起结束，则应根据土地使用权年限确定未来可获收益的年限；如果建筑物的经济寿命早于土地使用权年限而结束，则应根据建筑物经济寿命确定未来可获取收益的年限。

四、应用举例

【例 5-2】某房地产公司于 2010 年 3 月以有偿出让方式取得一块土地的 50 年使用权，并于 2012 年 3 月在此地块上建成一座砖混结构的写字楼，当时造价为每平方米 2 000 元，经济耐用年限为 55 年，残值率为 2%。2016 年，该类建筑重置价格为每平方米 2 500 元。该建筑物占地面积为 500 平方米，建筑面积为 900 平方米，现用于出租，每月平均实收租金为 3 万元。另据调查，当地同类写字楼出租租金一般为每月每建筑平方米 50 元，空置率为 10%，每年需支付的管理费为年租金的 3.5%，维修费为重置价的 1.5%，土地使用税及房产税为每建筑平方米 20 元，保险费为重置价的 0.2%，土地资本化率为 7%，建筑物资本化率为 8%。试根据以上资料评估该宗地 2016 年 3 月的土地使用权价格。

解：(1) 选定评估方法。该宗房地产有经济收益，适宜采用收益法。

(2) 计算总收益。总收益应该为客观收益而不是实际收益。

年总收益 = 50 × 12 × 900 × (1 − 10%) = 486 000(元)

(3) 计算总费用。

年管理费 = 486 000 × 3.5% = 17 010(元)

年维修费 = 2 500 × 900 × 1.5% = 33 750(元)

年税金 = 20 × 900 = 18 000(元)

年保险费 = 2 500 × 900 × 0.2% = 4 500(元)

年总费用 = 年管理费 + 年维修费 + 年税金 + 年保险费
= 17 010 + 33 750 + 18 000 + 4 500 = 73 260(元)

(4) 计算房地产纯收益。

年房地产纯收益 = 年总收益 − 年总费用 = 486 000 − 73 260 = 412 740(元)

(5) 计算房屋纯收益。

① 计算年折旧费。年折旧费本来应根据房屋的耐用年限确定，但是，在本例中，土地使用年限小于房屋耐用年限，根据《城市房地产管理法》第 21 条规定，土地使用权出让年限届满，由国家无偿收回。这样，房屋的重置价必须在可使用期限内全部收回。在本例中，房地产使用者可使用的年期为 50 − 2 = 48(年)，并且不计残值，视为土地使用权年期届满，地上建筑物一并由政府无偿收回。（注：也可以计算残值。）

年折旧费 = 建筑物重置价格/使用年限 = 2 500 × 900/48 = 46 875(元)

② 计算房屋现值（假设房屋收益年期为无限年期）。

房屋现值 = 房屋重置价格 − 年折旧费 × 已使用年数
= 2 500 × 900 − 46 875 × 4 = 2 062 500(元)

③ 计算房屋纯收益。

房屋年纯收益＝房屋现值×房屋资本化率＝2 062 500×8％＝165 000(元)

(6) 计算土地纯收益。

土地年纯收益＝年房地产纯收益－房屋年纯收益＝412 740－165 000＝247 740(元)

(7) 计算土地使用权价格。土地使用权在 2016 年 3 月的剩余使用年期为 50－6＝44(年)。

$$房地产价格=\frac{247\ 740}{7\%}\times\left[1-\frac{1}{(1+7\%)^{44}}\right]=3\ 358\ 836.15(元)$$

单价＝3 358 836.15/500＝6 717.67(元/平方米)

(8) 评估结果。本宗土地使用权在 2016 年 3 月的土地使用权价格为 3 358 836.15 元，单价为每平方米 6 717.67 元。

第四节　房地产评估的市场法

一、市场法概述

(一) 市场法的基本原理

市场法，又称买卖实例比较法、交易实例比较法、市价比较法、现行市价法等，它是房地产估价方法中最常用的基本方法之一，也是目前国内外广泛应用的经典估价方法。用现行市价法评估房地产价格，直观形象，容易理解，也相对容易掌握。同时，与其他方法相比，现行市价法更直接地依靠现实的市场价格资料，更符合当事人的现实经济行为，因此被认为是一种使用范围广、可靠性强、说服力强的基本评估方法。

市场法是指在求取一宗待估房地产价格时，依据替代原理，将待估房地产与类似房地产的近期交易价格进行对照比较，通过对交易情况、交易日期、区域因素和个别因素等的修正，得出待估房地产在评估基准日价格的一种方法。由市场法估价得到的价格称为比准价格。

类似房地产是指在同一供需圈内，在用途、建筑结构、规划条件等方面与待估房地产基本相似的房地产。类似土地是指在同一供需圈内，影响地价的因素和条件基本相近、用途相同的土地。同一供需圈是指与待估房地产具有替代性且对其价格形成的影响具有相似性的区域。

(二) 市场法的适用范围

由于市场法是以替代原则为理论基础，且符合当事人的现实经济行为，只要有类似房地产的合适的交易实例即可应用，而且具有较强的说服力，因此在房地产市场比较发达的情况下，现行市价法得到广泛应用。在同一地区或同一供求范围内的类似地区中，与待评估房地产相类似的房地产交易较多时，现行市价法才是有效的评估方法。而在下列情况下，现行市价法往往难以适用：

(1) 在没有房地产交易的地方，或在较长一段时间没有发生房地产交易的地区，或在农村等房地产交易发生较少的地区；

(2) 某些类型很少见的房地产或交易实例很少的房地产，如古建筑等；

(3) 那些很难成为交易对象的房地产，如教堂、寺庙等；

(4) 风景名胜区土地和矿产资源用地；

(5) 图书馆、体育馆、学校等公益性建筑。

(三) 实务中的计算公式

市场法就是通过与近期交易的房地产进行比较，并对一系列因素进行修正，从而得到待估房地产在评估基准日的市场状况下的价格水平。这些因素主要有交易情况因素、交易日期因素、区域因素和个别因素四类。通过交易情况修正，将可比交易实例价格修正为正常交易情况下的价格；通过交易日期修正，将可比交易实例价格修正为评估基准日下的价格；通过区域因素修正，将可比交易实例价格修正为待估对象所处区域条件下的价格；通过个别因素修正，将可比交易实例价格修正为待估对象自身状况下的价格。个别因素中的容积率和土地使用年期，由于影响力较大，情况特殊时也拿出来单独进行修正。

市场法的基本计算公式为

$$P = P' \times A \times B \times C \times D \tag{5-27}$$

式中，P 为待估房地产评估价格；P' 为可比交易实例价格；A 为交易情况修正系数；B 为交易日期修正系数；C 为区域因素修正系数；D 为个别因素修正系数。

实际评估工作中，其计算公式为

$$P = P' \times A \times B \times C \times D = P' \times \frac{100}{(\quad)} \times \frac{(\quad)}{100} \times \frac{100}{(\quad)} \times \frac{100}{(\quad)} \tag{5-28}$$

式中，各字符含义同前，具体内容为

$$A = \frac{100}{(\quad)} = \frac{\text{正常交易情况指数}}{\text{可比实例交易情况指数}} \tag{5-29}$$

$$B = \frac{(\quad)}{100} = \frac{\text{评估基准日价格指数}}{\text{可比实例交易时价格指数}} \tag{5-30}$$

$$C = \frac{100}{(\quad)} = \frac{\text{待估对象所处区域因素条件指数}}{\text{可比实例所处区域因素条件指数}} \tag{5-31}$$

$$D = \frac{100}{(\quad)} = \frac{\text{待估对象个别因素条件指数}}{\text{可比实例个别因素条件指数}} \tag{5-32}$$

在上列各式中，交易情况修正系数 A 中的分子 100 表示以正常交易情况下的价格为基准而确定可比实例交易情况的价格修正指数；交易日期修正系数 B 中的分母 100 表示以可比实例交易时的价格指数为基准而确定评估基准日的价格指数；区域因素修正系数 C 中的分子 100 表示以待估对象所处的区域环境为基准而确定可比实例所处区域环境的修正系数；个别因素修正系数 D 中的分子 100 表示以待估对象的个别因素条件为基准而确定可比实例个别因素条件的修正系数。

市场法的计算公式也可以表示为

$$P = P' \times A \times B \times C \times D = P' \times \frac{100}{(\quad)} \times \frac{(\quad)}{100} \times \frac{(\quad)}{100} \times \frac{(\quad)}{100} \tag{5-33}$$

式中，P'、A、B 含义同前；C 和 D 分别为以可比实例的区域因素条件和个别因素条件为基准（即 100）而确定待估对象的区域因素和个别因素条件的修正系数。

如果土地容积率、土地使用年期单独修正，则计算公式为

$$P = P' \times A \times B \times C \times D \times 容积率修正系数 \times 土地使用年期修正系数 \qquad (5\text{-}34)$$

二、市场法的操作步骤

运用市场法评估房地产价值，一般经过下列程序：收集交易资料，确定可比交易案例，建立价格可比基础，对交易情况、交易日期、区域因素、个别因素、容积率和土地使用年期等进行因素修正，确定房地产价值。

其中，土地容积率修正和土地使用年期修正也可并入区域因素与个别因素修正，但这两项因素比较重要，一般都单独列出。

（一）收集交易资料

运用市场法评估房地产价值，必须有充足的交易资料，这是市场法运用的基础和前提条件。评估人员必须注意日常积累，在平时就要时刻关注房地产市场变化，随时收集有关房地产交易实例。如果等到需要时才去临时找案例，往往因为时间紧迫，很难来得及收集足够的交易实例。在收集交易实例资料时，一般需要收集房地产的位置、用途、交易价格、交易时间、交易双方情况、房地产状况、环境状况、交通状况、配套设施状况等内容。收集的内容可制成统一的表格，收集后按表填写，这样可以保证收集资料的全面和充分。对于收集到的每一个交易实例，其每一项内容都要进行分析验证，做到准确无误，剔除虚假内容。如果交易实例太少，用市场法评估的价值就不能满足客观、合理的要求。

（二）确定可比交易实例

在进行一宗房地产价值评估时，需要针对待估房地产的特点，从平时收集的众多房地产交易实例中选择符合一定条件的交易实例，作为供比较参照的交易实例。可比实例选择是否适当，直接影响运用比较法评估的结果精度，因此对可比实例的选择应特别慎重。从国外有关资料来看，如果房地产市场较为稳定，评估基准日与实例交易日期可相差较远，但所选取的交易实例资料不应该超过 5 年。如果市场变动剧烈，变化较快，则只宜选取较近时期的交易实例，最好是近 2 年以内的。

（三）建立价格可比基础

选取了可比的交易实例后，应先使每个可比交易实例及评估对象的价格具有可比的基础，然后进行修正。价格可比基础的建立包括统一付款方式、统一单价、统一货币种类和货币单位、统一面积内涵和面积单位等。

（四）因素修正

因素修正包括交易情况修正、交易日期修正、区域因素修正、个别因素修正、容积率修正、土地使用年期修正等。

▶ 1. 交易情况修正

房地产的自然特性和经济特性决定了房地产市场不能成为完全竞争市场，而是一个不完全竞争市场。在房地产市场上，房地产价格的形成往往具有个别性，因此运用市场法进行房地产评估，需要对选取的交易实例进行交易情况修正，将交易中由于个别因素所产生的价格偏差予以剔除，使其成为正常价格。房地产交易中的特殊情况较为复杂，主要有以下几种：

（1）有特殊利害关系的经济主体间的交易，如亲友之间、有利害关系的公司之间、公司与本单位职工之间，通常都会以低于市价的价格进行交易；

（2）交易时有特别的动机，以急于脱售或急于购买最为典型，如有人为了扩大经营面积，收买邻近的建筑用地，往往会使交易价格抬高；

（3）买方或卖方不了解市场行情，往往使房地产交易价格偏高或偏低；

（4）其他特殊交易的情形，如契税本应由买方负担，却转嫁给了卖方；

（5）特殊的交易方式，如拍卖、招标等。

分析了交易情况的特殊性，就要将特殊情况的交易修正到正常交易。对于上述第（4）种情况，只要通过计算即可修正。但对于其他一些交易情况，要测定其交易价格与正常价格发生偏差的程度，则相当困难，这时评估师对市场的了解程度以及丰富的评估经验就显得至关重要。

通过交易情况修正，将可比实例价格修正为正常交易情况下的价格，计算公式为

$$\text{交易情况修正后的正常价格} = \text{可比交易实例价格} \times \frac{\text{正常交易情况指数}}{\text{可比实例交易情况指数}}$$

$$= P' \times \frac{100}{(\quad)} \tag{5-35}$$

如果可比实例交易时的价格低于正常情况下的交易价格，则分母小于100；反之，则分母大于100。

▶ 2. 交易日期修正

交易实例的交易日期与待评估房地产的评估基准日往往有一段时间差，在这期间，房地产市场可能不断发生变化，房地产价格可能升高或降低，因此需要根据房地产价格的变动率，将交易实例房地产价格修正为评估基准日的房地产价格。这就是交易日期修正，也称期日修正。

房地产价格的变动率一般用房地产价格指数来表示。利用价格指数进行交易日期修正的公式如下：

$$\text{评估基准日交易实例价格} = \text{可比实例价格} \times \frac{\text{评估基准日价格指数}}{\text{可比实例交易时价格指数}} \tag{5-36}$$

【例5-3】某房地产交易实例，成交价格为9 500元/平方米，成交日期为2016年6月。假设2016年7月—2017年7月，该类房地产价格每月比上月上涨1%；2017年7月—2018年1月，该类房地产价格每月比上月下降0.1%。则对该可比实例进行交易日期修正后，2018年1月的房地产价格为

$$P = 9\,500 \times (1+1\%)^{12} \times (1-0.1\%)^{6} = 10\,640.77 (\text{元/平方米})$$

▶ 3. 区域因素修正

对交易实例进行交易情况修正和交易日期修正后，还需要对交易实例进行区域因素修正。

交易实例房地产与待评估房地产如果不是处于同一地区，应将交易实例房地产所处地区与待评估房地产所处地区的区域因素加以比较，找出由于区域因素的差别而引起的交易实例房地产与待评估房地产价格的差异，对交易实例房地产价格进行修正。因为区域因素是多个因素，包括商业繁华度、道路通达度、交通便捷度、城市设施的完善度等，每个因素对房地产价格都有不同程度的影响，因此，区域因素修正一般采用多因素评定法。该方

法选择一宗房地产作为标准房地产，给每个因素打分（通常总分为 100 分），将待估房地产或可比交易实例的区域因素逐项与其比较、打分。如果这些房地产的区域因素比标准房地产的区域状况好，分数就高于 100；相反，分数就低于 100。再将所得的分数转化为调整价格的比率。根据选择的标准房地产的不同，多因素评定法分为直接比较法和间接比较法。

（1）直接比较法。直接比较法是指以待估房地产作为标准房地产，给其各个区域因素打分，总分为 100 分，将可比交易实例与其比较打分，然后得出比率的方法，如表 5-2 所示。

表 5-2　房地产因素修正的直接比较法

因　　素	标准房地产	可比交易实例 A	可比交易实例 B
商业繁华度	30	22	35
道路通达度	20	18	20
交通便捷度	15	20	16
城市设施的完善度	35	30	33
合计	100	90	104

可比交易实例 A 的区域因素修正系数 $= \dfrac{100}{90} = 1.11$

可比交易实例 B 的区域因素修正系数 $= \dfrac{100}{104} = 0.96$

（2）间接比较法。间接比较法是指以第三方房地产作为标准房地产，将待估房地产和可比交易实例与其比较打分，再将所得的分数转化为调整价格的比率的方法，如表 5-3 所示。

可比交易实例 A 的区域因素修正系数 $= \dfrac{102}{90} = 1.13$

可比交易实例 B 的区域因素修正系数 $= \dfrac{102}{104} = 0.98$

表 5-3　房地产因素修正的间接比较法

因　　素	标准房地产	待估房地产	可比交易实例 A	可比交易实例 B
商业繁华度	30	32	22	35
道路通达度	20	28	18	20
交通便捷度	15	16	20	16
城市设施的完善度	35	26	30	33
合计	100	102	90	104

▶ 4. 个别因素修正

对交易实例进行交易情况修正、交易日期修正和区域因素修正后，还需要对交易实例进行个别因素修正。土地的个别因素主要包括面积大小和形状、设施状况、平整程度、地势、地质水文等；房屋的个别因素主要有新旧程度、建筑结构、建筑规模、装修设备完备度、质量等。显然，如果待估对象所处的个别条件优于可比交易实例的个别条件，则必须对可比交易实例的价格往高方向进行修正；反之，则必须往低方向进行修正。个别因素修正是否适当，对房地产价格评估结果也有重大影响。

个别因素修正在实务上也比较困难，与区域因素一样，主要取决于评估师的经验与判断，一般采用多因素评定法。

▶ 5. 容积率修正

容积率是影响土地价格的重要因素之一，对同一宗土地来说，不同的容积率会产生较大的价格差异。容积率是指建筑物的总建筑面积与整个宗地占地面积之比。容积率的大小影响建筑平均成本和土地利用程度的高低。一般来说，容积率越高，土地利用效益就越高，从而房地产价格也就相应地提高。通过容积率修正，可以消除由于容积率的不同而造成的房地产价格水平的差异。

人们通过容积率与房地产价格水平的相关分析，得出容积率与房地产价格相关关系并非呈线性关系，非常复杂。具体估价时，要通过对容积率与房地产价格水平的相关程度的分析，并根据容积率与房地产价格的相关系数，编制容积率修正系数表，计算公式为

$$经容积率修正后可比实例价格 = 可比实例价格 \times \frac{待估宗地的容积率修正系数}{可比实例的容积率修正系数} \quad (5-37)$$

【例5-4】某城市某用途土地容积率修正系数如表5-4所示。

表5-4 容积率修正系数表

容积率	0.1	0.4	0.7	1.0	1.1	1.3	1.7	2.0	2.1	2.5
修正系数	0.5	0.6	0.8	1.0	1.1	1.2	1.6	1.8	1.9	2.1

如果确定比较实例宗地地价每平方米为1 800元，容积率为2.0，待估宗地规划容积率为1.7，则待估宗地容积率修正计算如下：

经容积率修正后可比实例价格 = 1 800 × 1.6/1.8 = 1 600(元/平方米)

▶ 6. 土地使用年期修正

我国实行有限年期的土地使用权有偿使用制度，土地使用年期的长短直接影响土地收益的多少。土地的年收益确定以后，土地的使用期限越长，土地的总收益就越多，土地利用效益也就越高，土地的价格也会因此提高。通过使用年期修正，可以消除由于使用期限不同而对房地产价格造成的影响。

土地使用年期修正系数的计算公式为

$$K = \frac{1 - \dfrac{1}{(1+r)^m}}{1 - \dfrac{1}{(1+r)^n}} \quad (5-38)$$

式中，K 为将可比实例年期修正到待估对象使用年期的年期修正系数；r 为土地资本化率；m 为待估对象的使用年期；n 为可比实例的使用年期。

$$土地使用年期修正后的地价 = 比较实例价格 \times K \quad (5-39)$$

【例5-5】若选择的比较实例成交地价为每平方米1 500元，对应土地使用年期为40

年,而待估宗地出让年期为30年,土地资本化率为10%,则年期修正如下:

$$土地使用年期修正后的价格 = 1\,500 \times \frac{1-\frac{1}{(1+10\%)^{30}}}{1-\frac{1}{(1+10\%)^{40}}} = 1\,446(元/平方米)$$

(五)确定房地产价值

经过交易情况修正、交易日期修正、区域因素修正、个别因素修正、容积率修正和土地使用年期修正,就可得到在评估基准日的待估房地产的若干个价格,如果交易实例选取5个,就可能有5个价格。

通过计算公式求取的若干个价格可能不完全一致,而被评估的房地产的价值却只能有一个,此时可采用统计学方法求最终的房地产价值,如简单算术平均数法、加权算术平均数法、众数法、中位数法、混合法等。

三、应用举例

【例5-6】待评估宗地为一块商业用途的空地,面积为3 000平方米,要求评估其2012年12月的公平市场价格。评估人员通过收集有关数据资料(过程略),选出3个交易实例(A、B、C)作为比较参照物,交易实例情况如表5-5所示。

表5-5 交易实例情况表

交易实例 比较项目	A	B	C	待估对象
坐落	略	略	略	略
所处地区	繁华区	繁华区	繁华区	繁华区
用途	商业	商业	商业	商业
土地类型	熟地	熟地	熟地	熟地
价格/(元/m²)	1 550	1 200	1 400	
交易时间	2011年10月	2011年12月	2012年5月	2012年12月
面积/m²	1 800	2 000	2 200	3 000
形状	规则	规则	规则	规则
地势	平坦	平坦	平坦	平坦
地质	普通	普通	普通	普通
基础设施	完备	完备	完备	完备
交通状况	很好	较好	较好	很好
剩余使用年限/年	35	30	35	30
容积率	5	4.5	4.5	5

(1)进行交易情况修正。评估人员经过调查,未发现交易实例的交易情况有特殊性,均作为正常交易看待,故无须修正。

(2)进行交易日期修正。根据调查,2011年10月以来,土地价格平均每月上涨1%,

则交易实例 A 交易日期修正系数 = 114/100 = 1.14；交易实例 B 交易日期修正系数 = 112/100 = 1.12；交易实例 C 交易日期修正系数 = 107/100 = 1.07。

（3）进行区域因素修正。交易实例 A 与待估对象处于同一区域，无须做区域因素修正。交易实例 B、C 的区域因素修正采用打分法，可参照表 5-6 的有关数据进行判断。

表 5-6　区域因素修正

区域因素	交易实例 B	交易实例 B 的修正分值	交易实例 C	交易实例 C 的修正分值
自然条件	相同	10	相同	10
社会环境	相同	10	相同	10
街道条件	稍差	8	相同	10
繁华程度	稍差	7	稍差	7
交通便捷度	稍差	8	稍差	8
规划限制	相同	10	相同	10
交通管制	相同	10	相同	10
离公交站点距离	稍远	7	相同	10
交通流量	稍少	8	稍少	8
周围环境	较差	8	相同	10

表 5-6 中的比较是以待估宗地的区域因素为标准，即待估宗地的区域因素分值为 100，则交易实例 B 区域因素修正系数 = 100/86 = 1.163；交易实例 C 区域因素修正系数 = 100/93 = 1.075。

（4）进行个别因素修正。

① 关于面积因素的修正。由于待估宗地的面积大于 3 个交易实例的面积，就商业用地而言，面积大些便于充分利用，经过分析确定，面积因素使待估宗地的价格比各交易实例价格高 3%。

② 关于土地使用权年限因素的修正。除交易实例 B 与待估宗地的剩余使用年限相同外，交易实例 A、C 均须做使用年限因素修正，修正计算如下（假定折现率为 8%）：

$$交易实例 A、C 的使用年限修正系数 = \frac{1-1/(1+8\%)^{30}}{1-1/(1+8\%)^{35}} = 0.9659$$

③ 关于容积率因素的修正。交易实例 A 与待估宗地的容积率相同，故不做修正；交易实例 B、C 的容积率与待估宗地不同，应进行修正。经收集有关数据资料进行统计分析，土地的价格与容积率的关系是：容积率为 4~5，容积率增加 0.1，则地价增加 2%，则交易实例 B、C 的容积率修正系数 = 110/100 = 1.1。

个别因素修正系数计算如下：

交易实例 A 个别因素修正系数 = 1.03 × 0.9659 × 1.0 = 0.995

交易实例 B 个别因素修正系数 = 1.03 × 1.0 × 1.1 = 1.133

交易实例 C 个别因素修正系数 = 1.03 × 0.9659 × 1.1 = 1.094

(5) 计算比准价格。
A＝1 550×1.0×1.14×1.0×0.995＝1 758(元/m²)
B＝1 200×1.0×1.12×1.163×1.133＝1 771(元/m²)
C＝1 400×1.0×1.07×1.075×1.094＝1 762(元/m²)

(6) 采用算术平均法求得评估结果。因得到的 3 个比准价格较接近，故采用算术平均法求出评估结果：
待估宗地评估单价＝(1 758＋1 771＋1 762)/3＝1 764(元/m²)
待估宗地评估总价＝1 764×3 000＝5 292 000(元)

第五节 房地产评估的成本法

一、成本法概述

(一) 成本法的基本原理

成本法又称累积法或承包商法，其评估原理是房地产的价格是土地价格和建筑物价格之和，其理论基础建立在重置成本的理论基础之上。成本法是以假设重新复制待估房地产所需要的成本为依据而评估房地产价值的一种方法，即以重置一宗与待估房地产可以产生同等效用的房地产所需要投入的各项费用之和为依据，再加上一定的利润和应纳税金来确定被估房地产重置价值，然后减去建筑物的贬值得到房地产的评估值。该方法认为生产成本与价格之间有着密切联系。

$$房地产评估值＝重置价格－综合折旧 \quad (5-40)$$

由于房屋及其所依附的土地具有不同的自然特性及经济特性，如房屋是人类劳动的产物，一般会随时间变化贬值，而城市土地既是自然的产物，同时又由于人类的改造而凝结着人类劳动，因此房产价值评估与土地价值评估的成本法计算公式并不相同。

(二) 成本法的适用范围

与其他评估方法相比，成本法具有特殊用途，一般特别适用于房地产市场发育不成熟、成交实例不多，无法利用市场法、收益法等方法进行评估的情况，也适用于既无收益又很少有交易情况的政府办公楼、学校、医院、图书馆、军队营房等特殊的房地产评估。

(1) 独立或狭小市场上没有交易实例或交易实例很少，无法应用市场比较法的房地产估价，如特殊用途的厂房。

(2) 既没有收益又很少发生交易的公共建筑、公益设施的估价，如政府办公楼、学校、医院、图书馆、军队营房、机场、博物馆、纪念馆、公园等。

(3) 特殊房地产，如道观、寺庙、教堂、桥梁、涵洞等。

(4) 新近开发出来的土地，如填海造地、开发区土地等。

但由于土地的价格大部分取决于它的效用，并非仅仅是它所花费的成本，也就是说，土地成本的增加并不一定会增加它的使用价值，所以，成本法在土地评估中的应用范围受到一定限制。

二、土地价格评估的成本法

用成本法评估地价必须分析地价中的成本因素。土地作为一种稀缺的自然物,即便未经开发,由于土地所有权的垄断,使用土地也必须支付地租。同时,由于开发土地投入的资本及利息也构成地租的一部分,因此,成本法的基本公式为

土地价值＝待开发土地取得费＋土地开发费＋利息＋利润＋税费＋土地增值收益

(5-41)

该公式主要适用于新开发土地使用权价格的评估,如空地出租、填海造地、开山造地、征用农用地等。

用成本法评估地价的程序一般为:计算待开发土地取得费用,计算土地开发费用,计算投资利息,计算投资利润和税费,计算土地增值收益,测算土地使用权价值。

(一) 计算待开发土地取得费用

土地取得费是指为取得土地而向原土地使用者支付的费用,分为两种情况。

▶ 1. 国家征用集体土地而支付给农村集体经济组织的费用

国家征用集体土地而支付给农村集体经济组织的费用,包括土地补偿费、地上附着物和青苗补偿费,以及安置补助费等。一般认为,土地补偿费中包含一定的级差地租。地上附着物和青苗补偿费是对被征地单位已投入土地而未收回的资金的补偿,类似地租中所包含的投资补偿部分。安置补助费是为保证被征地农业人口在失去其生产资料后的生活水平不致降低而设立的,因此也可以看成具有从被征土地未来产生的增值收益中提取部分作为补偿的含义。

关于征地费用各项标准,《中华人民共和国土地管理法》有明确规定:

(1) 土地补偿费。征用耕地的土地补偿费为该耕地被征用前三年平均产值的6～10倍;征收其他土地的土地补偿标准,由省、自治区、直辖市参照耕地的土地补偿费的标准规定。

(2) 地上附着物和青苗的补偿费。地上附着物补偿费是对被征收土地上诸如房屋及其他建筑物(含构筑物)、树木、鱼塘、农田水利设施、蔬菜大棚等给予的补偿费。青苗补偿费是对被征收土地上尚未成熟、不能收获的诸如水稻、小麦、蔬菜、水果等给予的补偿费。可以移植的苗木、花草以及多年生经济林木等,一般应支付移植费,不能移植的应给予合理补偿或作价收购。被征用土地上的附着物和青苗的补偿标准由省、自治区、直辖市规定。

征用城市郊区的菜地,用地单位应按照国家有关规定缴纳新菜地开发建设基金。

(3) 安置补助费。征用耕地的安置补助费按照需要安置的农业人口数计算,需要安置的农业人口数按照被征用的耕地数量除以征地前被征用单位平均每人占有耕地的数量计算。每一个需要安置的农业人口的安置补偿费标准为该耕地被征用前三年平均年产值的4～6倍,但是,每公顷被征用耕地的安置补助费最高不得超过被征用前三年平均年产值的15倍。

按照以上规定支付土地补偿费和安置补助费,尚不能使需要安置的农民保持原有生活水平的,经省、自治区、直辖市人民政府批准,可以增加安置补助费。但是,土地补偿费和安置补助费标准的总和不得超过土地被征用前三年平均年产值的30倍。

在特殊情况下，国务院根据社会经济发展水平，可以提高被征用耕地的土地补偿费和安置补助费标准。

土地征用是国家依法为公益事业而采取的强制性行政手段，不是土地买卖活动，征地费用自然也不是土地购买价格。征地费用可能远高于农地价格，这与农地转为建设用地而使价格上涨有关。

▶ 2. 为取得已利用城市土地而向原土地使用者支付的拆迁补偿费用

征收国有土地上房屋拆迁补偿费一般包括房屋征收补偿费用、相关费用、地上物拆除费、渣土清运费、场地平整费，以及城市基础设施建设费、建设用地使用权出让金等。

房屋征收费用一般由被征收房屋补偿费（包括被征收房屋及其占用范围内的土地使用权和其他不动产的价值）、搬迁费、临时安置费、停业停产损失补偿、补助和奖励等组成，补偿标准各地有具体规定。

（二）计算土地开发费用

土地开发就是将生地和毛地开发为熟地。

生地是指已完成土地使用批准手续，没有基础设施或者有部分基础设施，但尚不具备完全的"三通"条件，地上地下尚有待拆除搬迁的房屋、构筑物的土地。

毛地是指已完成土地使用批准手续，具有一定的基础设施，但尚未拆迁的土地。

熟地是指具有完善的基础设施，且地面平整，可用于建筑的土地。熟地根据开发程度分为"三通一平""五通一平""七通一平"等情况，其中，"三通一平"是指通道路、供水、供电和土地平整；"七通一平"是指通道路、供水、排水、供电、供气、供热、电讯和土地平整；"五通一平"比"七通一平"少了供气、供热两项。

运用成本法评估土地价格，应特别注意估价对象在估价时点的状况和土地生熟程度，以便准确分析必要成本，确定价格构成。

土地开发费用涉及的项目如下。

（1）基础设施建设费，包括由开发商支付的用地红线内外的道路、供水、排水、供电、供气、供热、照明、通信、绿化、环卫等设施的建设费用等，按实际发生量计算。

（2）公共配套设施建设费，主要指城市规划要求的公共建筑配套费、公共交通配套费、绿化费、自来水建设费、污水处理建设费、供电建设费、煤气建设费、人防工程费、学校、公园等非营业性设施的建设费用。该费用与项目大小、用地规模有关，各地情况不一，应视实际情况而定。

（3）小区开发配套费，主要指建造小区内的道路、供水、供电、排污、排水、照明、通信、绿化、环卫及非营业性的公共配套设施建设费用。与公共事业建设配套费类似，该费用应根据各地用地情况确定合理的项目标准。

（三）计算投资利息

投资利息就是资金的时间价值，是指在土地开发完成或者实现销售之前发生的所有必要费用应计算的利息。在土地评估中，投资者贷款需要向银行偿还贷款利息，利息应计入成本；投资者利用自有资金投入，也可以看作损失了利息，从这种意义上讲，也属于投资机会成本，也应计入成本，因此，计算投资利息的本金是所有土地取得费和土地开发费。

由于两部分资金的投入时间和占用时间不同，计息期也不同。土地取得费在土地开发动工前要全部付清，在开发完成销售后方能收回，因此，计息期应为整个开发期和销售期。土地开发费的投入方式有两种：一是在开发过程中逐步投入，销售后收回，若土地开发费是均匀投入，则计息期为开发期的一半；二是在某一时点具体投入，计息期是从投入时点到销售期末这段时间。

【例 5-7】某土地开发项目取得土地的费用和该阶段的税费共 300 万元，取得土地后即开始动工，将土地开发成熟地后转让，开发期 2 年，同期银行贷款年利率为 8%，计算土地取得费用的利息 $= 300 \times [(1+8\%)^2 - 1] = 49.92$（万元）。

【例 5-8】某项目总投资为 900 万元，开发期为 2 年，在第一年年初投入总投资的 70%，第二年年初投入剩余的 30%，同期银行贷款年利率为 7%。则各期投资计息期的起始时间为其相应的投入时间，第一期投资的计息期为 2 年，第二期投资的计息期为 1 年，则开发费用的利息 $= 900 \times 70\% \times [(1+7\%)^2 - 1] + 900 \times 30\% \times [(1+7\%)^1 - 1] = 110.19$（万元）。

若假设该项目投资是分两年均匀投入，则投资利息 $= 900 \times 70\% \times [(1+7\%)^{1.5} - 1] + 900 \times 30\% \times [(1+7\%)^{0.5} - 1] = 76.58$（万元）。

（四）计算投资利润和税费

土地开发是一种投资活动，当然要求获得合理利润。投资利润的计算基数为总投资额，即土地取得费用和开发费用之和。利润率应根据开发类似土地的平均利润水平来确定，计算公式为

$$投资利润 = (土地取得费用 + 土地开发费用) \times 利润率 \qquad (5-42)$$

税费是指土地取得和开发过程中所必须支付的税赋和费用，包括城市维护建设税、教育费附加、土地增值税等。

（五）计算土地增值收益

一般来说，土地经过征地、开发之后，其价值在土地投入成本的基础上又有一定的增值，这是土地效用提高的结果，即将生地开发为熟地，土地投资改变了土地的原有性能，并能够增加土地的收益，开发后出售的是改良后的、能产生更大收益的土地，其价格必定高于土地取得费用与开发成本及利息、利润之和。所以，在土地价格中还应计入土地增值部分。土地增值收益率由各地根据长期资料积累、分析、总结确定，目前土地增值收益率通常为 10%～20%。以土地取得费用、开发成本、利息、利润和土地增值 5 部分之和为基数，乘以土地增值收益率来计算土地增值收益。

（六）测算土地使用权价值

根据以上计算所得待开发土地取得费用、土地开发费用、投资利息、投资利润和税费，以及土地增值收益可测算土地使用权价值。

三、新建房地产评估的成本法

新建房地产项目，如果估价基准日为房地产开发建成日，无需考虑折旧，则可直接用开发成本计算。开发成本为房地产开发过程中所发生的各种费用。房地产开发过程中发生的各项费用，包括土地征用及拆迁补偿费、前期工程费、基础设施费、建筑安装工程费、配套设施费和管理费用等。新建房地产成本法估价的基本公式为

$$新建房地产价值 = 土地取得费用 + 开发成本 + 管理费用 + 投资利息 + 销售税费 + 正常利润 \qquad (5-43)$$

1. 土地取得费用

土地取得的途径有征用、拆迁改造和购买等,取得土地的途径不同,其费用构成也不相同。

(1) 征用农用地:农地征用费、土地使用权出让金等。

(2) 拆迁改造取得:拆迁费。

(3) 在市场上拍卖和投标取得:购买土地价款及应缴纳税费,如交易手续费、契税等。

2. 开发成本

开发成本主要由5个方面构成。

(1) 勘察设计和前期工程费,包括:临时用地、水、电、路、场地平整费;工程勘察测量及工程设计费;城市规划设计、咨询、可行性研究费、建设工程许可证执照费等。

(2) 基础设施建设费,包括由开发商承担的自来水、雨水、污水、煤气、热力、供电、电信、道路、绿化、环境卫生、照明等建设费用。

(3) 房屋建筑安装工程费,可假设为开发商取得土地后将建筑工程全部委托给建筑商施工,开发商应付给建筑商的全部费用,包括建筑安装工程费、招投标费、预算审查费、质量监督费、竣工图费等。

(4) 公共配套设施建设费,包括:由开发商支付的非经营性用房,如居委会、派出所、托幼所、自行车棚、信报箱、公厕等;附属工程,如锅炉房、热力点、变电室、开闭所、煤气调压站的费用和电贴费等;文教卫系统,如中小学、文化站、门诊部、卫生所用房的建设费用。而商业网点,如粮店、副食店、菜店、小百货店等经营性用房的建设费用应由经营者负担,按规定不计入商品房价格。

(5) 开发过程中的税费及其他间接费用。

3. 开发利润

以土地取得费用和开发费用之和作为利润计算的基数。利润率应根据开发类似房地产的平均利润率来确定。

4. 管理费用

管理费用主要是指开办费和开发过程中管理人员的工资等。

5. 投资利息

以土地取得费用和开发成本之和作为计算利息的基数。

6. 销售税费

销售税费主要包括:

(1) 销售费用,包括销售广告宣传费、委托销售代理费等;

(2) 销售税金及附加(即两税一费),包括城市维护建设税、教育费附加;

(3) 其他销售税费,包括应由卖方负担的印花税、交易手续费、产权转移登记费等。

四、旧建筑物评估的成本法

运用成本法评估旧建筑物的现时价值时,由于建筑物是在过去某时点建造的,所以不能采用建筑物原来的建造成本,而应以评估基准日的重新建造成本为基础,考虑评估对象的使用和磨损，扣除建筑物的贬值额。旧建筑物价值的现值可以通过下列公式计算得到：

$$建筑物价值 = 重置成本 - 年贬值额 \times 已使用年限 \tag{5-44}$$

重置成本是采用新的建筑材料和工艺建造一个与原建筑物功能结构基本相同的建筑物的成本。重置成本应包括利息、利润和税费。

贬值是指建筑物的价值减损。这里所指的贬值与会计上的折旧的内涵是不一样的。建筑物的价值减损一般由两方面因素引起：一是物理化学因素，即因建筑物使用而使建筑物磨损、建筑物自然老化、自然灾害引起的建筑物结构缺损和功能减弱，所有这些因素均导致建筑物价值减损，故这种减损又称自然折旧或有形损耗；二是社会经济因素，即由于技术革新、建筑工艺改进或人们观念的变化，引起建筑设备陈旧落后、设计风格落后，由此引起建筑物陈旧、落后，致使其价值降低，这种减损称为无形损耗。从建筑物重置成本中扣除建筑物损耗即建筑物现值，因此确定建筑物贬值额就成为房产评估中的关键一环。

计算贬值额的方法有很多种，如直线折旧法、余额递减法、偿还基金法、年数合计法、成新折扣法等。常用的方法是直线折旧法和成新折扣法。

▶ 1. 直线折旧法

直线折旧法又称定额法，假设建筑物的价值损耗是均匀的，即在耐用年限内每年的贬值额相等，则建筑物每年的贬值额为

$$D = \frac{C-S}{N} = C \times \frac{1-R}{N} \tag{5-45}$$

式中，D 为年贬值额；C 为建筑物的重新建造成本；S 为建筑物的净残值，即建筑物在达到耐用年限后的剩余价值扣除旧建筑物拆除、清理等处理费用后所剩余的价值；N 为建筑物的耐用年限；R 为建筑物的残值率，即建筑物的净残值与重新建造成本的比率。

不同的建筑结构，耐用年限和残值率不同，各种结构的非生产用户的耐用年限和残值率对照如表 5-7 所示。

表 5-7 各种结构的非生产用房的耐用年限和残值率对照表

建筑结构	耐用年限	残值率
钢筋混凝土结构	60 年	0%
砖混结构一等	50 年	2%
砖混结构二等	50 年	2%
砖木结构一等	40 年	6%
砖木结构二等	40 年	4%
砖木结构三等	40 年	3%
简易结构	10 年	0%

耐用年限可用下式计算更为准确：

$$耐用年限 = 建筑物已使用年限 + 建筑物尚可使用年限 \tag{5-46}$$

2007 年 11 月 28 日，中国资产评估协会印发《资产评估准则——不动产》（中评协〔2007〕189 号）规定："资产评估师应当全面考虑可能引起不动产贬值的主要因素，合理估算各种贬值。建筑物的贬值包括实体性贬值、功能性贬值和经济性贬值。确定建筑物的实

体性贬值时,应当综合考虑建筑物已使用年限、经济寿命年限和土地使用权剩余年限的影响。确定住宅用途建筑物实体性贬值时,应当考虑土地使用权自动续期的影响。当土地使用权自动续期时,应当根据建筑物的经济寿命年限确定其贬值额。"

▶ 2. 成新折扣法

成新折扣法是根据待估建筑物的建成年代、新旧程度、功能损耗等,确定建筑物的成新率,直接求取建筑物现值的方法,如 20 世纪 90 年代建造的建筑物按重置价格的八成新折价等。成新折扣法适用于对大量建筑物同时进行估价的情况,缺点是粗略,无法根据建筑物的具体使用、保养情况进行调整。成新折扣法求建筑物现值的计算公式为

$$建筑物现值=建筑物重置价格 \times 建筑物成新率 \qquad (5-47)$$

房屋新旧程度可以根据《房屋完损等级评定标准》来判断,即根据房屋的结构、装修、设备等组成部分的各个项目的完好和损坏程度将房屋划分为 5 类,如表 5-8 所示。

表 5-8 所示分类中,房屋的结构、装修、设备三个部分的各个项目如下:
(1) 房屋结构,分为地基基础、承重构件、非承重墙、屋面、楼地面;
(2) 房屋装修,分为门窗、内外抹灰、顶棚、细木装修;
(3) 房屋设备,分为水卫、电照、暖气及特种设备,如消防栓、避雷装置等。

在估价时可以按照估价对象房屋的结构,对照《房屋完损等级评定标准》中相应结构部分,从房屋的结构、装修、设备三方面将房屋情况与标准对比,确定完损等级。

表 5-8 房屋完损等级评定标准

项目 等级	房 屋 结 构	房 屋 装 修	房 屋 设 备	成新程度
完好房	结构构件完好	装修完好	设备完好齐全完整,管道畅通	十、九、八成新
基本完好房	结构基本完好,少量构部件有轻微损坏	装修基本完好,油漆缺乏保养	设备、管道现状基本良好,能正常使用	七、六成新
一般损坏房	结构一般性的损坏,部分构部件有损坏或变形	屋面局部漏雨,装修局部有破损,油漆老化	设备、管道不够畅通,水卫、电照管线、器具和零件有部分老化、损坏或残缺	五、四成新
严重损坏房	房屋年久失修,结构有明显变形或损坏	屋面严重漏雨,装修严重变形、破损,油漆老化见底	设备陈旧不齐全,管道严重堵塞,水卫、电照管线、器具和零件残缺及严重损坏	三成以下
危险房	承重构件已属危险构件,结构丧失稳定及承载能力,随时有倒塌可能,不能确保住用安全			

五、应用举例

【例 5-9】某地块面积为 60 000 平方米,是通过城镇土地出让而取得的,出让金为 10 万

元/亩(1亩≈666.67平方米),拆迁费5万元/亩,开发费3亿元/平方千米,其他费用(包括税费)3万元/亩,土地开发周期为2年,第一年投入资金占总开发费的60%,目前,市场上房地产开发的投资报酬率为10%,银行贷款利率为6%,试评估该土地经开发后的价格。

(1) 估算土地取得成本。

土地取得成本＝出让金＋拆迁费＝10＋5＝15(万元/亩)≈225(元/平方米)

(2) 估算土地开发成本。

3亿元/平方千米＝300元/平方米

3万元/亩≈45元/平方米

土地开发成本＝开发费＋其他费用＝300＋45＝345(元/平方米)

(3) 估算投资利息。

假定土地取得成本一次性投入,因此计息期为两年,土地开发成本分阶段均匀投入,则投资利息＝$225 \times [(1+6\%)^2 - 1] + 345 \times 60\% \times [(1+6\%)^{1.5} - 1] + 345 \times 40\% \times [(1+6\%)^{0.5} - 1]$＝50.80(元/平方米)。

(4) 估算开发利润。

开发利润＝(225＋345)×10%＝57(元/平方米)

(5) 计算土地价格。

土地单价＝225＋345＋50.8＋57＝677.8(元/平方米)

土地总价＝677.8×60 000＝40 668 000(元)

即该地块经开发后的价格为40 668 000元。

【例5-10】某专用仓库总建筑面积为6 500平方米,建成于1995年10月底,为钢筋混凝土结构,试评估该仓库建筑物于2013年10月31日的价格。

解:(1)估算建筑物的重新购建价格。经调查了解,现时(评估基准日)与评估对象类似的建筑物的造价为每平方米建筑面积1 200元(含合理利润、税费等),类似建筑物的层高比评估对象高0.1米,估计影响造价5%,则经修正后的每平方米建筑面积造价为1 140元,以此作为被估建筑物的单位建筑面积造价,则被估建筑物的重新购建价格＝1 140×6 500＝7 410 000(元)。

(2) 估算建筑物的损耗。参照有关规定并经评估人员判断,该仓库建筑物的经济寿命为60年,该仓库已使用了18年,则被估建筑物的损耗额＝7 410 000×18÷60＝2 223 000(元)。

(3) 估算建筑物评估价格。建筑物评估价格＝7 410 000－2 223 000＝5 187 000(元)。

因此,该仓库建筑物的评估价格为5 187 000元。

第六节　房地产评估的假设开发法

一、假设开发法概述

(一) 假设开发法的基本原理

假设开发法又称剩余法、预期开发法、倒算法,是将待估房地产的预期开发价格或价值，扣除预计的正常投入费用、正常税费及合理利润等，以此估算待估房地产的价格或价值的方法。假设开发法在房地产评估中运用的较为普遍，特别是在评估待开发土地价值时应用的最为广泛。

假设开发法在形式上是评估新建房地产价格的成本法的倒算法，两者的区别在于：成本法下土地价格为已知条件，需要计算的是开发完成后的房地产价格；假设开发法下开发完成后的房地产价格已事先通过预测得到，需要计算的是土地价格。

假设开发法的理论依据与收益法相同，是预期原理，以房地产的预期收益（具体为预测开发完成后价值扣除后续开发的必要支出及合理利润的余额）为导向求取房地产的价值。假设开发法的思路是模拟在公平竞争、土地由出价最高者获得的土地市场上取得开发用地，房地产开发企业如何确定其愿意支付的最高价格。假设有很多开发商都想获得一块拟出让或转让的开发用地，那么这些开发商们将如何确定自己的出价？具体来说，开发商取得土地的目的是将其开发后出售获取利润。因此，开发商首先深入调查、分析该块土地的内外部状况和当地的房地产市场状况，如该块土地的位置、四至（四周的边界）、面积、地形、地势、地貌、地质条件、周围环境和景观、规划条件（如土地用途、容积率、建筑高度、建筑密度、配套设施等要求）和将拥有的土地权利等；然后根据调查结果，确定该块土地的最佳利用状况；最后预测在适当的销售时间出售房地产所能获得的售价，减去预测的完成开发所必须付出的成本、费用、税金和正常利润，所得余额即为开发商愿意支付的最高价。

(二) 假设开发法的适用范围

假设开发法适用于具有投资开发或再开发潜力的房地产的估价，主要包括待开发土地（生地、毛地、熟地）的估价，将生地、毛地等开发成熟地的土地的估价，开发待拆迁的房地产的估价，具有装修改造潜力的旧房地产的估价，在建工程的估价等。

二、假设开发法的运用

(一) 假设开发法的基本公式

假设开发法的计算公式有多种表现形式，根据该方法的基本思路，其计算公式为

$$P=A-(B+C+D+E) \tag{5-48}$$

式中，P 为待估房地产价值；A 为开发完成后的房地产价值；B 为整个开发项目的开发成本；C 为投资利息；D 为开发商合理利润；E 为正常税费。

在实际评估工作中，根据待开发房地产的状况和未来开发完成后的房地产状况，常用的评估公式有以下四类。

▶ 1. 开发成房屋的待开发土地的估价公式

生地价值＝预期开发完成后的房地产价值－由生地建造房屋的开发成本－
　　　　　管理费用－投资利息－销售费用－开发利润－购买生地的税费　　(5-49)

毛地价值＝预期开发完成后的房地产价值－由毛地建造房屋的开发成本－管理费用－
　　　　　投资利息－销售费用－开发利润－购买毛地的税费　　(5-50)

熟地价值＝预期开发完成后的房地产价值－由熟地建造房屋的开发成本－
　　　　　管理费用－投资利息－销售费用－开发利润－购买熟地的税费　　(5-51)

▶ 2. 开发成熟地的土地的估价公式

生地价值＝生地预期开发成熟地的价值－由生地开发成熟地的开发成本－管理费用－

投资利息－销售费用－开发利润－购买生地的税费 (5-52)

毛地价值＝毛地预期开发成熟地的价值－由毛地开发成熟地的开发成本－管理费用－
投资利息－销售费用－开发利润－购买毛地的税费 (5-53)

▶ 3. 具有装修改造潜力的旧房地产的估价公式

旧房地产价值＝装修改造完成后的房地产价值－装修改造费用－管理费用－
投资利息－销售费用－装修改造开发利润－购买旧房地产的税费

(5-54)

▶ 4. 在建工程的估价公式

在建工程价值＝续建完成后的房地产价值－续建成本－管理费用－投资利息－
销售费用－续建开发利润－购买在建工程的税费 (5-55)

(二)假设开发法估价的程序

运用假设开发法一般分为6个步骤：①调查待开发房地产状况；②选取最佳开发利用方式，确定未来开发完成后的房地产状况；③预测后续开发经营期；④预测开发完成后房地产的价值；⑤预测后续必要支出及应得利润；⑥测算待估房地产价值。

▶ 1. 调查待开发房地产状况

（1）调查土地的限制条件，如土地政策的限制及城市规划、土地利用规划的制约等；

（2）调查土地的位置，掌握土地所在城市的性质及其在城市中的具体坐落，以及周围土地条件和利用现状；

（3）调查土地的实物状况，包括面积、土地形状、地质状况、地形地貌、基础设施状况、生活设施状况和公用设施状况等；

（4）调查房地产利用要求，掌握城市规划对此宗土地的规划用途、容积率、覆盖率和建筑物高度的限制等；

（5）调查此地块的权益状况，包括权利性质、使用年限、能否续期、是否已设定抵押权等，以及对该房地产开发项目及建成后的房地产转让、抵押、出租甚至价格等的有关规定。

▶ 2. 选取最佳开发利用方式，确定未来开发完成的房地产状况

根据调查的土地状况和房地产市场条件等，在城市规划及法律法规等允许的范围内，确定地块的最佳利用方式，包括确定用途、建筑容积率、土地覆盖率、建筑高度和建筑装修档次等。在选取最佳利用方式时，最重要的是确定土地的最佳用途。土地用途的选择，要基于房地产市场现在的需求状况及未来可能的发展变化。

▶ 3. 预测后续开发经营期

为了预测开发完成后的价值和后续各项必要支出发生的时间及金额，需要预测后续开发经营期。后续开发经营期的起点是假设取得估价对象的日期（估价时点），终点是未来开发完成后的房地产经营结束日期。后续开发经营期包括后续建设期和经营期。后续建设期的起点与后续开发经营期的起点相同，终点是未来开发完成后的房地产竣工之日。根据未来开发完成后的房地产的经营方式的不同，经营期可具体化为销售期（建成后的房地产用于销售）和运营期（建成后的房地产用于出租或营业）。销售期是自开始销售未来开发完成后的房地产之日起至将其售出之日止的时间。运营期的起点是未来开发完成后的房地产竣工之日，终点是未来开发完成后的房地产一般正常持有期结束之日或者经济寿命结束之日。在有预售的情况

下，销售期与建设期有重叠；在有延迟销售的情况下，销售期与运营期有重叠。

后续建设的估算方法主要有两种：一是直接估算的方法，即根据后续要做的各项工作，分别估测其所需时间，然后加总来估算后续建设期；二是采用与市场法类似的方法，即通过对类似已建成房地产的建设期的比较、修正和调整，先求取未来房地产开发完成所需的全部工期，再减去待估房地产的已发生的建设期，其余值即为待估房地产的后续建设期。如估算某商品房在建工程的后续建设期，市场上同类型商品房的建设期为30个月，该在建工程的建设期为12个月，则该商品房的后续建设期为18个月。在预测经营期时，销售期要根据未来房地产市场的景气状况确定，运营期的预测主要取决于未来开发完成后的房地产的一般正常持有期或者经济寿命。

▶ 4. 预测开发完成后房地产的价值

在预测开发完成后的房地产价值时，应明确开发完成后的房地产的价值是指未来开发完成后房地产状况所对应的价值，因此，了解未来开发完成后的房地产状况是预测开发完成后的房地产价值的基础。开发完成后的房地产价值对应的时间可能是未来开发完成之时（建成即出售），也可能是开发完成之前（预售）或之后（延期销售）的某个时间。无论是哪个时点，最终都应将其价值调整至估价时点的价值。根据房地产建成后的经营方式不同，开发完成后的房地产价值的预测主要有以下两种方法。

（1）对于出售的房地产，可采用市场法并考虑类似房地产市场价格的未来变化趋势，确定开发完成后的房地产总价。

（2）对于出租或者营业的房地产，如写字楼、宾馆、商店等，其开发完成后的房地产总价的确定，首先采用市场法，确定所开发房地产出租的净收益，再采用收益法将出租净收益转化为房地产总价。具体确定时需要估算的要点：①单位建筑面积月租金或年租金，可根据市场类似房地产的租金水平确定；②房地产出租费用水平；③房地产还原利率；④可出租的净面积。

值得注意的是，运用剩余法估价，开发完成后的房地产价值不能采用成本法求取，否则表面上是用剩余法，实质上却变成了成本法。

▶ 5. 预测后续必要支出及应得利润

后续必要支出及应得利润是将待开发房地产状况"变成"未来开发完成后的房地产状况，所必须付出的各项成本、费用、税金及应获得的一般正常利润，具体包括待开发房地产的取得税费和后续的建设成本、管理费用、销售费用、投资利息、销售税费以及开发利润。这些项目通常被称为扣除项目，它的估算方法与成本法的基本相同，但要注意两点区别：①剩余法中的扣除项目应是它们在未来时点发生时的值，而不是估价时点的值；②剩余法中的扣除项目只包括取得待开发房地产后所发生的后续必要支出及正常利润、不包括已发生的费用。

（1）估算待开发房地产的取得税费。估算待开发房地产的取得税费是假定在估价时点购置待开发房地产，应由购置者（买方）缴纳的有关税费，如契税、印花税、交易手续费等。该项税费通常是根据税法及中央和地方政府的有关规定，按照待开发房地产价值的一定比例测算的。

（2）估算后续建设成本。后续建设成本主要包括直接工程费、间接工程费和建筑承包商利润等，可通过当地同类建筑物当前平均（或一般）的建造费用来测算，也可通过建筑工程概预算的方法来估算。

(3) 估算管理费用。管理费通常按照后续建设成本的一定比例来计算。

(4) 估算开发完成后的房地产租售费用。租售费用主要指用于建成后房地产销售或出租的中介代理费、市场营销广告费用和买卖手续费等，一般以房地产售价或租金的一定比例来测算。

(5) 估算预付资本利息。在测算投资利息时，必须弄清楚应计息项目、计息期、计息方式和利率。应计息项目包括待开发房地产价值及取得税费，以及后续的建设成本、管理费用和销售费用。

销售税费一般不计息。一项费用的计息期的起点是该项费用发生的时点，终点通常是建设期的终点，一般不考虑预售和延迟销售的情况。在确定利息额时，必须根据各项费用的投入额，各自在开发过程中所占用的时间长短和当时的贷款利率计算。

(6) 估算销售税费。销售税费主要指建成后房地产销售的城市建设附加税和教育费附加等，应根据当地政府的税收政策估算，一般以建成后房地产总价的一定比例计算。

(7) 估算开发商的正常利润。测算后续开发利润时，要注意利润率与计算基数的内涵保持一致，相互匹配。采用直接成本利润率计算后续开发利润的，计算基数为待开发房地产价值及其取得税费以及后续的建设成本；采用投资利润率计算后续开发利润的，计算基数为待开发房地产价值及其取得税费，以及后续的建设成本、管理费用和销售费用；采用成本利润率计算后续开发利润的，计算基数为房地产价值及其取得税费以及后续的建设成本、管理费用、销售费用和投资利息；采用销售利润率计算后续开发利润的，计算基数为开发完成后的价值。

▶ 6. 测算待估房地产价值

将上述测算的后续支出及应得利润代入公式求取待估房地产价值。

三、应用举例

【例 5-11】某成片荒地的面积为 2 平方千米，适宜开发成"五通一平"的熟地分块转让，可转让土地面积的比率为 60%。附近地区与之位置相当的"小块""五通一平"熟地的单价为 800 元/平方米，建设期为 3 年。将该成片荒地开发成"五通一平"熟地的建设成本以及管理费用、销售费用为 2.5 亿元/平方千米，贷款年利率为 8%，土地开发的年平均投资利润率为 10%。土地转让时，卖方需要缴纳的税费和买方需要缴纳的契税等税费，分别为转让价格的 6% 和 4%。请采用假设开发法测算该成片土地的总价和单价。

解：设该荒地总价为 V。

(1) 开发完成后熟地的总价值 $= 800 \times 2\,000\,000 \times 60\% = 9.6$（亿元）

(2) 该成片荒地的取得税费总额 $= V \times 4\%$

(3) 建设成本及管理费用、销售费用总额 $= 2.5 \times 2 = 5$（亿元）

(4) 投资利息总额 $= (V + V \times 4\%) \times [(1+8\%)^3 - 1] + 5 \times [(1+8\%)^{1.5} - 1]$
$= 0.27V + 0.612$（亿元）

(5) 转让开发完成后的熟地的税费总额 $= 9.6 \times 6\% = 0.576$（亿元）

(6) 开发利润总额 $= (V + V \times 4\%) \times 10\% \times 3 + 5 \times 10\% \times 1.5 = 0.312V + 0.75$（亿元）

$V = 9.6 - 0.04V - 5 - (0.27V + 0.612) - 0.576 - (0.312V + 0.75)$，可得 $V = 1.641$ 亿元。

该成片荒地单价＝164 100 000/2 000 000＝82.05(元/平方米)

第七节 房地产评估的路线价法

一、路线价法概述

(一)路线价法的基本原理

路线价法是指对面临特定街道且接近距离相等的市街地，设定标准深度，求取在该深度上数宗土地的平均单价并附设于特定街道上，作为该街道的路线价，据此路线价，再利用深度指数表和其他修正率表，用数学方法计算面临同一街道的宗地的价格的一种方法。与市场法、收益法等对个别宗地地价评估的方法相比，这种方法能快速对大量土地估价，是评估大量土地的一种常用的方法。其中的单价即路线价，是指对面临特定街道且接近距离相等的市街土地设定标准深度，计算确定的该标准深度的若干宗地的平均单价。

路线价法认为，市区各宗土地价值与其临街深度的关系很大，土地价值随临街深度而递减，一宗土地越接近道路则价值越高，离街道越远则价值越低。临街同一街道的宗地根据其地价的相似性，可划分为不同的地价区段。在同一路线价区段内的宗地，虽然地价基本接近，但由于宗地的深度、宽度、形状、面积、位置等仍有差异，地价也会产生差异，须制定各种修正率，对路线价进行调整。因此，路线价法的理论基础也是替代原理。

(二)路线价法的计算公式

路线价法常用的计算公式为

$$宗地地价＝路线价×深度百分率×临街宽度 \qquad (5-56)$$

如果宗地条件特殊，如宗地属于街角地、两面临街地、三角形地、梯形地、不规则形状地、袋地等，则须按照下列公式计算：

$$宗地地价＝路线价×深度百分率×临街宽度×其他条件修正率 \qquad (5-57)$$

或

$$宗地地价＝路线价×深度百分率×临街宽度＋其他条件修正额 \qquad (5-58)$$

(三)路线价法的适用范围

路线价法适用于同时对大量土地进行估价，特别是适用于土地课税或重新规划、征地拆迁等需要在大范围对大量土地估价的情况，是一种既省时省力又公平合理的科学估价方法，在欧美、日本等国家和地区应用较广。路线价法是否运用得当，还取决于较为整齐的道路系统和宗地，以及完善、合理的深度百分率表和其他条件修正率表。

二、路线价法的程序

运用路线价法估价的主要步骤包括划分路线价区段、设定标准临街深度、选取标准临街宗地、调查评估路线价、制作深度修正率表、计算宗地的价值。

1. 划分路线价区段

路线价区段是沿着街道两侧带状分布的。一个路线价区段是指具有同一个路线价的地段。地价相近、地段相连的地段一般划分为同一路线价区段。路线价区段一般以路线价显著增减的地点为界，一般是从十字路口或丁字路中心处划分，两个路口之间的地段为一个路线价区段。原则上，街道不同的路段，路线价也不同。但较长的繁华街道，有时根据地价水平差异情况，需要将两个路口之间的地段划分为两个以上的路线价区段，分别附设不同的路线价。而某些不繁华的街道，因地价水平差异不大，同一个路线价区段可延长至数个路口。另外，同一路段也可划分为两种不同的路线价。如同一街道两侧的繁华程度、地价水平有明显差异的，应以街道中心为分界线，将该街道两侧视为不同的路线价区段，分别附设不同的路线价。

2. 设定标准临街深度

标准临街深度简称标准深度，从理论上讲，是街道对地价影响的转折点，由此点接近街道的方向，地价受街道的影响而逐渐升高；由此点远离街道的方向，地价可视为基本不变。在实际估价中，设定的标准深度通常是路线价区段内各宗临街土地的临街深度的众数或平均数。例如，某个路线价区段内临街土地的临街深度大多为20米，则标准深度就设定为20米。以各宗临街土地的临街深度的众数或平均数作为标准深度，一方面使求得的路线价具有代表性；另一方面，运用路线价法估价时，多数宗地可不必进行临街深度价格修正，从而可以减少工作量，提高效率。

3. 选取标准临街宗地

标准临街宗地是路线价区段内具有代表性的宗地，选取标准临街宗地的具体要求：①一面临街；②土地形状为矩形；③临街深度为标准深度；④临街宽度为标准宽度；⑤临街宽度与临街深度比例适当；⑥用途为所在路线价区段具有代表性的用途；⑦容积率为所在路线价区段具有代表性的容积率，可为同一路线价区段内临街各宗土地的容积率的众数或平均数；⑧其他方面，如土地使用年限、土地生熟程度等也应具有代表性。

标准宗地的设定各国有所不同，如美国为使城市土地的面积容易计算，把标准宗地设定为街区中间宽1英尺（1英尺＝0.3048米）、深100英尺的细长型地块；日本的标准宗地为宽3.63米、深16.36米的长方形土地。

4. 调查评估路线价

路线价的确定主要采取以下两种方法。

(1) 由熟练的评估员依交易实例用市场法等基本评估方法确定，这是各国通用的方法，即对选定的标准宗地，采用收益法、市场法等方法求取其价格。在应用市场法评估标准宗地价格时，应对估价区域调查的交易实例宗地进行地价影响因素分析，对实例宗地条件与标准宗地条件不一致的部分进行因素修正，由此求得标准宗地的正常买卖价格。

(2) 采用评分方式，将形成土地价格的各种因素分成几种项目加以评分，然后合计，换算成附设于路线价上的点数。例如，将一个城镇中路线价最高的路线价区段以1 000点表示，其他路线价区段的点数以其为标准确定。

不同地段标准宗地价格应能反映区位差异，互相均衡。

5. 制作深度修正率表

深度百分率又称深度指数，是指地价随临街深度长短变化的比率。深度百分率表又称深度指数表,是基于临街深度价格递减率制作的。深度百分率表的制作是路线价法的难点和关键所在。路线价法在美国历史悠久,美国根据丰富的实际资料,制定了各种路线价法则,如"四三二一"法则、苏慕斯法则、霍夫曼法则、哈柏法则等。

(1) "四三二一"法则。"四三二一"法则将标准深度为100英尺的普通临街地划分为与街道平行的四等分,即由临街面算起,第一个25英尺的价值占路线价的40%;第二个25英尺的价值占路线价的30%;第三个25英尺的价值占路线价20%;第四个25英尺的价值占路线价的10%。如果超过100英尺,则需用"九八七六"法则来补充。即超过100英尺的第一个25英尺的价值为路线价的9%;第二个25英尺的价值为路线价的8%;第三个25英尺的价值为路线价的7%;第四个25英尺的价值为路线价的6%。

(2) 苏慕斯法则。苏慕斯法则,是由苏慕斯根据多年实践经验,经对众多的交易实例价格调查比较后创立的。苏慕斯经过调查证明,100英尺深的土地价值,前50英尺部分占全宗地总价72.5%,后50英尺部分占27.5%,若再深50英尺,则宗地所增的价值为15%,其深度百分率即在这种价值分配原则下拟定。由于苏慕斯法则在美国俄亥俄州克利夫兰市广泛应用而著名,因此一般将其称为克利夫兰法则。

(3) 霍夫曼法则。霍夫曼法则,是1866年由纽约市法官霍夫曼所创造的,是最先被承认对于各种深度的宗地评估的法则。霍夫曼法则认为,深度为100英尺的宗地,最初的25英尺的价值占37.5%;最初的50英尺的价值占67%;75英尺的价值占87.7%;全部100英尺的价值占100%。

(4) 哈柏法则。哈柏法则创设于英国,该法则认为一宗土地的价值与其深度的平方根成正比,即深度百分率为其深度的平方根的10倍。计算公式为

$$深度百分率 = (10 \times \sqrt{深度}) \times 100\% \tag{5-59}$$

例如,一宗50英尺深的土地价值,即相当于深度为100英尺深土地价值的70%,但标准深度不一定为100英尺,所以经修订的哈柏法则认为

$$深度百分率 = \frac{\sqrt{所给深度}}{\sqrt{标准深度}} \times 100\% \tag{5-60}$$

▶ 6. 计算宗地的价值

根据上述各项求取宗地的价值。

三、深度百分率表

将临街土地划分为许多与道路平行的细条,由于离道路越近的细条的利用价值越大,离道路越远的细条的利用价值越小,因此接近道路的细条的价值高于远离道路的细条的价值。

临街同一街道的土地,路线价虽然相同,但由于宗地的宽度、深度、形状不同,单位面积的价格也不同。在影响地价的因素中,深度对地价的影响较大。假设有一临街宽度为 m 米、深度为 n 米的长方形宗地,每平方米平均单价为 A 元,则该宗地的总价格为 mnA,单位地价与临街深度变化的关系如图5-2所示。

在图5-2中,假设沿平行街道,深度以某值为单位(设为1米),将这块矩形宗地划分为许多细条,并从临街方向起按顺序设地价符号等,则越接近街道的细条的利用价值越大,即 a_1、a_2 和 a_3。另外,虽然同为1米之差,但从利用价值来看,a_1 和 a_2 之差最大,a_2 和 a_3 之差次之,往后逐渐缩小,a_{n-1} 和 a_n 之差则可视为接近零。也就是说,当宗地距

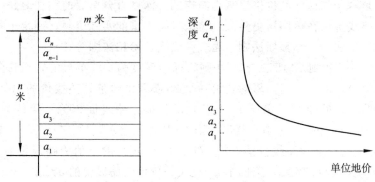

图 5-2 单位地价与临街深度变化的关系

街道的深度超过标准深度时,宗地之间的单位地价接近零,街道对土地利用价值的影响甚小。由此得出土地总价值的计算公式为

$$mnA = ma_1 + ma_2 + ma_3 + \cdots + ma_{n-1} + ma_n \tag{5-61}$$

即

$$A = \frac{a_1 + a_2 + \cdots + a_{n-1} + a_n}{n} \tag{5-62}$$

土地单位面积价格等于各地块单位面积价格的加权平均值,如将各小地块单位面积价格以百分率表示,即单独深度百分率。

深度百分率的表现形式有三种:单独深度百分率、累计深度百分率和平均深度百分率。单独深度百分率呈递减变化,累计深度百分率呈递增变化,平均深度百分率呈递减变化。

(1) 单独深度百分率表现为

$$a_1 > a_2 > a_3 > \cdots > a_n \tag{5-63}$$

(2) 累计深度百分率表现为

$$a_1 < (a_1 + a_2) < (a_1 + a_2 + a_3) < \cdots < (a_1 + a_2 + a_3 + \cdots + a_n) \tag{5-64}$$

(3) 平均深度百分率表现为

$$a_1 > \frac{a_1 + a_2}{2} > \frac{a_1 + a_2 + a_3}{3} > \cdots > \frac{a_1 + a_2 + a_3 + \cdots + a_n}{n} \tag{5-65}$$

一般来说,将标准深度的平均深度百分率作为 100%,平均深度百分率与累计深度百分率之间的关系就表现为

$$平均深度百分率 = 累计深度百分率 \times \frac{标准深度}{宗地深度} \tag{5-66}$$

制作深度百分率表,应考虑:①确定标准深度;②确定级距;③确定单独深度百分率;④根据需要采用累计或平均深度百分率。

根据深度百分率表的制作要求,以标准宗地的平均深度百分率(平均单价)作为 100%,将单独深度百分率、平均深度百分率、累计深度百分率综合制表,即得到深度百分率表。

下面以"四三二一"法则为例,说明深度百分率表的制作方法。

单独深度价格修正率为 40%>30%>20%>10%>9%>8%>7%>6%;累计深度价格修正率为 40%<70%<90%<100%<109%<117%<124%<130%;平均深度价格修正率为 160%>140%>120%>100%>87.2%>78%>70.9%>65%。

为简明起见,将上述深度百分率用表 5-9 表示。

表 5-9 基于"四三二一"法则制作的深度百分率表

深度/英尺	25	50	75	100	125	150	175	200
单独深度百分率/%	40	30	20	10	9	8	7	6
累计深度百分率/%	40	70	90	100	109	117	124	130
平均深度百分率/%	160	140	120	100	87.2	78	70.9	65

四、应用举例

路线价法的关键是正确地确定区段的路线价及地块的深度系数。在已知地块所处地段的街道的路线价和可供采用的深度百分率表的前提下,就可以方便地计算待评估地块的价值。

【例 5-12】一临街深度 15.24 米(即 50 英尺)、临街宽度 20 米的矩形土地,其所在区段的路线价(土地单价)为 1 800 元/平方米。该宗土地的单价和总价分别是多少?

解:根据表 5-9 得:

该宗土地的单价=路线价×深度价格修正率=1 800×140%=2 520(元/平方米)

该宗土地的总价=土地单价×土地面积=$\dfrac{2\,520\times20\times15.24}{10\,000}$=76.81(万元)

第八节 在建工程的评估

一、在建工程的含义与特点

在建工程是指在评估基准日尚未完工或虽然完工但尚未竣工验收、交付使用的建设项目。在建工程作为一类评估对象具有许多特点,这些特点在评估中应予以充分考虑。

▶ 1. 在建工程情况复杂

在建工程资产的范围较广,情况复杂。以建筑工程为例,不仅包括建设中的各种房屋和构筑物,而且包含各种设备安装的内容,其范围涉及许多行业,情况复杂,有较强的专业技术性。

▶ 2. 在建工程之间可比性较差

在建工程资产涵盖了从刚刚开工的在建工程到已完工但尚未交付使用的在建工程,这些完工程度差异很大的在建工程,其资产功能的差异也很大,这就使在建工程之间的可比性很差,评估时很难找到合适的参照物。

▶ 3. 在建工程的会计核算投资额与其实际完工进度较难一致

由于建设项目的投资方式和会计核算要求,在建工程的账面价值往往包括预付材料款和预付设备款,同时也记录在建工程中的应付材料款和应付设备款等,因此,在建工程中的投资额和投资时间与实际工程进度或完工量之间总是存在量差和时差。

▶ 4. 在建工程的建设周期长短差别较大

不同规模、不同性质的在建工程的建设周期长短相差很大。有些建设项目如厂区内的道路、设备基础等建设，一般工期较短，而有些建设项目，如高速公路、港口码头的建设周期就较长。建设工期长短的差别直接与建设期间材料、人工等价格变化、设计变更等相关，对评估产生直接影响。

▶ 5. 在建工程的价格受后续工程的影响

对于建设工期较长的在建工程，建设期间的材料费、人工费、设计费等都可能发生变化，使在建工程的成本以及建成后发挥的效益都具有很多不确定性，因此，在建工程的价格与后续工程的进度和质量有着非常密切的关系。

由于在建工程的上述特点，使在建工程评估难以用统一的模式或公式一概而论，应具体问题具体分析。例如，对于建设周期较短，工程投资与工程的形象进度大体一致，其账面价值基本反映评估基准日的重置价格，评估时可以考虑以在建工程的账面价值作为评估值。又如，整个建设工程已经完成或接近完成，只是尚未交付使用，则完全可以考虑按房地产的评估方法来评估。属于停建的建设项目，则要查明原因，确是工程项目的产、供、销及工程技术等原因而停建的，评估中要考虑在建工程的功能性和经济性贬值。

二、在建工程评估的操作步骤

前面已经提到，对于已完成建设工程，只是尚未投入使用的在建工程，完全可以参照房地产的评估方法来评估。这里只介绍未完工的在建工程的评估，评估步骤如下。

▶ 1. 收集待估在建工程的详细资料

在评估中，应要求委托方提供待估在建工程的详细资料，包括项目名称、建筑面积、建筑结构、工程预算、实际用款数额和完工程度等，以及需安装的设备名称、规格型号、数量、合同金额、实际付款数、到货和工程安装情况等。同时，要求委托方提供并查阅在建工程批准文件、工程图纸、工程预算书、施工合同、有关账簿及原始凭证。

▶ 2. 现场勘察在建工程情况

评估人员必须到现场对在建工程进行仔细的勘察，勘察的内容主要包括：

（1）查实工程进度和工程形象进度；

（2）查实委托方提供的资料与实际是否相符；

（3）检查工程质量，包括在建工程的各个组成部分是否存在缺陷及待修理的因素、建筑材料质量是否合格、在建工程的整体布局是否合理、在建工程工期是否符合计划等。

▶ 3. 收集有关的法定参数资料

这些参数资料主要包括有关部门规定或制定的当地当前的建筑安装工程预算定额和工程间接费取费标准、地方建筑材料差价指数、建筑工程预备费用及其他费用标准、在建工程贷款利率等。

▶ 4. 进行评定估算

根据现场勘察和收集到的有关数据资料，采用一定的方法，对在建工程的价值进行评定估算，确定在建工程的评估值。

三、在建工程评估的主要方法

在建工程情况复杂，必须根据具体的评估对象、评估目的等来确定评估方法。这里仅介绍几种常见的在建工程评估方法。

▶ 1. 工程进度法

工程进度法是根据在建工程建造完成后的市场价格，结合工程形象进度来估算在建工程价格的方法。其计算公式为

$$在建工程价格＝在建工程建造完成的市场价格×工程完工程度百分比×(1-折扣率) \quad (5-67)$$

其中，在建工程建造完成后的市场价格，一般可采用市场法和收益法评估确定。

$$工程完工程度百分比＝\frac{实际完成建筑工程量＋实际完成安装工程量}{总工程量}×100\% \quad (5-68)$$

折扣率主要是因为考虑到在建工程并未完工，评估中的"在建工程建造完成后的市场价格"是在在建工程能正常完工的假设前提下确定的，但待估在建工程实际能不能正常完工，完工后是否能达到设计要求并通过验收，这一切存在不确定性，因此评估师在估算在建工程价格时应根据上述不确定因素及在建工程的完工程度确定一个折扣率，以准确地揭示市场对在建工程价格的评价。

▶ 2. 成本法

成本法是以重新开发或建造待估在建工程应耗费的客观、合理费用之和，再加上正常的利润和税费来估算在建工程价值的方法。

$$在建工程价值＝土地取得费用＋专业费用＋建造建筑物费用＋正常利税 \quad (5-69)$$

式中，土地取得费用只是为获得土地而发生的费用，包括相关手续费和税金；专业费用包括咨询、规划、设计等费用；建造建筑物费用是指在评估基准日在建工程已经耗费的各项必要建造费用之和；正常利税包括建造商的正常利润和营业税等。

运用成本法评估在建工程价值可具体参见房地产评估的成本法。

▶ 3. 假设开发法

假设开发法评估在建工程是指在求取待估在建工程的价值时，将待估在建工程预期开发完成后的价值，扣除后续的正常开发费用、销售费用、销售税金及开发利润，以确定待估在建工程价值的一种评估方法。应用假设开发法评估在建工程的计算公式为

$$在建工程价值＝房地产预期售价－(后续工程成本＋后续工程费用＋正常利税) \quad (5-70)$$

房地产预期售价可采用市场法或收益法求得。

本章小结

房地产是特殊的商品，具有位置固定性、供求区域性、使用长期性、投资大量性等特性。房地产价格是与房地产相关的权益价格，其价格与用途有关，具有个别性和可比性，此外还应考虑一般因素、区域因素和个别因素。在对房地产价格进行评估时，要在综合考虑以上影响因素的基础上，遵循最有效使用原则、合法原则、供求原则和替代原则，按照一定的评估程序，选用合适的评估方法进行房地产的评估。

综合练习

一、单项选择题

1. 运用最佳使用原则评估地产的前提条件是（　　）。
   A. 土地的非再生性　　　　　　　　B. 土地的位置固定性
   C. 土地的用途广泛性　　　　　　　D. 土地的利用永续性

2. 某砖混结构单层住宅宅基地 200m²，建筑面积 120m²，月租金 3 000 元，土地还原利率 8%，取得租金收入的年总成本为 8 000 元，评估人员另用市场比较法求得土地使用权价格为 1 200 元/m²，建筑物的年纯收益为（　　）元。
   A. 8 600　　　　B. 8 800　　　　C. 9 000　　　　D. 12 000

3. 某房地产开发商投资房地产开发费共 1 000 万元，其中自有资金 300 万元，借入资金 700 万元，投资期为 2 年，均匀投入，月利率 1%，则该项目投资利息最有可能是（　　）万元。
   A. 240　　　　B. 120　　　　C. 10　　　　D. 84

4. 建筑物评估的价格指数调整法一般不宜对（　　）进行评估。
   A. 大型、价高的建筑物　　　　　　B. 结构简单的建筑物
   C. 成本资料比较完备的建筑物　　　D. 其他比较完备的建筑物

5. 待评估建筑物账面价值 80 万元，2008 年建成，评估基准日 2001 年，要求评估该建筑物的重置成本。根据调查得知，待评估建筑物所在地区的建筑行业价格环比指数从 2008 年到 2011 年每年比上年分别提高 3%、3%、2%，该建筑物的重置成本最接近（　　）万元。
   A. 86　　　　B. 87　　　　C. 90　　　　D. 85

6. 待评估建筑物因市场原因在未来 3 年内每年收益净损失额约为 5 万元，折现率为 10%，该建筑物的经济性贬值最接近（　　）万元。
   A. 15　　　　B. 12　　　　C. 10　　　　D. 50

7. 如果交易实例地产与待评估地产处在同一供需圈，则不必进行（　　）。
   A. 交易情况修正　　　　　　　　　B. 期日修正
   C. 区域因素修正　　　　　　　　　D. 个别因素修正

8. 在测算地产的纯收益时，不能以违章建筑的纯收益作为测算依据，这是遵循了地产评估的（　　）。
   A. 替代原则　　　　　　　　　　　B. 贡献原则
   C. 合法原则　　　　　　　　　　　D. 最有效使用原则

二、多项选择题

1. 房地分离评估、综合计价的原因是（　　）。
   A. 房产和地产价格的性质不同
   B. 土地会折旧，而房屋则不存在折旧问题
   C. 房屋会折旧，而土地不存在折旧问题
   D. 土地主要受其建筑质量和环境因素的影响
   E. 土地主要受市场供求因素及位置、面积、形状的影响

2. 评估建筑物需考虑的因素包括（　　）。
A. 产权
B. 用途
C. 建筑结构
D. 建成时间
E. 装修质量和水平

3. 土地的自然特征是（　　）。
A. 供给的稀缺性
B. 可垄断性
C. 不可再生性
D. 土地利用多方向性
E. 效益级差性

4. 地价的特征包括（　　）。
A. 地价是地租的资本化
B. 地价是权益价格
C. 土地具有增值性
D. 效益级差性
E. 地价与用途有关

5. 适用于收益现值法评估的不动产有（　　）。
A. 商场　　　　B. 写字楼　　　　C. 旅馆　　　　D. 政府机关大楼
E. 公寓

6. 房地产评估的原则包括（　　）。
A. 供需原则
B. 不完全可替代原则
C. 最有效使用原则
D. 贡献原则
E. 合法原则

7. 影响房地产价格的一般因素包括（　　）。
A. 商业繁华程度
B. 经济地理因素
C. 市场因素
D. 城市规划及开发战略

8. 难以运用收益还原法评估的不动产有（　　）。
A. 图书馆
B. 学校教学用地
C. 公寓
D. 写字楼

9. 在用成本法评估新建房地产时，属于开发成本的项目是（　　）。
A. 房屋建筑安装工程费
B. 专业费用
C. "三通一平"工程费
D. 管理费用
E. 销售广告宣传费用

10. 国家征用集体土地而支付给集体经济组织的费用包括（　　）。
A. 土地补偿费
B. 拆迁费
C. 安置补助费
D. 地上附着物补偿费
E. 青苗补偿费

三、判断题

1. 地价是土地的购买价格，即地租的资本化。（　　）
2. 用成本法评估房地产价格，计算投资利息时，计息期应为整个开发期。（　　）
3. 对于大型、价高的建筑物的评估，一般采用价格指数调整法。（　　）
4. 土地的自然供给和经济供给都是有弹性的。（　　）
5. 由于土地的不可再生性，导致了土地级差地租的产生。（　　）

6. 供需原则是房地产评估中市场法的理论基础。（　　）
7. 最有效使用原则是房地产评估的最高原则。（　　）
8. 收益法适用于有收益的房地产评估，如商场、写字楼、公寓、学校、公园等。（　　）
9. 成本法中基础设施配套费用应以"七通一平"为标准计算。（　　）

四、计算题

1. 有一宗土地，出让年期为 40 年，资本化率为 6%，预计未来 5 年的纯收益分别为 30 万元、32 万元、35 万元、33 万元、38 万元，从第六年开始，稳定保持在 40 万元左右，试用收益法评估该宗地价格。

2. 某房地产公司于 2010 年 1 月以有偿出让方式取得一块土地 50 年使用权，并于 2012 年 1 月在此地块上建成一座框架结构的写字楼，经济耐用年限为 60 年，残值率为 0。评估基准日，该类建筑重置价格为 2 500 元/平方米。该建筑物占地面积 1 000 平方米，建筑面积为 1 800 平方米，现用于出租，每年实收租金 72 万元。另据调查，当地同类写字楼出租租金一般为每月每建筑平方米 50 元，空置率为 10%，每年需支付的管理费为年租金的 3%，维修费为重置价的 1.5%，土地使用税及房产税为每建筑平方米 25 元，保险费为重置价的 0.2%，土地资本化率为 6%，建筑物资本化率为 8%。试根据以上资料评估该宗地 2013 年 1 月土地使用权的收益价格。

3. 某待估宗地剩余使用年限为 40 年，还原利率为 6%，现收集到 A、B、C、D 四宗地的交易实例，具体情况如表 5-10 所示，其中交易情况、区域因素和个别因素都是参照物与评估标的相比，以评估标的为基准确定的数值。该城市此类用地容积率与地价的关系为：当容积率在 1.5～2 时，容积率每增加 0.1，宗地地价比容积率为 1.5 时增加 2%。该城市从 2010 年到 2012 年，每年地价指数上升 1%。

表 5-10　宗地成交价情况表

宗地	成交价/(元/平方米)	交易时间	交易情况	容积率	区域因素	个别因素	剩余年限/年
评估标的		2012 年 1 月	0	1.7	0	0	40
A	2 200	2011 年 1 月	−1%	1.6	0	−1%	38
B	2 400	2011 年 1 月	0	1.8	+2%	1%	40
C	2 300	2011 年 1 月	0	1.7	0	0	39
D	2 100	2010 年 1 月	−2%	1.6	0	−1%	38

试根据上述条件评估待估宗地 2012 年 1 月的价格。

4. 待评估土地为一块已完成"七通一平"的待开发空地，土地面积为 5 000 平方米，土地形状规整，规划用途为商业居住混合，允许容积率为 4，覆盖率≥50%，总建筑面积为 20 000 平方米，建筑层数为 8 层，住宅建筑面积为 15 000 平方米，土地使用权年限为 50 年，预计正常情况下该项目的建设期为 2 年。经分析预测，该开发项目完成后，其中全部商业用房和 30% 的住宅部分即可售出，住宅部分的 50% 在半年后均售价为 6 500 元/平方米，预计总建筑费 4 000 万元，专业费用为建筑费的 6%，成本利润率为 20%，贷款的年利率为 6%，租售税费合计为售楼价的 4%。在未来 2 年的建设期中，开发费用的投入情况预计如下：第一年需投入 60% 的建筑费及相应的专业费；第二年需投入 40% 的建筑费及相应的专业费。开发费用在各年是均匀投入的,根据行业风险程度确定折现率为8%,试计算该宗土地目前的价格。

五、简答题

1. 房地产与其他资产相比有什么特征?
2. 影响房地产价格的因素有哪些?
3. 房地产评估的基本方法有哪些?
4. 在进行房地产评估时,怎样使用这些基本的方法?

六、案例分析题

ZX评估有限责任公司接受QS股份有限公司的委托,根据国家有关资产评估的规定,本着客观、独立、公正、科学的原则,按照公认的资产评估方法,对委估方委估的房地产市场价值进行评估工作。本公司评估人员按照必要的评估程序对委托评估的资产实施了实地勘察、市场调查与询证,对委估资产在2014年7月1日所表现的市场价值做出了公允反映。

1. 委估物简介

该宗土地位于W市××大道1542号,北临××大道,东靠××路,西面、北面均紧临商场其他建筑物,地号E-03-17-08-02,无偿划拨,面积为7 349.79m^2,属商业三类用地,"七通一平",地处××区商业繁华地段,交通便利,基础配套设施完善,周边环境良好。

2. 基准地价修正系数法

待评估土地使用权评估值=基准地价×时间因素修正系数×个别因素修正系数×
剩余使用年限修正系数×容积率修正系数

(1) 基准地价:依据W市土地管理局2001年7月制定的商服用地级别与基准地价图和评估规则的规定,该宗地属于三级地价,其基准地价为3 330元/m^2。

(2) 时间因素修正系数:通过对宗地所在区域自2001年以来地价变化的调查分析,从2001年起至今,委估宗地所在区域地价上涨6%,即时间因素修正系数为1.06。

(3) 个别因素修正系数如表5-11所示。

表5-11 个别因素修正系数表

个别因素	标 准 值	因素状况	评 分
面积	1	较大	1.3
形状	1	多边形	0.9
地势	1	平坦	1.2
地质	1	一般	0.8
宽深比	1	合适	1
临街深度	1	宽	1
进深度	1	一般	1
合计	7		7.2

(4) 剩余使用年限修正系数：该地属无偿划拨，取修正系数为1。

(5) 容积率修正系数：该宗地容积率较高，取修正系数为1.36。

(6) 计算土地单价评估值。

(7) 计算土地总价评估值。

3. 重置成本法

土地价格＝土地取得费＋土地开发费＋投资利息＋投资利润＋土地出让金

(1) 土地取得费。

① 土地补偿费和安置补助费：该宗地所处区域耕地以蔬菜种植为主，通过对W市前三年蔬菜亩产值调查，目前年产值为4 500元/亩，按照土地补偿费和安置补助费总和不超过土地前三年平均产值的30倍计算土地补偿费和安置补助费。

② 青苗补偿费：根据《土地管理法》和相关文件规定，青苗补偿费按单季补偿，即1 500元/亩。

③ 土地管理费：依照相关文件，按土地补偿费、安置补偿费、青苗补偿费收取2.6%的土地管理费。

④ 耕地占用税：依照相关文件规定，取耕地占用税为10元/m^2(6 667元/亩)。

⑤ 新菜地开发基金：依照相关文件规定，取新菜地开发基金为60 000元/亩。

⑥ 不可预见费：依照相关文件规定，按征地费用的2%计取不可预见费。

土地取得费＝

(2) 土地开发费：城市基础设施80元/m^2；商业网点配套费22元/m^2；公共消防设施配套费3元/m^2；人防易地建设费14元/m^2；城市规划管理费1元/m^2。

(3) 投资利息：土地开发期为2年，利率取6%。

土地取得费利息＝

土地开发利息＝

投资利息＝土地取得费利息＋土地开发利息＝

(4) 投资利润：根据待估宗地所在区位，取投资利润20%。

投资利润＝

(5) 土地出让金：依据相关文件规定，该宗地属于商业三级地段，其出让金标准为1 215元/m^2(40年)，考虑该地容积率较高，取容积率修正系数2.99，则土地出让金＝1 215×2.99＝3 632.85(元/m^2)。

(6) 土地单价评估值＝

(7) 土地总价评估值＝

4. 委估宗地综合评估值

$$评估值 = \frac{重置成本法评估值＋基准地价修正系数法评估值}{2}$$

思考：

1. 根据所学知识计算案例中宗地的评估值。

2. 成本法评估土地价格时要遵循哪些评估原则？

第六章 无形资产评估

学习目标

本章主要介绍了无形资产的基本概念和内容、无形资产评估的基本思路和方法、各类无形资产的评估特点，以及各种评估方法在无形资产评估中的应用。

1. 了解无形资产的基本概念和内容；
2. 熟悉无形资产评估的基本思路和方法；
3. 掌握各类无形资产的评估特点，以及各种评估方法在无形资产评估中的应用。

导入案例

王老吉"红罐之争"

一直以绿盒示人的广药集团在得到"王老吉"商标后，随即推出红罐王老吉，市场上出现了加多宝红罐凉茶和广药集团红罐凉茶两种包装十分相似的产品同时销售的局面，由此引发了广药集团与加多宝关于商品包装装潢的法律争端。"红罐之争"的双方于2013年5月8日再次进行了证据交换，并于2013年5月15日再次开庭。2014年12月19日，广东高院一审宣判，广东加多宝饮料食品有限公司构成侵权，赔偿广药集团1.5亿元损失及维权费26万余元。

说起王老吉加多宝装潢案，不得不追溯到王老吉加多宝2012年轰动一时的商标权案，这也是2013年双方纠纷的导火索，而双方装潢权在于"红罐外包装、装潢权归属问题"的争执焦点主要是商标权和装潢权是否分离。双方引用的法律都是国家反不正当竞争法，但出发点不一样，加多宝认为红罐外包装由加多宝设计并付出多年心血打造，是"知名商标"的部分属性，即使此前"王老吉"商标已判给广药，但外包装与商标可以分离，理应属于为之付出心血的加多宝，广药集团的行为损害了知名商品特有包装等权益。而广药集团却认为王老吉商标与外包装不可分离，王老吉商标既已花落广药集团，包装也随之归属广药集团，所谓知名商品指的仍是"王老吉"，而非现在的"加多宝"。

加多宝与广药集团的混战已持续很长时间，从"装潢权""销量一哥"之争，到员工的极端行为，一路看来加多宝和广药集团并未因争夺获得太多好处，反而深受其累。2012年5

月"商标案"的仲裁结果不但没能成为"终点",反而成为诸多纷争的"起点"。

资料来源:新浪新闻.

第一节 无形资产概述

一、无形资产的概念与特征

《资产评估准则——无形资产》(中评协〔2008〕217号)中所称的无形资产是指特定主体所拥有或者控制的,不具有实物形态,能持续发挥作用且能带来经济利益的资源。无形资产发挥作用的方式明显区别于有形资产,因而无形资产还具有以下特征。

▶ 1. 共益性

无形资产区别于有形资产的一个重要特点是可以作为共同财产。一项无形资产可以在不同的地点、同一时间,由不同的主体所使用,而一项有形资产不可能在不同地点、同一时间,由不同的主体所使用、控制。但是,无形资产的共益性也受到市场有限性和竞争性的制约。因此,有形资产的界定是通过物质实体直接界定,而评估无形资产则需要根据其权益界限来确定。

▶ 2. 积累性

无形资产的积累性体现在两个方面:
(1)无形资产的形成基于其他无形资产的发展;
(2)无形资产自身的发展也是一个不断积累和演进的过程。

▶ 3. 替代性

在承认无形资产具有积累性的同时,还要考虑它的替代性。例如,一种技术替代另一种技术、一种工艺替代另一种工艺等,其特征不是共存或积累,而是替代、更新。一种无形资产可能会被更新的无形资产取代,因而必须在无形资产评估中考虑它的作用期限,尤其是尚可使用年限。无形资产的尚可使用年限主要取决于该领域内技术进步速度。

二、无形资产的分类

对无形资产进行科学合理的分类,有利于确定无形资产的评估范围和选择适当的评估方法。由于观察问题的角度不同,无形资产存在不同的划分方式,目前主要有以下几种常见的分类方式。

▶ 1. 按无形资产的价值形成方式分类

按无形资产的价值形成方式分类,可分为技术型无形资产和非技术型无形资产。前者是指必须依赖一定的技术载体才能展现的无形资产,如专利权、专有技术、计算机软件等;后者是相对于前者而言的,主要包括商标权、租赁权、商誉、土地使用权等。

▶ 2. 按无形资产能否独立存在分类

按无形资产能否独立存在分类,可分为可确指型无形资产和不可确指型无形资产,如

图 6-1 所示。凡具有专门名称、可单独取得、转让或出售的无形资产，称为可确指型无形资产，如商标权、专利权等；不可辨认、不可单独取得、离开企业实体就不存在的无形资产，称为不可确指型无形资产，如商誉。

▶ 3. 按无形资产的取得方式分类

按无形资产的取得方式分类，可分为自创无形资产和外购无形资产。自创无形资产是指企业自己开发研制的或通过自身努力而获得的无形资产，如自创的专利、专有技术、商标以及商誉等；外购无形资产是指企业以一定的代价从外界购入的无形资产，如外购的专利权、土地使用权等。

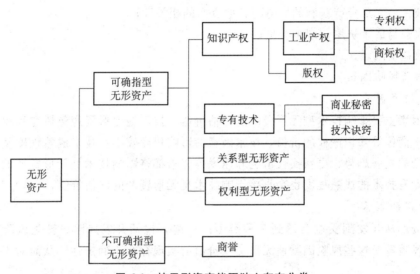

图 6-1　按无形资产能否独立存在分类

▶ 4. 按无形资产的内容分类

按无形资产的内容分类，可分为知识型无形资产、权利型无形资产、关系型无形资产和其他型无形资产。知识型无形资产主要包括专利权、专有技术、计算机软件等，一般都属于技术型无形资产；权利型无形资产主要是指由契约或政府授权形成的无形资产，包括对物的权利（如土地使用权、矿产开采权、租赁权等）和行为权利（如专营权、出口许可证、生产许可证等）；关系型无形资产主要指企业在长期经营过程中与外界或内部员工之间形成的可以获得盈利条件的关系，如顾客关系、销售网络及雇员关系等；其他型无形资产主要包括商誉。

三、影响无形资产评估价值的因素

进行无形资产评估，首先要明确影响无形资产评估价值的因素。一般来说，影响无形资产评估价值的因素主要有以下几种。

▶ 1. 产权因素

知识产权是无形资产的主要组成部分，作为一种法律赋予的权利，知识产权的获得及在经济活动中的运用，必然受到相关法律条款的影响，从而影响知识产权的价值。对于不同类型的知识产权而言，适用的法律不同，具体的影响因素也是不同的。

2. 获利能力因素

获利能力因素主要是指无形资产的预期收益能力,也就是一项无形资产预期所能带来的超额收益,这是影响无形资产评估价值最重要的因素之一。在环境、制度允许的条件下,一项无形资产获利能力越强,其价值越高;获利能力越弱,价值越低。有的无形资产尽管创造成本很高,但不被市场所需求或收益能力低微,其价值就很低。分析获利能力因素对无形资产评估价值的影响时,主要考虑以下几个方面:

(1) 被评估无形资产的获利能力因素,包括技术因素、法律因素、经济因素;
(2) 被评估无形资产的获利方式;
(3) 被评估无形资产获利的取得与其他资产的相关性;
(4) 收益与成本费用、现金流量;
(5) 收益期限。
(6) 收益风险因素。

3. 技术因素

技术因素主要影响技术型无形资产的评估价值,技术型无形资产包括专利权及专有技术等。对于商标等知识产权的价值,技术因素的影响程度较小。技术成熟程度及国内外该种无形资产的发展趋势、更新换代情况和速度等因素都将影响技术型无形资产的价值。专利技术和专有技术的成熟程度也会直接影响技术型无形资产的评估价值。

4. 风险因素

无形资产从开发到受益会遇到多种类型的风险,包括开发风险、转化风险、实施风险、市场风险等,这些风险因素使无形资产价值的实现存在不确定性,从而对无形资产价值产生影响。

5. 无形资产的取得成本

与有形资产一样,无形资产的取得也有成本,只是相对有形资产而言,其成本的确定不是十分明晰和易于计量。对企业无形资产来说,外购无形资产较易确定成本,自创无形资产的成本计量较为困难。无形资产价值的成本主要包括开发成本、转化成本、获权及维权成本、交易成本等。一般来说,一项无形资产的成本越高,则价值越高,这是运用成本法计算无形资产价值的理论基础。但是,这个规律并不是绝对的。

6. 机会成本

无形资产的机会成本是指因将无形资产用于某一确定用途后导致该无形资产不能用于其他用途所受的损失。

7. 市场因素

(1) 市场供需状况。无形资产的评估价值也会受市场因素的制约和影响。市场供需状况,一般反映在两个方面:一是无形资产市场需求情况及无形资产的适用程度。对于可出售、转让的无形资产,其价值随市场需求的变动而变动。市场需求大,则评估价值就高。市场需求小,评估价值就低。二是无形资产的供给,即是否有同类无形资产替代,供给越大,替代无形资产越多,无形资产的评估价值就越低。

(2) 同类无形资产的价格水平。同类无形资产的市场价格与无形资产相关产品或行业的市场状况也会影响无形资产的价值。与待估无形资产相关的无形资产的市场价格直接制约待估无形资产的价值。由于评估一般是以市场价值为基础的,也就是在公开市场上进行的交易,因此,买方对相关无形资产的市场价格是有充分了解的。根据经济人的有限理性假设,他是不可能在偏离该市场价很多的情况下购买待估无形资产的,这样,相关无形资产的市场价将极大地制约待估无形资产的市场交易价,也就影响了其评估价值。无形资产产品及相关行业的市场状况是指市场容量的大小、市场前景、市场竞争状况及产品供需状况等因素,这些因素将影响待估无形资产的获利额,从而对无形资产评估价值造成影响。

▶ 8. 使用期限

每一项无形资产,一般都有一定的使用期限。无形资产的使用期限,除了应考虑法律保护期限外,还要考虑其具有实际超额收益的期限。例如,某项发明专利保护期为20年,但由于无形损耗较大,拥有该项专利实际能获超额收益期限为10年,则这10年即为评估该项专利时所应考虑的期限。商标权法律保护期为10年,但可以续展。某种产品的商标使用期限受产品寿命的影响,企业的商标使用期限受企业寿命的影响,而商誉的使用期限也受企业寿命的影响。

▶ 9. 其他因素

除了上述的因素会对无形资产的价值产生影响,其他因素如宏观经济政策、转让内容等也会影响待估无形资产的价值。从转让内容来看,无形资产转让有完全产权转让和许可使用,转让过程中有关条款的规定会直接影响其评估值。同一无形资产的完全产权转让的评估值高于许可使用的评估值。在技术贸易中,同是使用权转让,由于许可程度和范围不同,评估值也应不同。

四、无形资产评估的程序

无形资产评估程序是评估无形资产的操作规程。评估程序既是评估工作规律的体现,也是提高评估工作效率、确保评估结果科学有效的保证,无形资产评估一般按下列程序进行。

(一) 明确评估目的

无形资产因评估目的不同,评估的价值类型和选择的方法也不同,所以评估结果也会不同。评估目的是由发生的经济行为决定,目前来说无形资产评估须以产权利益主体变动为前提。从目前发生的情况来看,无形资产评估业务以服务下述情形的居多:

(1) 无形资产的转让;
(2) 以无形资产出资,用于工商注册登记;
(3) 股份制改造;
(4) 企业合资、合作、重组及兼并;
(5) 银行质押贷款;
(6) 法律诉讼;
(7) 其他目的。

(二) 鉴定无形资产

对无形资产进行评估时,评估人员首先应对被评估的无形资产进行鉴定,这是进行无形资产评估的基础工作,直接影响评估范围和评估价值的科学性。通过无形资产的鉴定,可以解决以下问题:一是确认无形资产的存在;二是鉴别无形资产的种类;三是确定无形资产的有效期限。

1. 确认无形资产的存在

确认无形资产的存在主要是验证无形资产来源是否合法,产权是否明确,经济行为是否合法、有效,评估对象是否已形成了无形资产,可以从以下几个方面进行。

(1) 查询被估无形资产的内容、国家有关规定、专业人员评价情况、法律文书(如专利证书、商标注册证、著作权登记证书等),核实有关资料的真实性、可靠性和权威性。

(2) 分析无形资产使用所要求的与之相适应的特定技术条件和经济条件,鉴定其应用能力。

(3) 核查无形资产的归属是否为委托者所有或为他人所有。

(4) 分析评估对象是否形成了无形资产。有的专利并没有实际经济意义,尽管已获得了专利证书。有的商标还没有使用,在消费者中间没有影响力。因此,这些专利、商标没有形成无形资产。

2. 鉴别无形资产的种类

鉴别无形资产的种类主要是确定无形资产的种类、具体名称、存在形式。有些无形资产是由若干项无形资产综合构成,应加以确认、合并或分离,避免重复评估和漏评估。例如,有的专利技术必须用与其相配套的其他专利技术及专有技术一起构成一项有实际效果的技术,而单从专利技术而言,难以发挥技术作用,这时就应将专利技术、其他专利技术及专有技术一并作为一项无形资产进行评估。

3. 确定无形资产的有效期限

无形资产的有效期限是其存在的前提。某项专利权,如超过法律保护期限,就不能作为专利权评估。有的未交专利年费,被视为撤回,专利权失效。有效期限对无形资产评估值具有很大影响,例如,有的商标历史越悠久,价值越高,当然有的商标虽然时间较长但不一定有较高的价值。

(三) 收集相关资料

收集无形资产的相关资料,一般来说,这些资料包括以下内容。

(1) 无形资产的法律文件或其他证明材料。

(2) 成本,是指无形资产的自创(制)成本或外购成本。

(3) 效益,是指使用无形资产给受益主体带来的经济效益。

(4) 期限,是指无形资产的存续期、法定期限、受益年限、合同约定期限、技术寿命期等。

(5) 技术成熟程度,是指技术性无形资产在所处技术领域中所处研究阶段的发展阶段、开发阶段、成熟阶段、衰退阶段等。

(6) 权属转让、许可内容与条件。无形资产的转让有完全产权转让或许可使用之别,许可使用又分为独占许可使用、独家许可使用、地区独家许可使用和普通许可等。在转让或许可使用过程中往往有相应条款规定,这些都是确定无形资产评估价值的重要因素,应详细了解。

(7) 市场供需情况,是指同类无形资产在市场上的需求、供给、范围、活跃程度、变动情况等。

(8) 行业盈利水平及风险。

(四) 确定评估方法

应根据评估无形资产的具体类型、特点、评估目的、评估前提条件、评估原则及外部市场环境等具体情况，选用合适的评估方法。无形资产的评估方法主要包括市场法、收益法和成本法。

采用市场法评估无形资产时，应特别注意被评估无形资产必须以确实适合运用市场法为前提，以确定具有合理比较基础的类似无形资产交易为参照对象，收集类似无形资产交易的市场信息和被评估无形资产以往的交易信息。当与类似无形资产具有可比性时，根据宏观经济、行业和无形资产变化情况，考虑交易条件、时间因素、交易地点和影响价值的其他各种因素的差异，调整确定评估值。

采用收益法进行评估时，要注意合理确定超额获利能力和预期收益，分析与之有关的预期变动、受益期限，与收益有关的资金规模、配套资产、现金流量、风险因素及货币时间价值。注意被评估无形资产收益额的计算口径与折现率口径保持一致，不要将其他资产带来的收益误算到被评估无形资产收益中；要充分考虑法律法规、宏观经济环境、技术进步、行业发展变化、企业经营管理、产品更新和替代等因素对无形资产收益期、收益额和折现率的影响，当与实际情况明显不符时，要分析产生差异的原因。

采用成本法进行评估时，要注意根据现行条件下重新形成或取得该项无形资产所需的全部费用(含资金成本和合理利润)确定评估值，在评估中要扣除实际存在的功能性贬值和经济性贬值。

(五) 做出评估结论，整理并撰写报告

无形资产评估报告书是无形资产评估过程的总结，也是评估者履行评估义务、承担法律责任的依据。评估报告书要简洁、明确，避免误导。无形资产的评估报告应符合《资产评估准则——无形资产》的要求。应强调的是，无形资产评估报告中要注重评估过程的陈述，明确阐述评估结论产生的前提、假设及限定条件，各种参数的选用依据，评估方法使用的理由及逻辑推理方式。一般要根据评估对象做以下三个方面的陈述：①描述性陈述；②分析性陈述；③综合性陈述。

第二节 无形资产评估的收益法

收益法是指通过估算被评估资产未来预期收益并折算成现值，借以确定被评估资产价值的一种资产评估方法。

一、收益法评估无形资产价值的过程分析

运用收益法评估无形资产的价值，需要对以下三个要素进行分析和确定：需资本化的预期经济收益；预期收益的预测期间；考虑风险因素后的适当资本化率。从上述三个基本要素中可以看出，收益法评估无形资产价值的关键在于：

(1) 正确预测无形资产带来的收益；

(2) 根据不同情况正确进行折现或资本化计算；

(3) 合理地确定评估中的参数；

(4) 对评估结果的验证。

根据评估无形资产转让或许可使用选取参数的渠道不同，收益法在应用上可以表示为下列两种方式：

$$\text{无形资产评估值} = \sum_{i=1}^{n} \frac{K \times R_i}{(1+r)^i} \tag{6-1}$$

式中，K 为无形资产分成率；r 为折现率；R_i 为第 i 年使用无形资产带来的收益；i 为收益期限序号；n 为收益期限。

$$\text{无形资产评估值} = \sum_{i=1}^{n} \frac{R_i}{(1+r)^i} \quad \text{或} \quad \text{无形资产评估值} = Y + \sum_{i=1}^{n} \frac{R_i}{(1+r)^i} \tag{6-2}$$

式中，Y 为最低收费额；R_i 为被评估无形资产的第 i 年的超额收益；r 为折现率；i 为收益期限序号；n 为收益期限。

二、无形资产超额收益的确定

在无形资产评估中，收益界定为无形资产带来的超额收益，以其折现或资本化价值作为无形资产的评估价值。之所以称为超额收益，是因为现行的会计核算制度不能全面反映无形资产的构成和价值，致使评估人员不得不从总收益中剥离有形资产按社会或行业平均水平取得的收益，并将剩余部分称为超额收益，借以反映无形资产对收益的贡献。

收益法的应用要求评估人员对影响被估无形资产价值的历史业绩、现行结构和社会经济发展趋势做出深入分析，这除了要求评估人员掌握进行这种分析的专业知识和专业能力外，还要求国家有关部门、资产评估的行业组织以及资产评估机构建立相应的信息系统。由于成本法和市场法的使用受到无形资产成本弱对应性和非标准性特征的限制，使收益法成为评估无形资产时选用较多的方法。

无形资产的预期收益可以认为是历史业绩、现行结构和相关因素未来变化的"复合函数"，这三部分又存在逻辑和时序上的联系，应该通过定性和定量相结合的方法加以分析。

在无形资产评估实践中，有时需要在对企业整体收益的剥离和调整的基础上，确定被评估无形资产的预期收益。企业作为可持续经营的经济组织，收益的确定可采用永续法，即收益期为永续年。因此，不排除对无形资产收益期做无限期的处理。

下面介绍一些常用的方法。

▶ 1. 直接估算法

通过对未使用无形资产与使用无形资产的前后收益情况进行对比分析，确定无形资产带来的收益额。在许多情况下，从无形资产为特定持有主体带来的经济利益来看，可以将无形资产划分为收入增长型和费用节约型。

收入增长型无形资产是指无形资产应用于生产经营过程，能够使产品的销售收入大幅度增加。增加的原因在于以下两方面。

(1) 生产的产品能够以高出同类产品的价格销售。计算公式为

$$R = (P_2 - P_1)Q(1 - T) \tag{6-3}$$

式中，R 为超额收益；P_2 为使用无形资产后单位产品的价格；P_1 为未使用无形资产前单位产品的价格；Q 为产品销售量（此处假定销售量不变）；T 为所得税税率。

(2) 生产的产品采用与同类产品相同价格的情况下，销售数量大幅度增加，市场占有率扩大，从而获得超额收益。计算公式为

$$R=(Q_2-Q_1)(P-C)(1-T) \tag{6-4}$$

式中，R 为超额收益；Q_2 为使用无形资产后产品的销售量；Q_1 为未使用无形资产前产品的销售量；P 为产品价格（此处假定价格不变）；C 为产品的单位成本；T 为所得税税率。

因为销售量增加不仅可以增加销售收入，而且还会使成本增加。因此，估算销售量增加形成销售收入增加，从而形成超额收益时，必须扣减由于销售量增加而增加的成本。同时应该注意的是，销售收入增加可以引起收益的增加，它们是同方向的，由于存在经营杠杆和财务杠杆效应，销售收入和收益一般不是同比例变动，这在计算中应予以考虑。

费用节约型无形资产是指无形资产的应用使生产产品中的成本费用降低，从而形成超额收益。计算公式为

$$R=(C_1-C_2)Q(1-T) \tag{6-5}$$

式中，R 为超额收益；C_1 为未使用无形资产前的产品单位成本；C_2 为使用无形资产后产品的单位成本；Q 为产品销售量（此处假定销售量不变）；T 为所得税税率。

实际上，收入增长型和费用节约型无形资产的划分是一种为了明晰无形资产形成超额收益来源情况的人为划分方法。通常，无形资产应用后，其超额收益是收入变动和成本变动共同形成的结果。评估者应根据上述特殊情况，加以综合性的运用和测算，科学地测算超额收益。

▶ 2. 差额法

当无法将使用了无形资产和没有使用无形资产的收益情况进行对比时，采用无形资产和其他类型资产在经济活动中的综合收益与行业平均水平进行比较，可得到无形资产获利能力，即超额收益。

(1) 收集有关使用无形资产的产品生产经营活动财务资料，进行盈利分析，得到经营利润和销售利润率等基本数据。

(2) 对上述生产经营活动中的资金占用情况（固定资产、流动资产和已有账面价值的其他无形资产）进行统计。

(3) 收集行业平均资金利润率等指标。

(4) 计算无形资产带来的超额收益。

　　无形资产带来超额收益＝经营利润－资产总额×行业平均资金利润率

或

　　无形资产带来超额收益＝销售收入×销售利润率－销售收入×

　　　　　　　　　　每元销售收入平均占用资金×行业平均资金利润率 (6-6)

使用差额法计算出来的超额收益有时不完全由被评估无形资产带来（除非能够认定只有这种无形资产存在），往往是一种无形资产组合的超额收益，还要进行分解处理。

▶ 3. 分成率法

无形资产收益通过分成率来获得，是目前国际交易中常用的方法。计算公式为

　　无形资产收益额＝销售收入(利润)×销售收入(利润)分成率 (6-7)

对于销售收入（利润）的测算已不是较难解决的问题，重要的是确定无形资产分成率。

分成对象是销售收入或销售利润,因而,就有两个不同的分成率。而实际上,由于销售收入与销售利润有内在的联系,可以根据销售利润分成率推算出销售收入分成率;反之,亦然。

$$收益额 = 销售收入 \times 销售收入分成率 = 销售利润 \times 销售利润分成率 \quad (6-8)$$

可得:

$$销售收入分成率 = 销售利润分成率 \times 销售利润率$$

$$销售利润分成率 = 销售收入分成率 \div 销售利润率 \quad (6-9)$$

在资产转让实务中,一般是确定一定的销售收入分成率,俗称"抽头"。例如,在国际市场上一般技术转让费不超过销售收入的3%~5%,如果按社会平均销售利润率10%推算,则技术转让费为销售收入的3%的利润分成率为30%。从销售收入分成率本身很难看出转让价格是否合理,但是,换算成利润分成率,则可以加以判断。实际转让实务上因利润额不稳定也不容易控制和核实,因而,按销售收入分成是可行的。而在评估中则应以评估利润分成率为基础,换算成销售收入分成率时只需要掌握销售利润率及各年度利润的变化情况。

利润分成率的确定是以无形资产带来的追加利润在利润总额中的比重为基础的。有的情况下容易直接计算,而在不容易区别追加利润的情况下,往往要采取迂回的方法。因此,评估无形资产转让的利润分成率有多种方法,主要介绍如下几种。

(1)边际分析法。边际分析法是选择两种不同的生产经营方式进行比较:一种是运用普通生产技术或企业原有技术进行经营;另一种是运用转让的无形资产进行经营。后者的利润大于前者利润的差额就是投资于无形资产所带来的追加利润,然后测算各年度追加利润占总利润的比重,并按各年度利润现值的权重求出无形资产经济寿命期间追加利润占总利润的比重,即评估的利润分成率。这种方法的关键在于科学分析追加无形资产投入可以带来的净追加利润,这也是购买无形资产所必须进行决策分析的内容。

边际分析法的步骤如下:

① 对无形资产边际贡献因素进行分析:新市场的开辟,垄断加价的因素;消耗量的降低,成本费用降低;产品结构优化,质量改进,功能费用降低,销售收入率提高。

② 测算无形资产寿命期间的利润总额及追加利润总额,并进行折现处理。

③ 按利润总额现值和追加利润总额现值计算利润分成率。

$$利润分成率 = \sum 追加利润现值 \div \sum 利润总额现值 \quad (6-10)$$

【例6-1】企业转让彩电显像管新技术,购买方用于改造生产能力为10万只彩电显像管的生产线。经过对无形资产边际贡献因素的分析,测算在其寿命期间各年度分别可带来追加利润100万元、120万元、90万元、70万元,分别占当年利润总额的40%、30%、20%、15%,试评估该无形资产的利润分成率。

分析:本例所给条件已经完成边际分析法第一步的工作。只要计算出各年限的利润总额,并与追加利润一同折现即可得出利润分成率。

各年度利润总额现值之和(折现率为10%)

$$= \frac{100 \div 40\%}{1 + 10\%} + \frac{120 \div 30\%}{(1+10\%)^2} + \frac{90 \div 20\%}{(1+10\%)^3} + \frac{70 \div 15\%}{(1+10\%)^4}$$

$$= 250 \times 0.909\ 1 + 400 \times 0.826\ 4 + 450 \times 0.751\ 3 + 467 \times 0.683\ 0$$

$$= 227.275 + 330.56 + 338.085 + 318.961 = 1\ 214.881(万元)$$

$$追加利润现值之和 = \frac{100}{1+10\%} + \frac{120}{(1+10\%)^2} + \frac{90}{(1+10\%)^3} + \frac{70}{(1+10\%)^4}$$
$$= 100 \times 0.909\,1 + 120 \times 0.826\,4 + 90 \times 0.751\,3 + 70 \times 0.683\,0$$
$$= 90.91 + 99.168 + 67.617 + 47.81$$
$$= 305.505(万元)$$

$$无形资产利润分成率 = \frac{305.505}{1\,214.881} \times 100\% = 25\%$$

(2) 约当投资分成法。边际分析法是根据各种生产要素对提高生产率的贡献来计算，道理明了，易于被人接受。但由于无形资产与有形资产的作用往往互为条件，在许多场合下难以确定购置的无形资产贡献率，因此还需寻求其他途径。由于利润往往是无形资产与其他资产共同作用的结果，而无形资产通常具有较高的成本利润率，可以考虑采取在成本的基础上附加相应的成本利润率折合成约当投资的办法，按无形资产的折合约当投资与购买方投入的资产约当投资的比例确定利润分成率。其计算公式为

无形资产利润分成率＝无形资产约当投资量÷(购买方约当投资量＋

无形资产约当投资量)×100% (6-11)

无形资产约当投资量＝无形资产重置成本×(1＋适当成本利润率) (6-12)

购买方约当投资量＝购买方投入的总资产重置成本×(1＋适当成本利润率) (6-13)

确定无形资产约当投资量时，适用成本利润率按转让方无形资产带来的利润与其成本之比计算。没有企业的实际数据时，按社会平均水平确定。确定购买方约当投资量时，适用的成本利润率按购买方的现有水平测算。

【例6-2】甲企业以制造四轮驱动汽车的技术向乙企业投资，该技术的重置成本为100万元，乙企业拟投入合营的资产重置成本为8 000万元，甲企业无形资产成本利润率为500%，乙企业拟合作的资产原利润率为12.5%。试评估无形资产投资的利润分成率。

分析：如果按投资双方的投资品的成本价格折算利润分成率，就不能体现无形资产作为知识智能密集型资产的较高生产率。因而应采用约当投资分成法评估利润分成率。

(1) 无形资产的约当投资量＝100×(1＋500%)＝600(万元)

(2) 企业约当投资量＝8 000×(1＋12.5%)＝9 000(万元)

(3) 甲企业投资无形资产的利润分成率＝600/(9 000＋600)＝6.25%

应该指出的是，在国内外技术交易中，提成率不是一个固定的值，它会随着受让与使用无形资产生产的产品产量的增加而递减。我国某技术转让规定的提成递减率如表6-1所示。

表6-1 我国某技术转让规定的提成递减率

年产量/万套	占规定提成率/%
1~10	100
10~20	75
20~50	25

评估人员在使用提成率法确定无形资产收益额时要根据实际情况分析，合理确定提成收益。

▶ 4. 要素贡献法

有些无形资产已经成为生产经营的必要条件，由于某些原因不可能或很难确定其带来的超额收益，这时可以根据其构成生产经营的要素在生产经营活动中的贡献，从正常利润中粗略估算无形资产带来的收益。我国理论界通常采用"三分法"，即主要考虑生产经营活动中的三大要素：资金、技术和管理，这三种要素的贡献在不同行业是不一样的，一般认为，资金密集型行业，三者的贡献依次是50％、30％、20％；技术密集型行业，依次是40％、40％、20％；一般行业，依次是30％、40％、30％；高科技行业，依次是30％、50％、20％。这些数据也可供确定无形资产收益额时参考。

三、无形资产收益期限的确定

无形资产折现期限取决于其寿命的长短，而无形资产寿命分为自然寿命、经济寿命和法定寿命。自然寿命是指一项无形资产从开始使用到最终报废的期间，不涉及它是否能产生有效收益。经济寿命是指无形资产能有效使用并创造收益的持续时间。一般来说，这两者之间并无直接和密切的联系，无形资产的自然寿命通常远远超过它的经济寿命。而对于无形资产剩余经济寿命，主要根据其能带来收益的时间进行评估，所以自然寿命并不常用。法定寿命是指无形资产受法律保护的有效期限。许多无形资产都具有明确的法律和合同寿命，如专利权、版权、租赁权、供货和销售合同、专营权等，法律规定了其有效期和保护期。无形资产的经济寿命和法定寿命两者关系紧密，前者决定无形资产的获利期限，后者决定无形资产的有效期限。由于折现期限必须同时满足有效与获利的双重约束，所以应遵守经济寿命和法定寿命孰短原则。折现期限的确定可以参考以下方法。

▶ 1. 法定年限法

相当一部分的无形资产是因为受到法律和合同的特定保护，才会形成企业控制的资产，如专利，所以法定保护年限就是其经济寿命的上限。合同规定有效期的情形也是一样。一般来说，版权、专利权、专营权、进出口许可证、生产许可证、购销合同、土地使用权、矿业权、租赁权益等，均具有法定或合同规定的期限。这里的关键问题是分析法定（合同）期限内是否还具有剩余经济寿命。

▶ 2. 更新周期法

根据无形资产的更新周期评估其剩余经济年限，对部分专利权、版权和专有技术来说，是比较适用的方法。无形资产的更新周期有两大参照系：一是产品更新周期。在一些高新技术和新兴产业，科学技术进步往往导致产品的更新换代加快。产品更新周期从根本上决定了依附其上的无形资产的更新周期。特别是针对产品的实用新型设计、产品设计等，必然随着产品更新而更新。二是技术更新周期。新一代技术的出现替代现有的技术。采用更新周期法，通常根据同类无形资产的历史经验数据，运用统计模型来分析。

▶ 3. 剩余寿命预测法

剩余寿命预测法直接评估无形资产的尚可使用的经济年限。这种方法是根据产品的市场竞争状况、可替代化技术进步和更新的趋势做出的综合性预测。更重要的是要与有关技术专家和经验丰富的市场营销专家沟通，依靠本企业的专家判断能比较接近实际，但需对判断中的片面因素进行修正。

四、无形资产评估中折现率的确定

折现率一般包括无风险报酬率和风险报酬率。一般来说，无形资产投资收益高，风险性强，因此，无形资产评估中的折现率往往高于有形资产评估的折现率。评估时，评估者应根据无形资产的不同种类情况，对未来收益的风险影响因素，以及收益获得的其他外部因素进行分析，科学地测算风险利率，以进一步测算出合适的折现率。另外，折现率的口径应与无形资产评估中采用的收益额的口径保持一致。

第三节 无形资产评估的成本法

一、无形资产的成本特性

无形资产成本包括研制或取得、持有期间的全部物化劳动和活劳动的费用支出。无形资产的成本特性，尤其就研制、形成费用而言，明显区别于有形资产。

▶ 1. 不完整性

与购买和自创无形资产相对应的各项费用是否计入无形资产的成本，是以费用支出资本化为条件的。在企业生产经营过程中，科研费用一般都是比较均衡地发生的，并且能比较稳定地为生产经营服务，因而我国现行财务制度一般把科研费用从当期生产经营费用中列支，而不是先对科研成果进行费用资本化处理，再按无形资产折旧或摊销的办法从生产经营费用中补偿。这种办法简便易行，大体上符合实际，并不影响无形资产的再生产。但这样一来，企业账簿上反映的无形资产成本就是不完整的，大量账外无形资产前期成本的存在是不可忽视的客观事实。同时，即使是按国家规定进行费用支出资本化的无形资产的成本核算一般也是不完整的。因为无形资产的创立具有特殊性，大量的前期费用，如培训、基础开发或相关试验等费用往往不计入该无形资产的成本，而是通过其他途径进行补偿。

▶ 2. 弱对应性

无形资产的创建经过基础研究、应用研究和工艺生产开发等漫长过程，成果的出现带有较大的随机性和偶然性，其价值并不与开发费用和时间产生某种既定的关系。如果在一系列的研究失败之后偶尔出现一些成果，由这些成果承担所有的研究费用显然不合理。而在大量的先行研究（无论是成功，还是失败）成果的积累之上，往往可能产生一系列无形资产，然而，继起的这些研究成果是否应该承担以及如何承担先行研究的费用也很难明断。

▶ 3. 虚拟性

既然无形资产的成本具有不完整性、弱对应性的特点，因而无形资产的成本往往是相对的。特别是一些无形资产的内涵已经远远超出了其外在形式的含义，这种无形资产的成本只具有象征意义。

二、无形资产成本法评估

(一)成本法评估的基本思路

根据成本法的定义,其基本计算公式为

$$\text{被评估资产评估值}=\text{重置成本}-\text{实体性贬值}-\text{功能性贬值}-\text{经济性贬值} \quad (6-14)$$

或

$$\text{被评估资产评估值}=\text{重置成本}\times(1-\text{贬值率}) \quad (6-15)$$

成本法的计算公式为正确运用成本法评估资产提供了思路,在评估操作中,重要的是依此思路来确定各项技术经济指标。

(二)无形资产的重置成本估测

无形资产的重置成本是指在现行的条件下,重新取得该无形资产需支出的全部费用,分为自创型无形资产和外购型无形资产两种情况进行估测。

▶ 1. 自创型无形资产的重置成本估测

自创型无形资产的成本包括研制、开发、持有期间发生的全部物化劳动和活劳动的费用支出。

现实中,大多数企业或个人对自创型无形资产的基础成本数据积累不够,使自创型无形资产的成本记录不完整、不真实。

(1)核算法。核算法是将以现行价格水平和费用标准计算的无形资产研发过程中全部成本费用加上合理的利润、税费来确定无形资产的重置成本。

$$\text{无形资产重置成本}=\text{成本}+\text{期间费用}+\text{合理利润} \quad (6-16)$$

其中:

$$\text{期间费用}=\text{管理费用}+\text{财务费用}+\text{销售费用} \quad (6-17)$$

(2)倍加系数法。对于投入智力较多的技术型无形资产,考虑到科研劳动的复杂性和风险性,可以用以下公式计算无形资产的重置成本:

$$C_r = \frac{C+\beta_1 V}{1-\beta_2}(1+P)\frac{1}{(1-T)} \quad (6-18)$$

式中,C_r 为无形资产的重置成本;C 为所研制开发无形资产消耗掉的物化劳动消耗;V 为研制开发无形资产消耗掉的活劳动消耗;β_1 为科研人员创造活劳动的倍加系数;β_2 为科研的平均风险系数;T 为无形资产投资报酬率。

【例 6-3】G 公司研制出 WM 型材料,研制过程中消耗物料及其他费用 60 万元,员工开支 20 万元。评估测算,科研人员创造性劳动的倍加系数为 1.5,科研的平均风险系数为 0.4,无形资产投资报酬率为 25%。

采用倍加系数法估算的重置成本 $=\dfrac{60+20\times 1.5}{1-0.4}(1+25\%)=187.5(\text{万元})$

(3)市场调整法。自创型无形资产在市场有类似无形资产出售时,可按无形资产的市场售价确定,或者市场售价的一定比率由类似无形资产的市场售价换算确定重置成本。

$$\text{重置成本}=\text{类似无形资产价值}\times\frac{\text{无形资产成本之和}}{\text{类似无形资产市价之和}} \quad (6-19)$$

【例6-4】G公司研制出某项技术秘诀。现市场上技术转让费为140万元,该企业有4项专利技术,开发成本为:A项50万元、B项70万元、C项120万元、D项130万元,相应的市价为:A项60万元、B项80万元、C项130万元、D项140万元。

按市场调整法评估的重置成本 $= 140 \times \dfrac{50+70+120+130}{60+80+130+140} = 126.34$(万元)

▶ 2. 外购型无形资产的重置成本估测

(1)市场类比法。市场类比法是以与评估对象相似的无形资产近期交易实例为参照物,根据功能和技术先进性和实用性等对参照物的交易价格进行调整和修正,从而确定评估对象的现行购买价格,再根据现行标准和实际情况核定无形资产的购置费用,以此确定无形资产的重置成本。

(2)价格指数法。价格指数法是利用与无形资产有关的价格指数,将被评估无形资产的历史成本(账面原值价值)调整为重置成本的一种方法。

$$\text{无形资产的重置成本} = \text{历史成本} \times \dfrac{\text{评估时价格变动指数}}{\text{购置时价格变动指数}} \qquad (6\text{-}20)$$

(三)无形资产的贬值

确定无形资产成新率,必须对无形资产贬值的概念有正确的认识。运用成本估算无形资产价值必须满足两个条件:一是无形资产的成本要考虑前述的四项成本构成要素;二是这些成本应该减去所有形式的贬值。成本法的计算公式已经列出了通常应考虑的几种贬值。

▶ 1. 实体性贬值

实体性贬值是指由于持续使用所导致的物理性损耗而造成的无形资产价值降低。

▶ 2. 功能性贬值

功能性贬值是由于技术相对落后造成的贬值。

通常情况下,功能性贬值的估算可以按下列步骤进行:

第一步,将被评估无形资产的年运营成本与功能相同但性能更好的新型无形资产的年运营成本进行比较;

第二步,计算两者的差异,确定净超额运营成本;

第三步,估计被评估资产的剩余寿命;

第四步,以适当的折现率将被评估资产在剩余寿命内每年的净超额运营成本折现,这些折现值之和就是被评估无形资产的功能性损耗(贬值),计算公式为

$$\text{被评估资产功能性贬值额} = \sum (\text{被评估资产年净超额运营成本} \times \text{折现系数}) \qquad (6\text{-}21)$$

▶ 3. 经济性贬值

经济性贬值是由于外部环境变化造成的无形资产贬值。

无形资产重置成本中的收益部分的确定,应以现行行业或社会平均资产收益水平为依据,这既是市场经济中利润平均化的规律使然,又是成本法计算特征决定的要素变动一致性的要求,即无形资产收益的变化规则应与消耗其他物化劳动及活劳动取得收益的变化规则相一致。

经常采用成本法进行评估的只有几种无形资产,如工程图纸、计算机软件、营业执照、人员聘用合同等。在确定资产的重置成本前,要对资产进行慎重的鉴定,必须是能够

给资产所有者带来预期经济收益的资产。国外有学者认为，成本途径强调财产的效用特征，如果财产的组成部分相对较新，或者合理反映了目标财产的最大最佳效用，可采取该途径。

需要指出的是，使用成本法也会涉及市场分析和收益分析，例如，市场的供求关系直接影响与目标无形资产有关的材料成本、人工成本和间接成本。而对开发商利润和创新报酬的决定则要借助收益分析的方法。

三、应用举例

【例6-5】 G公司拟转让一项专利技术，与购买方商议双方利用该专利技术的生产能力分别为800万件和400万件产品。该专利技术目前的重置成本为400万元，已经使用5年，剩余经济使用年限为3年。该专利技术转让后对出让方的生产经营产生较大影响，由于市场竞争使产品销售额下降，减少净收入的现值为50万元。转让后为受让方提供技术指导等转让成本为30万元。试评估确定该无形资产转让的最低收费额。

(1) 该无形资产的重置成本为400万元。
(2) 该无形资产的实体性贬值 $=5\div(5+3)\times100\%=62.5\%$
(3) 该无形资产的转让成本分摊率 $=400\div(800+400)\times100\%=33.33\%$
(4) 该无形资产转让的机会成本 $=50+30=80$（万元）
(5) 该无形资产转让的最低收费额 $=400\times(1-62.5\%)\times33.33\%+80=129.995$（万元）

第四节　无形资产评估的市场法

市场法也称市场价格比较法，是指通过比较被评估资产与最近售出类似资产的异同，将类似资产的市场价格进行调整，从而确定被评估资产价值的一种资产评估方法。虽然无形资产所具有的非标准性和唯一性特征限制了市场法在无形资产评估中的使用，但这不排除在评估实践中仍有应用市场法的必要性和可能性。

一、运用市场法评估无形资产的基本步骤

运用市场法进行资产评估，应根据市场条件的差异和参照物的不同，采取不同的方式。一般来说，如能在市场上找到与被评估资产完全相同的参照物，就可以把参照物价格直接作为被评估资产的评估价值，这是市场法最简单的操作方式。但是，在资产评估过程中，完全相同的参照物几乎是不存在的，因此，在市场法评估实务中，当被评估的无形资产在公开市场上找不到与之完全相同的资产，但能找到与之相类似的资产时，通常以这些相类似的资产为参照物，并依其价格做相应的差异调整，确定被评估资产价值。参照物差异调整因素主要包括时间因素、地域因素和功能因素等。

运用市场法评估资产时，一般按下列步骤进行。
(1) 明确评估对象；
(2) 进行公开市场调查，收集相同或相类似资产的市场基本信息资料，寻找参照物；

（3）分析整理资料并验证其真实性，判断选择参照物。评估人员对收集到的资料应认真分析其真实可靠程度、交易条件和背景，并选择三个或三个以上可比参照物；

（4）比较被评估资产与参照物；

（5）分析调整差异，得出结论。

需要指出的是，市场法在无形资产评估中的使用存在两个障碍：其一，无形资产市场交易活动有限，市场狭窄，信息匮乏，交易案例很难找到；其二，无形资产的非标准性使我们很难确定类似有形资产用市场法评估时参考的调整差异事项。评估人员在采用市场法评估无形资产时，应注意克服这两个障碍的可能性和可行性。

二、运用市场法评估无形资产价值时应注意的问题

如果需要使用市场法评估无形资产，评估人员应注意以下事项。

▶ 1. 确定具有合理比较基础的类似的无形资产

作为参照物的无形资产与被评估无形资产至少要满足形式相似、功能相似、载体相似和交易条件相似的要求。所谓形式相似，是指参照物与被评估资产按照无形资产分类原则可以归并为同一类。所谓功能相似，是指尽管参照物与被评估资产的设计和结构不可避免地存在差异，但它们的功能和效用应该相同或相似。所谓载体相似，是指参照物与被评估资产所依附的产品或服务应满足同质性要求，所依附的企业则应满足同行业与同规模的要求。所谓交易条件相似，是指参照物的成交条件与被评估资产模拟的成交条件在宏观、中观和微观层面上都应大致接近。关于上述要求，国际资产评估准则委员会颁布的《无形资产评估指南》指出："使用市场法必须具备合理的比较依据和可进行比较的类似的无形资产。参照物与被评估无形资产必须处于同一行业，或处于对相同经济变量有类似反应的行业。这种比较必须具有意义，防止引起误解。"

▶ 2. 对交易资料的收集和分析

收集类似的无形资产交易的市场信息是为横向比较提供依据，而收集被评估无形资产以往的交易信息则是为纵向比较提供依据。对于前者，评估人员在参照物与被评估无形资产在形式、功能和载体方面满足可比性的基础上，应尽量收集能使交易达成的市场信息，即要涉及供求关系、产业政策、市场结构、市场行为和市场绩效的内容。其中对市场结构的分析尤为重要，即需要分析卖方之间、买方之间、买卖双方之间、市场内已有的买方和卖方与正在进入或可能进入市场的买方和卖方之间的关系。评估人员应熟悉经济学关于市场结构的完全竞争、完全垄断、垄断竞争和寡头垄断的分类。对于后者，评估人员既要看到无形资产具有依法实施多元和多次授权经营的特征，使过去交易的案例成为未来交易的参照依据，同时也应看到时间地点、交易主体和条件的变化也会影响被评估无形资产的未来交易价格。

▶ 3. 作为市场法应用基础的价格信息应满足相关、合理、可靠和有效的要求

相关是指所收集的价格信息与需要做出判断的被评估无形资产的价值有较强的关联性；合理是指所收集的价格信息能反映被评估无形资产载体结构和市场结构特征，不能简单地用行业或社会平均的价格信息推理具有明显结构异质特征的被评估无形资产的价值；可靠是指所收集的价格信息经过对信息来源和收集过程的质量控制，具有较高的置信度；有效是指所收集的价格信息能够有效地反映评估基准日的被评估资产在模拟条件下的可能

的价格水平。

> 4. 必要时应做出调整

无论是横向比较，还是纵向比较，参照物与被评估无形资产会因时间、空间和条件的变化而产生差异，评估人员应对此做出言之有理、持之有据的调整。所以，国际资产评估准则委员会颁布的《无形资产评估指南》强调指出："当以被评估无形资产以往的交易记录作为评估的参照依据时，则可能需要根据时间的推移、经济、行业和无形资产的环境变化进行调整。"

第五节 专利资产和专有技术评估

一、专利资产的评估

(一) 专利资产的概念和特点

我国 2008 年发布的《专利资产评估指导意见》中明确了专利资产的概念，即专利资产是指权利人所拥有的，能持续发挥作用且能带来经济利益的专利权益。

专利资产的特点表现在以下几个方面。

> 1. 专利资产确认复杂

专利资产是专利权资产的简称。专利权成为资产的前提是可以为特定权利人带来经济利益，专利技术的获利能力是通过法律保护获得的。也就是说，专利权成为资产，必须符合法律的相关规定。另外，法律同时还对专利技术获得保护的范围及时限做了明确规定。这使专利资产和一般有形资产相比，在资产确认方面比较复杂。

对专利资产的确认除核实专利证书外，还应核查与评估基准日相近的专利登记簿副本所记载的事项、专利权利要求书、说明书及其附图，以及专利年费的缴纳情况。

> 2. 收益能力有一定的不确定性

与有形资产相比，专利资产的收益能力具有一定的不确定性。这种不确定性主要体现在专利资产在应用过程中存在的风险。另外，由于专利资产属于无形资产，在交易过程中，与有形资产相比，存在一定的困难，增加了专利资产价值实现的难度。评估人员在对专利资产进行评估的过程中，必须充分考虑其收益能力不确定的特性，并且体现在参数的选取上。

专利资产除具有无形资产的基本特征外，专利资产还具有自身特征。

(1) 专有性。专有性又称独占性或垄断性，即同样的发明创造只能授予一次专利，而且专利的所有者在保护期限内拥有排他性运用该专利的特权。任何单位和个人未经专利权人许可，都不得实施其专利。如果要实施其专利，必须与专利权人签订书面合同，向专利权人支付专利使用费。否则，专利权人有权提出诉讼，依法要求侵权人停止侵权行为并赔偿损失。

(2) 地域性。任何一种专利只能在授予专利权的国家或地区内有效，超出这个地域范围，专利权就失去了法律保护。

(3) 时间性。专利权只在法定时间内有效，当专利权保护期期满后，任何人都可以使用该项专利。我国法律规定，发明专利的保护期限为 20 年，实用新型专利和外观设计专利的保护期限为 10 年。

(4) 可转让性。专利权的转让包括所有权转让和使用权转让。在转让专利权的所有权时必须签订书面合同，并经原专利登记机关变更登记和公告后才能生效。专利权的所有权一经转让，原专利权人不再拥有该专利权。专利权使用权的转让是指专利权人通过许可合同，以一定的条件允许被许可方实施该项专利，被许可方因而获得该项专利的使用权，但专利权的主体并不发生变更。

(二) 专利资产评估目的与许可使用权转让

专利资产评估依专利权发生的不同经济行为，按特定目的确定其评估的价值类型和方法。在不同情形下的专利权以及不同转让形式，确定的评估方法也不相同。专利权转让一般有两种情形：一是刚刚研究开发的新专利技术，专利权人尚未投入使用就直接转让给接受方；二是转让的专利已经过长期的或一段时间的生产，是行之有效的成熟技术。

专利权转让的形式很多，这里重点讲述许可使用权转让。许可使用权转让往往通过专利许可证贸易的形式进行。

专利许可证贸易是专利权使用权转让的主要形式，是指专利权人通过与被许可方签订实施许可合同，按一定的条件在一定的范围内许可使用或实施其专利的一种技术交易。一般情况下，被许可方要向许可方支付相应的报酬或使用费。

专利许可证贸易有以下几种形式。

(1) 独占实施许可。独占实施许可给予被许可人在规定的期限和地区内使用专利技术的独占权利。许可人授予这种实施许可后，不仅不能再与第三人就同一专利技术订立任何实施许可，而且自己在规定期限和地区内也丧失了制造、使用或者销售该专利产品的权利。它实际上是许可人与被许可人就该专利技术划分市场达成的协议，许可人将合同规定地区的市场转让给被许可人，因此在这种情况下，被许可人需要支付的专利使用费相应也较高。

(2) 独家实施许可。独家实施许可又称排他实施许可，是指专利权人在规定的期限和地区内给予被许可人独占实施专利技术的权利，专利权人不能许可第三人在相同的期限和地区内实施该专利技术，但专利权人自己仍然享有实施该专利技术的权利。

(3) 普通实施许可。普通实施许可是指专利权人允许被许可人在规定的地区内实施专利技术，同时保留自己使用该专利技术以及与第三人签订许可合同的权利，但专利权人只能与第三人签订普通实施许可合同，不得签订独占实施许可合同。

(4) 分许可实施许可。分许可实施许可是指专利权人除允许被许可人在规定的地区内实施专利技术外，还允许被许可人与第三人签订实施许可合同。在这种许可方式下，被许可人在规定的地区内几乎与专利权人享有相同的权利。同时，被许可人要对第三人的行为向专利权人负法律责任。

(5) 交叉实施许可。交叉实施许可又称互换实施许可，是指双方专利权人就各自价值相当的专利，相互交换使用权或实施权的许可。这种许可方式多用于改进发明的专利权人与原基础发明的专利权人之间，因为改良发明专利权人使用其技术时，通常会涉及原专利发明，而原专利权人要发展其技术也要用到被许可人的改良发明。

（6）强制实施许可。强制实施许可是指不管专利权人是否愿意，专利机关强制专利权人许可第三人使用专利技术。如果专利权人在规定时间内不实施其专利技术，而且在无正当理由的情况下也不允许他人实施其专利技术，那么专利机关根据具备实施条件单位的申请，可以给予其实施该专利的强制许可。获准强制实施许可的单位也应向专利权人缴纳使用费，其权利和义务与普通实施许可中被许可人的权利和义务相似。

（三）专利权评估过程中应了解的事项

在专利权评估过程中应了解的事项主要有以下几方面。

（1）专利的法律保护状况，包括专利号、专利证书颁发部门和时间、专利公告文件、专利的类型、专利权人、有效期、续展时间及条件等。

（2）专利权的具体内容，包括专利名称、类别、具体内容、适用领域，专利的使用和转让等权属，专利技术的先进性、垄断性、成熟程度等。

（3）专利的使用情况，包括使用专利需要具备的经济、技术、设备、工艺、原材料、环境等方面的前提或基础条件，专利启用时间，使用范围，专利使用人数量，使用权转让情况等。

（4）专利的成本费用和历史收益，包括专利申报或购买、持有、续展等过程发生的各项支出，专利使用、许可使用及转让所带来的历史收益。

（5）专利的收益期和预期收益额，包括专利的保护期、专利权人经营管理能力、专利技术的经济寿命、使用专利技术所生产产品的单位售价、销售量、市场占有率和盈利情况、主要竞争对手的市场占有率和盈利情况、专利权的获利能力和收益水平等。

（四）专利资产的评估方法

专利资产的主要评估方法有收益法、市场法和成本法。下面主要介绍收益法和成本法。

▶ 1. 收益法

收益法已在前面的有关章节中做了详细介绍，应用于专利资产评估根本的问题还是如何寻找、判断、选择和测算评估中的各项技术指标和参数，即专利权的收益额、折现率和获利期限。专利权的收益额是指直接由专利权带来的预期收益，对于收益额的测算，通常可以通过直接测算超额收益和利润分成率获得。由于专利权收益的来源不同，可以将专利权划分为收入增长型专利和费用节约型专利来测算，也可以用分成率方法测算。采用利润分成率测算专利技术收益额，即以专利技术投资产生的收益为基础，按一定比例即按利润分成率分成确定专利技术的收益。利润分成率反映专利技术对整个利润额的贡献程度。利润分成率确定为多少合适，据联合国工业发展组织对印度等发展中国家引进技术价格的分析，认为利润分成率在16%～27%是合理的，在挪威召开的许可贸易执行协会上，多数代表提出利润分成率25%左右较为合理。美国认为一般在10%～30%是合理的。我国理论工作者和评估人员通常认为利润分成率在25%～33%较合适。这些基本分析在实际评估业务过程中具有参考价值，但更重要的是对被评估专利技术进行切合实际的分析，确定合理的、准确的利润分成率。

利润分成是将资产组合中专利对利润的贡献分割出来，实际操作过程中也可采用一种变通的方法，即以销售收入分成率替代利润分成率，相应的分成基础也就由利润变成销售收入了。尽管销售收入分成率和利润分成率之间存在一定关系,并可以通过数学关系进行互换,但销售收入分成率合理性的基础仍然是利润分成率。

【例6-6】某公司2015年12月取得某项技术的专利权,2018年1月3日要对该专利权进行评估。经过市场调查后,预测该公司2018—2022年的净利润分别为500万元、650万元、800万元、960万元和1 080万元,折现率确定为12%,该专利技术的技术分成率为30%。

$$P = 30\% \times \left[\frac{500}{1+12\%} + \frac{650}{(1+12\%)^2} + \frac{800}{(1+12\%)^3} + \frac{960}{(1+12\%)^4} + \frac{1\,080}{(1+12\%)^5}\right]$$
$$= 827.08(万元)$$

▶ 2. 成本法

成本法应用于专利资产的评估的关键在于分析计算其重置完全成本构成、数额以及相应的贬值率。专利资产分为外购和自创两种。外购专利资产的重置成本确定比较容易。自创专利资产的成本一般由下列因素组成。

(1) 研制成本。研制成本分为直接成本和间接成本两大类。直接成本是指研制过程中直接投入发生的费用,间接成本是指与研制开发有关的费用。

(2) 交易成本。交易成本是发生在交易过程中的费用支出,主要包括:技术服务费;交易过程中的差旅费及管理费;手续费,即有关的公证费、审查注册费、法律咨询费等;税金,即无形资产交易、转让过程中应缴纳的营业税。

(3) 专利费。专利费即为申请和维护专利权所发生的费用,包括专利代理费、专利申请费、实质性审查请求费、维护费、证书费、年费等。

由于评估目的的不同,其成本构成内涵也不同,在评估时应视不同情形考虑以上成本的全部或一部分。

【例6-7】某实业股份有限公司由于经营管理不善,导致企业经济效益不佳,亏损严重,将要被同行业的利达股份有限公司兼并,因此需要对某实业股份有限公司全部资产进行评估。该公司有一项专利技术(实用新型),两年前自行研制开发并获得专利证书。现需要对该专利资产进行评估。评估分析和计算过程如下。

(1) 确定评估对象。该项专利技术系某实业股份有限公司自行研制开发并申请的专利权,该公司对其拥有所有权。被兼并企业资产中包括该项专利技术,因此,确定的评估对象是专利技术的完全产权。

(2) 技术功能鉴定。该专利资产的专利权证书、专利权利要求书、说明书及其附图、缴纳专利费用凭证、技术检验报告书均齐全。根据专家鉴定和现场勘察,该专利技术还未实际应用于生产之中,技术还有待完善,技术产品的售价、成本及参数还难以取得,但该技术从实验的结果反映出其将会为未来的生产带来较好的效果。

(3) 评估方法选择。鉴于该专利技术的鉴定结论,应用成本法能反映该项专利资产的价值,故选用成本法。

(4) 各项评估参数的估算。首先,分析测算其重置完全成本。该项专利技术系自创形成,其开发形成过程中的成本资料可从企业中获得。具体如下:材料费用45 000元、工资费用10 000元、专用设备费6 000元、资料费1 000元、咨询鉴定费5 000元、培训费2 500元、差旅费3 100元、管理费分摊2 000元、非专用设备折旧费分摊9 600元、专利费用及其他3 600元,合计87 800元。

根据专利技术开发的过程分析,各类消耗仍按过去实际发生定额计算,对其价格可按现行价格计算。根据考察、分析和测算,近两年生产资料价格上涨指数分别为5%和8%。因生活资料物价指数资料难以获得,该专利技术开发中工资费用所占份额很少,因此,可以将全部成本按生产资料价格指数进行调整,即可估算出重置完全成本。

重置完全成本=87 800×(1+5%)×(1+8%)=99 565(元)

其次,确定该项专利技术的贬值率。该项实用新型的专利技术,法律保护期限为10年,尽管还有8年保护期限,但根据专家鉴定分析和预测,该项专利技术的剩余使用期限仅为6年,由此可以计算贬值率=2÷8×100%=25%。

(5) 计算评估值,得出结论。评估值=99 565×(1−25%)=74 673.75(元)。

最后,确定该项专利技术的评估值为74 674元。

二、专有技术的评估

(一) 专有技术的概念与特征

专有技术又称技术秘密、技术诀窍,是指未公开或未申请专利但具有实用性,能为拥有者带来经济利益或竞争优势的技术,主要包括设计资料、工艺流程、配方、图纸数据、特殊的产品存储方法以及质量控制管理经验等。

与专利权、商标权等无形资产相比,专有技术具有以下特点。

(1) 保密性。凡是众所周知的或公众能够轻易知道的技术、经验、知识和方法,都不能称为专有技术,这是专有技术区别于专利权最重要的特点。

(2) 实用性。专有技术必须是能在生产经营中使用,能给企业带来经济利益的技术。专有技术的实用性是经过实践检验的,不能应用的技术不能称为专有技术。

(3) 可传授性和可转让性。专有技术可以传授和转让给他人,其传授方式除书面形式外,还可采用实际操作演示等形式。

(4) 不能提出侵权诉讼。从法律角度来讲,专有技术不是一种法定的权利,其持有人对该技术并不享有所有权。一旦技术泄露,专有技术持有人不能依照侵权行为起诉。专有技术通过保密方式进行自我保护,可引用的保护法律主要有《中华人民共和国合同法》和《中华人民共和国反不正当竞争法》等。

(5) 没有明确的保护期限。专有技术没有明确的保护期限,但这并不意味着它的保护期无限长。理论上讲,只要技术没有泄露,它就可以无限期地使用下去。然而实际上许多因素,例如技术进步和市场供求状况的变化都会影响专有技术的收益能力,进而影响专有技术的保护期限。

(二) 专有技术评估的评估方法

评估专有技术之前,首先要对专有技术是否存在独占性进行考察。如果其他地方已公开存在同样的技术,那么该技术就不具备专有技术的垄断性和保密性,也就不能称为专有技术。评估人员应该要求委托方提供技术专有性的资料并向委托方承担保密责任,通过向该领域的专家咨询来确定其是否为专有技术。

专有技术的评估方法与专利资产评估方法基本相同。下面举例介绍专有技术评估中成本法的应用。

【例 6-8】 某企业现有不同类型的设计工艺图纸 8 万张,需要进行评估,以确定该设计工艺图纸的价值。估算过程如下:

第一步,分析鉴定图纸的使用情况。评估人员根据这些图纸的尺寸和所给产品的分类、产品的周期进行分析整理。根据分析,将这些图纸分成以下四种类型(这也是一般用于确定图纸类型的标准):

(1) 活跃/当前型 6.2 万张,指现正在生产,可随时订货的产品零部件、组合件的工程图纸及其他工艺文件;

(2) 半活跃/当前型 0.9 万张,指目前已不再成批生产但仍可订货的产品零部件、组合件的工程图纸及其他工艺文件;

(3) 活跃/陈旧型 0.7 万张,指计划停止生产但目前仍可供销售的产品零部件、组合件的工程图纸及其他工艺文件;

(4) 停止生产而且不再销售的产品零部件、组合件的工艺图纸及其他工艺文件,计 0.2 万张。

根据分析确定,继续有效使用的图纸计 7.1 万张。

第二步,估算图纸的重置完全成本。根据图纸设计、制作耗费及其现行价格分析确定,这批图纸每张的重置成本为 120 元。由此可以计算出这批图纸的重置完全成本。

图纸的重置完全成本 = 71 000 × 120 = 8 520 000(元)

第六节 商标资产评估

一、商标权评估对象的确认

(一) 商标及其分类

商标是商品或服务的标记,是商品生产者或经营者为了把自己的商品或服务区别于他人的同类商品或服务,在商品上或服务中使用的一种特殊标记。这种标记一般是由文字、图形、字母、数字、三维标志和颜色组合,以及上述要素的组合。

商标的作用表现在:商标表明商品或服务的来源,说明该商品或服务来自何企业或何地;商标能将一个企业提供的商品或服务与其他企业的同一类商品或服务相区别;商标标志一定的商品或服务的质量;商标反映向市场提供某种商品或服务的特定企业的声誉。消费者通过商标可以了解这个企业,企业也可以通过商标宣传自己的商品或服务,提高企业的知名度。

从经济学角度来说,商标的这些作用最终能为企业带来超额收益。从法律角度来说,保护商标也就是保护企业获取超额收益的权利。商标的种类很多,可以依照不同标准予以分类。

▶ 1. 按商标是否具有法律保护的专用权分类

按商标是否具有法律保护的专用权,可以分为注册商标和未注册商标。我国《商标法》规定:"经商标局核准注册的商标为注册商标,包括商品商标、服务商标、集体商标和证明商标；商标注册人享有商标专用权，受法律保护。"我们所说的商标权的评估，是指注册商标专用权的评估。

▶ 2. 按商标的构成分类

按商标的构成，可以分为文字商标、图形商标、符号商标、文字图形组合商标、色彩商标、三维标志商标等。

▶ 3. 按商标的不同作用分类

按商标的不同作用，可以分为商品商标、服务商标、集体商标和证明商标等。集体商标是指以团体、协会或者其他组织名义注册，供该组织成员在商事活动中使用，以表明使用者在该组织中的成员资格的标志。证明商标是指由对某种商品或者服务具有监督能力的组织控制，而由该组织以外的单位或者个人用于其商品或者服务，用以证明该商品或者服务的原产地、原料、制造方法、质量或者其他特定品质的标志。

（二）商标权及其特点

商标权是商标注册后，商标所有者依法享有的权益，它受法律保护，未注册的商标不受法律保护。商标权是以申请注册的时间先后为审批依据，而不以使用时间先后为审批依据。商标权一般包括有排他专用权（或独占权）、转让权、许可使用权、继承权等。排他专用权是指注册商标的所有者享有禁止他人未经其许可而在同一种商品服务或类似商品服务上使用其商标的权利。转让权是商标所有者作为商标权人，享有将其拥有的商标转让给他人的权利。我国《商标法》规定："转让注册商标的，转让人和受让人应签订转让协议，并共同向商标局提出申请。受让人应保证使用该注册商标的商品质量。""转让注册商标经核准后，予以公告。"许可使用权是指商标权人依法通过商标使用许可合同允许他人使用其注册商标。商标权人通过使用许可合同，转让的是注册商标的使用权。继承权是指商标权人将自己的注册商标交给指定的继承人继承的权利，但这种继承必须依法办理有关手续。

二、影响商标权价值的因素

商标权作为一种无形资产，其经济价值并非简单由设计、制作、申请、保护等方面所耗费用而形成的，广告宣传有利于扩大商标的知名度，并需要花费高额费用，但这些费用仅对商标权价值起影响作用，而不是决定作用。商标权的经济价值体现为它能获得超额收益，如果不能带来超额收益，商标权也就不具有经济价值。商标能带来超额收益的原因是它所代表的是企业的商品质量、性能、服务等效应因素的综合性、重复性的显示，甚至是一定的效用价格比的标志。商标实际上是对企业生产经营的素质，尤其是技术状况、管理状况、营销技能的综合反映。由于商标权的评估价值还与评估基准日的社会、经济状况以及评估目的等密切相关，因此，商标权价值的评估应重点考虑以下几个方面。

（一）商标的法律状态

▶ 1. 商标注册情况

我国实行的是"不注册使用与注册使用并行，仅注册才能产生专用权"的商标专用权制度。按照这种制度，只有获得注册的商标使用人才享有专用权，才有权排斥他人在同类商品上使用相同或相似的商标，也才有权对侵权活动起诉，因此只有注册了的商标才具有经济价值。未注册的商标即便能带来经济效益，其经济价值也得不到确认。

2. 商标权的失效

在我国，注册商标的有效期是10年，10年届满如果没有申请续展，则商标的注册将被注销，商标权失效。

另外还有几种情况可能导致商标权的失效：自行改变注册商标的；自行改变注册商标的注册人名义、地址或者其他注册事项的；自行转让注册商标的；连续3年停止使用的。

商标权一旦失效，原商标所有人不再享有商标专用权，失去了评估对象，也就不再具有经济价值。

3. 商标权的续展

商标注册人按期提出续展申请，经商标局核准，商标权可以无限续展。在合法续展的情况下，商标权可成为永久性收益的无形资产，驰名老牌商标权的价值一般与其寿命成正比，寿命越长，则价值越高。如果没有商标续展的规定，一个驰名商标在临近保护期的前一年进行评估，其评估值可能不如一个刚刚注册、有效期还有10年的非驰名商标。但实际上，由于有续展期的规定没有人愿意出高价购买非驰名商标，原因是驰名商标通过续展可以长期为购买者带来比较高的超额收益。

4. 商标权的地域性

商标权的地域范围对商标权的价值有很大影响。商标权具有严格的地域性，商标权只有在法律认可的一定地域范围内受到保护。由于不同国家存在不同的商标保护原则，商标权并不是在任何地方都受到保护。商标所有者所享有的商标权，只能在授予该项权利的国家领域内受到保护，在其他国家则不发生法律效力。如果需要得到其他国家的法律保护，必须按照该国的法律规定，在该国申请注册，或向世界知识产权组织国际局申请商标国际注册。

5. 商标权在特定的商品范围内有效

商标注册的商品种类及范围影响商标权的价值。商标注册申请采用"一类商品、一个商标、一份申请"的原则。评估商标权价值时，要注意商标注册的商品种类及范围，要考虑商品使用范围是否与注册范围相符合，商标权只有在核定的商品上使用时才受法律保护，对超出注册范围部分所带来的收益不应计入商标权的预期收益中。

（二）商标的知名度

商标的知名度即商标的驰名度，商标的知名度越大，其价值就越高。很多国家对驰名商标的保护力度远大于非驰名商标，对驰名商标的认定一般也有着苛刻的条件和复杂的手续，因而一般情况下，同一行业，驰名商标价值高于非驰名商标价值，取得驰名商标认定的商标，其价值高于普通商标的价值。是否完成驰名商标认定影响着商标权的价值。

不同的商标可为商标权人带来不同的收益，同样的商品给企业带来的收益会相差甚远。驰名商标依照《保护工业产权巴黎公约》、世界贸易组织的《知识产权协议》及多数国家的商标法，都享有受特殊保护的权利，这样，驰名商标的法律地位也会增加它的价值。

（三）商标所依托的商品

商标权是商标所有者享有禁止他人未经许可在同一种商品劳务或类似商品劳务上使用其商标的权利。商标权本身不能直接产生收益，其价值大都是依托有形资产来实现的。商标权的经济价值是由商标所带来的效益决定的，带来的效益越大，商标权价值越高。商所带来的效益是依托相应的商品来体现的,主要与以下因素有关。

▶ 1. 商品所处的行业及前景

一种商品离不开其所在的行业,行业的状况直接影响商品的生产规模、价格、利润率等经济指标,进而影响商标的价值。另外,一个行业很难保持长久的繁荣与稳定,总有一些新兴的行业不断产生,一些陈旧的行业不断衰退,甚至消亡。商标所依托的商品所在的行业发展情况,对商标权的价值能产生重大影响。商标权的价值在于其获得超额利润的能力,在销量相同的情况下,新兴行业,尤其是产品附加值高的行业,其商标权价值也高。

▶ 2. 商品的生命周期

商标权的价值与所依附的商品所处的生命周期有关。商品的生命周期一般有四个阶段:研制阶段、发展阶段、成熟阶段和衰落阶段。若有形的商品处于发展或成熟阶段,获得超额利润能力强,其相应的商标权价值高;若处于衰退阶段,获得超额利润的能力弱,其商标权价值相对较低。若处于研制阶段,要考虑商品是否有市场、单位产品可获得的利润等因素综合确定商标权的价值。

▶ 3. 商品的市场占有率、竞争状况

商品的市场占有率标志着商标权的价值范围。商标权的价值体现在获得超额利润的能力。同样单价,其市场占有率越大,商品销量越大,利润及超额利润也越大,商标权价值也就越大。竞争状况同样影响商标权价值,竞争越激烈、其他知名商标越多,商标权价值越小。

▶ 4. 商品的利润情况

商标权的价值最终体现在能给拥有者带来的超额收益上。商品所带来的利润越大,才有可能获得更高的超额利润,商标权才有可能有价值。因此,商品的利润率大小是影响商标权价值的重要因素。

▶ 5. 商品经营企业的素质

一个商标在有些企业手中可能是价值连城的无形资产,而在其他企业手中,也可能一文不值。良好的企业经营素质可为企业带来优秀的管理、良好的商品质量和优良的企业信誉等。企业的经营素质同样影响商标权的价值。

▶ 6. 经营业绩

使用商标的商品,历史上的经营业绩的好坏可能影响未来收益的预测情况。好的经营业绩,预测的未来收益可能大,超额利润才可能更大,商标权价值也更高;反之,商标权价值较低。历史上的经营业绩是采用收益法评估商标权价值的基础依据。

(四)宏观经济状况

商标权的价值与宏观经济形势密切相关,在评估基准日宏观经济景气高涨时,评估值相对较高,低迷时评估值较低。另外,宏观经济政策对商标价值评估也有一定影响,财政政策、货币政策是紧是松,尤其是与所评估商标的行业相关的政策走向也是商标评估必须考虑的因素。

(五)评估目的

商标权评估目的即商标权发生的经济行为,评估目的会直接影响评估方法的选择。同样的资产,因为评估目的不同,其评估方法的选择可能会不同,同一评估方法中各项评估参数的选取也会不同,因而评估值也往往不同。

对于商标权转让方来说，可分为商标权转让和商标权许可使用。商标权转让是指转让方放弃商标权，归受让方所有，实际上是商标权的出售。商标权许可使用是指拥有商标权的商标权人在不放弃商标所有权的前提下，特许他人按照许可合同规定的条款使用商标。商标权转让方式不同，评估值也不同。一般来说，商标所有权转让的评估值高于商标权许可使用的评估值。

对于股份制企业商标评估来说，通常包括以商标权投资入股、商标权许可使用、商标权转让等。评估目的的不同，评估出商标权的价值也不同。

三、商标权的经济价值及评估程序

（一）商标权的经济价值

商标的基本功能在于指明提供商品的生产销售厂商或提供服务的企业，并表明商品或服务的特征。仅从这个角度来讲，商标只是一个标志，此时，它所代表的权利即商标权没有多大的经济价值。然而，一旦某个商品或某项服务具有良好的声誉，并使消费者对这种商品或服务产生好感，那么，该商品或服务所采用的商标知名度也就很大，并能在消费者心目中留下深刻印象，形成强劲的市场竞争力。此时，商标权具有了经济价值，因为使用这种商标的商品或服务质量能被消费者接受，能扩大销量或提高单位产品的价格，能节省广告宣传费用，也就意味着企业能有较高的收益，即与同种企业相比具有超额收益。

（二）商标权评估的程序

（1）接受委托明确有关事项。商标评估的第一步是接受委托方的委托，明确评估中的有关事项。

① 商标权评估目的，即商标权发生的经济行为。从商标权发生的经济行为方式来说，可分为商标权转让和商标权许可使用。

② 有关情况包括：商标的注册、使用等情况；商标拥有方、使用方及评估委托方的情况。

③ 商标评估的范围，包括待评估商标的种类、数量及应用的商品种类和地域范围。

④ 确定评估基准日，明确待评估商标的价值时点。

⑤ 可能影响待评估商标价值的其他情况。

（2）向商标权人收集有关资料。需收集的资料包括以下几项。

① 商标权人的概况和经营业绩，包括前3～5年的财务报表；

② 商标概况，包括商标注册有关的法律性证件、商标权人、注册时间、注册地点、注册证书号、有效期及续展条件、保护内容、商标的适用范围、商标的种类、许可使用和转让情况等；

③ 商标权的成本费用和历史收益情况，包括商标权申报或购买、持有等项支出成本；商标使用、许可使用及转让带来的历史收益；

④ 商标的知名度、广告宣传情况、同类产品的名牌商标；

⑤ 商标的预期寿命和收益情况，包括使用该商标产品的预期寿命、单位售价、销售量、市场占有率和利润情况，同种产品单位售价情况、主要竞争对象的市场占有率、盈利情况等；

⑥ 相关产业政策、财税政策等宏观经济政策对其的影响。

(3) 市场调研和分析。主要内容包括：
① 产品市场需求量的调研和分析；
② 商标现状和前景分析；
③ 商标产品在客户中的信誉、竞争情况的分析；
④ 商标产品市场占有率的分析；
⑤ 财务状况分析，主要分析判断商标产品现有获利能力，为未来收益发展趋势预测提供依据；
⑥ 市场环境变化的风险分析；
⑦ 其他相关信息资料的分析。

(4) 确定评估方法，收集并确定有关参数。商标权评估较多采用收益法，但也不排斥采用市场法和成本法。根据评估方法的不同，收集并确定有关参数。

(5) 计算、分析、得出结论，完成评估报告。

四、商标权评估方法

商标权评估也主要是前面介绍的三种方法，比较常用的是收益法。下面主要介绍收益法在商标权评估中的应用。

(一) 商标权转让的评估

【例6-9】某企业有一个已经使用10年的注册商标。根据历史资料，该企业近5年使用这一商标的产品比同类产品的价格，每件高0.7元，该企业每年生产100万件。该商标目前在市场上发展趋势良好，产品基本上供不应求。根据预测估计，如果在生产能力足够的情况下，这种商标产品每年生产150万件，每件可获超额利润0.5元，预计该商标能够继续获取超额利润的时间是10年。前5年保持目前超额利润水平，后5年每年可获取的超额利润为32万元，评估这项商标权的价值。

解：(1) 其预测期内前5年中每年的超额利润＝150×0.5＝75(万元)。

(2) 根据企业的资金成本率及相应的风险率，确定其折现率为10%。

(3) 确定该项商标权价值＝$75 \times [(1+10\%)^{-1} + (1+10\%)^{-2} + (1+10\%)^{-3} + (1+10\%)^{-4} + (1+10\%)^{-5}] + 32 \times [(1+10\%)^{-6} + (1+10\%)^{-7} + (1+10\%)^{-8} + (1+10\%)^{-9} + (1+10\%)^{-10}]$＝75×3.790 7＋32×2.353 6＝284.3＋75.316 7＝359.616 7(万元)

由此确定该商标权转让评估值为359万元。

(二) 商标许可价值评估(商标使用权评估)

【例6-10】A自行车厂将黑豹牌自行车的注册商标使用权通过许可使用合同允许B厂使用，使用时间为5年。双方约定由B厂每年按使用该商标新增利润的27%支付给A厂，作为商标使用费，试评估该商标使用权价值。评估过程如下：

(1) 预测使用期限内新增利润总额取决于每辆车的新增利润和预计产量。对于产量的预测，应根据许可合同的有关规定及市场情况进行。如果许可合同中规定有地域，在预测时必须予以考虑。否则就可能导致预测量过多，使评估值失实。根据评估人员预测，每辆车可新增净利润5元，第一年至第五年生产的自行车分别是40万辆、45万辆、55万辆、60万辆、65万辆。由此确定每年新增净利润。

第一年新增利润＝40×5＝200(万元)

第二年新增利润＝45×5＝225（万元）
第三年新增利润＝55×5＝275（万元）
第四年新增利润＝60×5＝300（万元）
第五年新增利润＝65×5＝325（万元）

（2）确定分成率。按许可合同中确定的27%作为分成率。

（3）确定折现率。假设折现率为14%。

由此，可以计算出每年新增净利润的折现值，如表6-2所示。

表6-2 每年新增净利润的折现值

年 份	新增净利润额/万元	折 现 系 数	折现值/万元
第一年	200	0.877 2	175.442
第二年	225	0.769 5	173.143
第三年	275	0.675 0	185.634
第四年	300	0.592 1	177.635
第五年	325	0.519 4	168.81
合计			880.65

最后，按27%的分成率计算确定商标使用权的评估值＝880.65×27%＝237.78（万元）。

第七节 其他无形资产评估

一、著作权的评估

（一）著作权的概念

著作权，也称版权，是指著作人对其文学、艺术、科学等作品所享有的专有权利。著作权包括人身权和财产权两种不同的民事权利，这是著作权最主要的特点。其中，人身权又包括发表权、署名权、修改权以及保护作品完整权，财产权又包括使用权和获得报酬权。

在著作权的人身权中：①发表权是指将作品公之于众的权利。作者是否愿意发表作品，以何种方式、在何时何地何种条件下发表作品是著作权的一项重要内容。②署名权是指表明作者身份，在作品上署名的权利。它与其他精神权利不同，永远由作者享有并受到法律保护。③修改权是指修改或授权他人修改作品的权利。所谓修改，是指作品创作完成后，对其进行添加或删除部分内容而做出的改动。④保护作品完整权是指保护作品不受歪曲、篡改的权利，它主要保护著作权人的名誉和声望以及其他人身权利不受侵害。保护作品完整权与修改权紧密联系，只有作者才有权修改或授权他人修改其作品。若他人擅自修改，则侵犯了作品完整权。

著作权中的财产权主要包括使用权和获得报酬权。按照不同的利用方式，可以分为以下四类：①作品复制权，包括复制权、发行权和录音录像权；②著作再现权，包括表演权、广播权、展示权以及口述权；③演绎权，包括改编权、翻译权和整理、注释、编辑权；④其他权利。

（二）著作权的特点

除了具有专有性、地域性等特点外，著作权还具有以下特点。

（1）著作权既包括精神方面的权利（人身权），也包括经济方面的权利（财产权）。著作人身权是不能继承和转让的，而著作财产权是可以继承和转让的。

（2）著作权依自动保护原则无须办理任何法律手续即可受到法律保护。

（3）著作权保护的是文学、艺术和科学著作的客观表达方式，只承认独创性，不承认新颖性。

（4）著作权包括的各种具体权利的法律保护期限不同。

（三）著作权的归属

著作权的归属即著作权归谁所有，是著作权的核心问题。我国著作权法对著作权的归属做了相应的规定，其主要内容如下。

（1）两人以上共同创作的作品，著作权由合作者共同享有。合作作品可以分开使用的，作者对各自创作的部分可以单独享有著作权，但行使部分作品的著作权时不能侵犯合作作品整体的著作权。

（2）受委托创作的作品，著作权的归属由委托人和受托人通过合同约定；合同未明确规定或没有订立合同的，著作权属于受托人。

（3）利用原作品派生出的作品，其著作权由改编、翻译、整理、编辑人享有，但行使著作权时不能侵犯原作品的著作权。

（4）电影、电视、录像作品的导演、编剧、作曲、摄影等作者享有署名权，著作权的其他权利由制作电影、电视、录像作品的制片人享有。

（5）公民为完成法人或非法人单位工作任务所创作的作品是职务作品。一般情况下，作者仅享有署名权，著作权的其他权利由该法人或非法人单位享有。

（四）著作权的评估方法

由于著作权包括的具体权利种类繁多，且权利之间相互交叉，因此，著作权价值的评估具有相当大的难度，在实际运用评估方法时表现出一定的特殊性。下面，分别介绍几种著作权评估方法。

▶ 1. 收益现值法

【例 6-11】某画家拥有 100 篇作品的著作权。该画家拟在未来 3 年每年举办展览 1 次，并且每年出版作品集 1 次和印制年历 1 次。经预测，举办展览的预期收益为 150 000 元，出版作品集的年收益分别为 250 000 元、220 000 元和 180 000 元，印制年历的年收益分别为 200 000元、160 000 元和 120 000 元。假设折现率为 12%，试评估该摄影作品著作权的价值。

$$P = \sum_{t=1}^{n} \frac{M_t}{(1+i)^t}$$

$$= \frac{15\,000 + 250\,000 + 200\,000}{1 + 12\%} + \frac{220\,000 + 160\,000}{(1 + 12\%)^2} + \frac{180\,000 + 120\,000}{(1 + 12\%)^3}$$

$$= 1\,052\,216(元)$$

2. 成本—收益现值法

【例 6-12】 某影视制作公司拟出售其新完成的一套电视剧的著作权。该电视剧的制作时间为 1 年(自评估基准日前 1 年开始),经核算其直接成本和间接成本总值为 1 600 万元,当年的投资安全利率为 15%,行业风险报酬率为 10%。据在国内市场预测,未来 5 年内,该电视剧可获得年收益为 800 万元。求独家转让该电视剧著作权在评估基准日的评估价格。

(1) 确定评估方法。该电视剧制作投入大量资金,预测未来收益也非常可观,因而采用成本—收益现值法进行评估。

$$评估价格 = 重置净价 + 收益现值 \times 利润分成率 \tag{6-22}$$

(2) 重置成本估算。该电视剧自评估基准日前 1 年开始制作,并在 1 年内完成投资,经核算其直接成本和间接成本总值为 1 600 万元,当年的投资安全利率为 15%,行业风险报酬率为 10%。由于电视剧是新制作,其功能性损耗可以不计。

$$\begin{aligned}重置净价 &= 成本总值 \times (1 + 投资安全利率 + 行业风险报酬率) \\ &= 1\,600 \times (1 + 15\% + 10\%) \\ &= 2\,000(万元)\end{aligned} \tag{6-23}$$

(3) 收益现值估算。据预测,未来 5 年内该电视剧可获得年收益 800 万元,则:

$$收益现值 = 年金收益 \times \frac{1 - (1 + i)^{-n}}{i} \tag{6-24}$$

式中,i 为折现率,等于投资安全利率和行业风险报酬率之和,即 $i = 15\% + 10\% = 25\%$,年限 $n = 5$。

$$评估基准日的收益现值 = 800 \times \frac{1 - (1 + 25\%)^{-5}}{25\%} = 2\,151.44(万元)$$

(4) 分成率的确定。考虑受让方在宣传该电视剧时尚需投入广告成本,该电视剧的利润分成率可取值 40%。

(5) 评估价格 = 重置净价 + 收益现值 × 利润分成率 = 2 000 + 2 151.44 × 40% = 2 860.58(万元)

二、商誉的评估

(一) 商誉的概念和特点

商誉通常是指企业在一定条件下,获取高于正常投资报酬率的收益所形成的价值。这是企业由于所处地理位置的优势,或由于经营效率高、管理基础好、生产历史悠久、人员素质高等多种原因,与同行业企业相比,可获得超额利润。

从历史渊源考察,20 世纪 60 年代前的无形资产是一个综合体,商誉则是这个综合体的总称。20 世纪 70 年代以后,随着对无形资产确认、计量的需要,无形资产以不同的划分标准,形成各项独立的无形资产。现在所称的商誉是指企业所有无形资产扣除各单项可确指无形资产以后的剩余部分。因此,商誉是不可确指的无形资产。商誉具有如下特性:

(1) 商誉不能离开企业而单独存在,不能与企业可确指的资产分开出售;

(2) 商誉是多项因素作用形成的结果,但形成商誉的个别因素不能以任何方法单独计价;

(3) 商誉本身不是一项单独的、能产生收益的无形资产,而只是超过企业可确指的各单项资产价值之和的价值；

(4) 商誉是企业长期积累起来的一项价值。

(二) 商誉评估的方法

▶ 1. 割差法

割差法是根据企业整体评估价值与各单项资产评估值之和进行比较确定商誉评估值的方法。基本公式为

商誉的评估值＝企业整体资产评估值－

企业的各单项资产评估值之和(含可确指无形资产)   (6-25)

企业整体资产评估值可以通过预测企业未来预期收益并进行折现或资本化获取，对于上市公司，也可以按股票市价总额确定。采取上述评估方法的理论依据是企业价值与企业可确指的各单项资产价值之和是两个不同的概念。如果有两个企业，企业可确指的各单项资产价值之和大体相当，但由于经营业绩悬殊，预期收益悬殊，其企业价值自然相去甚远。企业中的各单项资产包括有形资产和可确指的无形资产，由于其可以独立存在和转让，评估价值在不同企业中趋同。但由于其不同的组合、不同的使用情况和管理，使之运行效果不同，导致其组合的企业价值也不同，使各类资产组合后产生的价值超过各单项资产价值之和的价值，即为商誉。

【**例 6-13**】某企业进行股份制改组，根据企业过去经营情况和未来市场形势预测其未来 5 年的净利润分别为 13 万元、14 万元、11 万元、12 万元和 15 万元，并假定从第 6 年开始，以后每年净利润均为 15 万元。根据银行利率及企业经营风险情况确定的折现率和本金化率均为 10%。采用单项资产评估方法，评估确定该企业各单项资产评估之和(包括有形资产和可确指的无形资产)为 90 万元，试确定该企业商誉评估值。

首先，采用收益法确定该企业整体评估值。

企业整体评估值＝13×0.909 1＋14×0.826 4＋11×0.751 3＋12×

0.683 0＋15×0.620 9＋15÷10%×0.620 9

＝49.161 7＋93.135＝142.296 7(万元)

因为该企业各单项资产评估值之和为 90 万元，由此可以确定商誉评估值，即

商誉的价值＝142.296 7－90＝52.296 7(万元)

▶ 2. 超额收益法

商誉评估值是指企业超额收益的本金化价格。把企业超额收益作为评估对象进行商誉评估的方法称为超额收益法。超额收益法视被评估企业的不同又可分为超额收益本金化价格法和超额收益折现法两种具体方法。

(1) 超额收益本金化价格法。超额收益本金化价格法是把被评估企业的超额收益经本金化还原来确定该企业商誉价值的一种方法。计算公式为

$$商誉的价值 = \frac{企业预期年收益额 - 行业平均收益率 \times 该企业的单项资产评估值之和}{适用本金化率}$$

(6-26)

或

$$商誉价值 = \frac{被评估企业单项资产评估价值之和 \times (被评估企业预期收益 - 行业平均收益)}{适用本金化率}$$

(6-27)

式中：

$$被评估企业预期收益率 = \frac{企业预期年收益额}{企业的单项资产评估价值之和} \qquad (6-28)$$

【例6-14】某企业的预期年收益额为20万元，该企业的各单项资产的评估价值之和为80万元，企业所在行业的平均收益率为20%，并以此作为适用资产收益率。

解：商誉的价值 = (200 000 − 800 000 × 20%) ÷ 20%
        = 40 000 ÷ 20%
        = 200 000(元)

或

商誉的价值 = 800 000 × (200 000 ÷ 800 000 − 20%) ÷ 20%
        = 800 000 × (25% − 20%) ÷ 20%
        = 200 000(元)

超额收益本金化价格法主要适用于经营状况一直较好、超额收益比较稳定的企业。如果在预测企业预期收益时，发现企业的超额收益只能维持有限期的若干年，这类企业的商誉评估不宜采用超额收益本金化价格法，而应改按超额收益折现法评估。

(2) 超额收益折现法。超额收益折现法是把企业可预测的若干年预期超额收益进行折现，把其折现值确定为企业商誉价值的一种方法。其计算公式为

$$商誉价值 = \sum_{i=1}^{n} \frac{R_i}{(1+r)^i} \qquad (6-29)$$

式中，R_i为第i年企业预期超额收益；i为收益期限序号；r为折现率；n为收益期限。

【例6-15】某企业预计在今后5年内保持其具有超额收益的经营态势。估计预期年超额收益额保持22 500元的水平，该企业所在行业的平均收益率为12%，则：

商誉的价值 = 22 500 × 0.892 9 + 22 500 × 0.797 2 + 22 500 × 0.711 8 + 22 500 × 0.635 5 + 22 500 × 0.567 4 = 81 108(元)

或

商誉的价值 = 22 500 × 3.604 8 = 81 108(元)

(三) 商誉评估需要注意的几个问题

商誉本身的特性决定了商誉评估的困难性。商誉评估的理论和操作方法争议较大，现在虽然尚难定论，但在商誉评估中，至少下列问题应予以明确。

(1) 不是所有企业都有商誉，商誉只存在于那些长期具有超额收益的企业中。一个企业在同类型企业中超额收益越高，商誉评估值越大。因此，商誉评估过程中，如果不能对被评估企业所属行业收益水平有全面的了解和掌握，也就无法评估该企业商誉的价值。

(2) 商誉评估必须坚持预期原则，企业是否拥有超额收益是判断企业有无商誉和商誉大小的标志，这里所说的超额收益是指企业未来的预期超额收益，并不是企业过去或现在的超额收益。在评估过程中，对于目前亏损的企业，经分析预测，如果其未来超额收益潜力很大，则该企业也会有商誉存在，这在评估时必须加以综合分析和预测。

(3) 商誉价值形成既然是建立在企业预期超额收益基础之上，那么，商誉评估值高低

与企业为形成商誉投入的费用和劳务没有直接联系,并不会因为企业为形成商誉投资越多,其评估值就越高。尽管所发生投资费用和劳务会影响商誉评估值,但它是通过未来预期收益的增加得以体现的。因此,商誉评估不能采用投入费用累加的方法进行。

(4) 商誉是由众多因素共同作用的结果,但形成商誉的个别因素具有不能够单独计量的特征,致使各项因素的定量差异调整难以运作,所以商誉评估也不能采用市场类比的方法进行。当然,完全相同的商誉更为鲜见。在对商誉评估方法的研究中,有一种观点主张按形成商誉的因素分解成为地缘商誉、人缘商誉、质量商誉、组织商誉和其他商誉等,然后分别测定每个因素带来的超额收益,最后分别进行收益折现或本金化后汇总计算商誉的价值。这种观点是值得商榷的,从定性分析角度,可以将形成商誉的因素加以分解和列举,用以说明商誉形成的内涵和构成因素。但要定量分析确定,在实际操作过程中,仍然存在较大的技术障碍。

(5) 企业负债与否、负债规模大小与企业商誉没有直接关系。有观点认为,企业负债累累,不可能有商誉。这种认识显然有失偏颇。在市场经济条件下,负债经营是企业的融资策略之一。从财务学原理分析,企业负债不影响资产收益率,而影响投资者收益率,即资本金收益率。资本金收益率与资产收益率的关系可以表述为

$$资本金收益率 = \frac{资产收益率}{1-资产负债率} \qquad (6\text{-}30)$$

在资产收益率一定且超过负债资金成本的条件下,增大负债比率,可以增加资本金收益率,并不直接影响资产收益率。资产收益率高低受制于投资方向、规模以及投资过程中的组织管理措施。商誉评估值取决于预期资产收益率,而非资本金收益率。当然,资产负债率应保持一定的限度,负债比例增加会增加企业风险,最终会对资产收益率产生影响。这在商誉评估时应有所考虑,但不能因此得出负债企业就没有商誉的结论。

(6) 商誉与商标是有区别的,反映两个不同的价值内涵。企业中拥有某项评估值很高的知名商标,但并不意味该企业一定就有商誉,为了科学地确定商誉的评估值,注意商誉与商标的区别是十分必要的。

① 商标是产品的标志,而商誉则是企业整体声誉的体现。商标与其产品相结合,它所代表的产品质量越好,市场需求越大,商标的信誉越高,据此带来的超额收益越大,其评估值也就越大。而商誉则是与企业密切相关的,企业经营机制完善并且运转效率高,企业的经济效益就高,信誉就好,其商誉评估值也就越大。由此可见,商标价值来自产品所具有的超额获利能力,商誉价值则来自企业所具有的超额获利能力。

② 商誉作为不可确指的无形资产,是与企业及其超额获利能力结合在一起的,不能够脱离企业而单独存在。商标则是可确指的无形资产,可以在原组织继续存在的同时,转让给另一个组织。

③ 商标可以转让其所有权,也可以转让其使用权。而商誉只有随企业行为的发生实现其转移或转让,没有所有权与使用权之分。

尽管商誉与商标的区别有许多,但商誉与商标在许多方面是密切关联的,两者之间有时存在有相互包含的因素。例如,与商誉相对应的企业超额收益中包含有商标作用的因素,这也是需要在评估中必须加以分析确定的。

三、特许权的评估

(一) 特许权的概念

特许权又称特许经营权或专营权,是政府或企业所给予其他法人或自然人的在一定时间和一定地域范围内经营或销售某种特定商品的特殊权利。作为无形资产的评估对象,特许权可以分为特种行业经营权(特种行业在我国是指旅馆业、按摩业、修理业、旧货业等)、垄断经营权(专卖权,如我国对烟草的生产、销售和进出口依法实行的垄断经营)、实施许可证制度行业的经营权(常见的许可证有生产许可证、进出口许可证等)、资源型资产开采特许权(如采矿权等)、纯商业性的特许经营权(如麦当劳等现代商业连锁店等)和其他特许经营权。

特许权的许可人必须一切依照有关法律规定进行授权,如果许可的是纯商业性的经营权,则许可人还承担为受让人提供长期优质指导或服务的义务;而特许权的受让人也必须严格按照许可方在行政上、法律上的规定或双方商业合同的约定来经营,并向许可方支付一定的报酬。特许权的许可方和被许可方之间共享利润,也分担风险。

(二) 特许权的特点

1. 具有时效性

无论是政府授予的特许权还是企业授予的特许权,都有一定的使用年限。政府定期对获取特许权的企业进行检查,一旦发现违规行为,就会要求整顿甚至吊销特许权证书;企业特许权也会在合同中约定使用年限。

2. 具有转让限制性

无论是政府的特许权还是企业对其他企业的特许权,在授予时都附加了诸多限制,不可以随意转让。一般情况下,特许权可以随企业一并转让而不能单独转让,而且转让后的企业要符合原转让方的要求和规定。对于政府授予的特许权,其限制往往是由相关的法律法规来界定的,而企业特许权的限制往往由合同来约定。

3. 具有垄断利益

由于特许权在某个地区和某个时间的垄断性,因此能够给特许权的经营者带来垄断性的超额收益。

(三) 影响特许权评估的因素

1. 特许权范围与具体内容

特许权范围与具体内容是影响特许权价值的一个非常重要的因素。特许权范围越大,其价值越高,特许权范围包含的权益内容和经营范围越大,其价值越高。

2. 特许权使用年限

一般情况下,特许权使用年限和特许权的价值呈正相关性,使用时间越长,价值越高。

3. 付出的成本代价

一般情况下,付出的成本和其价值之间存在相关关系,但并不绝对,有些特许权是有成本的,有些是没有成本的,例如,政府的特许权对政府而言没有任何成本,但并不代表政府的特许权没有价值或价值比较低,恰恰相反,由于政府的特许权带有明显的地域垄断或行业垄断特征,并且这种垄断由国家相关的法律法规来进行保障,因此这种特许权带来的超额收益更高，其价值也更大。

▶ **4. 超额收益或垄断利润**

由特许权带来的垄断的超额收益越高，其评估值越大，两者呈正相关性。

▶ **5. 现行可比市价**

特许权参照物的成交价对评估对象有非常明显的影响，例如，同样是省会城市，一个城市出租车特许权价值的高低和类似城市出租车特许权价值的高低有联动关系。

（四）特许权的评估

特许权的评估依据是被许可方在使用特许权后在生产经营中取得的超额收益或者垄断利润。特许权的评估方法可以以卖方市场为中心，以买方可能出的最高价，即拍卖价格作为其评估值。也可以用一般的资产评估方法来确定，对于以转让、招商、入股或联营为目的的特许权评估，一般采用收益现值法；对于将特许权作价计入股本或作为开办费入账的情况，通常采用重置成本法。另外，如果能在近期的特许权交易中找到合适的参照物，特许权的评估也可以采用市场比较法，对参照物特许权的交易价格进行适当的调整后得到被评估特许权的价格。

【例 6-16】某烟草公司开业 5 年来，产量与利润持续递增，为争取更好的效益，1999 年年底拟组建内联企业，要求对其烟草专卖许可证的价值进行评估。根据该公司提供的资料，评估人员预计该公司 2000—2004 年的利润分别为 2 175 万元、2 738 万元、3 006 万元、3 456 万元和 3 880 万元。烟草行业的基准收益率为 12%，假设折现率为 14%，特许权提成率为 48%，并将 2004 年的收益设为永续年金收益，本金化利率为 17.5%，求烟草专卖权的价值。

解：计算公式为

评估价值＝近期收益现值＋永续年金收益/本金化利率

其中，近期收益现值为

$$P = \alpha \sum_{i=1}^{n} \frac{R_I}{(1+r)^i} \tag{6-31}$$

永续年金收益＝近期中最后一年的收益额的现值×特许权提成率

评估价值＝0.48×[2 175+(2 738×0.877 2)+(3 006×0.769 5)+(3 456×0.675 0)+(3 880×0.592 1)]+(3 880×0.592 1×0.48)/0.175＝5 334.42+6 301.3＝11 835.72(万元)

【例 6-17】2017 年 4 月，某化工厂将某种杀虫剂的特许经营权转让给某代销商店，转让时间为 3 年，每年供应该厂的杀虫剂 30 000 吨。求该特许权的转让价格。

解：现选定三个参照物，如表 6-3 所示：

表 6-3 某被评估特许权的基本资料

参照物	特许权转让时间	转让年限/年	每年转让的数量/吨	特许权转让费/元	每吨单价/元
甲	2017.4	4	40 000	320 000	2
乙	2017.9	5	32 000	320 000	2
丙	2018.12	4	36 000	216 000	1.5

根据表6-3可以看出,甲、乙的转让时间相差5个月,转让年限甲比乙少1年,转让数量甲比乙多8 000吨,转让价格没有差别;乙、丙的转让时间相差15个月,转让年限乙比丙多1年,转让数量乙比丙少4 000吨,转让单价乙比丙多0.5元,平均每月每吨下降0.033元(0.5/15=0.033);甲、丙的转让时间相差20个月,转让年限相同,转让数量甲比丙多4 000吨,转让单价甲比丙多0.5元,平均每月每吨下降0.025元(0.5/20=0.025);所以,时间调整价值为每月每吨下降0.029元((0.033+0.025)/2)。比较对象价格调整表如表6-4所示。

表6-4 比较对象价格调整表

参照物	每吨单价/元	距评估日月份/月	每月每吨调整/(元/吨)	总调整价格/元	每年每吨调整/元
甲	2	24	0.029	0.696	1.304
乙	2	19	0.029	0.551	1.449
丙	1.5	4	0.029	0.116	1.384

简单平均算术值=(1.304+1.449+1.384)÷3=1.38(元)

根据表6-4对甲、乙、丙三个参照物的调整,该化工厂转让杀虫剂专营权的价格为每吨每年1.38元,当然,也可以用时间为权数进行加权平均。

每年专营权使用费=1.38×30 000=41 400(元)

若每年缴付,则三年共计41 400×3=124 200(元)

若一次性缴付,则需折为现值,设折现率为14%。

特许权转让费=41 400+41 400×(P/A,14%,2)
= 41 400×(1+1.646 7)
= 109 573.38(元)

本章小结

本章首先介绍了无形资产的概念、特点、范围及分类,并阐述了无形资产的使用价值及其价值的决定因素;然后简要论述了无形资产评估的特点、应遵循的原则和方法;最后介绍了关于技术资产的含义及特点和评估原则,以及商标、著作权和商誉的相关内容。

综合练习

一、单项选择题

1. 下列选项中,不属于无形资产的是( )。
 A. 债权性质的应收及预付账款 B. 土地使用权
 C. 计算机软件 D. 非专利技术

2. 下列选项中,不影响无形资产评估价值的因素是( )。

A. 寿命期限　　　　B. 机会成本　　　　C. 市场供求状况　　　　D. 评估方法

3. 在下列无形资产中，属于不可确指资产的是（　　）。

A. 特许经营权　　　B. 商誉　　　　　　C. 著作权　　　　　　D. 商业秘密

4. 我国理论界所说的"三分法"，即经营活动中的三大要素不包括（　　）。

A. 资金　　　　　　B. 经济环境　　　　C. 技术　　　　　　　D. 管理

5. 租赁权评估的对象是（　　）。

A. 租赁合同规定的租金的现值

B. 租赁资产的价值

C. 租赁合同带来的高于租金现值的额外经济利益

D. 租赁资产的重置成本

6. 甲企业以一项先进的技术向乙企业投资，该技术的重置成本为200万元，乙企业拟投入资产的重置成本为4 000万元，甲企业无形资产成本利润率为500%，乙企业拟合作的资产利润率为25%，则无形资产投资的利润分成率约为（　　）。

A. 12.5%　　　　　B. 19.35%　　　　　C. 15%　　　　　　　D. 18.75%

7. 甲企业研制出一种含锌矿泉粉材料，在研制过程中共消耗物料及其他费用50万元，人员开支20万元。评估人员经测算，确定科研人员创造性劳动倍加系数为1.5，科研平均风险系数为0.2，该无形资产的投资报酬率为30%，采用倍加系数法估算其重置成本为（　　）万元。

A. 70　　　　　　　B. 91　　　　　　　C. 120　　　　　　　D. 130

8. 某企业5年前获得一项专利，法定寿命为10年，现对其价值进行评估。经专家估算，至评估基准日，其重置成本为120万元，尚可使用3年，则该项专利的评估价值为（　　）万元。

A. 45　　　　　　　B. 50　　　　　　　C. 36　　　　　　　　D. 72

9. A公司将其拥有的某产品的商标许可B公司使用，许可使用期为5年。按许可协议，B公司每年将使用该商标新增利润的30%支付给A公司。B公司拟年产该商标产品10万台，每台市场售价为100元，公司预期各年销售利润率为15%。若折现率为10%，则该商标使用权的评估值约为（　　）万元。

A. 170.6　　　　　B. 568.6　　　　　　C. 1 137.2　　　　　D. 225

10. 甲机械制造厂允许另一地区的乙设备厂利用其专营商标，生产其专营的特种防火器材，时间为6年，双方约定由乙设备厂每年按其销售利润的30%一次性向甲机械制造厂缴纳专营使用费。经预测，在使用专营商标期间，乙设备厂在第一年可获取销售利润150万元，第2～第6年平均每年获取销售利润200万元。若折现率为10%，则该专营商标使用权的评估价值约为（　　）万元。

A. 272.45　　　　B. 825.6　　　　　　C. 268.36　　　　　D. 247.68

二、多项选择题

1. 无形资产可以作为独立的转让对象进行评估，其前提是（　　）。

A. 能带来正常利润　　　　　　　　　　B. 能带来超额利润

C. 能带来垄断利润　　　　　　　　　　D. 能带来非经济性利益

2. 下面对无形资产概念的理解中，正确的有（　　）。

A. 由一定的主体排他性地加以控制
B. 对生产经营长期持续发挥作用并能带来经济效益的经济资源
C. 不具有实物形态，但又依托于一定的实体
D. 对生产经营长期持续发挥作用并能带来经济效益的非经济资源

3. 工业产权包括（　　）。
　　A. 专利权　　　B. 专有技术　　　C. 商标权　　　D. 著作权

4. 按无形资产产生来源划分，可以将无形资产分为（　　）。
　　A. 自创型无形资产　　　　　　B. 知识产权
　　C. 外购型无形资产　　　　　　D. 关系类无形资产

5. 商誉属于（　　）。
　　A. 不可确指的无形资产　　　　B. 自创型无形资产
　　C. 非技术型无形资产　　　　　D. 组合类无形资产

6. 通过无形资产的鉴定，可以解决的问题有（　　）。
　　A. 确认无形资产的存在　　　　B. 鉴别无形资产的种类
　　C. 确定无形资产的有效期限　　D. 确定无形资产的收益

7. 无形资产评估过程中，运用收益法时，无形资产收益额的确定方法有（　　）。
　　A. 直接估算法　　B. 分成率法　　C. 约当投资分析法　　D. 要素贡献法

8. 运用市场法评估无形资产时，评估人员应注意（　　）。
　　A. 收集类似的无形资产交易的市场信息是为纵向比较提供依据，而收集被评估无形资产以往的交易信息则是为横向比较提供依据
　　B. 参照物与被评估无形资产之间会因为时间、空间和条件的变化产生差异，评估人员应对此做出合理调整
　　C. 依据的价格信息具有代表性，即参照物的成交价应能反映正常市场交易的价格，并且能反映被评估无形资产的载体结构和市场结构特征
　　D. 参照物的成交价应接近评估基准日的实际成交价

9. 无形资产发挥作用的方式明显区别于有形资产，因而在评估时要牢牢把握其固有的特性，包括（　　）。
　　A. 附着性　　　B. 累积性　　　C. 替代性　　　D. 虚拟性

10. 下列说法中，正确的有（　　）。
　　A. 无形资产创造效益的能力越强，其评估价值越高
　　B. 无形资产的创造成本越高，其评估价值越高
　　C. 无形资产的市场需求越大，其评估价值越高
　　D. 科技成果开发程度越高、技术越成熟，运用该技术成果的风险性越小，其评估价值就越低

三、判断题

1. 由于无形资产具有替代性的功能特性，因此在评估时必须要考虑无形资产的经济寿命，尤其是尚可使用年限。（　　）

2. 按使用权限的大小划分，转让专利使用权可以分为独家使用权、排他使用权、普通使用权和回馈使用权。其中，独家使用权是指卖方在合同规定的时间和地域范围内只把

技术授予买方使用,同时卖方自己保留使用权和产品销售权,但不再将该技术转让给第三者。(   )

3. 由于无形资产的成本往往是相对的,特别是一些无形资产的内涵已远远超出了它的外在形式的含义。例如,名牌商品的内涵是商品的质量信誉、获利能力等,其内在价值已远远超过商标成本中包括的设计费、注册费、广告费等所体现的价值。因此,无形资产的成本费用具有弱对应性的特点。(   )

4. 运用市场法评估无形资产时,要选择具有合理比较基础的类似无形资产,即参照物与被评估无形资产至少要形式相似、功能相似、载体相似,交易条件相似。其中,形式相似是指参照物与被评估资产所依附的产品或服务应满足同质性要求,所依附的企业应满足同行业与同规模的要求。(   )

5. 租赁权评估的对象是租赁合同带来的额外经济利益,它的评估期限是租赁合同期,估价标准是收益现值,其目的是服务于产权交易。(   )

6. 工业产权是指无形资产的一种专门类型,通常包括专利权、专有技术、商标权和版权。(   )

7. 考虑无形资产的共益性,就要求在资产评估时考虑机会成本的补偿问题。(   )

8. 若无形资产形成时间较短,并且存在另一种类似无形资产可以替代,则成本法较为适用。(   )

9. 评估时,需要注意无形资产收益额计算口径与折现率口径的一致性。若收益额采用净利润,则折现率应选择投资回收率。(   )

10. 企业整体租赁权评估的思路是先用收益法评出该企业整体转让时的价格,然后以此价格减去企业整体租赁合同约定的租金。(   )

四、计算题

1. 企业转让计算机芯片新技术,购买方用于改造生产能力为 10 万只计算机芯片的生产线。经对无形资产边际贡献因素的分析,测算在其寿命期间各年度分别可带来追加利润 50 万元、60 万元、45 万元、35 万元,分别占当年利润总额的 400%、30%、20%、15%,试评估无形资产利润分成率。

2. A 啤酒厂将该厂商标使用权通过许可使用合同允许 C 啤酒厂使用,使用期限为 5 年。双方约定由 C 啤酒厂每年按使用该商标新增利润的 30% 支付给 A 啤酒厂,作为商标使用费。经预测,未来 5 年中 C 啤酒厂使用 A 啤酒厂的商标后每年新增净利润分别为 600 万元、640 万元、700 万元、740 万元和 780 万元。假设折现率为 10%,求该商标使用权的价值。

3. 某企业欲转让一项专利权,历史资料显示,该企业近 6 年使用该专利的产品价格每件比同类产品的价格高 6 元,该企业每年生产该产品 10 万件。使用该专利的产品目前市场状况良好,产品供不应求,如果使用这种专利的产品每年生产 100 万件,每件可获超额利润 5 元,预计该专利能够继续获取超额利润的时间是 8 年,前 5 年可保持目前的超额利润水平,后 3 年每年可获取的超额利润为 300 万元,根据企业的资金成本率及相应的风险率,确定其折现率为 10%,求该项专利权转让的评估值。

4. 某企业拟转让甲产品生产的全套技术,该技术账面原始成本为 300 万元,已使用 2 年,预计还可使用 8 年。近 2 年物价涨幅为 10%。由于技术转让,该企业产品的市场占有率将有所下降,在以后的8年内,减少销售收入的现值为120万元,增加开发费用以提高质量、保住市场的追加成本现值为110万元。该企业与购买方共同享用这项生产技术所形成的生产能力分别为700万件和300万件,试评估该项无形资产转让的最低收费额。

5. 某企业转让制药生产技术,经收集和初步测算已知下列资料:

(1) 该企业与购买企业共同享受该制药生产技术,双方生产能力分别为600万箱和400万箱;

(2) 该制药生产技术系国外引进,账面价格500万元,已使用3年,尚可使用9年,3年通货膨胀率累计为10%;

(3) 该项技术转让对该企业生产经营有较大影响,由于市场竞争,产品价格下降,在以后9年中减少的销售收入按现值计算为100万元,增加开发费以保住市场的追加成本按现值计算为30万元。

根据上述资料,计算:

(1) 该制药生产全套技术的重置成本净值。

(2) 该无形资产转让的最低收费额评估值。

五、简答题

1. 如何理解无形资产的概念?
2. 如何对无形资产按不同的标准进行分类?
3. 与有形资产相比,无形资产的使用价值具有哪些特点?
4. 无形资产评估主要包括哪些内容?

六、案例分析题

神州食品饮料公司为中外合资企业,经营十年来,质量稳定,货真价实,神州牌食品饮料在市场上已树立了信誉,销量日增,有的产品还进入国际市场,深受国外用户的信赖。为了进一步扩大业务,占领国际市场,提高企业竞争能力与应变能力,神州公司于2003年年末进行了股权结构的重组,除原有五家股东增加投资并吸收某国新股东投资外,还将原属于神州公司的"神州"牌商标评估作价,作为原五家股东所有的无形资产,共同投入新公司作为各自投资的一部分。经评估,该商标以评估值作价投入新公司已被新股东接受,现增资扩股工作已经完成,新的合资公司已正式营业,由于资金实力较为雄厚,新公司扩大了生产规模,增加了三条生产线,"神州"商标的知名度与美誉度也有所提高,吸引了更多投资者的关注与兴趣。

产品A是北京最早上市的该类型食品,至今畅销不衰。该产品主要特点是品种多、口感好、消毒彻底、包装密封好、技术过关不变形、成本低、价格合理,因此深受消费者喜爱,多次获奖。

"神州"牌饮料与食品之所以能持续畅销,不断发展,是其重视技术、严格管理,一贯把质量和信誉放在首位的结果,因此可以认为"神州"牌商标的价值是神州公司技术、经营、管理、信誉等所有无形资产的总的体现。

评估过程如下。

▶ 1. 方法与参数的确定

根据评估目的、评估要求和对评估对象的分析,本评估的测算采用以下方法与参数。

(1) 企业未来销售额预测根据对企业过去 5 年历史数据的分析可知，企业历年销售呈直线增长趋势，故采用趋势外推法对其未来发展进行预测。经采用最小二乘法，得直线方程为

$$y = 4\,349.8 + 1\,127.7x$$

计算得出企业未来 5 年销售预测值后，考虑到企业重组后生产能力有所扩大，因此参照企业发展规划的产量及销售额进行调整，以所得销售预测值作为此次评估的基础数据。

(2) 预测期的确定。注册商标有效期虽为 10 年，但可办理续展，因而其使用期限可视为与企业经营寿命一致。鉴于企业经营状况良好，发展前景乐观，因而作为持续经营处理，预测取定为 5 年，自第六年开始按永续计算。

(3) 同行业平均收益率的确定。根据有关资料加以综合调整后确定为 25%。

(4) 折现率的确定。根据对原公司 5 年历史数据的测算，新企业的未来预期收益率按 30% 确定，即

折现率＝同类企业平均收益率＋风险报酬率＝25%＋5%＝30%

(5) 外汇汇率的确定。按评估基准日的外汇牌价确定。

▶ 2. 评估值计算

本评估采用超额收益法作为最终评估值。

(1) 固定资产及其折旧额预测。根据新企业固定资产种类、分布、价值，并参照《工业企业财务制度》中有关折旧年限的规定，按照直线折旧法编制企业未来年度固定资产及其折旧额预测表（略）。

(2) 销售收入预测。根据企业生产能力与市场需求情况，参照趋势外推法所做预测，遵照稳健审慎原则确定企业未来年度的生产情况，从而编制企业销售收入预测表，如表 6-5 所示。

表 6-5 销售收入预测　　　　　　　　　　　　单位：万元

品种	项目	年份					
		第一年	第二年	第三年	第四年	第五年	第六年
产品 A	达产率/%	66	75	75	83	83	83
	销售收入/万元	3 200	3 600	3 600	4 000	4 000	4 000
产品 B	达产率/%	50	60	70	80	90	90
	销售收入/万元	3 888.75	4 666.50	5 444.25	6 222	6 999.75	6 999.75
销售收入合计		7 088.75	8 266.50	9 044.25	10 222	10 999.75	10 999.75

(3) 总成本预测。根据公司历年财务资料分析，各产品材料费约占销售收入比例为 45%～55%，此次评估确定按 50% 的比例预测材料成本；管理费用和销售费用按 20% 比例计算；财务费用为贷款 300 万元的利息，年利率按 9% 计算；增值税依据税制要求计算；鉴于物价波动因素今后对进价与销价均产生相应影响，故评估计算中均忽略不计。综合上述因素编制总成本预测，如表 6-6 所示。

表 6-6 总成本预测   单位:万元

年 份	第一年	第二年	第三年	第四年	第五年	第六年
材料成本 I	1 600	1 800	1 800	2 000	2 000	2 000
材料成本 II	1 944.38	2 333.25	2 722.13	3 111	3 499.88	3 499.88
管理费	1 417.75	1 653.30	1 808.85	2 044.40	2 199.95	2 199.95
财务费用	27	27	27	27	27	27
增值税	272	306	306	340	340	340
总成本合计	5 612.77	6 471.19	7 015.62	7 874.04	8 418.47	8 418.47

(4) 税后利润额预测。综合销售收入预测和总成本预测,编制税后利润额预测。其中,所得税税率为25%。征收年度由2015年开始按《中华人民共和国外商投资企业和外国企业所得税法》第八条规定的"二免三减半"计算,由于第六年要作为计算永续的基数,故该年所得税未按减免计算,以反映企业正常经营状况。税后利润额预测如表6-7所示。

表 6-7 税后利润额预测   单位:万元

年 份	第一年	第二年	第三年	第四年	第五年	第六年
销售收入	7 088.75	8 266.50	9 044.25	10 222	10 999.75	10 999.75
总成本	5 612.77	6 471.19	7 015.62	7 874.04	8 418.47	8 418.47
利润总额	1 475.98	1 795.31	2 028.63	2 347.96	2 581.28	2 581.28
所得税	595.06	0	0	387.41	425.91	851.82
净利润	880.92	1 795.31	2 028.63	1 960.55	2 155.37	1 729.46

(5) 超额利润额预测。将企业各年预测利润额与同行业平均利润额相比,测算企业超额收益。其中

企业平均利润额＝企业预计未来各年资金占用额×行业平均资金收益率
　　　　　　　＝(年均固定资产占用＋年平均流动资金占用)×25%

(6) 评估值的计算。

$P = 1\ 220.73 + 786.75 = 2\ 007.48$(万元)

按基准日汇率折合为236.17万美元。

(7) 评估值的确定。经计算据此得出"神州"牌商标的最终价值为236.17万美元。

思考:

1. 列出本案例中评估值的计算过程。
2. 根据本案例,说明确定超额收益的方法有哪些?

第七章
长期投资性资产评估

学习目标

本章主要介绍长期投资性资产的概念、分类、特点,以及股权投资的评估、其他长期资产评估的具体方法。

1. 掌握长期投资性资产的特点及评估方法;
2. 熟悉与长期投资性资产评估有关的基本概念;
3. 了解长期投资性资产评估的具体方法。

导入案例

某评估机构以2017年1月1日为评估基准日对甲企业进行评估,甲企业账面有3项长期投资。

第一项为向A有限责任公司投资,投资时间为2008年12月31日,账面原值200万元,占A企业总股本的15%。根据投资合同,全部以现金投入,合同期共10年,合同约定甲企业按投资比例对A企业每年的净利润进行分红。根据A企业提供的资产评估机构出具的资产评估报告,A企业至评估基准日的净资产为1 200万元。经调查得知,A企业由于产品陈旧、管理不善,连续几年亏损,已于两年前完全停产,无法继续经营。

第二项为向B企业投资,投资日期为2014年1月1日,账面原值500万元,占B企业总股本的8.5%。根据投资合同,甲企业全部以现金投入,合同期共15年。合同约定B企业每年按甲企业投资额的16%作为甲企业的投资报酬,每年支付一次,合同期满后B企业不再向甲企业返还投资本金。根据B企业提供的审计报告,B企业至评估基准日账面净资产为8 200万元,企业每年净利润保持在650万元左右的水平上,企业经营稳定。

第三项为向D企业投资,投资日期为2003年12月31日,账面原值2 000万元。D企业为股份公司,并于2015年上市。经调查得知,在甲企业初始投资时,按每1元折合1股,共计2 000万股,为企业法人股。D企业上市时进行了缩股,缩股前的1.25股在缩股后变为1股。半年前D上市公司进行了股改,法人股股东又将所持股数的20%作为法人股获得流通权利对原流通股股东的补偿支付给原流通股股东,至评估基准日该法人股已允许上市交易。评估基准日,D企业股票开盘价为7元/股,最高价为7.6元/股。最低价为6.9元/股,收盘价为7.5元/股。

在上述资料的基础上,不考虑其他因素(其中包括少数股权折价和控股股权溢价因素),假设折现率及资本化率均为12%。

思考: 三项长期投资性资产采取了哪种评估方法,并对甲企业的长期投资进行评估。

第一节 长期投资性资产评估概述

一、长期投资性资产的概念和分类

(一)长期投资性资产的概念

投资是指企业通过分配来增加财富,或为谋求其他利益,而将资产让渡给其他单位所获得的另一项资产。所谓长期投资性资产,是指不准备随时变现、持有时间超过1年以上的投资性资产,其投资目的主要包括:有效利用资金,通过获得投资回报积累资金;影响或控制其他企业的经济业务,建立某种协作或控制关系,为企业带来某些利益或权利;实现其他的战略性的目的。

(二)长期投资性资产的分类

长期投资性资产按投资的性质可分为长期股权投资、持有至到期投资和混合性投资等。

▶ 1. 长期股权投资

长期股权投资是指为了获取其他企业的权益或净资产所进行的投资,如对其他企业的股票投资、为获取其他企业股权的联营投资等。

▶ 2. 持有至到期投资

持有至到期投资是指企业的长期债权投资,如购买其他公司的债券、国库券、金融债券等。

▶ 3. 混合性投资

混合性投资是指兼有股权和债权双重性质的投资,常见的有优先股股票、可转换公司债券等。

二、长期投资性资产评估的特点

长期投资性资产评估是对企业拥有的以对其他企业享有的权益而存在的那部分资产的评估,无论是股权、债权还是混合性投资,无论其投资目的如何,最终都是为了获得投资收益。因此,长期投资性资产评估主要是对长期投资性资产所代表的权益进行评估,其主要特点表现在以下几个方面。

▶ 1. 长期投资性资产评估是对资本的评估

长期投资性资产中的长期股权投资是投资者在被投资企业所享有的权益,虽然投资者有用货币资金、实物资产和无形资产等多种出资形式,但是,一旦该项资产被转移到被投资企业,即被作为资本的象征,对投资者而言发挥投资本金的功能。因此,对长期股权投资的评估实质上是对被投资单位资本的评估。

▶ 2. 长期投资性资产评估是对被投资企业获利能力的评估

长期投资性资产中的长期股权投资是投资者不准备随时变现,持有时间超过1年的对外投资,其根本目的是获取投资收益和实现投资增值,其价值的高低取决于该项投资所能获得收益的多少。因此,被投资企业的获利能力高低就决定和影响长期投资评估的结果。

▶ 3. 长期投资性资产评估是对被投资企业偿债能力的评估

由于长期投资中的持有至到期投资到期应收回本息,而投资企业的债权是否能到期收回本息取决于被投资企业偿债能力的大小。因此,被投资企业偿债能力就成为持有至到期投资评估的决定因素。

三、长期投资性资产评估程序

长期投资性资产的评估一般按以下程序进行。

▶ 1. 明确长期投资性资产的具体内容

在进行长期投资性资产的评估时,首先应明确长期投资性资产的种类、原始投资额、评估基准日余额、投资收益计算方法、历史收益额、长期股权投资占被投资企业实收资本的比例和相关会计核算方法等。

▶ 2. 进行必要的职业判断

在进行长期投资性资产评估时,应判断长期投资性资产预计可收回金额计算的正确性和合理性,判断被评估的长期投资性资产余额在资产负债表上列示的准确性。

▶ 3. 根据长期投资性资产的特点选择合适的评估方法

对可以在证券市场上市交易的股票和债券一般采用市场法(现行市价)进行评估,按评估基准日的收盘价确定评估值;非上市交易及不能采用市场法(现行市价)评估的股票和债券一般采用收益法,根据综合因素选择适宜的折现率,进一步确定评估值。

▶ 4. 测算长期投资性资产价值,得出评估结论

略。

第二节 长期股权投资的评估

长期股权投资按投资方式不同,可分为股票投资和股权投资。股票投资是指通过购买被投资企业的股票而实现的投资行为。股权投资是指投资企业用现金、实物或无形资产等形式的资产直接投入被投资企业,取得被投资企业的股权,然后通过控制被投资企业来获取收益或权利。

一、股票投资的评估

(一)股票投资概述

▶ 1. 股票投资的定义

股票投资是指企业通过购买等方式取得被投资企业的股票而实现的投资行为。股票投

资由于不可返还、收益不确定等因素而具有高风险、高收益的特点。也就是说，如果被投资的企业破产，股票投资人不仅没有红利可分，而且有可能"血本无归"。

▶ 2. 股票投资的分类

股票按不同的分类标准可分为记名股票和不记名股票、有面值股票和无面值股票、普通股股票和优先股股票、公开上市股票和非上市股票等。

▶ 3. 股票的价格与价值形式

股票的价格有多种表现形式，包括票面价格、发行价格、账面价格、清算价格、内在价格和市场价格。

（1）票面价格，是指股份有限公司在发行股票时所标明的每股股票的票面金额。

（2）发行价格，是指股份有限公司在发行股票时的出售价格。我国法律规定公司不能折价发行股票。

（3）账面价格，是指股东持有的股票在公司账面上所表现出来的净值。

（4）清算价格，是指公司清算时，公司的净资产与公司股票总数的比值。如果因经营不善或者其他原因被清算时，该公司的股票价值就相当于公司股票的清算价格。

（5）内在价格，是一种理论价值或模拟市场价值，是指根据评估人员对股票未来收益的预测，经过折现后得到的股票价值。股票的内在价格主要取决于公司的财务状况、管理水平、技术开发能力、公司发展潜力，以及公司面临的各种风险。

（6）市场价格，是证券市场上买卖股票的价格。在证券市场比较完善的条件下，股票的市场价格基本上是市场对公司股票内在价格的一种客观评价，在某种程度上可以将市场价格直接作为股票的评估价值。当然，当证券市场发育尚未成熟，股票市场的投机成分太大时，股票的市场价格就不能完全代表其内在价格。因此，在具体进行股票价格评估时，也就不能不加分析地将其市场价格作为股票的评估值。

（二）上市交易股票的价值评估

▶ 1. 上市交易股票的定义

上市交易股票是指企业公开发行的、可以在证券市场上市交易的股票。

▶ 2. 上市交易股票的价值评估方法

（1）市场法。对上市交易股票的价值评估，在股票市场发育正常，股票自由交易，不存在非法炒作，也即股票市场完善有效时，可以采用市场法，即按照评估基准日股票的收盘价确定被评估股票的价值。此时，股票的市场价格可以代表评估时点被评估股票的价值。股票评估值的公式为

$$股票评估值 = 股票股数 \times 该股票评估基准日每股收盘价 \tag{7-1}$$

（2）收益法。当股票市场尚不成熟时，即存在政治、公众心理认为的市场炒作等因素影响，使股票市场价格不能反映股票价值情况时，股票的市场价格就不能完全作为评估的依据，而应以股票的内在价格作为评估股票价值的依据。此时，应通过对股票发行企业的经营业绩、财务状况及获利能力等因素的分析，综合判断股票内在价值，采用收益法进行评估。同样，以控股为目的而长期持有上市公司的股票，其评估时一般可采用收益法评估其内在价格。

（三）非上市交易股票的价值评估

非上市交易的股票和股票市场不成熟情况下的上市交易的股票，一般应采用收益法评

估,即综合分析股票发行企业的经营状况及风险、历史利润水平和分红情况、行业收益等因素,合理预测股票投资的未来收益,并选择合理的折现率确定评估值。

事实上,在采用收益法评估股票的价值时,评估结果会受到未来收益和折现率预测的合理性和准确性的影响。因此,评估人员必须综合分析企业和市场的各方面因素,合理预测股票的未来收益。

通常情况下,非上市交易股票按普通股和优先股采用不同的评估方法,这是因为两者的特点不同。普通股没有固定的股利,其收益大小完全取决于企业的经营状况和盈利水平;优先股是在股利分配和剩余财产分配上优先于普通股的股票。优先股的股利在一般情况下是固定的,按事先确定的股利率支付股利。在这方面,优先股与债券很相似,两者的区别在于:债券的利息是在支付所得税前支付,而优先股的股利是在支付所得税后支付。

▶ 1. 普通股的价值评估

普通股的价值评估在实践中使用股利折现模型来计算股票的内在价值,即预测普通股预期收益,并折现成评估基准日的价值。因此,需要对股票发行企业进行全面、客观的了解与分析,应了解被评估企业历史上的利润水平;发展前景,其所处行业的前景、盈利能力、企业管理人员素质和创新能力等因素,以及被投资公司的股利(利润)分配政策。因为公司的股利分配政策直接影响被评估股票价值的大小。股利折现模型通常可以分为固定红利型、红利增长型和分段型三种类型。

(1)固定红利型。固定红利型是假设企业经营稳定,分配红利固定,并且今后也能保持固定水平。在这种假设条件下,普通股股票评估值的计算公式为

$$P = R/r \tag{7-2}$$

式中,P 为股票评估值;R 为股票未来收益额;r 为折现率。

【例 7-1】假设被评估企业拥有 A 公司的非上市普通股 100 000 股,每股面值 1 元。在持有期间,每年的收益率保持在 10% 左右。评估人员在预测该公司以后的收益能力时,按稳健的估计,今后若干年内,其最低的收益率仍然可以保持在 8% 左右,折现率为 10%。根据上述资料,计算评估值为

$P = R/r = 100\,000 \times 8\% \div 10\% = 80\,000(元)$

(2)红利增长型。红利增长型适用于成长型股票的评估。成长型企业由于发展潜力大,收益率会逐步提高。该类型的假设条件是发行企业并未将剩余收益分配给股东,而是用于追加投资扩大再生产,因此,红利呈增长趋势。在这种假设前提下,普通股股票价值评估值公式为

$$P = R/(r-g) \quad (r > g) \tag{7-3}$$

式中,P 为股票评估值;R 为股票未来收益额;r 为折现率;g 为股利增长率。

【例 7-2】某评估公司受托对 D 企业进行资产评估。D 企业拥有某非上市公司的普通股股票 20 万股,每股面值 1 元,在持有股票期间,每年股票收益率在 10% 左右。评估人员认为该行业具有发展前途,该企业具有较强的发展潜力,今后至少可保持 3% 的股利增长速度,折现率为 8%。该股票评估值为

$R = 200\,000 \times 1 \times 10\% = 20\,000(元)$

$P = R/(r-g) = 20\,000 \div (8\% - 3\%) = 400\,000(元)$

采用红利增长型这一方法时,增长率 g 的确定可以利用企业过去的数据进行统计分析

确定,也可采用趋势分析法,合理判断企业未来的再投资率和净资产收益率。

(3) 分段型股利模型。分段型股利模型是利用股利折现模型评估普通股的价值,其准确性取决于股利预测的合理性,事实上,预测的期限越长,预测的误差就越大。前两种股利政策中,一种是股利固定,另一种是增长率固定,都过于模式化和理想化,很难适用于所有的股票评估。因此,采用分段型股利政策模型对股票的价值评估更具客观性。分段型股利政策模型分为两段式模型和多段式模型。

如果是两段式模型,将能够较为客观地预测股票的收益期间或股票发行企业某一经营周期设定为第一段;以不易预测收益的时间为起点,以企业持续经营到永续为第二段,然后通过将两段收益现值相加,得出评估值。

多段式模型与两段式模型非常类似,也比较实用,因为公司在整个经营期间股利增长率变动的情况更为常见,而不是固定地保持某一增长率或零增长,其具体办法与两段式模型类似,下面以两段式模型为例,说明分段型股利模型的应用。

【例7-3】某资产评估公司受托对E公司的资产进行评估。E公司拥有某一公司非上市交易的普通股股票100 000股,每股面值1元。在持有期间,每年股利收益率均在15%左右。评估人员对发行股票公司进行调查分析后认为,前3年可保持15%的收益率;从第4年起,一套大型先进生产线交付使用后,可使收益率提高5个百分点,并将持续下去。折现率为6%,则计算该股票评估值如下。

股票的评估价值＝前3年收益的折现值＋第4年后收益的折现值＝100 000×15%×

$$(P/A,6\%,3)+(100\ 000\times20\%\div6\%)\times(P/F,6\%,3)$$
$$=15\ 000\times2.673\ 0+20\ 000\div6\%\times0.839\ 6$$
$$=40\ 095+279\ 867=319\ 962(元)$$

▶ 2. 优先股的价值评估

在通常情况下,优先股在发行时就已规定了股息率,即优先股股利通常是固定的,又由于优先股没有到期期限,因此,优先股的股利符合永续年金的特点。评估优先股主要是判断股票发行主体是否有足够税后利润用于优先股的股息分配。而这种判断是建立在对股票发行企业的全面了解和分析的基础上,包括股票发行企业生产经营情况、利润实现情况、股本构成中优先股所占的比重、股息率的高低,以及股票发行企业负债状况等。

如果股票发行企业资本构成合理,企业盈利能力强,具有很强的支付能力,评估人员可以根据事先确定的股息率,计算优先股的年收益额,然后进行折现计算,即可得出评估值。计算公式为

$$P=A/r \tag{7-4}$$

式中,P为优先股的评估值;r为折现率;A为优先股的年等额股息收益。

【例7-4】被评估公司拥有某公司的500股累积性、非参加分配优先股,每股面值10元,年股息率为10%。评估人员通过综合分析,确定该优先股的折现率为9%。根据上述数据,该优先股评估值如下:

$$P=A/r=500\times10\times10\%\div9\%=5\ 556(元)$$

当然,如果被评估企业有转售优先股的意向,此时,优先股的价值评估就不适用于永续年金的模型。此时,可通过预测转让优先股可能实现的价值作为终值和在持有期间所获得的优先股股利一起用合适的折现率进行折现,即可得到评估结果。

二、股权投资的评估

(一) 股权投资概述

1. 股权投资的定义

股权投资是投资主体以现金资产、实物资产或无形资产等直接投入被投资企业,取得被投资企业的股权,从而通过控制被投资企业获取收益的投资行为。

对股权投资的评估,首先必须了解具体投资形式、收益获取方式和占被投资企业实收资本或所有者权益的比重,根据不同情况,采用不同方法进行评估。

2. 投资收益的分配形式

投资收益的分配形式,比较常见的有以下几种类型:

(1) 按投资额占被投资企业实收资本的比例,参与被投资企业净利润的分配;

(2) 按被投资企业销售收入或利润的一定比例提成;

(3) 按投资方出资额的一定比例支付资金使用报酬等。

3. 股权投资的投资资本的处置方式

投资合同或协议一般规定投资期限,有期限的投资在投资期届满时投入资本的处理方式通常有:按投资时的作价金额以现金返还;以实物资产返还;按期满时的实投资产的变现价格作价以现金返还等。这些处置方式会影响投资终了时的终值,从而影响评估价值。

如果投资合同或协议表明是无限期投资,则不存在资本的处置问题。

4. 股权投资的分类

股权投资按照是否取得控股权,分为控股型和非控股型股权投资。这两种类型的股权投资,由于对被投资企业能够施加的影响力不同,从而获得的收益也会有所不同,由此得出不同的评估结果。因此,在股权投资评估时,要注意区分这两种类型。

(二) 非控股型股权投资(少数股权)评估

1. 收益法

对于非控股型股权投资评估,一般可以采用收益法,即根据历史收益情况和被投资企业的未来经营情况及风险预测未来收益,再用适当的折现率折算为现值得出评估值。其投资收益包括两部分:投资收益和投资本金的收回。

评估人员应根据合同、协议中约定的投资收益的分配形式和投资资本的处置方式,合理估测投资期间的收益并进行折现,计算评估值。对于明确约定了投资报酬的长期投资,可将按规定应获得的收益折为现值,作为评估值。对到期收回资产的实物投资情况,可按约定或预测出的收益折为现值,再加上到期收回资产的现值,计算评估值。

【例7-5】某资产评估公司受托对甲企业拥有的乙公司的股权投资进行评估。采用整体评估再测算股权投资价值的方法。甲企业两年前曾与乙企业进行联营,协议约定联营期10年,按投资比例分配利润。甲企业投入资本30万元,其中现金资产10万元、厂房作价20万元,占联营企业总资本的30%。合同约定,联营期满,以厂房返还投资。该厂房年折旧率为5%,净残值率为5%。评估前两年的利润分配方案是:第1年实现净利润15万元,甲企业分得4.5万元;第2年实现净利润20万元,甲企业分得6万元。目前,联营企业生产已经稳定,今后每年收益率20%是能保证的,期满后厂房折余价值为10.5万元。经

调查分析，折现率定为15%，则评估值为

$P = 300\,000 \times 20\% \times (P/A，15\%，8) + 105\,000 \times (P/F，15\%，8)$
$= 60\,000 \times 4.487\,3 + 105\,000 \times 0.326\,9$
$= 303\,562.5(元)$

▶ 2. 重置价值法

在未来收益难以确定时，可以采用重置价值法进行评估，即通过对被投资企业进行评估，确定净资产数额，再根据投资方所占的份额确定评估值。

如果进行该项投资的期限较短，价值变化不大，被投资企业资产账实相符，则可根据核实后的被投资企业资产负债表中的净资产数额和投资方所占的份额确定评估值。

非控股型股权投资也可以采取成本法评估。

(三) 控股型股权投资评估

对于控股型的股权投资，应对被投资企业进行整体评估后再测算股权投资的价值。整体评估应以收益法为主，也可以采用市场法，对被投资企业整体评估，基准日应与投资方的评估基准日相同，企业整体价值的评估方法可参考企业价值评估的相关内容。

评估控股型和非控股型股权投资都要单独计算评估值，并记录于长期股权投资项目下，不能将被投资企业的资产和负债与投资方合并处理。

评估人员评估股东部分权益价值，应在适当及切实可行的情况下考虑由于控股权和少数股权等因素产生的溢价或折价，并在评估报告中披露是否考虑了控股权和少数股权等因素产生的溢价或折价。

第三节 债券评估

一、债券概述

债券是政府、企业、银行等债务人为了筹集资金，按照法定程序发行的并向债权人承诺于指定日期还本付息的有价证券。

(一) 债券的特点

与股权投资相比，债券投资具有以下特点。

▶ 1. 投资风险较小，安全性较强

通常情况下，各个国家对债券发行都有严格的规定，发行债券必须满足国家规定的基本要求。例如，政府发行国库券由国家担保；银行发行债券要以其信誉及一定的资产作为后盾；企业发行债券也有严格的限定条件，通常以其实力及发展潜力作为保证。当然，债券投资也具有一定的风险，一旦债券发行主体出现财务困难，债券投资者有发生损失的可能。

但是，与股权投资相比，债券投资的投资收益具有较高的安全性，即使债券发行企业破产，在破产清算时，债券持有者的受偿权也优先于优先股和普通股股东，其投资受到股本的保障。

因此，与股权投资相比，债券投资风险相对较小。

▶ 2. 到期还本付息，收益相对稳定

债券投资收益主要来自利息和到期收回的本金。利息和本金则是由事前约定的债券面值和债券票面利率决定的。通常，债券利率是比较稳定的，在正常情况下要高于同期存款利率。因此，与普通股票投资收益不确定且不还本的特点相比，债券的收益是比较稳定的。

▶ 3. 具有较强的流动性

在我国目前发行的债券中，有相当一部分是可以上市交易的债券，其变现能力较强，投资企业可以随时在证券市场上交易变现，流动性好，从而降低了债券持有者的风险。

（二）债券的分类

▶ 1. 按发行主体分类

债券按照发行主体的不同，可分为政府债券、金融债券和公司债券。从违约风险的角度来讲，三种债券中，政府债券的安全性最高，金融债券次之，公司债券风险最大。另外，有很多信用评级机构对债券发行公司进行信用评级，一般而言，信用评级等级越高，债券风险越小；反之，亦然。

▶ 2. 按是否可以上市交易分类

债券按照是否可以上市交易，可分为上市交易债券和非上市交易债券。从流动性角度来讲，上市交易的债券可随时在证券市场上变现，变现能力要强于非上市交易债券，因此，其风险相对较小。

▶ 3. 按债券的付息方式分类

债券按照不同的付息方式，可分为到期一次还本付息和定期支付利息和到期一次还本两种。

二、债券评估

债券作为一种有价证券，从理论上讲，它的市场价格是收益现值的市场反应。当债券可以在市场上自由买卖、变现时，债券的现行市价就是债券的评估值。但是，如果企业购买的是不能在证券市场自由交易的债券，其价值就需要通过一定的方法进行评估。

（一）上市交易债券的评估

▶ 1. 上市交易的债券的定义

上市交易的债券是指可以在证券市场上交易、自由买卖的债券。

▶ 2. 评估方法

对可以上市交易的债券一般采用市场法（现行市价）进行评估，即按照评估基准日的收盘价确定评估值。此时，债券价值的计算公式为

$$债券评估价值＝债券数量 \times 评估基准日债券的市价（收盘价） \quad (7-5)$$

采用现行市价法评估时，应在评估报告书中说明所用评估方法和结论与评估基准日的关系，并说明该评估结果应随市场价格变化而适当调整。

如果在特殊情况下，某种可上市交易的债券市场价格严重扭曲、不能代表实际价格

时，就应该采用其他方法，如收益法进行评估。

【例 7-6】某评估公司受托对某企业的长期债券投资进行评估，长期债券投资账面余额为 10 万元（购买债券 1 000 张、面值 100 元/张）、年利率 10%、期限 3 年，已上市交易。在评估前，该债券未计提减值准备。根据市场调查，评估基准日的收盘价为 120 元/张。据评估人员分析，该价格比较合理，则债券评估价值＝1 000×120＝120 000（元）。

（二）非上市交易债券的评估

对于非上市交易债券和市场价格严重扭曲的上市交易的债券，不能直接采用现行市价法进行评估，应该采取相应的评估方法进行价值评估，主要是收益法。

对距评估基准日 1 年内到期的债券，可以根据本金加上持有期间的利息确定评估值；超过 1 年到期的债券，可以根据本利和的现值确定评估值。但对于不能按期收回本金和利息的债券，评估人员应在调查取证的基础上，通过分析预测，合理确定评估值。

▶ **1. 到期一次还本付息债券的价值评估**

对于一次还本付息的债券，其评估价值的计算公式为

$$P = F \times (P/F, r, n) \tag{7-6}$$

式中，P 为债券的评估值；F 为债券到期时的本利和；r 为折现率；n 为评估基准日到债券到期日的间隔（以年或月为单位）。

本利和的计算还可区分单利和复利两种计算方式。

（1）债券本利和采用单利计算。在采用单利计算时：

$$F = A \times (1 + m \times i) \tag{7-7}$$

（2）债券本利和采用复利计算。在采用复利计算时：

$$F = A \times (1 + i)^m \tag{7-8}$$

式 7-7 和式 7-8 中，A 为债券面值；m 为计息期限；i 为债券利息率。

债券利息率、计息期限、债券本金在债券上均有明确记载，而折现率 r 则是评估人员根据实际情况分析确定的。

折现率包括无风险报酬率和风险报酬率。其中，无风险报酬率通常以银行储蓄利率、国库券利率或国家公债利率为基准；风险报酬率的大小则取决于债券发行主体的具体情况。国库券、金融债券等具有良好的担保条件，其风险报酬率一般较低；如果发行企业债券的企业经营业绩较好，有足够的还本付息能力，则风险报酬率较低；否则，应以较高风险报酬率调整。

【例 7-7】某评估公司受托对某企业拥有的 A 公司债券进行评估，被评估债券面值为 1 000 元，系 A 公司发行的三年期一次还本付息债券，年利率 4%，单利计息，评估基准日距到期日为两年，当时国库券利率为 3%。经评估人员分析调查，发行企业经营业绩尚好，财务状况稳健。两年后具有还本付息的能力，投资风险较低，取 3% 的风险报酬率，以国库券利率作为无风险报酬率，故折现率取 6%，计算该债券的评估价值。

$$F = A \times (1 + m \times r) = 1\,000 \times (1 + 3 \times 4\%) = 1\,120（元）$$
$$P = F \times (P/F, i, n) = 1\,120 \times (P/F, 6\%, 2) = 1\,120 \times 0.890\,0 = 996.80（元）$$

▶ **2. 分次付息，到期一次还本债券的评估**

前已述及，分次付息，到期一次还本债券的价值评估宜采用收益法，其计算公式为

$$P = \sum_{i=1}^{n} \frac{R_i}{(1+r)^i} + \frac{A}{(1+r)^n} \tag{7-9}$$

式中，P 为债券的评估值；R_i 为第 i 年的预期利息收益；r 为折现率；A 为债券面值；i 为评估基准日距收取利息日期限；n 为评估基准日距到期还本日期限。

【例 7-8】承例 7-7，假定该债券是每年付一次息，债券到期一次还本。评估值为
$P = R \times (P/A, r, n) + A \times (P/F, r, n)$
$= 1\,000 \times 4\% \times (P/A, 6\%, 2) + 1\,000 \times (P/F, 6, 2) = 963.33(元)$

第四节 其他长期性资产的评估

一、其他长期性资产的构成

▶ 1. 其他长期性资产的定义

其他长期性资产是指流动资产、长期股权投资、持有至到期投资、固定资产、无形资产等以外的资产。

▶ 2. 其他长期性资产的构成

其他长期性资产主要包括具有长期性质的待摊费用和其他长期资产。其中，长期待摊费用是指企业已经支出，但摊销期在 1 年以上（不含 1 年）的各项费用，包括股票发行费用、筹建期间费用（开办费）等。

其他长期资产主要包括特准储备物资、银行冻结存款、冻结物资以及涉及诉讼的财产等。长期待摊费用本质上是一种费用，而不是资产，只是这种费用的影响不仅体现在本年度，而且会延续到以后若干会计年度。

二、其他长期性资产的评估

由于其他长期性资产除特种储备物资、冻结存款、冻结物资以及涉及诉讼的财产外，主要是已发生费用的摊余价值，这些未摊销的费用不能单独对外交易或转让。只有当企业发生整体产权变更时，才可能涉及对其价值的评估。所以，其他长期性资产能否作为评估对象取决于它能否在评估基准日后带来经济利益。

在评估其他长期性资产时，必须了解其合法性、合理性、真实性和准确性，了解费用支出和摊余情况，了解形成新资产和权利的尚存情况。其评估值要根据评估目的实现后对资产的占有情况和尚存情况计算，而且与其他评估对象没有重复计算的现象有关。按此原则，其他长期性资产应根据不同构成内容采取不同的评估和处理方法。

▶ 1. 开办费

开办费是企业在筹建期间发生的、不能计入固定资产或无形资产价值的费用，主要包括筹建期间人员的工资、员工培训费、差旅费、办公费、注册登记费，以及不能计入固定资产或无形资产购建成本的汇兑损益、利息支出等。根据现行会计制度的规定，企业筹建期间发生的费用，应于开始生产经营起一次计入开始生产经营当期的损益。因此，如果企

业不是在筹建期间评估,则不存在开办费的评估问题。如果企业在筹建期间评估,由于开办费的尚存资产或权利的价值难以准确计算,故可按其账面价值计算其评估值。

▶ 2. 其他长期待摊费用

其他长期待摊费用,如股票发行费用,其影响可能延续到以后若干年。从理论上讲,对这类项目的评估,应依据企业的收益状况、收益时间及货币的时间价值,以及现行会计制度的规定等因素确定评估值。货币的时间价值因素因受益时间长短而定。1年内的一般不予考虑,超过1年的要根据具体内容、市场行情的变化趋势处理。

从实践来看,由于这些费用对未来产生收益的能力和状况并不能准确界定,如果物价总体水平波动不大,可以将其账面价值作为其评估价值,或者按其发生额的平均数计算。

本章小结

本章介绍了长期投资性资产的定义和分类,按投资的性质分类,长期投资性资产可分为长期股权投资、持有至到期投资和混合性投资。

由于长期投资性资产评估是对企业所拥有的以对其他企业享有的权益而存在的那部分资产的评估,无论是股权、债权还是混合性投资,无论其投资目的如何,最终都是为了获得投资收益。因此,长期投资性资产评估主要是对长期投资性资产所代表的权益进行评估,也是对被投资企业的资本、偿债能力和获利能力的评估。

基于长期投资性资产的上述特点,在评估中主要采用的方法是市场法和收益法。市场法的应用要求市场发育正常,交易自由,市场价格能够真实反映投资的价值;反之,则应采用收益法,对各种长期投资性资产的未来收益进行合理的估测,并选择合理的折现率,采用折现的方法确定相应投资性资产的价值。具体评估时,应根据该投资性资产未来收益的表现形式,合理地选择不同的折现公式进行评估。

对于其他长期资产,评估人员可根据评估目的实现后资产的占有情况和尚存情况,合理判断该长期资产能够给企业带来的经济利益。

综合练习

一、单项选择题

1. 股票的未来收益的现值是( )。
   A. 账面价格   B. 内在价格   C. 票面价格   D. 清算价格

2. 在股市发育不全、交易不规范的情况下,作为长期投资中的股票投资的评估值应以( )为基本依据。
   A. 市场价格   B. 发行价格   C. 内在价格   D. 票面价格

3. 被评估债券是 2008 年发行,面值 100 元,年利率 10%,3 年期。2010 年评估时,债券市场上同种同期债券交易价为 110 元,该债券的评估值应为( )。
   A. 120   B. 118   C. 98   D. 110

4. 被评估债券为非上市企业债券,3 年期,年利率为 17%,按年付息到期还本,面值 100 元,共 1 000 张。评估时债券已购入满 1 年,第一年的利息已经收账,当时一年期的国库券利率为10%，该被评估企业债券的评估值最接近(　　)元。

　　A. 112 159　　　　B. 117 000　　　　C. 134 000　　　　D. 115 470

5. 被评估债券为4年期一次性还本付息债券10 000元，年利率18%，不计复利，评估时债券的购入时间已满3年，当时国库券利率为10%，评估人员通过对债券发行企业分析调查，认为应该考虑2%的风险报酬率，试问该债券的评估值最有可能为(　　)元。

　　A. 15 400　　　　B. 17 200　　　　C. 11 800　　　　D. 15 358

6. 被评估企业以机器设备向B企业直接投资，投资额占B企业资本总额的20%。双方协议联营10年，联营期满，B企业将按机器设备折余价值20万元返还投资方。评估时双方联营已有5年，前5年B企业的税后利润保持在50万元的水平，投资企业按其在B企业的投资份额分享利润，评估人员认定B企业未来5年的收益水平不会有较大的变化，折现率设定为12%，投资企业的直接投资的评估值最有可能为(　　)元。

　　A. 500 000　　　　B. 473 960　　　　C. 700 000　　　　D. 483 960

7. 下列资产按风险由大到小排列，正确的是(　　)。

　　A. 股票、国家债券、金融债券、企业债券
　　B. 国家债券、金融债券、企业债券、股票
　　C. 企业债券、股票、国家债券、金融债券
　　D. 股票、企业债券、金融债券、国家债券

8. 可转换公司债券属于(　　)。

　　A. 股权投资　　　B. 债权投资　　　C. 混合性投资　　　D. 追加投资

9. 上市债券的评估最适合用(　　)。

　　A. 成本法　　　B. 现行市价法　　　C. 收益现值法　　　D. 历史成本法

10. 假设企业经营稳定，分配股利固定，并且今后也能保持固定水平，在这种假设下，普通股股票评估模型应该选择(　　)。

　　A. 固定红利型　　　B. 红利增长型　　　C. 分段型　　　D. 综合型

二、多项选择题

1. 债券作为一种投资工具，与股票相比，其具有的特点是(　　)。

　　A. 可流通　　　B. 收益相当稳定　　　C. 可随时变现　　　D. 投资风险小

2. 按债券的发行主体来分，可分为(　　)。

　　A. 政府债券　　　B. 公司债券　　　C. 金融债券　　　D. 上市债券

3. 股票评估仅考虑股票的(　　)。

　　A. 内在价格　　　B. 清算价格　　　C. 市场价格　　　D. 账面价格

4. 非上市债券的评估类型可分为(　　)。

　　A. 固定红利模型　　　　　　　　B. 红利增长模型
　　C. 每年支付利息，到期还本型　　D. 到期一次还本付息模型

5. 直接投资的收益分配形式主要有(　　)。

　　A. 以股息的形式参与分配　　　　B. 按投资比例参与净收益分配
　　C. 按一定比例从销售收入中提成　D. 按出资额的一定比例分配收取使用费

6. 债券评估的风险报酬率高低与(　　)有关。

　　A. 投资者的竞争能力　　　　　　B. 发行者的竞争能力

C. 投资者的财务状况　　　　　　　　D. 发行者的财务状况

7. 下列因素中，会影响债券评估价值的有（　　）。
A. 票面价格　　　B. 票面利率　　　C. 折现率　　　D. 付息方式

8. 下列关于长期投资性资产评估的说法中，正确的有（　　）。
A. 对长期投资性资产所代表的权益进行评估
B. 其中的长期股权投资评估是对资本的评估
C. 其中的长期股权投资评估是对被投资企业获利能力的评估
D. 其中的持有至到期投资评估是对被投资企业偿债能力的评估

9. 非上市普通股评估的模型主要有（　　）。
A. 收益增长型　　B. 固定红利型　　C. 红利增长型　　D. 分段型

三、判断题

1. 公司在可转换债券中设置赎回条款，可以保护债券投资人的利益，因而更有利于投资者。（　　）

2. 国债由于政府的信用担保，所以不存在任何风险。（　　）

3. 在市场利率大于票面利率时，债券的发行价格大于其面值。（　　）

4. 某财务公司 2015 年 1 月 1 日欲购入面值 20 万元的债券，该债券的票面利率为 8%，2016 年 1 月 1 日到期一次还本付息，现在该债券价格为 18 万元，该债券的折现率为 10%，则该财务公司应该购入该债券。（　　）

5. 长期债券与短期债券相比，其投资风险比较大。（　　）

6. 由于优先股在分配公司盈利、剩余财产权等方面有优先权，所以一般而言，其收益要高于普通股。（　　）

7. 累积优先股不仅能按规定分得额定股息，而且还有权与普通股一并参与公司剩余利润的分配。（　　）

8. 如果不考虑影响股价的其他因素，零成长股票的价值与市场利率呈反比，与预期收益呈正比。（　　）

9. 某股票的未来股利不变，当股票市价低于股票价值时，则预期报酬率高于投资人要求的最低报酬率。（　　）

10. 投资者要求的报酬率是进行股票评价的重要标准，而市场利率由于其无风险性，可以作为投资者要求的报酬率。（　　）

四、计算题

1. 被评估债券为 3 年期分期付息，到期一次性还本，面值 10 000 元，年利率 9%，评估时债券的购入时间已满 1 年，当年的国库券利率为 10%，评估人员认为应该考虑 2% 的风险报酬率，试评估该债券的价值。

2. 某评估公司受托对 F 企业进行资产评估。F 企业拥有某非上市公司的普通股股票 20 万股，每股面值 1 元，在持有股票期间，每年股票收益率在 10% 左右。股票发行企业每年以净利润的 60% 用于发放股利，其余 40% 用于追加投资。评估人员根据其对企业经营状况的调查分析，认为该行业具有发展前途，该企业具有较强的发展潜力。经过分析后认为，股票发行企业至少可保持 3% 的发展速度，净资产收益率将保持在 15% 的水平，无风险报酬率为 4%（国库券利率），风险报酬率为 4%，则确定贴现率为 8%。求股票评估值。

3. 某评估公司接受委托对某企业拥有的F公司债务进行评估，被评估债券面值50 000元，系A公司发行的三年期一次还本付息债券，年利率5%，单利计息，评估基准日距到期日为两年，当时国库券利率为4%。经评估人员分析调查，发行A公司经营业绩尚好，财务状况稳健，两年后具有还本付息的能力，投资风险较低，取2%的风险报酬率，以国库券利率作为无风险报酬率，故折现率取6%。根据前述公式，求该债券的评估价值。

五、简答题

1. 长期投资性资产评估的特点是什么？
2. 长期投资性资产都有哪些内容？
3. 股票投资评估有哪些方法，分别适用于何种情况？
4. 股权投资评估都有哪些情况需要注意？
5. 用现行市价法进行债券评估时应注意什么问题？

六、案例分析题

2014年1月8日，D公司在北京举行路演，根据询价推介会上公布的主要承销商定价报告显示：该公司合理估价区间为15.82~18.98元，相当于2013年市盈率的27.27~32.73倍，对应2012年扣除非经常性损益后的全面摊薄的市盈率的35.15~42.18倍。

公开资料显示，D公司是一家以计算机芯片的研发、生产、销售为主营业务的IT类企业，公司收入主要来源于芯片和主板，其中，芯片是主打产品，2012年，芯片收入达1.39亿元，同比增长42.93%，预计2013—2015年芯片的收入增长分别为35%、30%和25%，公司收入增长分别为31.15%、29.09%和24.42%，2013—2015年摊薄后每股收益分别为0.58元、0.74元和0.93元。研究报告指出，假设2013—2022年为明确预测期，2023年为永续增长阶段，永续增长率为2%，根据DCF估价模型计算的公司合理价值为17.27元/股。

思考：

1. 公司股票合理价值17.27元/股是运用哪一种估价方法计算出来的，请列出计算过程。
2. 影响公司投资价值的主要因素有哪些？

第八章 流动资产评估

学习目标

本章主要介绍流动资产的内容、特点,流动资产评估的内容与特点,流动资产评估的程序,实物类流动资产的评估方法,现金和银行存款、应收账项及其他流动资产的评估方法。

1. 了解流动资产的特点和评估程序;
2. 掌握实物类流动资产的评估方法;
3. 掌握现金和银行存款、应收账项及其他流动资产的评估方法。

导入案例

振华公司流动资产评估

振华公司委托中介机构对其长期拥有的全部流动资产进行评估,为振华公司改制提供依据。评估范围包括货币资金、应收账款、预付账款、其他应收款、存货、待摊费用等。在了解被委托评估的资产现状的基础上,评估人员和振华公司的有关部门进行了充分的分析与交流,并据此开展流动资产评估的具体工作。

中介机构首先对振华公司的价值评估申报清单进行逐项审核、归纳,并将与资产负债表、总账及明细账的相关科目进行核对,验证评估申报表的正确性,同时通过抽查部分凭证和查阅有关资料进行验证。

然后,中介机构进行了现场勘查及实物核对,与振华公司有关人员共同到存货现场进行盘查,对重要的、价值较大的存货进行了抽查,并结合库存账进行了清查核实,对往来账项、债权债务进行了函证核实。

根据振华公司流动资产的具体情况,中介机构主要采用了成本法和市场法进行评估。

振华公司货币资金的账面金额为 8 880 972.48 元,其中现金 1 676.87 元、银行存款 8 879 295.61 元。在验证振华公司提供的申报表、银行对账单等资料的基础上,以核对无误后的账面价值进行确认评估值,评估值为 8 880 972.48 元。

应收账款、其他应收款的账面价值分别为 3 206 873 元、8 214 180 元。在对各种应收账款核实无误的情况下,根据每笔款项可能收回的数额确定其评估值。由于振华公司的应收款项全部为近两年经营性业务往来发生额、不存在无法回收的不确定因素,因此确认应收款项评估值为 206 873 元、其他应收款 8 214 180 元。

预收账款的账面金额为 13 902 280 元,在对预收账款账面价值核实无误的基础上,以账面价值确认评估值为 13 902 280 元。

预付账款的账面余额为 390 217 元,经核实,全部为在用工具、器具,将其转入低值易耗品评估,因此其评估值为 0。

存货包括原材料、在产品、半成品、产成品、委托加工材料及低值易耗品,原材料大多为近期购入,历史成本与市场价格差别不大,故按账面价值评估。在产品、半成品、产成品等都按账面价值评估。低值易耗品分为在库和在用两种情况。在库低值易耗品为近期购入、保存良好,故按账面价值确定其评估值。在用低值易耗品单位价值低、数量大,难以逐项操作,适合按产品规模、用途、使用部门、使用年限分项归类,采用重置成本进行评估。按历史成本增加 5%~10% 计算重置成本,成新率采用年限法。另有从预收账款项内转入在用工具、器具项的账面价值 13 902 280 元,也采用上述方法。

资料来源:何雨谦,王丽. 资产评估学[M]. 大连:东北财经大学,2016.

思考:振华公司流动资产评估的基本程序是怎样的?在流动资产评估中应注意哪些问题?

第一节 流动资产评估概述

一、流动资产的内容和特点

(一)流动资产的内容

流动资产是企业可以在 1 年或者超过 1 年的一个营业周期内变现或者耗用的资产,包括库存现金、各种银行存款以及其他货币资金、应收及预付款项、存货以及其他流动资产等。其中,现金是指企业的库存现金,包括企业内部各部门用于周转使用的备用金。各项银行存款是指企业的各种不同类型的银行存款。其他货币资金是指除现金和银行存款以外的其他货币资金,包括外埠存款、银行本票存款、银行汇票存款、存出投资款、信用卡存款、信用证保证金存款等。应收账款是指企业因销售商品、提供劳务等应向购货单位或受益单位收取的款项。预付账款是指企业按照购货合同规定预付给供货单位的购货定金或部分货款。存货是指企业的库存材料、在产品、产成品等。其他流动资产是指除以上资产之外的流动资产。

满足下列条件之一的资产,归类为流动资产:
(1)预计在一个正常营业周期中变现、出售或耗用;
(2)主要为交易目的而持有;
(3)预计在资产负债表日起 1 年内(含 1 年,下同)变现;
(4)自资产负债表日起 1 年内,交换其他资产或清偿负债的能力不受限制的现金或现金等价物。

(二) 流动资产的特点

与固定资产相比,流动资产具有以下特点。

▶ 1. 循环周转速度快

流动资产,顾名思义,流动速度较快,其实物形态只参加一个生产周期便改变了原有形态,其价值也转移到产品价值中,并在产品销售后随之收回。例如,库存材料通过加工成为产成品,随着销售成为应收账款或现金等,这一系列的周转给企业带来增值。

▶ 2. 变现能力强

与固定资产相比,各种形态的流动资产都可以在较短的时间内出售和变卖,具有较强的变现能力,是企业对外支付和偿还债务,尤其是短期负债的重要保证。同时,各种形态的流动资产,其变现速度是有区别的。

通常,流动资产变现能力越强,企业偿债的能力越强,风险越小。

▶ 3. 形态多样且同时并存又相继转化

流动资产在企业的再生产过程中依次经过购买、生产、销售三个阶段,并分别采取货币资产、储备资产、生产资产和成品资产等形态,不断地循环流动。可以说,企业的流动资产是以多种形态并存于企业生产经营过程中的各个阶段,同时又相继转化,周而复始。

▶ 4. 波动性

企业的流动资产一般受市场商品供求变化,生产、消费的季节性,外部经济环境,经济秩序等因素影响和制约较大,因此,流动资产的占用总量以及流动资产的不同形态构成比例往往呈现波动性。

(三) 流动资产的分类

▶ 1. 按照流动资产在资产评估中表现的不同形态划分

(1) 实物类流动资产,通常又称存货资产,是指企业在生产经营过程中为销售或者耗用而储备的具有实物形态的资产。实物类流动资产一般包括产成品、库存商品、在产品、自制半成品、原料及主要材料(包括各种外协件)、辅助材料、燃料、修理用备件、包装物(库存物资)和低值易耗品等。

(2) 非实物流动资产,包括现金和各项存款等具有现金等价物性质的流动资产,应收及预付款项,以及其他费用等具有债权性质的流动资产。

▶ 2. 按照评估中的重要程度划分

按照流动资产的价值大小和重要性,可将流动资产分为 A、B、C 三类,在资产评估中突出重点,兼顾一般,可以提高资产清查核实和评估工作的效率。

二、流动资产评估的内容与特点

流动资产评估包括实物类流动资产评估和非实物类流动资产评估。一般而言,由于流动资产的流动性较强,容易变现,其账面价值与现行市场价格较为接近。因此,与其他资产的评估相比,流动资产的价值评估具有以下特点。

▶ 1. 流动资产评估主要是单项资产评估

对流动资产的评估主要是以单项资产为对象进行价值评估,不需要按其综合获利能力进行综合性价值评估。

▶ 2. 流动资产评估必须确定评估基准时间

评估是确定企业流动资产在某一时点上的价值，但流动资产的流动性和价值却始终处于变化和波动之中，不可能人为地停止流动资产的周转。因此，评估基准日应尽可能选择在会计期末，并在规定的时点进行资产清查、登记，并确定流动资产数量和账面价值，避免重登和漏登现象的发生。

▶ 3. 在保证结果的准确性的同时，兼顾评估工作的经济性

由于流动资产一般具有数量大、种类多的特点，清查工作量大，所以流动资产清查应考虑评估的时间要求和评估成本，既要注意评估值的准确性，又要注意评估的经济性。评估时，要根据不同企业的生产经营特点和流动资产分布情况，对流动资产分清主次、重点和一般，选择不同的方法进行清查和评估，做到突出重点，兼顾一般。但当抽查核实的过程中发现原始资料或清查盘点工作可靠性较差时，应扩大抽查面，直至核查全部流动资产。

▶ 4. 正常情况下，流动资产的账面价值基本可以反映其现值

由于流动资产周转快、变现能力强，在物价水平相对稳定的情况下，正常流动资产的账面价值基本可以反映流动资产的现值。因此，在特定情况下，可以采用历史成本作为其评估值。

▶ 5. 评估流动资产时一般可以不需要考虑资产的功能性贬值因素

流动资产有形损耗（实体性损耗）的计算只适用于诸如低值易耗品、呆滞、积压存货类流动资产的评估。

三、流动资产评估的程序

（一）确定评估对象和评估范围

进行流动资产评估前，首先确定被评估资产的对象和范围，这是保证评估质量的重要条件之一。被评估对象和评估范围应依据经济活动所涉及的资产范围而定，同时，在实施评估前应做好下列工作。

▶ 1. 明确流动资产的评估范围

主要判断被评估对象是否属于流动资产，因此必须注意划清流动资产与非流动资产的界限。

▶ 2. 核查待评估流动资产的产权

企业在进行资产评估前，首先应核实流动资产的产权。例如，委托加工材料、代为保管的材料物资等，尽管存在于该企业中，但由于其产权不属于被评估单位，故不应将其列入流动资产的评估范围。

▶ 3. 对被评估流动资产进行抽查核实

对被评估流动资产进行抽查核实，验证基础资料，不能仅以账面记录为准，而应以实存数量为依据。

（二）对具有实物形态的流动资产进行质量和技术状况调查

为了了解实物形态资产的质量状况，以便确定其是否还具有使用价值，并核对其技术

情况和等级与被评估资产清单的记录是否一致，需要对被评估的材料、半成品、产成品等流动资产进行质量和技术状况调查。

特别是对那些时效性较强的存货，如有保鲜期要求的食品，有有效期要求的药品、化学试剂等，对其进行技术调查尤为重要。这是由于如果存货在存放期内质量发生变化会直接影响其变现能力和市场价格，因此评估时必须考虑各类存货的内在质量因素。

（三）对企业的债权情况进行分析

根据对被评估企业与债务人经济往来活动中的资信情况的调查了解，以及对每项债权资产的经济内容、发生时间的长短及未清理的原因等因素进行核查，综合分析确定各项债权回收的可能性、回收的时间、回收时将要发生的费用等。

（四）合理选择评估方法

根据评估目的和不同种类流动资产的特点，评估人员要合理选择评估方法。例如，对于实物类流动资产，可以采用市场法或成本法；对于货币类流动资产，其清查核实后的账面价值本身就是现值，无须采用特殊方法进行评估，等等。

（五）评定估算流动资产，得出评估结论

经过上述评估程序对有关流动资产进行评估后，即可得出相应的评估结论。

第二节 实物类流动资产的评估

实物类流动资产主要包括各种材料、在产品、产成品、低值易耗品、包装物等。实物类流动资产评估是流动资产评估的重要内容。

一、材料的评估

（一）材料价值评估

企业中的材料，按其存放地点可分为库存材料和在用材料。在用材料在生产过程中已形成产成品或半成品，不再作为单独的材料存在，故材料评估主要是对库存材料进行评估。

库存材料包括原料及主要材料、辅助材料、燃料、修理用备件、外购半成品等。由于低值易耗品和包装物在一定程度上与材料类似，故应采用与材料类似的评估方法。库存材料具有品种多、金额大，而且性质、计量单位、购进时间、自然损耗各不相同等特点。

（二）库存材料的评估

对库存材料进行评估时，可以根据材料购进情况的不同而选择相应的方法。

▶ 1. 近期购进库存材料的评估

近期购进的材料库存时间较短，在市场价格变化不大的情况下，其账面价值与现行市价基本接近。评估时，可采用成本法，也可以采用市场法。

【例8-1】甲企业的A材料系两个月前从外地购进，材料明细账的记载为：数量6 000千克，单价500元/千克，运杂费为700元。根据材料消耗的原始记录和清查盘点，评估时库存尚有 1 500 千克。根据上述资料，可以确定该材料的评估值如下：

材料评估值＝1 500×(500＋700÷6 000)＝7 517 490(元)

对于购进时发生运杂费的材料，如果是从外地购进的，因运杂费数额较大，评估时应将由被评估材料分担的运杂费计入评估值；如果是从本地购进的，而运杂费数额较小，评估时则可以不考虑运杂费。

▶ 2. 购进批次间隔时间长、价格变化较大的库存材料

对这类材料进行评估时，可以采用最接近市场价格的材料价格或直接以市场价格作为其评估值。

【例 8-2】乙企业要求对其库存的 B 材料进行价值评估。该材料分两批购进，第一批购进时间为上年 10 月，购进 1 000 吨，单价 3 800 元/吨；第二批购进时间为本年 4 月，数量 100 吨，单价 4 500 元/吨。本年 5 月 1 日进行价值评估，经核实，去年购进的该材料尚存 500 吨，今年 4 月购进的尚未使用。因此，需评估 B 材料的数量是 600 吨，经过分析，第二批购进材料的价格能够反映市场正常情况，可直接采用市场价格 4 500 元计算，则 B 材料的评估值＝600×4 500＝2 700 000(元)。

本例中，因评估基准日 5 月 1 日与今年 4 月购进时间较近，因而直接采用 4 月份购进材料的价格作为评估值。如果近期内该材料价格变动很大，或者评估基准日与最近一次购进时间间隔期较长时，应采用评估基准日的市价。

▶ 3. 缺乏准确现行市价库存材料的评估

企业库存的某些材料可能购进的时间较早，市场已经脱销，目前无明确的市价可供参考或使用。对这类材料的评估，可以通过寻找替代品的价格变动资料来修正材料价格；也可以在分析市场供需的基础上，确定该项材料的供需关系，并以此修正材料价格；还可以通过市场同类商品的平均物价指数进行评估。

▶ 4. 超储积压物资价值的评估

超储积压物资是指从企业库存材料中清理出来，需要进行处理的材料。由于这类材料积压时间较长，可能会因为自然力作用或保管不善等原因造成使用价值下降。对这类资产的评估，首先应对其数量和质量进行核实和鉴定，然后区别不同情况进行评估，对于其中失效、变质、残损、报废、无用的，应通过分析计算，扣除相应的贬值数额后，确定其评估值。

在库存材料评估过程中，可能还存在盘盈、盘亏的情况，评估时应以有无实物存在为原则进行评估，并选用相应的评估方法。

二、低值易耗品的评估

低值易耗品是指不构成固定资产的劳动工具。不同行业对固定资产和低值易耗品的划分标准是不完全相同的，某些行业的固定资产可能是其他行业的低值易耗品。因此，在评估过程中判断劳动资料是否为低值易耗品，原则上应视其在企业中的作用而定，一般可尊重企业原来的划分标准。

同时，低值易耗品又是特殊流动资产，与典型流动资产相比，它具有周转时间长、不构成产品实体等特点。掌握低值易耗品的特点是做好低值易耗品评估的前提。

低值易耗品种类较多，为了准确评估其价值，可以对其进行必要的分类。一般按照其

用途和使用情况分类。

▶ 1. 按低值易耗品的用途分类

低值易耗品按其用途可以分为一般工具、专用工具、替换设备、管理用具、劳动保护用品、其他低值易耗品等类别。评估时可以按大类进行分类评估，简化评估工作。

▶ 2. 按低值易耗品的使用情况分类

低值易耗品按其使用状况可分为在库低值易耗品和在用低值易耗品两种类别。这种分类考虑了低值易耗品使用的具体情况，直接影响评估方法的选择。

(1) 在库低值易耗品评估时，可以根据具体情况，采用与库存材料评估相同的方法。

(2) 在用低值易耗品评估时，可以采用成本法进行评估。计算公式为

$$\text{在用低值易耗品评估值} = \text{全新低值易耗品的成本价} \times \text{成新率} \quad (8-1)$$

对于全新低值易耗品的评估价值，可以直接采用其账面价值（价格变动不大的情况下），也可以采用现行市场价格，还可以在账面价值基础上乘以其物价变动指数确定。

因此，低值易耗品成新率计算公式一般为

$$\text{成新率} = 1 - \frac{\text{低值易耗品实际已使用月数}}{\text{低值易耗品可使用总月数}} \quad (8-2)$$

在对低值易耗品评估时，由于其使用期限短于固定资产，一般只考虑实体性损耗，而不考虑其功能性损耗和经济性损耗。

由于对低值易耗品采用摊销的方式将其价值转入成本、费用，而摊销的目的在于计算成本、费用。但是，低值易耗品的摊销在会计上采用了较为简化的方法，并不完全反映低值易耗品的实际损耗程度。因此，评估者在确定低值易耗品成新率时，应根据其实际损耗程度确定，而不能完全按照其摊销方法确定。

【例 8-3】丙企业的 C 低值易耗品原价 800 元，预计使用 1 年，现已使用 6 个月。该低值易耗品现行市价为 1 500 元，由此可确定 C 低值易耗品评估值 = 1 500 × (1 - 6 ÷ 12) = 750(元)。

三、在产品的评估

在产品包括生产过程中尚未加工完毕的在制品、已加工完毕但不能单独对外销售的半成品（可直接对外销售的半成品视同产成品评估）。

(一) 成本法

成本法适用于生产周期较长的在产品的评估。对于生产周期较短的在产品，主要以其实际发生的成本作为价值评估依据，在没有变现风险的情况下，可根据其账面价值进行调整。具体方法可以选择以下几种。

▶ 1. 根据价格变动系数调整原成本

此种方法主要适用于生产经营正常、会计核算水平较高的企业在产品的评估。可参照实际发生的原始成本，根据评估日的市场价格变动情况，调整成重置成本，主要是将不合理的成本和费用从中进行剔除。评估价值计算的基本公式为

$$\text{某项或某类在产品评估值} = \text{原合理材料成本} \times (1 + \text{价格变动系数}) + \text{原合理工资薪酬、费用（含借款费用）} \times (1 + \text{合理工资薪酬、费用变动系数})$$

$$(8-3)$$

在产品成本包括直接材料、直接人工、制造费用和借款费用四部分。借款费用一般用于需要经过相当长时间的购建或者生产活动才能达到预定可使用或者可销售状态的存货。

▶ 2. 按社会平均消耗定额和现行市价计算评估值

这种方法即按重置同类资产的社会平均成本确定被评估资产的价值，其使用前提是掌握被评估在产品的完工程度、有关工序的工艺定额、耗用物料的近期市场价格、合理工时及单位工时的取费标准，而且合理的工时及其取费标准应按正常生产经营情况进行测算。其计算评估值的基本公式为

某在产品评估值＝在产品实有数量×(该工序单件材料工艺定额×

单位材料现行市价＋该工序单件工时定额×正常工资费用)　　(8-4)

对于工艺定额的选取，如果有行业的平均物料消耗标准的，可按行业标准计算；没有行业统一标准的，按企业现行的工艺定额计算。

【例 8-4】 G 公司处于某一生产阶段的在产品有 300 件，已知每件在产品消耗 A 型材料 50 千克，市场中 A 型材料的单价为 5 元/千克；在产品的累计单位工时定额为 20 小时/件，每定额小时内，燃料和动力费用定额为 0.45 元，工资及附加费定额为 10 元，车间经费定额为 2 元，企业管理费用定额为 4 元，假设该在产品不存在变现风险。

则在产品评估值如下：

原材料成本＝300×50×5＝75 000(元)

工资成本＝300×20×10＝60 000(元)

费用成本＝300×20×(2＋4)＝36 000(元)

燃料和动力成本＝300×20×0.45＝2 700(元)

在产品的评估值＝75 000＋60 000＋36 000＋2 700＝173 700(元)

▶ 3. 按完工程度计算评估值(约当产量法)

产成品是在产品的最高形式，因此，计算确定在产品评估值，可以在计算产成品重置成本的基础上，按在产品完工程度计算确定在产品评估值。计算公式为

在产品评估值＝产成品重置成本×在产品约当量　　(8-5)

在产品约当量＝在产品数量×在产品完工率　　(8-6)

在产品约当量、完工率可以根据其完成工序与全部工序比例、生产完成时间与生产周期比例确定。当然，确定时应分析完成工序、完成时间与其成本耗费的关系。

【例 8-5】 G 公司在评估时，有 B 型在产品 30 件，材料随生产过程陆续投入，已知这批在产品的材料投入量为 80%，完工度为 75%，该产品的单位定额成本为：材料定额 4 000 元，工资定额 500 元，费用定额 600 元，现确定 B 型在产品评估值如下：

在产品材料约当产量＝30×80%＝24(件)

在产品工资、费用约当产量＝24×75%＝18(件)

在产品评估值＝24×4 000＋18(500＋600)＝115 800(元)

(二) 市场法

市场法是按同类在产品和半成品的市价，扣除销售过程中预计发生的费用后计算评估值。一般来说，被评估资产通用性好，能够作为产成品的部件或用于维修等，其评估的价值就高；相反，不能继续生产又无法通过市场调剂出去的专用配件等只能按废料回收价格进行评估。其基本公式为

某在产品评估值＝该种在产品实有数量×市场可接受的不含税的单价－
　　　　　预计销售过程中发生的费用　　　　　　　　　　　　　　(8-7)

值得注意的是，如果在调剂过程中有一定的变现风险，还要考虑设立一个风险调整系数，计算可变现评估值。

某报废在产品评估值＝可回收废料的重量×单位重量现行的回收价格　　(8-8)

【例 8-6】丁企业因产品技术落后而全面停产，现准备与 M 公司合并，有关在产品的资料如下：在产品原账面记录的成本为 10 万元。其中，已从仓库中领出但尚未进行加工的原料 A001 黑色金属，经盘点有 150 吨，现行单位市价为 1 600 元；已加工成部件，可通过市场销售且流动性较好的在产品 B002，共 1 800 件，现行单位市价为 54 元；加工成的部件无法销售，又不能继续加工，只能报废处理的在产品 D001，实有数量为 5 000 件，每件可回收废料 35 千克，每千克回收价格为 0.4 元。请评估其在产品价值。

在产品价值＝150×1 600＋1 800×54＋5 000×35×0.4＝407 200(元)

四、产成品及库存商品的评估

产成品及库存商品是指已完工入库，或已完工并经过质量检验但尚未办理入库手续的产成品以及商品流通企业的库存商品等。对此类存货应依据其变现能力和市场可接受的价格进行评估，适用的方法有成本法和市场法。

(一) 成本法

采用成本法对生产及加工工业的产成品评估，主要根据生产、制造该项产成品全过程发生的成本费用确定评估值。具体应用过程中，可分为以下两种情况分别进行评估。

▶ 1. 评估基准日与产成品完工时间接近

此时若成本变化不大，可以直接按产成品的账面成本确定其评估值。计算公式为

　　　　　产成品评估值＝产成品数量×产成品单位成本　　　　　　(8-9)

▶ 2. 评估基准日与产成品完工时间间隔较长

此时一般产成品的成本费用变化较大，产成品评估值可按下列两种计算方法计算：

产成品评估值＝产成品实有数量×［合理材料工艺定额×材料单位现行价格＋
　　　　　合理工时定额×单位小时合理工时工资、费用(含借款费用)］　(8-10)

产成品评估值＝产成品实际成本×［材料成本比例×材料综合调整系数＋
　　　　　工资薪酬、费用(含借款费用)成本比例×工资薪酬、费用综合调整系数］
　　　　　　　　　　　　　　　　　　　　　　　　　　　　　　　(8-11)

借款费用一般用于需要经过相当长时间的购建或者生产活动才能达到预定可使用或者可销售状态的存货。

【例 8-7】某资产评估事务所对 K 企业进行资产评估。经核查，该企业产成品实有数量为 2 000 件，根据该企业的成本资料，结合同行业成本耗用资料分析，合理材料工艺定额为 500 千克/件，合理工时定额为 20 小时。评估时，生产该产成品的材料价格由原来的 60 元/千克涨至 65 元/千克，单位小时合理工时工资、费用不变，仍为 15 元/小时。根据上述分析和有关资料，可以确定该企业产成品评估值＝2 000×(500×65＋20×15)＝65 600 000(元)。

【例 8-8】C 企业的产成品实有数量为 50 台，每台实际成本 60 元，根据会计核算资料，

生产该产品的材料费用与工资、其他费用的比例为3:2,根据目前价格变动情况和其他相关资料,确定材料综合调整系数为1.15,工资、费用综合调整系数为1.02。由此可以计算该产成品的评估值＝50×60×(60%×1.15+40%×1.02)＝3 294(元)。

(二) 市场法

应用市场法评估产成品的价值,在选择市场价格时应注意考虑下列几项因素。

(1) 产成品的使用价值。根据对产品本身的技术水平和内在质量的技术鉴定,确定产品是否具有使用价值以及产品的实际等级,以便选择合理的市场价格。

(2) 分析市场供求关系和被评估产成品的前景。

(3) 所选择的价格应是在公开市场上所形成的近期交易价格,非正常交易价格不能作为评估的依据。

(4) 对于产品技术水平先进,但外表存在不同程度残缺的产成品,可根据其损坏程度,通过调整系数予以调整。

采用市场法评估产成品时,现行市价中包含了成本、税金和利润的因素,如何处理待实现的利润和税金是一个不可忽视的问题。对这一问题应做具体分析,应视产成品评估的特定目的和评估的性质而定。运用市场法评估产成品,原则上可根据《资产评估操作规范意见(试行)》第四十三条的要求进行评估。

【例8-9】G公司生产A型产品,评估基准日的账面价值为392 500.54元,评估中根据清查结果得知:评估基准日该产品的库存数量为5 000件,单位成本为50元/件,出厂价为60元/件(含增值税),该产品的销售费用率为4%,销售税金及附加占销售收入的3%,利润率为13%,增值税为17%。

$$A型产品评估值 = 5\ 000 \times \frac{60}{1+17\%} \times (1-4\%-3\%-13\%) \approx 205\ 128.21(元)$$

第三节 货币性资产、应收账款及其他流动资产的评估

一、货币性资产评估

货币性资产是指企业持有的现金及将以固定或可确定金额的货币收取的资产,包括现金、应收账款和应收票据,以及准备持有至到期的债券投资等。这里的现金包括库存现金、银行存款和其他货币资金。

(一) 现金和各项银行存款的评估

货币性资产不会因时间的变化而发生差异,因此,对于现金和各项银行存款的评估,实际上是对现金的盘点,并与现金日记账和现金总账核对,实现账实相符;对各项银行存款的清查确认,核实各项银行存款的实有数额;最后,以核实后的实有额作为评估值,当然,如有外币存款,应按评估基准日的汇率折算成等值人民币。

(二) 短期投资评估

短期投资主要是企业为了利用正常营运中暂时多余的资金,购入一些可随时变现的有

价证券，主要包括交易性金融资产和可供出售的金融资产。由于企业的短期投资大多为有价证券，因此短期投资的评估实际上是对企业拥有的有价证券的评估。对于在证券市场上公开交易的有价证券，可按评估基准日的收盘价计算确定评估值；对于不能公开交易的有价证券，可按其本金加持有期利息计算评估值。

二、应收账款及预付账款的评估

应收账款是指企业在正常的经营过程中因销售商品、产品、提供劳务等业务，应向购买单位收取的款项，包括应由购买单位或接受劳务单位负担的税金、代购买方垫付的各种运杂费等。

（一）应收账款的评估思路

由于应收款项存在一定的回收风险，因此，一般应从两方面进行：一是清查核实应收账款数额；二是估计可能的坏账损失。其基本公式为

$$应收账款评估价值＝应收账款账面余额－已确定的坏账损失－预计可能发生的坏账损失与费用 \qquad (8-12)$$

其中，应收账款账面价值需通过账证核对、账表核对，并按客户名单发函核对，查明每项应收账款发生的时间、金额、债务人单位的基本情况，并进行详细记录，作为评估时预计坏账损失的重要依据。需要特别注意的是必须对机构内部独立核算单位之间的往来进行双向核对，避免重计、漏计。

已发生的坏账损失是指评估时债务人已经死亡或破产，以及有明显证据证明确实无法收回的应收账款。对于已确认的坏账损失，在评估其价值时，应从应收账款价值中扣除。

可能发生的坏账损失，一般可以根据企业与债务人的业务往来和债务人的信用情况将应收账款分类，并按不同类别估计坏账损失发生的可能性及其数额。应收账款的分类如下。

第一类：业务往来较多，债务人结算信用好。这类应收账款一般能够如期全部收回。

第二类：业务往来少，债务人结算信用一般。该类应收账款收回的可能性很大，但收回时间不能完全确定。

第三类：偶然发生业务往来，债务人信用状况未能调查清楚。这类应收账款可能只收回一部分。

第四类：有业务往来，但债务人信用状况较差，有长期拖欠货款的记录。这类应收账款可能无法收回。

上述分类方法，既是对应收账款坏账损失可能性的判断过程，也是对预计坏账损失定量分析的准备过程。

（二）坏账损失的估计方法

▶ 1. 坏账比例法

坏账比例法是按坏账占全部应收账款的比例来判断不可收回的应收账款，从而确定坏账损失的数额。坏账比例的确定可以根据被评估企业前若干年（一般为3～5年）的实际坏账损失额与其应收账款发生额的比例确定。

$$估计坏账百分比＝前期坏账损失÷前期赊销净额（或销货）×100\% \qquad (8-13)$$

$$本期坏账损失＝本期实际销货或赊销净额×估计坏账百分比 \qquad (8-14)$$

【例 8-10】对某企业进行整体资产评估,经核实,截至评估基准日,应收账款的账面余额为 400 万元,前三年的应收账款发生情况及坏账损失情况如表 8-1 所示。

表 8-1 坏账损失情况表　　　　　　　　　　　　　单位:万元

年　　度	应收账款余额	处理坏账额	备　　注
第一年	150	20	
第二年	245	8	
第三年	250	12	
合　　计	645	40	

由此计算前三年坏账占应收账款的百分比如下:

坏账占应收账款的比例 = 40÷645×100% = 6.20%

预计坏账损失额 = 400×6.20% = 24.8(万元)

如果一个企业的应收账款多年未清理,账面找不到处理坏账的数额,也就无法推算出坏账损失率,则不能采用这种方法。

▶ 2. 账龄分析法

账龄分析法是根据应收账款账龄的长短,分析应收账款预计可收回的金额及其产生坏账的可能性。一般来说,应收账款账龄越长,产生坏账损失的可能性就越大。

【例 8-11】在对某企业进行评估时,经核实,该企业应收账款实有额为 756 400 元,具体发生情况以及由此确定坏账损失计算分析如表 8-2 所示。

表 8-2 坏账损失计算分析表　　　　　　　　　　　单位:元

账　　龄	应　收　账　款	预计坏账损失率	坏　账　金　额
未到期	304 000	1%	3 040
已过期:半年	143 000	10%	14 300
1 年	202 400	15%	30 360
2 年以上	107 000	25%	26 750
合　　计	756 400		77 450

根据表 8-2 计算的应收账款评估值 = 756 400 - 77 450 = 678 950(元)。

应收账款预计坏账损失的确定,应按照以上的办法进行分析确定,而不以企业的账面数字为准。应收账款的评估应考虑相应的费用,而且,评估以后,"坏账准备"科目应按零值计算。

(三) 应收账款价值的评估

坏账损失计算出来后,可以根据现行贴现率计算出应收账款的价值,计算公式为

$$评估价值 = (账面价值 - 预计坏账损失) \times (1 - 月贴现率 \times 月数) \qquad (8-15)$$

【例 8-12】某企业在评估时账面应收账款为 50 000 元。预计发生的坏账损失额为 1 000 元。已知评估时点的月贴现率为 5‰,应收账款的平均回收期为 3 个月,试计算该企业应收账款的重估价值。

应收账款的重估价值=(50 000−1 000)×(1−5‰×3)
　　　　　　　　　=40 000×(1−0.015)=39 400(元)

三、应收票据的评估

(一) 应收票据的概念和种类

应收票据是指由付款人或收款人签发、由付款人承兑、到期无条件付款的一种书面凭证。应收票据按承兑人不同可分为商业承兑汇票和银行承兑汇票。对于商业承兑汇票,按其是否带息分为带息商业汇票和不带息商业汇票。商业汇票可依法背书转让,也可以向银行申请贴现。由于商业汇票有带息和不带息之分,所以对于不带息票据,其评估值即为票面金额;对于带息票据,应收票据的评估值除票据面值外,还包括票据利息。

(二) 应收票据的评估方法

▶ 1. 按票据的本利计算

(1) 到期无息应收票据的评估。

由于无息票据到期后,只能按票面金额收回款项,所以其评估价值等于票面金额。

(2) 到期有息应收票据的评估,其计算公式为

票据评估价值=票据票面金额+利息=票据票面金额×(1+利率)　　　(8-16)

【例 8-13】某企业收到 3 个月期、年利率为 8%、票据金额为 5 000 元的票据一张,试评估票据到期时的价值。

票据到期时的评估价值=5 000×(1+8%×3÷12)=5 100(元)

▶ 2. 按应收票据的贴现值计算

对企业的尚未到期的票据,按评估基准日到银行可获得的贴现值计算确定评估值:

应收票据评估值=到期价值−贴现息=到期价值×(1−贴现率×贴现天数÷360)

(8-17)

【例 8-14】某企业持有的应收票据为 90 天的无息票据,金额为 5 000 元,在持票 30 天时对其进行评估,贴现率为 7.2%,则这张票据的评估价值如下:

贴现天数=90−30=60(天)

票据评估价值=贴现收入=5 000×(1−7.2%×60/360)=4 940(元)

【例 8-15】某企业收到 120 天到期的票据一张,票面金额为 50 000 元,年利率为 9%,持票 30 天时进行评估,评估时银行贴现率为 7.2%,则票据的评估价值如下:

贴现天数=120−30=90(天)

到期价值=50 000×(1+9%×120/360)=51 500(元)

票据评估价值=贴现收入=51 500×(1−7.2%×90÷360)=50 573(元)

四、预付费用的评估

预付费用在评估日之前企业已经支出,但在评估日之后才可能产生效益,如预付的报纸、杂志费、预付保险金、预付租金等,因而,可将这类预付费用看作是未来取得服务的权利。

预付费用的评估依据其未来可产生效益的时间进行。如果预付费用的效益已在评估日前全部体现,只因发生的数额过大而采用分期摊销的办法,这种预付费用不应在评估中作价。只有那些在评估日之后仍将发挥作用的预付费用,才是评估的对象。

【例 8-16】评估人拟对某企业的预付账款进行单项评估，评估基准日为 2014 年 6 月 30 日，其他相关资料如下：

(1) 半年前企业预付了一年的保险金 96 000 元，现已摊销 21 000 元；

(2) 预付办公室房租租金 250 000 元，已摊销 70 000 元，根据租约，始租时间为 2012 年 6 月 30 日，租约终止期为 2017 年 6 月 30 日；

(3) 以前年度应结转但因成本太高而未结转的费用为 24 万元。

试对该企业上述预付账款进行评估。

评估技术方法如下：

(1) 预付保险金的评估：

每月应该分摊额＝96 000÷12＝8 000(元)

应该预留的保险金(评估值)＝8 000×6＝48 000(元)

而不是：96 000－21 000＝75 000(元)。

(2) 预付办公室房租的评估：

根据租约，租期为 5 年，每年应付租金 50 000 元(250 000÷5)，尚有 3 年使用期，因此，3 年使用权的评估值为 150 000 元(50 000×3)，而不是 180 000 元(250 000－70 000)。

(3) 以前年度应该结转而未结转的费用 24 万元的评估价值为 0，因为这一款项已经不再发挥作用，没有经济效益产生。

上述三项预付款项评估价值＝48 000＋150 000＋0＝198 000(元)

本章小结

流动资产由于其具备周转速度快、变现能力强、形态多样，同时并存相继转化、存量波动大的特点。评估时，应以单项资产为评估对象，基准日尽量选在会计期末，评估方法也比较简单。

从评估角度来看，流动资产主要分为两类：实物类流动资产和非实物类流动资产。

实物类流动资产包括各种材料、在产品、产成品、库存商品和包装物等。可采用的方法主要有成本法和市场法，应根据实际情况分别选用，其中以成本法最为常见。

非实物类流动资产的评估，则需根据该流动资产的特点，选择盘点确定后的账面价值或变现价值作为其评估值。其中，应收账款的评估关键在于坏账损失的估算，主要采用坏账比例法和账龄分析法。

综合练习

一、单项选择题

1. 材料盘盈盘亏的评估应以(　　)为原则进行评估。

A. 有无账面存款　　B. 有无使用　　C. 有无实物存在　　D. 有无原始凭证

2. 确定低值易耗品成新率时应根据(　　)确定。

A. 实际损耗程度　　　　　　　　　B. 账面已摊销数额

C. 账面未摊销数额　　　　　　　　D. 账面余额

3. A企业在产品评估基准日的账面总成本为300万元,经评估人员核查,发现其中有100件产品为超过正常范围的废品,其账面成本为1万元,估计可回收的废料价值为0.2万元,该在产品的评估值最接近( )万元。

A. 294.2　　　　B. 197　　　　C. 295　　　　D. 299.2

4. 某产品全部加工完成需要10小时,一批尚在加工过程中的在产品平均完成8小时的加工工时,该批在产品共有1 000件,已知该产品产成品单位重置成本为200元,在成本消耗与加工工时呈正比的情况下,该批在产品最有可能的评估值为( )万元。

A. 16　　　　B. 20　　　　C. 14　　　　D. 12

5. 被评估对象为甲在产品,共计2 000件,账面值为100 000元。根据会计资料,在甲产成品账面价值中,原材料占65%,人工费用及其他费用为35%。已知在评估基准日原材料价格比入账时上升了5%,人工及其他费用比入账时上升了1%,全部甲产成品保存完好,若不考虑其他因素,则甲产成品的评估值最接近( )元。

A. 103 100　　　　B. 103 600　　　　C. 104 850　　　　D. 106 000

6. 根据资产评估原理,应收账款评估的基本公式是( )。

A. 应收账款评估值＝应收账款余额－坏账准备－预计坏账损失

B. 应收账款评估值＝应收账款余额－已核销坏账损失－坏账准备

C. 应收账款评估值＝应收账款余额－已核销坏账损失＋坏账准备

D. 应收账款评估值＝应收账款余额－已确定坏账损失－预计坏账损失

7. 甲公司委托评估的应收账款账面原值5 000元,坏账准备500元,净值4 500元。评估时确定其回收风险损失率为20%,审计机构确定的坏账准备为800元,该应收账款的评估值最接近( )元。

A. 3 600　　　　B. 3 700　　　　C. 4 000　　　　D. 4 500

8. 某企业有一张期限为6个月的商业汇票,票面金额100万元,月息10‰,评估基准日离票据到期还有四个月,如用本利和法评估,该票据的评估值应为( )万元。

A. 100　　　　B. 102　　　　C. 104　　　　D. 106

9. 某企业有一张期限为1年的带息票据,本金65万元,年利率7.2%,截至评估基准日离付款期限尚差两个半月,该票据的评估值为( )元。

A. 657 950　　　　B. 687 050　　　　C. 696 800　　　　D. 678 050

10. 企业年预付全年房租7 200元,当年4月1日进行评估时账面金额为4 800元,该预付费用最可能评估值为( )元。

A. 5 400　　　　B. 4 800　　　　C. 2 400　　　　D. 1 800

二、多项选择题

1. 下列选项中,属于流动资产特点的有( )。

A. 周转速度快　　B. 变现能力强　　C. 波动性　　D. 实物性

2. 流动资产评估的特点有( )。

A. 流动资产评估是单项评估

B. 必须合理确定流动资产评估的基准时间

C. 既要认真进行资产清查,同时又要分清主次,掌握重点

D. 流动资产周转速度快、变现能力强,在价格变化不大的情况下,资产的账面价值

基本上可以反映流动资产的现值

3. 流动资产清查采用的方法主要是（　　）。
   A. 点面推算　　B. 抽查　　C. 重点清查　　D. 全面清查
4. 某企业拟用部分资产投资组建新公司，不宜纳入本次评估范围的流动资产包括（　　）。
   A. 外单位委托加工材料　　　　B. 已卖出，但尚未运走的商品
   C. 代保管的材料　　　　　　　D. 尚未到期的票据
5. 对于按存在形态的不同而分类的四种流动资产评估方法中，正确的有（　　）。
   A. 对于实物类流动资产，可以采用市场法和成本法
   B. 对于货币类流动资产，其清查核实后的账面价值本身就是现值，不需要采用特殊的方法进行评估，只是应对外币存款按评估基准日的汇率进行折算
   C. 对于债券类流动资产的评估，宜采用可变现净值进行评估
   D. 用成本法评估流动资产时，一般无须考虑资产的功能性贬值因素，而资产的有形损耗（实体性损耗）的计算也只适用于低值易耗品以及呆滞、积压流动资产评估
6. 注册资产评估师在评估续用库存材料时，一般要考虑（　　）因素。
   A. 市场价格变化　　B. 运输费用　　C. 变现费用　　D. 安装费用
7. 对低值易耗品评估时，应考虑的因素主要有（　　）。
   A. 实体性损耗　　B. 功能性损耗　　C. 经济性损耗　　D. 重置成本
8. 运用市场法对在产品进行评估应考虑的因素主要有（　　）。
   A. 市场价格　　B. 变现费用　　C. 管理费用　　D. 实体性损耗
9. 对产成品和库存商品的评估应根据（　　）进行评估。
   A. 获利能力　　　　　　　　　B. 变现能力
   C. 市场可接受的价格　　　　　D. 账面成本
10. 应收账款评估中，预计坏账损失的估计方法有（　　）。
    A. 按3‰～5‰计提标准计算　　　B. 坏账比例法
    C. 资信分类法　　　　　　　　　D. 账龄分析法

三、判断题

1. 流动资产评估属于单项评估。（　　）
2. 货币类流动资产包括现金、各项存款和原材料。（　　）
3. 对于实物类流动资产评估，可以采用现行市价法和成本法。（　　）
4. 一般来说，应收账款被评估后，账面上的"坏账准备"应为应收账款余额的3‰～5‰。（　　）
5. 由于会计对存货计价有多种方法，如先进先出法、后进先出法等，而且不同的存货计价方法会使存货账面价值不同，因而评估结果也不尽相同。（　　）
6. 对在用低值易耗品进行评估时，应考虑其实体性贬值，但无须考虑功能性贬值和经济性贬值。（　　）

四、计算题

1. 三亚公司处于某一生产阶段的在产品有500件，已知每件在产品消耗A型材料80千克，市场中A型材料的单价为5.00元/千克；在产品的累计单位工时定额为10小时/件，每定额小时内，燃料和动力费用定额为0.5元、工资及附加费定额为5.00元、车间经费定

额为 2.00 元、企业管理费用定额为 4.00 元。假设该在产品不存在变现风险。则该在产品的评估值为多少?

2. 三亚公司在评估时,有 F 型在产品 40 件,材料随生产过程陆续投入。已知这批在产品的材料投入量为 70%,完工程度为 60%,该产品的单位定额成本为:材料定额 3 000 元,工资定额 500 元,费用定额 500 元。计算 F 型在产品的评估价值。

3. 三亚公司拟投资 A 型产品,评估基准日的账面价值为 392 500.54 元,评估中根据厂方提供的年度会计报表及评估人员的清查结果得知,评估基准日该产品的库存数量为 5 000 件,单位成本为 50 元/件,出厂价为 60 元/件(含增值税),该产品的销售费用率为 4%,销售税金及附加占销售收入的 3%,利润率为 13%,该企业的增值税税率为 17%。计算 A 型产品的评估值。

4. 某企业产成品实有数量 60 台,每台实际成本 58 元。根据会计核算资料,生产该产品的材料费用与工资薪酬、其他费用的比例为 60:40,根据目前价格变动情况和其他相关资料,确定材料综合调整系数为 1.15,工资薪酬、费用综合调整系数为 1.02。由此可以计算该产成品的评估值为多少?

五、简答题

1. 流动资产的特点和流动资产评估的特点是什么?
2. 实物类流动资产评估主要采用哪种方法,为什么?
3. 如何评估应收账款的价值,其关键点是什么?
4. 对待摊费用和预付费用的评估需注意哪些问题?

六、案例分析题

某评估公司接受甲企业委托,对其流动资产进行评估。评估基准日为 2017 年 5 月 8 日。根据甲企业提供的资料,经核实如下:

(1) 库存现金 10 000 元,与现金日记账核对无误。

(2) 银行存款日记账余额为 380 000 元,银行对账单余额为 372 000 元,经查核有以下业务:

① 甲企业销售商品,收到支票一张,金额 46 000 元,银行对账单没有反映;
② 银行代甲企业支付的水电费 15 000 元,甲企业银行存款日记账没有记录;
③ 银行收到某企业汇付甲企业货款 42 000 元,甲企业银行存款日记账没有记录;
④ 甲企业为购进计算机开出支票金额 11 000 元,银行对账单没有反映。

(3) 甲企业应收账款总账余额共 630 000 元,经函询查核,大部分债务人已确认债务,但其中 A 企业所欠 30 000 元因机构被撤销而无法确认。有关应收项目拖欠时间分析如表 8-3 所示。

表 8-3 应收项目拖欠时间分析表   单位:元

应收账款项目	总金额	其中:未过期	其中:已过期		
			3～6 个月	1～2 年	3 年及以上
A 企业	30 000			30 000	
B 企业	82 000	40 000	42 000		

续表

应收账款项目	总 金 额	其中：未过期	其中：已过期		
			3～6个月	1～2年	3年及以上
C企业	67 000	20 000	15 000	32 000	
D企业	58 000			58 000	
E企业	108 000	48 000	40 000	10 000	10 000
F企业	285 000		65 000	220 000	
合　　计	630 000		162 000	350 000	10 000

评估人员决定按账龄分析法评估，经分析预计坏账率如表8-4所示。

表8-4　预计坏账率

拖欠时间	预计坏账率
未过期	1％
已过期：3～6个月	6％
1～2年	15％
3年及以上	30％

（4）甲企业拥有一张应收G企业的商业承兑汇票，票面金额200 000元，出票日为2016年12月8日，期限6个月，月贴现率为6％。评估人员决定以应收票据的贴现值计算。

（5）库存材料有特种钢材共800吨，其中2016年5月购进500吨，单价2 100元，已领用200吨，2016年12月购进500吨，单价2 000元，至评估时尚未领用。采用现行市价法评估。

（6）库存完工产品实有数为2 000件，每件实际成本1 000元。根据会计资料，该商品的材料费用与工资、其他费用比例为40∶60，根据目前价格变动情况和其他相关资料，确定材料综合调整系数为0.9，工资、费用综合调整系数为1.5。

思考：对甲企业流动资产价值进行评估，并列出理由及计算过程。

第九章 企业价值评估

学习目标

本章主要介绍企业的特点和企业价值评估的特点、企业价值评估的对象和范围、企业价值评估中的价值类型,收益法、市场法和成本法在企业价值评估中的应用。

1. 了解企业的特点和企业价值评估的特点;
2. 熟悉企业价值评估的对象和范围;
3. 掌握企业价值评估中的价值类型;
4. 掌握收益法、市场法和成本法在企业价值评估中的应用。

导入案例

2016年1月12日,万达集团宣布以不超过35亿美元现金(约人民币230亿元)收购美国传奇影业公司100%股权,成为迄今中国企业在海外最大的文化产业并购案,也一举让万达影视成为全球收入最高的电影企业。

传奇影业是美国著名影视制作企业,业务包括电影、电视、数字媒体、动漫等。传奇影业出品过的大片包括《蝙蝠侠》系列和《盗梦空间》《侏罗纪世界》《环太平洋》《魔兽世界》等,已累计在全球获得超过120亿美元的票房。

2016年3月3日,万达旗下AMC院线宣布将以11亿美元收购美国连锁影院卡麦克影业;7月12日,AMC院线以9.21亿英镑(约80.94亿元人民币)并购欧洲第一大院线Odeon & UCI院线。

若AMC完成收购Odeon & UCI,万达将形成全球院线布局。拥有中国、北美、欧洲世界三大电影市场的万达,有望成为全球最大的院线运营商。

资料来源:何雨谦,王丽.资产评估学[M].大连:东北财经大学出版社,2006.

第一节 企业价值评估概述

一、企业的定义和特点

企业是以营利为目的,按照法律程序建立的经济实体,形式上体现为由各种要素资产组成并具有持续经营能力的自负盈亏的经济实体。进一步说,企业是由各个要素资产围绕一个系统目标,发挥各自特定功能,共同构成一个有机的、具有生产经营能力和获利能力的载体及其相关权益的集合或总称。企业作为一类特殊的资产,其特点主要有营利性、持续经营性、整体性和权益可分性。

二、企业价值评估对象界定

在进行企业价值评估时,对评估标的物或评估对象,以及评估的目标进行清楚的界定是非常重要的。企业价值是一个复合的概念,中国资产评估协会 2004 年 12 月 30 日颁布的《企业价值评估指导意见(试行)》第三条中明确指出:"本指导意见所称企业价值评估,是指注册资产评估师对评估基准日特定目的下企业整体价值、股东全部权益价值或部分权益价值进行分析、估算并发表专业意见的行为和过程。"由此可见,企业价值评估的对象通常是指企业整体价值、股东全部权益价值和股东部分权益价值。

▶ 1. 企业整体价值

企业整体价值是企业总资产价值减去企业负债中的非付息债务价值后的余值,或用企业所有者权益价值加上企业的全部付息债务价值表示。

▶ 2. 股东全部权益价值

企业股东全部权益价值就是企业的所有者权益价值或净资产价值。

▶ 3. 股东部分权益价值

股东部分权益价值其实就是企业一部分股权的价值或股东全部权益价值的一部分。值得注意的是,由于存在控股权溢价和少数股权折价因素,因此股东部分权益价值并不必然等于股东全部权益价值与股权比例的乘积。评估人员应在适当及切实可行的情况下考虑由于控股权和少数股权等因素产生的溢价或折价,并在评估报告中披露是否考虑了控股权和少数股权等因素产生的溢价或折价。

不论评估的是哪一种价值,它们都是企业在特定时期、地点和条件约束下所具有的持续获利能力的市场表现。

三、企业价值评估的特点

(1) 评估对象是由多个或多种单项资产组成的资产综合体。
(2) 企业价值的高低取决于企业的整体获利能力。
(3) 企业价值评估是一种整体性评估。

四、企业价值评估的范围界定

(一) 企业价值评估的一般范围

企业价值评估的一般范围,从一般意义上讲,是为进行企业价值评估所应进行的具体工作范围,通常是指企业产权涉及的具体资产范围。从产权的角度界定,企业价值评估的一般范围应该是企业产权涉及的全部资产,包括:

(1) 企业产权主体自身拥有且投入经营的部分、企业产权主体自身拥有且未投入经营的部分,以及虽不为企业产权主体自身占用及经营但可以由企业产权主体控制的部分,如全资子公司、控股子公司以及非控股公司中的投资部分;

(2) 企业拥有的非法人资格的派出机构、分部及第三产业;

(3) 企业实际拥有但尚未办理产权的资产等。

在评估实务中,应根据企业价值评估申请报告及上级主管部门批复文件所规定的评估范围,企业有关产权转让或产权变动的协议、合同、章程中规定的企业资产变动的范围,企业有关资产产权证明、账簿、投资协议、财务报表,以及其他相关资料界定企业价值评估的一般范围。

(二) 有效资产和无效资产的界定

在对企业价值评估的一般范围进行界定之后,并不一定要将所界定的企业价值评估一般范围内的所有具体资产都按一种评估思路进行评估,通常需要将企业价值评估一般范围内的具体资产按照其在企业中发挥的功效,划分为有效资产和无效资产。

有效资产是指企业中正在运营或虽未正在运营但具有潜在运营经营能力,并能对企业盈利能力做出贡献、发挥作用的资产。无效资产是指企业中不能参与生产经营,不能对企业盈利能力做出贡献的非经营性资产、闲置资产,以及虽然是经营性资产,但在被评估企业中已失去经营能力和获利能力的资产的总称。这种区分只在企业价值评估具体操作中使用,不具一般性。

由于企业盈利能力是企业中有效资产共同作用的结果,有效资产是企业价值评估的基础,无效资产虽然也可能有交换价值,但无效资产的交换价值与有效资产价值的决定因素、形成路径是有差别的。因此,评估中应将企业的有效资产作为运用各种评估途径和方法评估企业价值的基本范围或具体操作范围,而对无效资产单独进行评估或其他技术处理。

自此,有效资产和无效资产的合理划分就成为进行企业价值评估的重要前提。在界定企业价值评估一般范围及有效资产与无效资产时,应注意以下几点。

(1) 对于在评估时点产权不清的资产,应划为"待定产权资产",可以列入企业价值评估的一般范围,但在具体操作时,应做特殊处理和说明,并需要在评估报告中进行披露。

(2) 在产权清晰的基础上,对企业的有效资产和无效资产进行区分。区分时应注意:第一,应以资产对企业盈利能力形成的贡献为基础;第二,应是企业的正常盈利能力,排除偶然因素的影响;第三,评估人员应对企业价值进行客观揭示,如企业的出售方拟进行企业资产重组,则应以不影响企业盈利能力为前提。

(3) 在企业价值评估中,对无效资产有两种处理方式:

① 进行"资产剥离",将企业的无效资产在运用多种评估途径和方法进行有效资产及

其企业价值评估前单独剥离出去，无效资产的价值不作为企业价值的组成部分，作为独立的部分进行单独处理，并在评估报告中予以披露；

② 将企业的无效资产在运用多种评估途径和方法进行有效资产及其企业价值评估前单独剥离出去，用适合无效资产的评估方法对其进行单独评估，将评估值加总到企业价值评估的最终结果之中，并在评估报告中予以披露。

（4）如企业出售方拟通过"填平补齐"的方法对影响企业盈利能力的薄弱环节进行改进时，评估人员应着重判断该改进对正确揭示企业盈利能力的影响。就目前我国的具体情况而言，该改进应主要针对由"工艺瓶颈"和"资金瓶颈"等因素所导致的企业盈利能力的薄弱环节。

第二节 企业价值评估中的价值类型和资料收集

一、企业价值评估中的价值类型

企业价值评估中的价值类型分为市场价值和非市场价值两类。

（一）市场价值类型

市场价值是从价值属性的角度定义的，是指企业在评估基准日公开市场上正常使用状态下最有可能实现的交换价值的估计值。要求评估人员评估所使用的信息资料都来源于市场，而且必须是公开市场信息。因此，企业价值评估中的市场价值的公允合理性是面向整个市场的，而不是针对某个特殊投资者的。

（二）非市场价值类型

企业价值评估中的市场价值以外的价值并不是一种具体的价值类型，它是一系列不符合企业价值评估中的市场价值定义条件的价值形式的总称或组合。企业价值评估中的市场价值以外的价值也是企业公允价值具体表现形式的一类概括，企业价值评估中的非市场价值主要有投资价值、持续经营价值、保险价值、清算价值等。

▶ 1. 投资价值

投资价值是指企业对于具有明确投资目标的特定投资者或某一类投资者所具有的价值，如企业并购中的被评估企业对于特定收购方的收购价值，关联交易中的企业交易价值，企业改制中的管理层收购价值等。

企业的投资价值可能大于、等于或小于企业的市场价值。

▶ 2. 持续经营价值

持续经营价值是指被评估企业按照评估基准日时的用途、经营方式、管理模式等继续经营下去所能实现的预期收益的折现值。企业的持续经营价值是一个整体的价值概念，是相对被评估企业自身既定的经营方向、经营方式、管理模式等所能产生的现金流量和获利能力的整体价值，其评估的是企业的整体获利能力。

将企业持续经营价值按企业各个组成部分资产的相应贡献分配给企业的各个组成部分

资产，即构成企业各局部资产的在用价值。在用价值是指作为企业组成部分的特定资产能够为其所属企业带来的价值，而并不考虑该资产的最佳用途或资产变现的情况。

企业的持续经营价值可能大于、等于或小于企业的市场价值。

▶ 3. 保险价值

保险价值是指根据企业的保险合同或协议中规定的价值定义所确定的价值。

▶ 4. 清算价值

清算价值是指企业处于清算、迫售、快速变现等非正常市场条件下所具有的价值，或设定企业处于清算、迫售、快速变现等非正常市场条件下所具有的价值。从数量来看，企业的清算价值是指企业停止经营，变卖所有的企业资产减去所有负债后的现金余额，这时企业价值应是其构成要素资产的可变现价值。

破产清算企业的价值评估，通常发生在该类企业作为生产要素整体继续经营已经不经济了，或者企业作为生产要素整体已经丧失了盈利能力，因而也就不具有通常意义上的持续经营企业所具有的价值。对破产清算企业进行价值评估，实际上是对该企业的单项资产的变现价值之和进行判断和估计。

值得注意的是，企业在清算前提下的清算价值并不必然小于企业在持续经营前提下的价值。

二、企业价值评估中的资料收集

评估人员根据企业价值评估所选择的价值类型，以及评估途径和方法，收集与企业价值评估相关的、有针对性的、有用的信息资料是企业价值评估的一个重要内容。因为评估人员需要依据这些资料对影响企业价值的各种因素进行综合分析和判断，占有充分的信息资料是合理评价企业价值的重要基础。

评估人员需要根据企业价值评估相关准则的要求和评估实践经验确定企业价值评估需要收集的信息资料，这些资料主要涉及企业内部信息、企业外部信息和市场信息等。

▶ 1. 企业内部信息

企业内部信息主要包括企业的法律文件、经营信息、管理信息、财务信息和其他信息。例如，公司章程，企业各项规章制度，企业重要经营协议合同，企业的类型、规模、主要产品或服务，企业在行业中的竞争地位，企业的财务报表，企业机构组织示意图，以及企业已做过的资产评估报告、尚未判决的法律诉讼、税务信息等。

▶ 2. 企业外部信息

企业外部信息主要指与企业经营发展密切相关的宏观经济信息和产业经济信息。例如，当前国家经济发展趋势、经济增长速度、国家宏观经济政策、产业发展趋势、产业布局、产业在国民经济发展中的地位和作用、产业发展速度、产业技术指标、经济指标和财务指标等。

▶ 3. 市场信息

市场信息主要是资本市场上的相关信息，如与被评估企业相同或相似的上市公司的市场价格、投资回报率、各种价值比率；与被评估企业相同或相似的并购企业交易价格、投资回报率、各种价值比率等。

第三节 企业价值评估的收益法

一、收益法评估企业价值的基本思路

企业价值评估的收益法是指将预期收益资本化或者折现,确定评估对象价值的评估方法。注册资产评估师应结合企业的历史经营情况、未来收益可预测情况、所获取评估资料的充分性,恰当考虑收益法的适用性。

由此,收益法评估企业价值的基本思路就是将企业的未来收益用适当的折现率进行折现,最终得出企业的价值。这样,未来收益和折现率的预测就必然影响收益法在企业价值评估中的应用,进而影响评估结果的合理性。

二、收益法的具体评估技术思路

(一)企业永续经营假设前提下的收益法

在企业永续经营的假设前提下,根据企业未来收益的特点不同,有年金法和分段法。

▶ 1. 年金法

年金法是评价企业价值的一种具体技术方法,适用于未来预期收益相对稳定、所在行业发展相对稳定的企业价值评估。年金法的计算公式为

$$P = A/r \tag{9-1}$$

式中,P 为企业评估价值;A 为企业每年的年金收益;r 为折现率及资本化率。

在年金法的应用中,企业每年年金收益的确定值得关注。有一种分析测算企业年金收益的方法即是对被评估企业的预期收益进行综合分析,将企业未来若干年的预期收益进行年金化处理而得到企业年金。其公式为

$$P = \frac{\sum_{i=1}^{n}[R_i \times (1+r)^{-i}]}{\sum_{i=1}^{n}[1+r]^{-i} \times r} \tag{9-2}$$

式中,$\sum_{i=1}^{n}[R_i \times (1+r)^{-i}]$ 为企业前 n 年预期收益折现值之和;$\sum_{i=1}^{n}[1+r]^{-i}$ 为年金现值系数;r 为折现率及资本化率。

【例 9-1】待估企业预计未来 5 年的预期收益额为 100 万元、120 万元、110 万元、130 万元和 120 万元,假定企业永续经营,不改变经营方向、经营模式和管理模式,折现率和资本化率均为 10%,具体过程如下:

$P = (100 \times 0.909\ 1 + 120 \times 0.826\ 4 + 110 \times 0.751\ 3 + 130 \times 0.683\ 0 + 120 \times 0.620\ 9) \div 3.790\ 7 \div 10\% = (91 + 99 + 83 + 89 + 75) \div 3.790\ 7 \div 10\% = 1\ 153(万元)$

▶ 2. 分段法

分段法是将永续经营的企业的收益预测分为前后两段。将企业的收益预测分为前后两段的理由在于:在企业发展的某一个时期,企业的生产经营可能处于不稳定状态,因此企

业的收益也是不稳定的,而在这个不稳定时期之后,企业的生产经营可能达到某种均衡状态,界时其收益是稳定的或按某种规律进行变化。分段法符合企业的生命周期理论,同时,由于收益法的关键之一是收益的预测,一般的短期收益可能进行较为准确的预测,时间越远,预测的难度越大。

因此,分段法对于不稳定阶段企业的预期收益采取逐年预测并折现累加的方法,而对于稳定阶段企业的收益,则可以根据企业预期收益稳定程度,按企业年金收益或按企业的收益变化规律所对应的企业预期收益形式进行折现和资本化处理。将企业前后两段收益现值加在一起便构成企业的评估价值。

假设企业评估基准日后,第二段收益取得了年金收益形式(企业评估基准日后第一段收益期最后一年的收益),分段法的计算公式可写成:

$$P = \sum_{i=1}^{n}[R_i \times (1+r)^{-i}] + \frac{R_n}{r} \times (1+r)^{-n} \qquad (9\text{-}3)$$

假设从 $n+1$ 年起的后段,企业预期年收益将按一固定比率 g 增长,则分段法的式可写成:

$$P = \sum_{i=1}^{n}[R_i \times (1+r)^{-i}] + \frac{R_n \times (1+g)}{(r-g)} \times (1+r)^{-n} \qquad (9\text{-}4)$$

【例 9-2】被评估企业刚建立,预计企业在未来 5 年内预期收益分别为 10 万元、12 万元、15 万元、16 万元和 20 万元。同时,根据企业经营状况和对市场的估计,企业的收益在 5 年后将以 2% 的增长率递增,如果假定未来资本化率为 10%,试估测该企业价值。

根据题意,运用分段法进行计算:

$$\begin{aligned}P &= \sum_{i=1}^{n}[R_i \times (1+r)^{-i}] + \frac{R_n \times (1+g)}{(r-g)} \times (1+r)^{-n}\\ &=(10\times0.909\ 1+12\times0.826\ 4+15\times0.751\ 3+16\times0.683\ 0+20\times0.620\ 9)+20\times\\ &\quad(1+2\%)\div(10\%-2\%)\times0.620\ 9=211.9(万元)\end{aligned}$$

(二) 企业有限持续经营假设前提下的收益法

▶ 1. 关于企业有限持续经营假设的适用

一般来说,企业的价值在于其所具有的持续盈利能力,对企业价值的评估应该在持续经营前提下进行。但在特殊情况下,也可在有限持续经营假设前提下对企业价值进行评估。评估人员在运用该假设对企业价值进行评估时,应对企业能否适用该假设做出合理判断。

▶ 2. 企业有限持续经营假设

企业有限持续经营假设是从最有利于回收企业投资的角度,争取在不追加资本性投资的前提下,充分利用企业现有的资源,最大限度地获取投资收益,直至企业无法持续经营为止。

▶ 3. 有限持续经营假设前提下的评估思路

首先,将企业在可预期的经营期限内的收益加以估测并折现;其次,将企业在经营期限后的残余资产的价值加以估测及折现;最后,将两者相加。其计算公式为

$$P = \sum_{i=1}^{n}[R_i \times (1+r)^{-i}] + P_n \times (1+r)^{-n} \qquad (9\text{-}5)$$

式中，P_n 为第 n 年时企业资产的变现值；其他符号含义同前。

三、收益法中要素的预测

(一) 企业收益额的预测

企业的收益额是运用收益法对企业价值进行评估的关键参数。

1. 收益额的界定

企业收益额是指在正常条件下，企业所得的归企业所有的所得额。实际中，企业收益主要有两种表现形式：企业净利润和企业净现金流量，但两者一般并不相等。

一般而言，应选择企业的净现金流量作为运用收益法进行企业价值评估的收益基础。这是因为实践证明，企业利润虽然与企业价值高度相关，但企业价值最终是由其现金流决定的，而并非是由利润决定。另外，就可靠性来讲，企业的净现金流量是企业实际收支的差额，不容易被更改，而企业利润则要通过一系列复杂的会计程序来计算，并且容易受企业管理当局的影响而更改。

当然，企业收益额也可以通过息前净利润、息前净现金流量、息税前净利润、息税前净现金流量等具体指标来反映和表示，但无论利用什么指标，都要注意：第一，企业创造的不归企业权益主体所有的收入，不能作为企业价值评估中的企业收益，如税收，不论是流转税还是所得税，都不能作为企业的收益；第二，凡是归企业权益主体所有的企业收支净额，都应视为企业的收益，不论是营业收支、资产收支还是投资收支，只要形成净现金流量，就应视为企业收益。在企业价值评估中采取何种形式和口径的收益额作为折现的基础，需要根据评估的目标和评估效率来决定。

2. 收益额的口径问题

企业收益额存在不同口径，如净现金流量（股权自由现金流量）、净利润、息前净现金流量（企业自由现金流量）等。收益额的口径不同，获得的折现值的价值内涵和数量是有差别的。

通常，在假设折现率口径与收益额口径保持一致的前提下，净利润或净现金流量（股权自由现金流量）对应企业股东全部权益价值（净资产价值或所有者权益价值）；净利润或净现金流量加上扣税后的长期负债利息与企业投资资本价值（所有者权益＋长期负债）相对应；净利润或净现金流量加上扣税后的全部利息（企业自由现金流量）折现或资本化为企业整体价值（所有者权益价值和付息债务之和）。

因此，在收益额口径的选择上，要结合企业价值评估的目标挑选最能客观反映企业正常盈利能力的收益额作为评估的基础。

3. 企业收益额预测时应注意的问题

企业的收益额预测主要指通过评估人员对企业收益的历史及现状进行分析与判断，从而对企业未来可预测的若干年的预期收益进行预测，然后再对企业未来持续经营条件下的长期预期收益趋势进行判断。

(1) 企业收益额的预测需要对企业所属行业及企业收益历史与现状进行分析和判断，其目的在于掌握和了解企业正常的盈利能力，为企业收益额的预测创造条件。

(2) 合理预测企业收益需要建立在对企业客观收益进行预测的基础之上。评估人员应注意排除偶然因素对企业收益额的影响。

(3)对企业收益额进行预测,首先应调整评估基准日审计后的企业收益,在此基础上,再对企业的预期收益趋势进行总体分析和判断,然后进行企业收益额预测。

在进行企业收益额预测时,具体可以使用的方法有数学方法也有非数学方法,如时间序列分析模型、回归趋势分析,以及一些定性预测方法等。

评估人员可以选用合理的技术方法和手段对企业预期收益进行预测,首先根据计算公式对企业收益额进行预测,包括预测企业的销售收入、销售成本、销售费用、管理费用、财务费用和其他损益项目,然后通过收益表或损益表的形式表现企业收益的预期结果。

(4)在评估人员对企业收益额预测基本完成之后,应该对所做的预测进行严格的检验,以判断预测的合理性和准确性。

(二)折现率的预测

折现率是将未来有限期收益还原或转换为现值的比率;资本化率是指将未来非有限期收益转换成现值的比率,资本化率在资产评估业务中也称本金化率、还原利率等。折现率和资本化率在本质上是相同的,都属于投资报酬率。投资报酬率通常由两部分组成:一是无风险报酬率(正常投资报酬率);二是风险投资报酬率。从理论上来讲,折现率与资本化率并不一定是一个恒等不变的量,它们既可以相等也可以不相等,这取决于评估师对企业未来有限经营期与永续经营期的风险的判断。

▶ 1. 企业评估中选择折现率的基本原则

(1)折现率不低于投资的机会成本,一般应大于无风险投资报酬率。在活跃的资本市场和产权市场中,任何一项投资的回报率都不应低于该投资的机会成本。在现实生活中,政府发行的国库券利率或银行储蓄利率可以作为投资者进行其他投资的机会成本。

(2)行业基准收益率不宜直接作为折现率,但折现率应该参照同行业的平均净资产收益率来确定。我国的行业基准收益率是基本建设投资管理部门为筛选建设项目,从拟建项目对国民经济的净贡献角度,按照行业统一制定的最低收益标准。凡是投资收益率低于基准收益率的拟建项目不得上马。只有投资收益率高于行业基准收益率的拟建项目才有可能得到批准建设。行业基准收益率旨在反映拟建项目对国民经济的净贡献的大小,包括拟建项目可能提供的税收收入和利润,而不是对投资者的净贡献。因此,行业基准收益率不宜直接作为企业产权变动时价值评估的折现率。另外,行业基准收益率的高低体现着国家的产业政策,在一定时期,对于国家鼓励发展的行业,国家就会适当在行业基准收益率上予以放宽;而对于国家控制发展的行业,国家就可以通过适当调高行业基准收益率,限制基本建设的进行。但同时,随着我国证券市场的发展,行业平均收益率日益成为衡量行业发展的重要指标,在确定折现率时应该充分参考。

(3)贴现率不宜直接作为折现率。贴现率是商业银行对未到期的商业票据提前兑现时所扣留的金额与票面金额的比率,简单地将银行贴现率作为评估折现率是不恰当的。但也应认识到,在有些情况下,为了运算的简便和依据的可靠,也可以贴现率为基础来折算评估价值。

(4)选择折现率时,应该考虑买卖双方的期望、通货膨胀和行业投资风险等因素。

▶ 2. 折现率的预测方法

(1)累加法。累加法是采用无风险报酬率加风险报酬率的方式确定折现率或资本化率,计算公式为

$$R=R_f+R_r \tag{9-6}$$

式中，R 为企业价值评估中的折现率；R_f 为无风险报酬率；R_r 为风险报酬率。

(2) 资本资产定价模型。资本资产定价模型是用来测算权益资本折现率的一种工具，计算公式为

$$R=R_{f1}+(R_m-R_{f2})\times\beta\times\alpha \tag{9-7}$$

式中，R 为企业价值评估中的折现率；R_{f1} 为现行无风险报酬率；R_m 为市场期望报酬率历史平均值；R_{f2} 为历史平均无风险报酬率；β 为被评估企业所在行业权益系统风险系数；α 为企业特定风险调整系数。

(3) 加权平均资本成本模型。加权平均资本成本模型是以企业的所有者权益和企业负债所构成的全部资本，以及全部资本所需求的回报率，经加权平均计算来获得企业评估所需折现率的一种数学模型。计算公式为

$$R=E\div(D+E)\times K_e+D\div(D+E)\times(1-T)\times K_d \tag{9-8}$$

式中，$E\div(D+E)$ 为权益资本占全部资本的权重；$D\div(D+E)$ 为债务资本占全部资本的权重；K_e 为权益资本要求的投资回报率（权益资本成本）；K_d 为债务资本要求的回报率（债务资本成本）；T 为被评估企业适用的所得税税率。

(三) 收益额和折现率的口径一致问题

企业价值评估的目的不同，所采用的预期收益也不相同，可以利用的收益指标有净利润、净现金流量、息前净利润、息前净现金流量等。折现率的计算有不同的口径，有些折现率是从股权投资回报率的角度考虑，有些折现率则既考虑了股权投资的回报率，又考虑了债权投资的回报率。

收益法使用的关键在于收益额和折现率确定的合理性和准确性，评估人员需根据评估目的，注意收益额和折现率之间在结构和口径上的匹配，合理评估企业价值。

四、运用收益法评估企业的案例

背景资料：某公司于 2010 年 12 月计划通过发行股票的方式向社会募集资金。按要求需要对企业价值进行评估，评估基准日为 2015 年 1 月 1 日。整体评估过程和结果如下。

▶ 1. 审查了解被评估企业

评估人员对被评估公司往年的历史资料，包括财务资料、生产技术资料、人力资源资料和实体资产进行了实际抽查和统计分析。整理该公司 2010—2014 年的现金流量资料如表 9-1 和表 9-2 所示。

表 9-1 公司 2010—2014 年各项收支及现金流量比较表

项目	2010 年		2011 年		2012 年		2013 年		2014 年	
	金额/万元	增长比例/%	金额/万元	增长比例/%	金额/万元	增长比例/%	金额/万元	增长比例/%	金额/万元	增长比例/%
销售收入	2 210	12.1	2 568	16.20	3 024	17.76	3 562.5	17.81	4 165.2	16.92
销售税金	246.5	10.3	289.2	17.32	365.3	26.31	426.1	16.64	465.3	9.20
销售成本	1 054	−1.2	1 259	19.45	1 486	18.03	1659	11.64	2 001.3	20.63

续表

项目	2010年		2011年		2012年		2013年		2014年	
	金额/万元	增长比例/%	金额/万元	增长比例/%	金额/万元	增长比例/%	金额/万元	增长比例/%	金额/万元	增长比例/%
其中：折旧	214	0	214	0.00	215	0.47	220	2.33	220	0.00
相关费用	52.3	12.1	63.5	21.41	70.2	10.55	78.9	12.39	82.5	4.56
产品销售利润	857.2	40.78	956.3	11.56	1 102.5	15.29	1 398.5	26.85	1 616.1	15.56
其他销售利润	2.3	12.1	3.6	56.52	3.2	−11.11	3.3	3.12	4.8	45.45
营业外收入	1.2	2.3	2.1	75.00	1.5	−28.57	1.2	−20.00	2.1	75.00
营业外支出	7.8	10.5	10.5	34.62	12.1	15.24	13.5	11.57	15.6	15.56
利润总额	852.9	69.27	951.5	11.56	1 095.1	15.09	1 389.5	26.88	1 607.4	15.68
所得税	295.2	58.45	321.4	8.88	365.2	13.63	446.3	22.21	501.6	12.39
净利润	557.7	75.62	630.1	12.98	729.9	15.84	943.2	29.22	1 105.8	17.24
加：折旧	214	0	214	0.00	215	0.47	220	2.33	220	0.00
减：追加投资	120	50	135	12.50	140	3.70	150	7.14	150	0.00
企业净现金流量	651.7	11.74	709.1	8.81	804.9	13.51	1 013.2	25.88	1 175.8	16.05

表9-2 公司2010年—2014年各年的收支结构比较表

项目	2010年		2011年		2012年		2013年		2014年	
	金额/万元	占销售额的比例/%	金额/万元	占销售额的比例/%	金额/万元	占销售额的比例/%	金额/万元	占销售额的比例/%	金额/万元	占销售额的比例/%
销售收入	2 210	100.00	2 568	100.00	3 024	100.00	3 562.5	100.00	4 165.2	100.00
销售税金	246.5	11.15	289.2	11.26	365.3	12.08	426.1	11.96	465.3	11.17
销售成本	1 054	47.69	1 259	49.03	1 486	49.14	1 659	46.57	2 001.3	48.05
其中：折旧	214	9.68	214	8.33	215	7.11	220	6.18	220	5.28
相关费用	52.3	2.37	63.5	2.47	70.2	2.32	78.9	2.21	82.5	1.98
产品销售利润	857.2	38.79	956.3	37.24	1 102.5	36.46	1 398.5	39.26	1 616.1	38.80
其他销售利润	2.3	0.10	3.6	0.14	3.2	0.11	3.3	0.09	4.8	0.12
营业外收入	1.2	0.05	2.1	0.08	1.5	0.05	1.2	0.03	2.1	0.05
营业外支出	7.8	0.35	10.5	0.41	12.1	0.40	13.5	0.38	15.6	0.37
利润总额	852.9	38.59	951.5	37.05	1 095.1	36.21	1 389.5	39.00	1 607.4	38.59
所得税	295.2	13.36	321.4	12.52	365.2	12.08	446.3	12.53	501.6	12.04
净利润	557.7	25.24	630.1	24.54	729.9	24.14	943.2	26.48	1 105.8	26.55
加：折旧	214	9.68	214	8.33	215	7.11	220	6.18	220	5.28
减：追加投资	120	5.43	135	5.26	140	4.63	150	4.21	150	3.60
企业净现金流量	651.7	29.49	709.1	27.61	804.9	26.62	1 013.2	28.44	1 175.8	28.23

评估人员利用历史数据对该公司历年的偿债能力、营运能力、盈利能力和社会贡献能力进行了全面分析，并对企业的销售收入、成本、利润及净现金流量等进行了对比分析。总体上来看，该公司的发展趋势是非常好的。改制以来，企业的销售收入和利润稳步增长，增长率都超过了10%。但进一步分析也可以看出，在企业销售收入和利润增长的同时，销售成本也在不断增加，而且除2010年和2012年以外，其余三年的增长幅度超过了销售收入的增长幅度，营业外支出的增长比例也在逐渐扩大。因此，初步判断该阶段为企业迅速发展阶段，成本费用的控制不够严格，管理上存在漏洞。从收支结构上来看，变化不是很大，销售成本占销售收入的比例维持在45%～50%，没有太大的波动，但折旧所占比例随销售收入的增加呈下降的趋势，说明企业固定资产并没有随企业规模的扩大而同比例扩大，企业可能挖掘了原来设备的潜力，也有可能存在拼设备的现象，需要进一步调查。

▶ 2. 分析、预测公司未来的发展情况

（1）根据公司目前的发展状况来看，需要加大固定资产和技术改造的投资力度，以保持生产的长期稳定进行。初步估算公司的技术改造投资和固定资产投资应增加到240万元左右。

（2）近年来公司发展迅速，但公司的发展应保持合理的速度，即应确定一个合理的发展速度，防止过速发展，造成公司未老先衰。

（3）公司未来的市场预测。该公司的自主产权产品已经占领了市场，市场占有率高达62%，产品在全国30多个省市都有销售，目前正加紧开拓国际市场。公司全国行销网络已基本形成，在全国各地区有40条送货上门的线路。由于产品的用户基本上是重点大型企业，因而从经济发展的总体趋势上来看，市场对该产品的需求比较稳定，而且随着国际市场的开拓，还可以增加国际销售量。所以，评估认为该公司拥有一个相对稳定且发展势头良好的市场。

（4）产品销售成本费用预测。该公司生产所需要的原材料具有稳定的供应商，原料受其他因素的影响不大，因而市场价格的变化对材料费用影响不大，目前占成本比例较大的是工资福利费和电力费用。由于公司是国有企业改制成立的，因此社会负担相对较重，人力资源既是公司的优势，也给公司造成一定的压力，随着生产规模的进一步扩大，这个问题会逐步缓解；电力费用上升是目前企业的一个共同问题，需要从节能的角度控制电力消耗，从而降低电力费用。另外，企业的营业外开支不断增多，主要原因是随着环境保护政策制度的严格化，企业排污罚款增加。因此，从企业长期持续发展的角度出发，企业应重点增加环保设备投资，减少环境污染。

（5）根据国家经济发展形势和国家的长远发展规划，在未来可预见的时期内，国家的主要经济政策不会发生大的变化。因此，公司的发展是符合国家经济发展政策的。

综上所述，可以根据公司的发展趋势估算公司未来5年的预期收益，如表9-3所示。

表9-3 公司未来预期收益估测　　　　　　　　　　　　　　　　　　　单位：万元

项目	2015年	2016年	2017年	2018年	2019年
销售收入	4 706.676	5 318.544	6 116.325	6 850.285	7 672.319
销售税金	516.483	573.296 1	636.358 7	706.358 2	784.057 6

续表

项　　目	2015 年	2016 年	2017 年	2018 年	2019 年
销售成本	2 165.071	2 393.345	2 752.346	3 082.628	3 452.543
其中：折旧	220	230	230	230	230
相关费用	80	80	80	80	80
产品销售利润	1 945.122	2 271.903	2 647.62	2 981.298	3 355.718
其他销售利润	5	5	6	7	8
营业外收入					
营业外支出					
利润总额	1 950.122	2 276.903	2 653.62	2 988.298	3 363.718
所得税	487	569	663	747	841
净利润	1 463.122	1 707.903	199 0.62	224 1.298	252 2.718
加：折旧	80	80	80	80	80
减：追加投资	200	220	230	240	240
企业净现金流量	1 743.122	1 381.903	1 619.62	2 561.298	2 842.718
折现系数(9%)	0.917	0.842	0.772	0.708	0.65
净现值	1 598.443	1 690.654	1 776.079	1 813.399	1 847.767

▶ 3. 公司价值的评定估算

(1) 依据公司近来的生产经营状况和财务收支状况，在对公司未来发展市场预测的基础上，评估人员认为公司在未来 5 年内的销售收入仍会持续增加，增加速度维持在 12%～15%。

(2) 从公司的生产能力和生产状况来看，公司从 2015 年开始应该追加固定资产投资，尤其是对环保设施的投资。固定资产和技术改造投资的增长幅度不应低于销售收入的增长速度。

(3) 资产收益率的确定。根据公司所处行业的特点，再加上该公司产品较高的市场信誉和不断扩大的市场份额，初步判定公司的投资风险较小。因此，风险报酬率取 6%，略高于行业基准收益率；无风险报酬率根据同期银行利率来确定，取 3%。这样，资产收益率确定为 9%(6%+3%)。

(4) 各种税率按国家税法相关规定执行，增值税税率为 17%，所得税税率为 25%。

(5) 折现率同资产收益率，为 9%。

▶ 4. 评估结果

按照分段收益法估算企业价值：

$$V = \sum_{i=1}^{5} \frac{E_i}{(1+9\%)^i} + \frac{E_5}{9\% \times (1+9\%)^5}$$

$= (1\ 598.443 + 1\ 690.654 + 1\ 776.079 + 1\ 813.399 + 1\ 847.767) + 2\ 842.718 \div 9\% \times 0.5$

$= 8\ 726.342 + 15\ 792.878 = 24\ 519.22(万元)$

下面可以根据公司的实际情况对这一评估结果进行检验。评估基准日公司的资产总额为 21 918.94 万元。据此，公司的评估增值为 2 600.28 万元，增值率为 11.86%，综合分析公司发展的现状可以判断这一增值比例是比较合理的。因此，可以确定该公司的企业评估价值为 24 519.22 万元。

第四节 企业价值评估的市场法和成本法

一、企业价值评估的市场法

企业价值评估的市场法是通过在市场上找出若干个与被评估企业相同或相似的参照企业，以参照企业的市场交易价格及其财务数据为基础测算出来的价值比率，通过分析、比较、修正被评估企业的相关财务数据，在此基础上确定被评估企业的价值比率，并通过这些价值比率得到被评估企业的初步评估价值，最后通过恰当的评估方法确定被评估企业的评估价值。

市场法的理论依据是相同或类似的企业应该具有相同或类似的交易价格。

运用市场法进行企业价值评估必须具备一定的前提条件。首先，必须存在一个企业交易活跃的市场，并且这个市场已经有一定的历史，以便具有充足的与企业价值评估相关的资料；其次，必须保证被评估企业与所选参照企业之间具有可比性，具有可比较的参数，并且这些参数指标必须选好。

运用市场法的核心问题是确定适当的价值比率，其测算思路用公式表示如下：

$$\frac{V_1}{K_1} = \frac{V_2}{K_2} \tag{9-9}$$

$$V_1 = \frac{V_2}{K_2} \times K_1 \tag{9-10}$$

式中，V_1 为被评估企业的价值；V_2 为参照企业的市场价值；K_2 为参照可比企业与企业价值相关的可比指标；K_1 为被评估企业与企业价值相关的可比指标。

$\frac{V}{K}$ 是可比价值倍数，K 通常可选用：①利息、折旧和税收前利润，即 EBIDT；②无负债净现金流量，即企业自由现金流量；③净现金流量，即股权自由现金流量；④净利润；⑤销售收入；⑥净资产；⑦账面价值等。

（一）市场法的运用步骤

（1）明确被评估企业的基本情况，包括评估对象范围及其相关权益情况。

（2）恰当选择与被评估对象进行比较分析的参照企业。参照企业应与被评估对象在同一行业或受同一经济因素影响，并且已经交易或具有交易价格，参照企业与被评估企业之间具有可比性。

（3）将参照企业与被评估企业的财务数据和经济指标进行必要的分析、对比和调整，保证它们之间在财务报告的编制基础、评估对象范围、重要数据的计算、反映方式等方面具有可比性。例如,调整非正常收入和支出、调整非经营性资产和无效资产等。

(4) 选择并计算恰当的价值比率。

(5) 将价值比率应用于被评估企业所对应的财务数据,并进行适当的调整得出初步评估结论。

(6) 根据被评估企业的特点,评估人员在考虑了对于缺乏控制权、流动性,以及拥有控制权和流动性等因素可能对评估对象的评估价值产生影响的基础上进行必要分析,以恰当的方式进行调整,形成最终评估结论并在评估报告中明确披露。

(二) 市场法应用的具体方法

▶ 1. 参考企业比较法

参考企业比较法是指通过对资本市场上与被评估企业处于同一行业或类似行业的上市公司的经营和财务数据进行分析,计算适当的价值比率或经济指标,在与被评估企业比较分析的基础上,得出评估对象价值的方法。

▶ 2. 并购案例比较法

并购案例比较法是指通过分析与被评估企业处于同一行业或类似行业的公司的买卖、收购及合并案例,获取并分析这些交易案例的数据资料,计算适当的价值比率,在与被评估企业比较分析的基础上,得出评估对象价值的方法。

市场法中,可比指标的选择原则是可比指标应与企业的价值直接相关,在实践中,通常使用市盈率乘数法。但由于企业个体差异始终存在,只选择一个可比指标可能会产生一定的误差。目前,国际上通用的办法是采用多样本、多参数的综合方法,得出多个评估值,最后采用简单平均或加权平均的方法得到最终的评估结果。

二、企业价值评估的成本法

企业价值评估的成本法又称资产加和法,实际上是通过对企业账面价值的调整得到企业价值。成本法的理论基础是替代原则,即任何一个精明的潜在投资者,在购置一项资产时所愿意支付的价格不会超过建造一项与所购资产具有相同用途的替代品所需的成本。

成本法是以企业要素资产的再建为出发点,但企业重建并不是对被评估企业的简单复制,而主要是对企业生产能力和盈利能力的重建。其中,企业整体价值由有形资产和无形资产价值构成,股东全部权益价值则可由企业整体价值扣除企业负债获得。

(一) 成本法的评估程序

运用成本法评估企业价值当然也需要遵循资产评估的一般程序,同时也要考虑评估对象的实际情况。一般来讲,在接受了客户的委托之后,评估就进入了具体的实施工作阶段,需要按以下步骤展开。

▶ 1. 评估前期工作与准备

在评估现场工作之前,通常要与委托方接触,初步了解被评估企业的基本情况。接受委托以后,就要与委托方负责人洽谈协商,提出委托方或相关当事方需要准备的资料和应协助的工作,指导资产占有方清查资产。评估项目负责人要依据对被评估企业的初步了解,参考委托方及资产占有方提供的证件和资料,确定此次企业价值评估的目的,明确评估的范围,选定评估基准日,拟订初步的评估计划。

▶ 2. 资产清查与核实

评估人员对委托单位或被评估企业所提供的证件及资料进行必要的查验，对评估企业所占有的资产及相关负债的具体情况进行现场查看，并做出清查结论。首先确定资产清查与核实的内容，然后对确定的资产采取专门的方法进行现场清查和核实。

▶ 3. 评定估算

被评估企业的资产与负债经评估人员清查核实后，就应全部列入评定估算的具体范围。在估算之前，需要依据属性或价值类型等标准对全部资产及负债进行分类。然后针对每一类、每一项资产的具体情况，评估人员应尽可能地收集充分的资料信息，充分估计各种影响企业价值的因素，选择适当的计价标准和参数，运用科学的方法评估资产的价值。

▶ 4. 完成评估报告

具体实施评定估算之后，应将评定估算的结果汇总，经各类负责人的初步验算，由项目经理进行专业审核。然后由评估机构负责人再次复核并交委托方征求意见，根据委托方同意的评估结论完成评估报告。

（二）资产的估算办法

▶ 1. 现金

除对现金进行点钞核数外，还要通过对现金及企业运营的分析，判断企业的资金流动能力和短期偿债能力。

▶ 2. 应收账款及预付款

从企业财务的角度来看，应收账款及预付款都构成企业的资产；而从企业资金周转的角度来看，企业的应收账款应保持一个合理比例。企业应收账款占销售收入的比例和账龄的长短大致可以反映一个企业的销售情况、企业产品的市场需求及企业的经营能力等，并为预期收益的预测提供参考。

▶ 3. 存货

存货本身的评估并不复杂，但通过对存货进行评估，可以了解企业的经营状况，至少可以了解企业产品在市场中的竞争地位。畅销产品、正常销售产品、滞销产品和积压产品的比例将直接反映企业在市场上的竞争地位，并为企业预期收益预测提供基础。

▶ 4. 机器设备和建筑物

机器设备和建筑物是企业进行生产经营和保持盈利能力的基本物质基础。设备的新旧程度、技术含量、维修保养状况、利用率等，不仅决定机器设备本身的价值，同时还对企业未来的盈利能力产生重大影响。按照机器设备和建筑物对企业盈利能力的贡献评估其现时价值，是持续经营假设前提下运用加和法评估企业单项资产的主要特点。

▶ 5. 长期投资

资产评估人员运用成本法进行企业价值评估，应对长期股权投资项目进行分析，根据相关项目的具体资产、盈利状况及其对评估对象价值的影响程度等因素，合理确定是否将其单独评估。

▶ 6. 无形资产

企业拥有无形资产的多少以及研制开发无形资产的能力，是决定企业市场竞争能力及盈利能力的决定性因素。在评估过程中，要弄清每一种无形资产的盈利潜力，以便为企业收益预测打基础。

在对企业各个单项资产实施评估并将评估值加和后，就可以此为依据运用成本法评估企业价值。

评估人员在对构成企业的各个单项资产进行评估时，应首先明确各项资产的评估前提，即持续经营假设前提和非持续经营假设前提。对于持续经营假设前提下的各个单项资产的评估，应按贡献原则评估其价值；而对于非持续经营假设前提下的各个单项资产的评估，则按变现原则进行。

在一般情况下，不宜单独运用成本法评估一个在持续经营假设前提下的企业价值。在特殊情况下，评估人员采用成本法对持续经营企业价值进行评估，应予以充分的说明。

本章小结

企业价值是由企业的未来获利能力决定的。企业价值评估的对象有企业整体价值、股东全部权益价值和股东部分权益价值。在企业价值评估范围的确定中，评估人员需要确定企业的产品，并合理地划分有效资产和无效资产。

企业价值评估的方法主要有收益法、市场法和成本法，但由于企业的价值应由企业未来的收益能力决定，国内外评估界一致认为收益法是企业价值评估中更为合理的办法。另外，市场法和成本法的一些不足，使其在评估中的应用受到了限制。

收益法使用的关键在于企业未来收益额和折现率的测算，其准确性最终影响评估结果，评估人员需根据评估目的，综合考虑各种因素，合理确定企业未来收益和风险。

综合练习

一、单项选择题

1. 企业整体资产评估的对象是(　　)。
   A. 企业的全部资产　　　　　　B. 企业的净资产
   C. 企业的生产能力　　　　　　D. 企业的获利能力

2. 判断企业价值评估中的无效资产应以该资产对企业(　　)的贡献为基础。
   A. 生产能力　　B. 经营能力　　C. 抗风险能力　　D. 盈利能力

3. 运用收益法对企业价值进行评估的必要前提是判断企业是否拥有(　　)。
   A. 持续盈利能力　　　　　　　B. 持续生产能力
   C. 持续经营能力　　　　　　　D. 持续抗风险能力

4. 运用收益法进行企业整体资产评估的假设前提是(　　)。
   A. 变现假设　　B. 持续经营假设　　C. 竞争假设　　D. 清算假设

5. 被评估企业未来5年收益现值之和为1 500万元，折现率和资本化率均为10%，则采用年金资本化法计算企业的整体价值最有可能是(　　)万元。
   A. 4 000　　　B. 3 957　　　C. 3 950　　　D. 3 961

6. 判断企业价值评估预期收益的基础应该是( )。
   A. 企业正常收益   B. 企业历史收益
   C. 企业现实收益   D. 企业未来收益
7. 正常的投资报酬率( )该投资的机会成本。
   A. 不能低于   B. 不能高于
   C. 应等于   D. 高于、低于、等于均可
8. 评估人员在企业价值评估的过程中,估测折现率应遵循的基本原则是折现率不( )。
   A. 低于行业基准收益率   B. 高于行业基准收益率
   C. 低于投资机会成本   D. 高于投资机会成本
9. β系数法中的系数α反映的是( )。
   A. 所在行业风险系数   B. 企业在行业中的地位系数
   C. 社会平均风险系数   D. 行业平均风险系数
10. 运用市盈率法对企业价值进行评估属于企业价值评估的( )。
    A. 市场法   B. 成本法   C. 收益法   D. 三者之外的新方法

二、多项选择题

1. 企业的特点是( )。
   A. 营利性   B. 持续经营性   C. 权益可分性   D. 整体性
2. 根据具体情况,企业整体资产评估的企业价值类型有( )。
   A. 企业整体价值   B. 企业净资产价值
   C. 长期投资价值   D. 企业部分股权价值
3. 企业价值评估的一般范围应包括( )。
   A. 产权主体自身占用资产   B. 控股子公司中的投资部分
   C. 全资子公司中的投资部分   D. 债务人的资产
4. 界定企业价值评估具体范围时,应划为"待定产权资产"的有( )。
   A. 无效资产   B. 闲置资产   C. 产权纠纷资产   D. 难以界定产权资产
5. 运用收益法评估企业价值的核心问题是( )。
   A. 收益期限的确定
   B. 要对企业的收益予以界定
   C. 要对企业的收益进行合理的预测
   D. 在对企业的收益做出合理的预测后,要选择合适的折现率
6. 加权平均资本成本模型反映的投资资本收益体现了( )。
   A. 所有者权益   B. 长期负债债权人权益
   C. 流动负债债权人权益   D. 劳动者权益
7. 企业价值评估中,选择折现率的基本原则有( )。
   A. 折现率不低于投资的机会成本
   B. 行业基准收益率不宜直接作为折现率,但是行业平均收益率可作为折现率的重要参考指标
   C. 贴现率不宜直接作为折现率
   D. 应高于国库券利率

8. 用风险累加法测算风险报酬率时，风险包含（　　）。
   A. 竞争风险　　　B. 行业风险　　　C. 经营风险　　　D. 财务风险
9. 折现率的估算方法有（　　）。
   A. 资本资产定价模型　　　　　　　B. 累加法
   C. 经验估计法　　　　　　　　　　D. 加权平均资本成本模型
10. 注册资产评估师在运用参考企业比较法评估企业价值时，确定适当价值比例的关键在于（　　）。
    A. 并购案例　　　B. 可比指标　　　C. 可比企业　　　D. 无风险报酬率

三、判断题

1. 长期亏损、面临破产清算的企业属于企业价值评估的范围，对其评估时运用清偿假设，评估的是清算价格。（　　）
2. 若企业各项可确指资产评估值之和小于企业价值的评估值，就表明被评估企业存在经济性贬值，即该企业的资产收益率低于企业所在行业的平均水平。（　　）
3. 我国评估界较多采用净利润作为企业的预期收益额，主要是因为净利润能够相对客观地反映企业的实际经营业绩，更具可靠性。（　　）
4. 在对企业收益进行预测时，应遵循的原则是：以被评估企业的现实资产（存量资产）为出发点，预测企业在未来正常经营中可以产生的收益。既不是以评估基准日企业的实际收益为出发点，也不是以产权变动后的实际收益为出发点。（　　）
5. 评估中，如果选用企业利润系列指标作为收益额，则折现率应选择相应的资产收益率；如果以现金净流量系列指标作为收益额，则应以投资回收率作为折现率。（　　）
6. 经营风险是指企业在经营过程中，由于市场需求变化、生产要素供给条件变化、企业所在行业投资开发环境变化和国家产业政策调整，而给企业的未来预期收益带来的不确定性影响。（　　）
7. 对于非营利企业的评估，需要将企业全部可确指资产作为生产要素逐一评估后加总，然后减去企业的负债。（　　）
8. 国有企业在界定企业价值评估的范围时，若其产权变动需要报批，以上级主管部门批复文件所规定的评估范围为准。（　　）
9. 具有较高科技含量的成长型公司，由于其产品处于成长期，今后会进入成熟期，因此其收益会稳步增长，适用收益法评估其企业价值。（　　）
10. 一般在以投资、转让为目的的企业价值评估中，由于企业产权转让的是企业的所有者权益，即企业只更换业主而不更换债主，企业价值评估的是所有者权益的公允市价，因此在企业价值评估中常用净利润（现金净流量）作为收益形式。（　　）

四、计算题

1. 待估企业未来 5 年的预期收益额为 110 万元、120 万元、110 万元、120 万元、115 万元，假定本金化率为 10%，试用年金法估测待估企业整体资产价值。
2. 某企业未来 5 年的预期收益额为 100 万元、120 万元、130 万元、150 万元、180 万元。根据企业的实际情况推断，从第 6 年开始，企业的年收益额将维持在 180 万元的水平上，假定本金化率为 10%，使用分段法估测企业的价值。
3. 某企业进行整体评估。经评估人员分析预测，该企业未来 5 年的收益额维持在每年

50万元不变,从第六年开始,每年比前一年增加3%,并长期保持下去。一年期银行存款利率为5%,市场平均收益率为8%,该企业风险较大,评估人员确定其β系数为2.0。

要求:评估该企业的价值。(计算结果以万元为单位,保留两位小数)

4. 评估人员对某一企业进行整体评估时,通过对该企业历史经营状况的分析及国内外市场的调查了解,收集到下列数据资料:

(1) 预计该企业第一年的收益额为400万元,以后每年的收益额比上年增长10%,自第六年企业将进入稳定发展时期,收益额将保持在300万元的水平上;

(2) 社会平均收益率为12%,国库券利率为8%,被评估企业风险系数为1.5;

(3) 该企业可确指的各单项资产经评估后的价值之和为1 600万元。

要求:(1)确定该企业整体资产评估值。

(2)企业整体资产评估结果与各单项资产评估值之和的差额如何处理?(计算结果以万元为单位,保留两位小数)

五、简答题

1. 企业价值评估的特点是什么?
2. 企业价值评估的对象有哪些,各有什么不同?
3. 如何区分企业的有效资产和无效资产?
4. 企业价值评估的价值类型有哪些?市场价值和非市场价值有何区别?
5. 收益法的评估思路是什么?在具体使用时需要注意哪些问题?
6. 市场法和成本法的评估思路是什么?这两种方法在企业价值评估中有哪些不足?

六、案例分析题

被评估的B公司是一家以生产出口矿产品为主的矿山企业,2017年公司收益情况如表9-4所示。表9-4中的补贴收入30万元中,包括公司增值税出口退税20万元,国家提供的水灾政府专项补贴10万元;表9-4所示中的营业外支出为水灾损失支出。

表9-4 B公司2017年利润表   单位:万元

序号	项目	金额
1	主营业务收入	9 500 000
2	减:主营业务成本	5 500 000
3	主营业务税金及附加	300 000
4	主营业务利润	3 700 000
5	加:其他业务利润	0
6	减:营业费用	200 000
7	管理费用	1 900 000
8	财务费用	400 000
9	营业利润	1 200 000
10	加:投资收益	0
11	补贴收入	300 000

续表

序号	项　　目	金　　额
12	营业外收入	0
13	营业外支出	150 000
14	利润总额	1 350 000
15	减：所得税	445 500
16	净利润	904 500

进一步调查发现，公司预计2018—2022年的净利润将在2018年的基础上每年递增2%；2023—2041年，企业净利润保持在2018—2022年各年净利润按现值计算的平均水平。根据公司章程，公司将在2041年年底停止生产，进行整体变现，预计变现值为100万元，假设折现率为8%，企业税率保持不变。

试估测公司2017年12月31日的企业价值。

第十章 资产评估报告

学习目标

本章主要介绍资产评估报告的含义、作用与分类，资产评估报告书的基本内容与格式，资产评估报告的制作步骤与要点，资产评估工作底稿与评估项目档案管理。

1. 了解资产评估报告的含义、作用与分类；
2. 了解资产评估报告书的基本内容与格式；
3. 了解资产评估报告的制作步骤与要点；
4. 了解资产评估工作底稿与评估项目档案管理。

导入案例

2011年3月23日，H省高院受理工行＊＊＊分行与T集团公司贷款合同纠纷一案，扣押了T集团公司的考斯特BB42L大客车一辆，委托某评估事务所指派专业人员进行鉴定评估。

接到委托书后，评估人员对车辆本身进行现场勘查。首先查验该车手续，此车车牌为＊＊＊＊＊＊＊，型号为考斯特BB42L，车型为普通大客车，初次登记日期为2009年7月24日，发动机号为＊＊＊＊＊＊＊；车架号为＊＊＊＊＊＊＊，年检有效期至2011年4月，保险至2011年4月29日，车辆购置附加费真实有效。然后对车上的发动机号和车架号进行查验，核实该号码与行车证上的发动机号和车架号完全一致，证实此车为鉴定评估的对象。通过对车辆的进一步查验，评估人员认定该车为日本原装丰田公司制造，车型为考斯特柴油大客车，车身左、右两边都有擦痕，车身左前侧有撞伤的痕迹，但现已修复。车厢里的座椅及内部摆饰均完好无损，发动车辆仪表灯光均工作正常，该车已行驶43 256公里。用力踩油门，车辆提速较快，发动机运行良好，挂挡行车，离合器分离较好，换挡平顺，行驶平稳。紧急制动检查时，方向稍向右跑偏，但属正常范围之内。从查、看、操作等方面来看，车辆技术状况较好。看完车辆后，评估人员又与车辆的驾驶员进行交谈，得知该车为该集团接送职工上下班的通勤车，长期在市内行驶，车况较好。年平均行驶2万多公里，使用强度不大，车辆不工作时一般停留在车库里，并有专门人员维护和保养，所以该车日常维护保养较好。

思考：该评估机构应如何出具"关于考斯特 BB42L 普通大客车的鉴定估价报告"，该鉴定估价报告应包括哪些内容？

第一节 资产评估报告概述

一、资产评估报告的定义

资产评估报告是指资产评估师根据评估准则的要求，在完成了必要的评估程序后，向委托方提交的，针对评估对象在评估基准日特定目的下的价值发表的，由其所在评估机构出具的，说明评估目的、程序、标准、依据、方法、结果及其适用条件等基本情况的书面专业意见。资产评估报告包括资产评估报告的正文、资产评估说明、资产评估明细表及相关附件。资产评估报告既是资产评估机构完成对资产作价的意见，提交给委托方公正性的报告，也是评估机构履行合同情况的总结，还是评估机构为资产评估项目承担相应法律责任的证明文件。广义的资产评估报告还是一种工作制度，它规定评估机构在完成评估工作以后必须按照一定程序的要求用书面形式向委托方或相关主管部门报告评估过程和结果。狭义的资产评估报告即资产评估结果报告，既是资产评估机构及资产评估师完成对资产作价，就被评估资产在特定条件下的价值所发表的专家意见，也是评估机构履行评估合同情况的总结，还是资产评估机构与资产评估师为资产评估项目承担相应法律责任的证明文件。

《国际评估准则》和美国《专业评估执业统一准则》对评估报告都是从报告类型与报告要素角度来进行规范的。我国 2007 年发布的《资产评估准则——评估报告》是根据要素与内容对评估报告进行规范的重要评估准则。2008 年发布的《企业国有资产评估报告指南》对评估报告的标题、文号、声明、摘要、正文、附件、评估明细表和评估说明等方面进行了规范。

二、资产评估报告的作用

资产评估报告有以下几方面的作用。

（1）资产评估报告书是反映和体现资产评估工作情况，明确委托方、受托方及有关方面责任的根据。它用文字的形式对受托评估资产的评估目的、范围、依据、程序和方法等过程和评估结果进行阐述、说明和总结，体现评估工作的成果，也反映和体现受托的资产评估机构与评估人员的权利与义务，并以此来明确委托方、受托方有关方面的法律责任。在资产评估现场的工作完成后，评估机构和评估人员就要根据现场工作取得的有关资料和估算数据，撰写评估结果报告书，向委托方报告，负责评估项目的评估师也同时在报告书上行使签字的权利，并提出报告使用的范围和评估结果实现的前提等具体条款。当然，资产评估报告书也是评估机构履行协议和向委托方或有关方面收取评估费用的依据。

（2）资产评估报告为被委托评估的资产提出了作价意见。被评估资产经过评估师和相关专业人士遵循评估原则和标准,按法定的程序,以科学的方法对被评估资产价值进行评定和估算后,通过报告书的形式提出专家意见。该作价意见不代表任何当事人一方的利益,而是一种专家估价的意见,该作价意见具有较强的公正性与科学性,成为被评估资产作价的参考依据。

(3) 资产评估报告书是国有资产管理部门对被评估资产进行验证和确认的依据。在我国,国有资产管理部门是国有资产所有者的代表,资产评估报告是国有资产管理部门以国有资产所有者的身份对国有资产评估结果进行验证和确认的主要依据。

(4) 对资产评估报告书进行审核,是管理部门完善资产评估管理的重要手段。资产评估报告书是反映评估机构和评估人员职业道德、执业能力水平以及评估质量高低和机构内部管理机制完善程度的重要依据。有关管理部门通过审核资产评估报告书,可以有效地对评估机构的业务开展情况进行监督和管理,对评估工作中出现的不足加以完善。

(5) 资产评估报告书是建立评估档案、归集评估资料的重要来源。评估机构和评估人员在完成资产评估任务之后,都必须按照档案管理的有关规定,将评估过程中收集的资料、工作记录以及资产评估过程中的有关工作底稿进行归档,以便进行评估档案的管理和使用。由于资产评估报告是对整个评估过程的工作总结,其内容包括了评估过程的各个具体环节和各有关资料的收集和记录,因此,不仅评估报告书的底稿是评估档案归集的主要内容,而且还包括撰写资产评估报告过程中采用的各种数据、各个依据、工作底稿和资产评估报告制度中形成的有关文字记载(主管部门审核同意意见和报告确认书等),这些都是资产评估档案的重要信息来源。

三、资产评估报告的种类

根据资产评估的具体对象和不同目的,资产评估报告可以分为以下几类。

▶ 1. 按资产评估报告的范围划分

按资产评估报告的范围划分,可分为整体资产评估报告书和单项资产评估报告书。

对整体资产进行评估所出具的资产评估报告书称为整体资产评估报告书;仅对某一部分或某一项资产进行评估所出具的资产评估报告书称为单项资产评估报告书。尽管资产报告书的基本格式是一样的,但因整体资产评估与单项资产评估在具体业务上存在一些差别,两者在报告书的内容上也必然存在一些差别。一般情况下,整体资产评估报告书的报告内容不仅要包括资产,也要包括负债和权益方面,甚至有些还要考虑由整体资产综合产生的无形资产;而单项资产评估报告书的报告内容除在建工程外,一般不考虑负债和综合产生的无形资产等。

▶ 2. 按评估对象不同划分

按评估对象不同划分,可分为资产评估报告书、房地产估价报告书、土地估价报告书等。

资产评估报告书是以资产为评估对象所出具的评估报告书。这里的资产可能包括负债和所有者权益,也可以包括房屋建筑物和土地。房地产估价报告书则只是以房地产为评估对象所出具的估价报告书。土地估价报告书是以土地为评估对象所出具的估价报告书。鉴于以上评估标的物之间存在着差别,加上资产评估、房地产估价和土地估价的管理还没有统一,这三种报告书不仅具体格式不相同,而且在内容上也存在较大的差别。

3. 按用途划分

按用途划分，可分为以产权变动为内容的资产评估报告书和产权不发生变动的资产评估报告书。

以产权变动为内容的资产评估报告书是为资产出售、转让、拍卖、重组等产权变动服务所出具的报告书。这类评估用途涉及产权的变动，因此该类评估报告书在资产的权属方面必须交代清楚，其时间界限（包括基准日、报告有效期等）也要交代得特别明了。产权不发生变动的资产评估报告书包括抵押、保险、征纳税等所出具的报告书。因这类评估用途不涉及产权变动，在内容上会有别于前一种评估报告书。一般情况下，产权不发生变动的资产评估报告书的内容可以相对简单一些。

4. 按提供信息的详细程度划分

按提供信息的详细程度划分，可分为完整型评估报告、简明型评估报告和限制型评估报告。

按照国际惯例，评估报告可以分为完整型评估报告、简明型评估报告和限制型评估报告。资产评估师应在评估报告中明确说明评估报告的类型。

完整型评估报告和简明型评估报告之间的重要区别在于提供资料的详细程度不同。简明型评估报告应对解决评估问题具有重要意义的信息做出概略说明。限制型评估报告是仅提供给委托方使用的。

5. 根据评估基准日的不同划分

根据评估基准日的不同划分，可分为现实型评估报告、预测型评估报告和追溯型评估报告。

现实型评估报告是以现在时点为评估基准日，预测型评估报告是以未来时点为评估基准日，追溯型评估报告是以过去时点为评估基准日。关于评估报告的使用有效期，通常要求评估基准日与经济行为实现日相距不超过 1 年。

四、资产评估报告的基本制度

资产评估报告的基本制度是规定资产评估机构在完成资产评估工作后由行政主管部门对评估报告进行审核验证、结果确认、下达通知和资产评估档案管理的制度。

（一）资产评估报告基本制度的产生与发展

1991 年，国务院颁布的《国有资产评估管理办法》规定，资产评估机构对委托单位（指国有资产占有单位）被评估资产的价值进行评定和估算，要向委托单位提出资产评估结果报告书。委托单位收到资产评估机构的资产评估结果报告书后，应报其主管部门审查。经主管部门同意后，报同级国有资产管理行政主管部门确认资产评估结果，经国有资产管理行政主管部门授权或委托，国有资产占有单位的主管部门也可以确认资产评估结果。该文件还规定，国有资产管理行政主管部门应自收到占有单位报送的资产评估结果报告书之日起 45 日内组织审核、验证协商、确认资产评估结果，并下达确认通知书，这就是我国最早的资产评估报告制度。1993 年，原国家国有资产管理局制定和发布了《关于资产评估报告书的规范意见》；1995 年，原国家国有资产管理局又制定和颁布了《关于资产评估立项、确认工作的若干规范意见》；1996 年 5 月 7 日，原国有资产管理局转发了中国资产评估协会制定的《资产评估的操作规范意见（试行）》，规定了资产评估报告书及送审专用材料的具体要求，以及资产评估工作底稿和项目档案管理，进一步完善了资产评估报告制度。1999年，财政部颁布的关于印发《资产评估报告基本内容与格式的暂行规定》的通知，对原有的资产评估报告有关制度做了进一步修改和完善，使资产评估报告制度不仅适用于对国有资产的评估，也同样适用于对非国有资产的评估。2000年，财政部财企〔2000〕256号文件提出了《关于调整涉及股份有限公司资产评估项目管理权的通知》，其中对涉及股份有限公司资产评估项目的受理审核事权在财政部和省级财政部门之间进行分工。2001年12月31日，国务院办公厅发布〔2001〕102号《国务院办公厅转发财政部〈关于改革国有资产评估行政管理方式加强资产评估监督管理工作意见〉的通知》，对资产评估项目管理方式进行了重大改革，取消对国有资产评估项目的立项确认审批制度，实行核准制和备案制，并加强对资产评估活动的监管。

(二) 关于评估报告有关制度的基本规定

根据国家现行有关法律、法规的规定，资产评估报告的有关制度主要有以下几个方面。

(1) 资产评估报告必须根据《国有资产评估管理办法》以及国家其他有关法律、法规为依据。资产评估报告的基本内容和格式必须按照财政部《资产评估报告基本内容与格式的暂行规定》执行。

(2) 资产评估机构接受委托开展资产评估活动后，要按照资产评估管理工作的要求，向委托方出具涉及该评估项目的评估过程、方法、结论、说明及各类备查文件等内容的资产评估报告。

(3) 资产评估报告由资产评估报告书正文、资产评估说明、资产评估明细表及相关附件构成。

(4) 资产评估活动应充分体现评估机构的独立性、客观性和公正性，资产评估报告的陈述不得带有任何诱导、恭维和推荐的陈述，其正文不得出现评估机构的介绍性内容。

(5) 资产评估报告的数据一般均应采用阿拉伯数字，资产评估报告应用中文撰写并打印。如需出具外文评估报告，其内容和结果应与中文报告一致，并须在评估报告注明以中文报告为准。

(6) 资产评估工作完毕，评估机构应按资产评估项目立档，其立档内容主要包括资产评估业务约定书、资产评估报告书（包括报告书正文、资产评估说明、资产评估明细表及相关附件）、资产评估工作底稿、立项和审核确认文件等，并按规定的保存期限进行保管。

(7) 委托方和有关单位应依据国家法律和相关条款，正确使用资产评估报告。

第二节　资产评估报告的基本内容与格式

根据财政部1999年财政字〔1999〕91号文件《资产评估报告基本内容与格式的暂行规定》的规定，资产评估报告应由资产评估报告正文、资产评估说明、资产评估明细表及相关附件构成。下面分别按资产评估报告正文及相关附件、资产评估说明及资产评估明细表的顺序来介绍各自的基本内容与格式。

一、资产评估报告正文及相关附件的基本内容与格式

(一) 资产评估报告封面的基本内容与格式

资产评估报告的封面必须载明下列内容：
(1) 资产评估项目名称；
(2) 资产评估机构出具评估报告的编号及报告序号；
(3) 资产评估机构全称；
(4) 资产评估报告提交的日期；
(5) 资产评估报告封面可载明评估机构的服务商标，即服务标志。

(二) 资产评估报告目录的基本内容及格式

资产评估报告的目录及每一章节的标题及相应页码应放在评估报告的封二上。评估说明和明细表的目录及相应页码应分别打印在分册的扉页上。

评估报告应根据评估报告正文及相关附件、评估说明、评估明细表分册装订，各分册扉页上分别打印该册目录。

(三) 资产评估报告摘要的基本内容及格式

(1) 为便于有关各方了解评估报告提供的主要信息，方便企业的使用，评估机构应以较少的篇幅，将评估报告中的关键内容摘要并列印在评估报告书正文之前。

(2) "摘要"与资产评估报告正文具有同等法律效力，并按评估报告的统一格式要求资产评估师、评估机构法定代表人及评估机构等签字盖章并注明提交日期。

(3) "摘要"必须与资产评估报告揭示的结果一致，不得有误导性内容，并应采用下述文字提醒使用者阅读全文："以上内容摘自资产评估报告，欲了解本评估项目的全面情况，应认真阅读资产评估报告全文"。

(四) 资产评估报告正文的基本内容与格式

(1) 首部。资产评估报告的首部包括标题和报告书序号。标题应包含"×××(评估项目名称)资产评估报告"字样，位置居中偏上；报告序号应符合公文的要求，包括评估机构特征字，公文种类特征字、年份、文件序号。例如：××评报字(2000)第59号，位置本行居中。

(2) 序言。资产评估报告正文的序言应写明评估报告委托方全称，受委托评估事项及评估工作整体情况，并应按规定的表达格式进行表达，如"××(评估机构)接受×××的委托，根据国家有关资产评估的规定，本着客观、独立、公正、科学的原则，按照公认的资产评估方法，对为×××(评估目的)而涉及的全部资产和负债进行了评估工作……"。

(3) 委托方与资产占有方简介。委托方与资产占有方简介应较为详细地分别介绍委托方、资产占有方的情况，主要包括名称、注册地址及主要经营场所地址、法定代表人、历史情况简介；企业资产、财务、经营状况、行业、地域的特点与地位以及相关的国家产业政策。还应写明委托方和资产占有方之间的隶属关系或经济关系，无隶属关系或经济关系的，则写明发生评估的原因。当资产占有方为多家企业时，应逐一介绍。

(4) 评估目的。评估目的应写明本次资产评估是为了满足委托方的何种需要，所对应的经济行为类型，并简要、准确地说明该经济行为的发生是否经过批准，如获得批准，应写明已获得的相关经济行为批准文件，包括批件名称、批准单位、批准日期及文号。

(5) 评估范围和对象。评估的范围和对象应写明纳入评估范围的资产在评估前的账面余额及资产类型,如评估的资产为多家占有,应说明各自占有的份额及对应的主要资产类别。纳入评估范围的资产与委托评估及立项的资产范围不一致,应说明不一致的原因。

(6) 评估基准日。评估基准日应写明具体日期,如"本项目资产评估基准日是×××ד年××月××日"。还应写明评估基准日的理由或成立的条件和评估基准日对评估结果的影响程度,评估中应采用评估基准日的价格,如不是则应说明原因。

评估基准日的确定应由评估机构根据经济行为的性质由委托方确定,并尽可能与评估目的的实现日接近。

(7) 评估原则。评估原则应写明评估工作过程中遵循的各类原则及本次资产评估遵循国家及行业规定的公认原则。另外,对于所遵循的特殊原则,应做适当阐述。

(8) 评估依据。评估依据应写明评估中的行为依据、法规依据、产权依据和取价依据,对采用的特殊依据也应写明。

行为依据包括进行资产评估项目委托方的申请、股份企业董事会决议及资产评估立项批复等。

法规依据包括资产评估的有关条法、文件及涉及资产评估的有关法律、法规等。

产权依据包括评估资产的产权登记证书、土地使用权证、房屋产权证等。

取价依据包括资产评估中直接或间接使用的,企业提供的财务会计经营方面的资料和评估机构收集的国家有关部门发布的统计资料和技术标准资料,以及评估机构收集的有关询价资料和参数资料等。

(9) 评估方法。评估方法应简要说明在评估过程中选择并使用的评估方法及选择该评估方法的依据或原因。如果采用一种以上的评估方法,应说明原因及该资产评估价值的确定方法。对于选择的特殊评估方法,应适当介绍其原理与适用范围。

(10) 评估过程。评估过程应写明评估机构自接受评估项目委托至提交评估报告的工作过程,包括接受委托、资产清查、评定估算、评估汇总、提交报告等。

(11) 评估结论。评估结论包括评估结果汇总表、评估后备资产占有方的份额和评估机构对评估结果发表的结论。应使用表述性文字完整地叙述资产、负债、净资产的账面价值、调整后的账面价值、评估价值及其增减幅度,并含有"评估结论详细情况见评估明细表"的提示。评估结果除用文字表述外,评估报告中还应按统一规定的格式列表揭示评估结果。如果存在多家资产占有方的项目,应分别说明评估结果。

(12) 特别事项说明。评估报告中陈述的特别事项是指在已确定评估结果的前提下,评估人员揭示在评估过程中已发现可能影响评估结论,但非评估人员执业水平和能力所能评定估算的有关事项。评估人员应对特别事项进行说明,并提示评估报告使用者应注意特别事项对评估结论的影响。需要说明的其他问题也应一并揭示。

(13) 评估基准日期后重大事项。评估基准日期后重大事项应揭示评估基准日后至评估报告提出日期间发生的重要事项,特别是应揭示其对评估结论的影响。另外,应说明发生在评估基准日后不能直接使用评估结论的事项。

(14) 评估报告的法律效力。评估报告的法律效力应写明评估报告成立的前提条件和假设条件,并写明评估报告的作用,依照法律法规的有关规定发生的法律效力及评估结论的有效使用期限。还应写明评估结论仅供委托方为评估目的的使用和送交财产评估主管部门审查使用，并申明评估报告的使用权归委托方所有，未经许可不得随意向他人提供或公开。

(15) 评估报告提出日期。在这部分中应写明评估报告提交委托方的具体日期。评估报告原则上应在确定评估基准日后的三个月内提出。

(16) 尾部。尾部应写明出具评估报告的评估机构名称并盖章，还要写明评估机构法定代表人和至少两名注册资产评估师的签字和盖章。

（五）附报文件的基本内容和格式

资产评估报告的附报文件至少包括如下基本内容：

(1) 有关经济行为文件；
(2) 资产评估立项批准文件；
(3) 被评估企业前三年会计报表，至少包括企业资产负债表、损益表；
(4) 委托方与资产占有方的营业执照复印件；
(5) 产权证明文件复印件；
(6) 委托方、资产占有方的承诺函；
(7) 资产评估人员和评估机构的承诺函；
(8) 资产评估机构资格证书复印件；
(9) 评估机构营业执照复印件；
(10) 参加本评估项目的人员名单；
(11) 资产评估业务约定书；
(12) 重要合同；
(13) 其他文件。

（六）评估报告装订的基本内容与格式

评估报告必须按照统一格式进行打印和装订，评估报告的项目名称应在封面显著位置，即居上方居中位置，评估机构名称及报告提交日期应在封面下方居中位置打印，字体应依次变小。评估报告要用 A4（209 毫米×295 毫米）规格的纸张印刷，文中字体均应符合公文行文格式，并统一标注页码序号。评估机构应在评估报告封底或其他适当位置注明评估机构名称、地址、联系电话、传真及邮政编码。

二、资产评估说明的基本内容与格式

资产评估说明是根据有关基本内容和格式撰写的，用来描述评估师和评估机构对其评估项目的评估程序、方法、依据、参数选取和计算过程，通过委托方、资产占有方充分揭示对资产评估行为和结果构成重大影响的事项，说明评估操作符合相关法律、行政法规和行业规范要求。资产评估说明也是资产评估报告的组成部分，在一定程度上决定评估结果的公允性，保护评估行为相关各方的合法利益。资产评估说明是资产评估主管机关审查确认评估报告的重要文件。

资产评估说明中所揭示的内容应与评估报告正文所阐述的内容一致。评估机构、资产评估师及委托方、资产占有方应保证其撰写或提供的构成评估说明各组成部分的内容真实完整，未做虚假陈述，也未遗漏重大事项。原则上，资产评估说明不提交给其他有关当事人。

资产评估说明应包括以下基本内容与格式。

(一) 资产评估说明的封面及目录

(1) 资产评估说明的封面应载明该评估项目名称，该评估报告的编号、评估机构名称、评估报告提出日期。若需分册装订的评估说明，应在封面上注明共几册及该册的序号。

(2) 资产评估说明的目录应在封面的下一页排印，标题与页码应与目录相符。资产评估说明中收录的备查文件或资料的复印件也应统一标注页码。

(二) 关于资产评估说明使用范围的声明

资产评估声明中应写明评估说明仅供资产评估主管机关、企业主管部门审查资产评估报告和检查评估机构工作之用，非为法律、行政法规规定，材料的全部或部分内容不得提供给其他任何单位和个人，不得见诸公开媒体。

(三) 关于进行资产评估有关事项的说明

该部分由委托方和资产占有方共同撰写，并应由负责人签字，加盖公章，签署日期。进行资产评估有关事项的说明是资产评估主管机关审查批准企业进行资产评估和评估机构开展评估活动的必要资料依据。该部分由以下内容构成：

(1) 委托方与资产占有方概况；
(2) 关于评估目的的说明；
(3) 关于评估范围的说明；
(4) 关于评估基准日的说明；
(5) 可能影响评估工作的重大事项说明；
(6) 资产及负债清查情况的说明；
(7) 资料清单。

(四) 资产清查核实情况的说明

该部分主要说明评估机构对委托评估的企业所占有的资产和与评估相关的负债进行清查核实的情况，具体内容如下：

(1) 资产清查核实的内容；
(2) 实物资产的分布情况及特点；
(3) 影响资产清查的事项；
(4) 资产清查核实的过程与方法；
(5) 资产清查结论；
(6) 资产清查调整说明。

(五) 评估依据的说明

评估依据的说明主要用来说明进行评估工作所遵循的具体行为依据、法规依据、产权依据和取价依据，具体内容如下：

(1) 主要法规依据；
(2) 经济行为文件；
(3) 重大合同协议、产权证明文件；
(4) 采用的取价标准；
(5) 参考资料及其他。

（六）各项资产及负债的评估技术说明

评估技术说明主要是对资产进行评定估算和估价过程的解释，反映评估中选定的评估方法、采用的技术思路及实施的评估工作，主要内容如下：

(1) 流动资产评估说明；
(2) 长期投资评估说明；
(3) 机器设备评估说明；
(4) 房屋建筑物评估说明；
(5) 工程物资评估说明；
(6) 在建工程评估说明；
(7) 土地使用权评估说明；
(8) 无形资产及其他资产评估说明；
(9) 负债评估说明。

（七）整体资产评估收益法评估验证说明

整体资产评估时，用收益法验证的评估说明应包含对不同的经营实体的说明，基本内容如下：

(1) 收益法的应用简介；
(2) 企业的生产经营业绩；
(3) 企业的经营优势；
(4) 企业的经营规划；
(5) 企业的各项财务指标；
(6) 评估依据；
(7) 企业营业收入、成本费用和长期投资收益预测；
(8) 折现率的选取和评估值的计算过程；
(9) 评估结论。

（八）评估结论及其分析

评估结论及其分析总体概括、说明评估结论，基本内容如下：

(1) 评估结论；
(2) 评估结果与调整后账面价值的比较变动情况及原因；
(3) 评估结论成立的条件；
(4) 评估结论的瑕疵事项；
(5) 评估基准日的期后事项说明及对评估结论的影响；
(6) 评估结论的效力、使用范围与有效期。

三、资产评估明细表的基本内容与格式

资产评估明细表是反映被评估资产评估前后的资产负债明细情况的表格。它是资产评估报告的组成部分，也是资产评估结果得到认可、评估目的的经济行为实现后进行账目调整的主要依据之一。其基本内容与格式如下：

(1) 资产及负债的名称、发生日期、账面价值、调整后账面价值、评估价值等；
(2) 包含反映资产及负债特征的项目；

（3）包含反映评估增减值情况的栏目和备注栏目；

（4）包含反映被评估资产会计科目名称、资产占有单位、评估基准日、表号、金额单位、页码内容的资产评估明细表表头；

（5）包含写明清查人员、评估人员的表尾；

（6）表格的每一页都应有"本页小计"行，同类表格最后一页还应设有合计行；

（7）评估明细表设立逐级汇总，第一级为明细表总计，第二级为按资产及负债大类单独汇总，第三级为按资产负债式汇总，第四级为按资产及负债大类为主栏项目且以人民币万元为金额单位的汇总；

（8）同类资产评估明细表的格式与内容应统一，且评估明细表至少应含有资产评估明细表表样的基本内容与格式；

（9）资产评估明细表一般应按会计科目顺序排列装订。

资产评估明细表包括以下层次：资产评估结果汇总表、资产评估结果分类汇总表、各项资产清查评估汇总表及各项资产清查评估明细表。

第三节 资产评估报告的编写

一、资产评估报告的编写步骤

资产评估报告的编写是评估机构与资产评估师完成评估工作的最后一道工序，也是资产评估工作中的一个重要环节。编写资产评估报告主要有以下几个步骤。

（一）整理工作底稿和归集有关资料

资产评估现场工作结束以后，资产评估师必须着手对现场工作底稿进行整理，按资产的性质进行分类。同时，对有关询证函、被评估资产背景材料、技术鉴定情况和价格取证等有关资料进行归集和登记，对现场未予确定的事项还需进一步落实和查核。这些现场工作底稿和有关资料都是编制资产评估报告的基础。

（二）评估明细表的数字汇总

完成现场工作底稿和有关资料的归集任务以后，资产评估师应着手评估明细表的数字汇总。明细表的数字汇总应根据明细表的不同级次先进行明细表汇总，然后分类汇总，最后进行资产负债表式的汇总。在数字汇总过程中，应反复核对各有关表格中数字的关联性和各表格栏目之间数字的钩稽关系，防止出错。

（三）评估初步数据的分析和讨论

在完成评估明细表的数字汇总得出初步的评估数据后，应召集参与评估工作过程的有关人员，对评估报告的初步数据的结论进行分析和讨论，比较各有关评估数据，复核记录估算结果的工作底稿，对作价不合理的部分评估数据进行调整。

（四）编写评估报告

编写评估报告又可分为两步：

第一步，在完成资产评估初步数据的分析和讨论，并对有关部分的数据进行调整以后，由具体参加评估的各评估小组负责人员草拟出各自负责评估部分资产的评估说明，同时提交全面负责、熟悉本项目评估具体情况的人员草拟出资产评估报告。

第二步，将评估基本情况和评估报告初稿的初步结论与委托方交换意见，听取委托方的反馈意见后，在坚持独立、客观、公正的前提下，认真分析委托方提出的问题和建议，考虑是否应该对评估报告进行修改，对评估报告中存在的疏忽、遗漏和错误之处进行修正，待修改完毕即可撰写资产评估正式报告。

（五）资产评估报告的签发与送交

资产评估师完成资产评估正式报告后，经审核无误，先由负责该项目的资产评估师签章（两名或两名以上），再送复核人审核签章，最后送评估机构负责人审定签章并加盖机构公章。

资产评估报告审核、盖章后即可连同评估说明及评估说明表送交委托单位。

二、资产评估报告制作的技术要点

资产评估报告制作的技术要点是指在资产评估报告制作过程中的主要技能要求，具体包括文字表达、格式与内容方面的技能要求，以及复核与反馈等方面的技能要求。

资产评估师应在执行必要的评估程序后，编制并由所在评估机构出具评估报告。评估报告中应提供必要信息，使评估报告使用者能够合理理解评估结论。资产评估师应根据评估业务的具体情况，提供能够满足委托方和其他评估报告使用者合理需求的评估报告。

▶ 1. 文字表达方面的技能

资产评估报告既是一份对被评估资产价值有咨询性和公证性作用的文书，又是一份用来明确资产评估机构和资产评估师工作责任的文字依据，所以它的文字表达既要清楚、准确，又要提供充分的依据说明，还要全面地叙述整个评估的具体过程，不得使用模棱两可的措辞。其陈述既要简明扼要，又要把有关问题说清楚，不得带有任何诱导、恭维和推荐性的陈述。

▶ 2. 格式和内容方面的技能要求

对资产评估报告格式和内容方面的技能要求，应遵循《资产评估准则——评估报告》的规定。涉及企业国有资产评估的，还应遵循《企业国有资产评估报告指南》的相关规定。

▶ 3. 评估报告的复核及反馈方面的技能要求

资产评估报告的复核与反馈也是资产评估报告制作的具体技能要求。通过对工作底稿、评估说明、评估明细表和报告正文的文字、格式及内容的复核和反馈，可以使有关错误、遗漏等问题在出具正式报告之前得到修正。对评估人员来说，资产评估工作是一项由多个评估人员同时作业的中介业务，每个评估人员都有可能因能力、水平、经验、阅历及理论方法的限制而产生工作盲点和工作疏忽，所以对资产评估报告初稿进行复核是非常必要的。就对评估资产的情况熟悉程度来说，大多数资产委托方和占有方对委托评估资产的分布、结构、成新率等具体情况总是会比评估机构和评估人员更熟悉，所以在出具正式评估报告之前征求委托方意见，收集反馈意见也很有必要。

▶ 4. 撰写报告应注意的事项

资产评估报告的制作技能除了需要掌握上述三个方面的技术要点外，还应注意以下事项。

（1）实事求是，切忌出具虚假报告。报告必须建立在真实、客观的基础上，不能脱离实际情况，更不能无中生有。报告撰写人应是参与该项目并较全面了解该项目情况的主要评估人员。

(2) 坚持一致性原则,切忌出现表里不一。报告文字、内容前后要一致,摘要、正文、评估说明、评估明细表内容与格式、数据要一致。

(3) 提交报告要及时、齐全和保密。正式完成资产评估工作之后,应按业务约定书的约定时间及时将报告送交委托方。送交报告时,报告及有关文件要送交齐全。此外,要做好客户保密工作,尤其是对评估涉及的商业秘密和技术秘密,更要加强保密工作。

(4) 评估机构应在资产评估报告中明确评估报告使用者和报告使用方式,提示评估报告使用者合理使用评估报告。应注意防止报告的恶意使用,避免报告的误用,以合法规避执业风险。

(5) 资产评估师执行资产评估业务,应关注评估对象的法律权属,并在评估报告中对评估对象法律权属及其证明资料来源予以必要说明。资产评估师不得对评估对象的法律权属提供保证。

(6) 资产评估师执行资产评估业务受到限制无法实施完整的评估程序时,应在评估报告中明确披露受到的限制、无法履行的评估程序和采取的替代措施。

第四节 资产评估工作底稿与评估项目档案管理

一、资产评估工作底稿

资产评估工作底稿是指资产评估人员在评估过程中形成的评估工作记录和获取的资料,是资产评估师形成评估报告的依据。

资产评估工作底稿应如实反映资产评估计划与方案的制定及实施情况,包括与形成评估报告有关的所有重要事项以及注册资产评估师评定估算的全部依据、过程及专业判断。

工作底稿在内容上应做到资料翔实、重点突出、繁简得当、结论明确;在形式上应做到要素齐全、格式规范、标识一致、记录清晰。

(一) 资产评估工作底稿的内容

资产评估工作底稿一般分为评估项目管理类工作底稿和评估项目操作类工作底稿。

▶ 1. 管理类工作底稿

管理类工作底稿是指评估项目负责人在评估过程中,为规划、安排、控制和管理整个评估工作并出具评估报告所形成的文字记录,主要包括以下内容:

(1) 项目洽谈记录;

(2) 评估业务约定书;

(3) 评估计划及实施情况;

(4) 评估委托人及资产占有单位基本情况的调查、记录和资料、资产规模及主要资产状况;

(5) 资产评估结果汇总表;

(6) 评估报告；

(7) 有关部门的审核意见；

(8) 评估机构内部的审核意见。

▶ 2. 操作类工作底稿

操作类工作底稿是指评估人员在评估实施阶段为执行具体评估程序所形成的评估工作底稿，主要包括以下内容：

(1) 被评估资产范围内各类资产或负债的汇总表；

(2) 客户所申报的资产明细表；

(3) 评估人员用于勘测和计算的评估明细表；

(4) 各类专项调查记录；

(5) 资产产权归属证明或使用权证明文件；

(6) 价格信息、市场调研记录；

(7) 分析计算说明、调整说明和重要事项说明；

(8) 被评估单位的整体分析资料；

(9) 有关的原始记录；

(10) 现场核实资产的工作记录；

(11) 委托单位及资产占有单位的反馈意见及修改记录；

(12) 资产评估工作小结。

(二) 资产评估工作底稿的使用与管理

工作底稿的所有权属于接受委托进行资产评估的评估机构。评估机构应对工作底稿进行分类整理，形成评估档案。工作底稿一经形成档案，应作为评估档案进行管理，以确保评估工作底稿的安全、完整。

二、资产评估项目档案管理

资产评估项目档案是指评估机构在有关评估过程中形成的与评估业务相关的、有保存价值的文字、图表、声像等不同形式的记录。

▶ 1. 评估档案管理要求

评估机构全体人员要有明确的档案建设意识。当评估工作结束后，项目负责人必须把在评估工作中形成或取得的一切文件资料及时向档案保管人员登记移交，不得拒绝归档或据为己有。

评估档案应在评估报告完成后的一个月内归档。

▶ 2. 评估档案的保存

上市公司的评估档案至少保存 15 年；评估目的已实现的档案至少保存 8 年；评估目的未实现，即评估报告未被最后使用的档案材料至少保存 3 年；未正式出具评估报告的档案至少保存 1 年。以上年限均从评估基准日算起。

▶ 3. 评估档案的查阅

(1) 评估机构内部工作需要查阅档案的，在履行评估机构内部档案管理的手续后，可以进行查阅。

(2) 法院、检察院、行政主管部门或国家其他部门依法履行职责需要了解评估情况，在办理必要的手续后，可以进行查阅。

（3）其他评估机构因工作需要查阅档案的，须经原评估委托方和管理档案的评估机构负责人同意，可以进行查阅，但不得复印。

（4）查阅档案时，涉及原评估委托方商业秘密时，查阅人必须承担保密责任。

▶ 4. 评估档案的销毁

对于保管期届满的评估档案，经评估机构编造清册后，由法人代表签字后销毁。

第五节 资产评估报告的应用

资产评估报告由评估机构出具后，资产评估委托方、资产评估管理方和证券监管部门应根据需要对资产评估报告及有关资料进行应用。

一、委托方对资产评估报告的使用及注意事项

▶ 1. 委托方对资产评估报告的使用

委托方在收到受托评估机构送交的正式评估报告及有关资料后，可以依据评估报告所揭示的评估目的和评估结论，合理使用资产评估结果。根据有关规定，委托方依据评估报告所揭示的评估目的及评估结论，可以用于以下几种具体的用途。

（1）根据评估目的，作为资产业务的作价基础。具体资产业务包括企业改制、上市、对外投资、中外合资合作、转让、出售、拍卖等产权变动的经济活动，保险、纳税、抵押、担保等非产权变动的经济活动，以及法律方面需要的其他目的的活动。

（2）作为企业进行会计记录或调整账项的依据。委托方在根据评估报告书所揭示的资产评估目的使用资产评估报告资料的同时，还可依照有关规定，根据资产评估报告进行会计记录或调整有关财务账项。

（3）作为履行委托协议和支付评估费用的主要依据。当委托方收到评估机构的正式评估报告及有关资料后，在没有异议的情况下，应根据委托协议，将评估结果作为计算支付评估费用的主要依据，履行支付评估费用的承诺及其他有关承诺的协议。

（4）作为确认财产价值的举证材料。

此外，资产评估报告及有关资料也是有关当事人因资产评估纠纷向纠纷调处部门申请调处的申诉资料之一。

▶ 2. 使用资产评估报告的注意事项

委托方在使用资产评估报告及有关资料时，必须注意以下几个方面：

（1）只能按报告所揭示的评估目的使用报告，一份评估报告只允许按一个用途使用；

（2）只能在报告有效期内使用报告，超过报告书的有效期，原资产评估结果无效。若要在报告有效期外使用，必须由评估机构重新调整相关数据，并得到有关部门重新认可后方能使用；

（3）在报告有效期内，资产评估数量发生较大变化时，应由原评估机构或资产占有单位按原评估方法做相应调整后才能使用。

（4）涉及国有资产产权变动的评估报告及有关资料必须经国有资产行政主管部门确认或授权确认后方可使用。

（5）作为企业会计记录和调整企业账项使用的资产评估报告及有关资料须由有权机关批准或认可后方能生效。

二、资产评估管理机构对资产评估报告的使用

资产评估管理机构主要是指资产评估行政管理的主管机关和对资产评估行业自律管理的行业协会。对资产评估报告的使用是资产评估管理机构实现对评估机构的行政管理和行业自律管理的重要过程。对评估报告的使用主要体现在以下几个方面。

（1）作为了解评估机构从事评估工作的业务能力和组织管理水平的材料。由于资产评估报告是反映资产评估工作过程的工作报告，通过对资产评估报告及有关资料的检查与分析，评估管理机构就能大致判断该机构的业务能力和组织管理水平。

（2）作为国有财产主管机关对评估结果确认或不确认的依据。同时，也作为资产评估协会检查工作或发生纠纷备查使用。

（3）作为国有资产管理的重要的数据资料。通过对资产评估报告的统计与分析，可以及时了解国有资产占有和使用状况，以及增减值变动情况，进一步为加强国有资产管理服务。

三、其他有关部门对资产评估报告的使用

除了资产评估管理机构可运用资产评估报告资料外，有些政府管理部门也需要使用资产评估报告。这些部门主要包括国有资产监督管理部门、证券监督管理部门、保险监督管理部门、工商行政管理、税务、金融和法院等。

国有资产监督管理部门对资产评估报告的使用主要表现在对国有产权进行管理的各个方面。通过对国有资产评估项目的核准或备案可以加强国有产权的有效管理，规范国有产权的转让行为。

证券监管部门对资产评估报告的使用主要表现在对申请上市的公司的有关材料招股说明书的审核过程以及对上市公司的股东配售发行股票时申报材料配股说明书的审核过程。证券监管部门还可以运用资产评估报告和有关资料加强对取得证券评估资格的评估机构及有关人员的业务管理。

工商行政管理部门对资产评估报告的使用主要表现在对公司设立、公司重组、增资扩股等经济行为时，对资产定价进行依法审核。

商务管理部门、保险监督管理部门、税务管理、金融和法院等部门也都能通过对资产评估报告的使用来达到实现其管理职能的目的。

本章小结

资产评估报告是资产评估主体就被评估资产在特定条件下的价值所发表的专家意见，是评估机构履行评估合同情况的总结，也是资产评估机构与资产评估师为资产评估项目承担相应法律责任的证明文件。

本章阐述了资产评估报告的基本概念、作用和种类；介绍了资产评估报告的基本制度、基本内容与格式、制作步骤与技术要点，以及资产评估工作底稿与评估档案的管理；明确了评估报告的使用者及使用方式。

综合练习

一、单项选择题

1. 资产评估报告书是受托评估机构提供的（　　）的意见。
   A. 评估过程　　　B. 评估目的　　　C. 评估方法　　　D. 资产作价

2. 资产评估报告书一般根据（　　）的要求、工作情况和采用的评估方法来确定报告的基本内容。
   A. 管理部门　　　B. 法律法规　　　C. 委托方　　　D. 评估机构

3. 资产评估报告的有效期为（　　）。
   A. 一年　　　B. 一年半　　　C. 两年　　　D. 半年

4. 资产评估报告的有效期通常为一年，这一年是从（　　）算起。
   A. 评估协议签订日　B. 评估基准日　　C. 评估报告提交日　D. 评估工作开始日

5. 资产评估报告书需由（　　）以上注册资产评估师签名盖章才有法律效力。
   A. 2名　　　B. 3名　　　C. 4名　　　D. 5名

6. 资产评估汇总表中的增加值是说明评估值与（　　）的差异情况。
   A. 账面原值　　　B. 重置成本　　　C. 账面净值　　　D. 市场价值

7. 企业按评估值对会计账目进行调整应由（　　）。
   A. 企业自己决定　　　　　　　B. 评估机构决定
   C. 财政部门决定　　　　　　　D. 不能进行调整

8. 所有在资产评估报告中采用的汇率、税率、费率、利率和其他价格标准，均应采用（　　）时的标准。
   A. 提供报告日　B. 评估基准日　　C. 本期期初或期末　D. 评估协议签订日

9. 某项资产账面原价为300万元，账面净值为200万元，评估结果为250万元，该评估增值率为（　　）。
   A. 20%　　　B. 25%　　　C. －10%　　　D. 18%

10. 资产评估报告是指注册资产评估师根据资产评估准则的要求，在履行了必要的评估程序后，对评估对象在（　　）特定目的下的价值发表的、由其所在评估机构出具的书面专业意见。
    A. 评估基准日　B. 提供报告日　　C. 评估协议签订日　D. 复核日

二、多项选择题

1. 资产评估报告是评估机构在完成评估工作后向委托方提交的说明（　　）等基本事项的报告书。
   A. 评估目的　　　B. 价值类型　　　C. 评估方法　　　D. 评估依据
   E. 评估结果

2. 资产评估报告的作用包括（   ）。
A. 为受托评估机构提供资产作价的意见
B. 履行委托合同或协议情况的总结
C. 确认资产评估机构的法律责任
D. 是产权交易时资产作价的直接依据
E. 是出资的直接依据

3. 资产评估报告的内容包括（   ）。
A. 评估报告正文   B. 评估报告底稿
C. 评估报告附件   D. 评估报告表格
E. 评估报告说明

4. 资产评估报告的正文包括的内容有（   ）。
A. 评估基准日   B. 评估结论   C. 评估目的   D. 评估原则
E. 评估过程

5. 资产评估报告附件的内容包括（   ）。
A. 各项资产评估结果清单   B. 资产评估资格证书复印件
C. 产权证明文件   D. 资产评估说明
E. 资产评估约定书

6. 编写资产评估报告的基本要求有（   ）。
A. 实事求是   B. 内容全面、准确、简练
C. 报告要及时   D. 突出重点

7. 编制资产评估报告的基本步骤是（   ）。
A. 评估资料的分类整理   B. 评估资料的分析讨论
C. 评估资料的汇总和评估报告的编排   D. 评估报告的审核签发
E. 评估报告提交委托方

8. 资产评估报告的内容有（   ）。
A. 附件   B. 资产评估说明   C. 资产评估明细表   D. 评估约定书

9. 资产评估报告的应用有（   ）。
A. 委托方对评估报告的使用   B. 资产评估管理机构对评估报告的使用
C. 其他有关部门对评估报告的使用   D. 被委托方对评估报告的使用

10. 资产评估报告分析的目的是（   ）。
A. 了解评估机构从事评估工作的能力
B. 了解评估质量好坏，并做出对评估结果是否以核准的决定
C. 作为资产业务的作价基础
D. 作为企业进行会计记录或调整账项的依据

三、简答题

1. 如何对资产评估报告进行分析？
2. "关于进行资产评估有关事项的说明"的基本内容是什么？
3. 资产评估委托方应如何利用资产评估报告？

第十一章
我国资产评估行业发展概况和相关法规

学习目标

本章介绍了我国资产评估行业的发展概况和我国资产评估准则体系的内容。
1. 了解我国资产评估行业的发展概况；
2. 掌握我国资产评估准则体系的内容。

导入案例

讲诚信、讲道德是中华民族的传统美德。孔子曰："信则人任焉""民以诚而立"；又曰："会计当而已矣"。资产评估工作的关键也应该在于"当"字之上。当者，正也，说明要做好资产评估工作，就得注重信义，诚实守信。古人认为："人之所以为人者，言也。人而不能言，何以为人？言之所以为言者，信也。言而不信，何以为言？"意思是说，人之所以为人，就在于言而有信，如果言而无信，则无异于禽兽。因此，诚实守信是人应该具有的最基本的道德品质。无信不立，信者行之基，守信用、讲信誉、重信义是中华民族的传统美德。

随着现代社会的发展和专业化程度的增强，整个社会对资产评估师的职业观念、职业态度、职业技能、职业纪律和职业作风的要求也越来越高。因此，要在全行业开展职业道德教育，要让"诚实守信"和"独立、客观、公正"的职业风尚成为每一位资产评估师的自觉行动。

资料来源：http://www.cas.org.cn。

思考：什么是资产评估师职业道德？如何理解诚实守信对资产评估师职业行为的影响？

第一节　我国资产评估行业的发展概况

资产评估行业作为一个独立的社会中介行业,在国外有着上百年的发展历史。我国资产评估行业起步于 20 世纪 80 年代末 90 年代初,虽然发展时间不长,但发展迅猛,经过二十多年的发展,目前已经成为我国社会主义市场经济体系中一个不可缺少的社会中介行业。截至 2015 年年底,我国有 3 304 家评估机构,43 354 人通过考试取得资产评估师资格,其中约 33 500 人为执业资产评估师。二十多年来,资产评估行业在国有资产管理、资本市场建设和发展、中外合资合作等领域发挥了重要作用。随着我国社会主义市场经济体制的逐步完善、产权主体的多元化和经济发展的全球化,我国资产评估行业在维护多元化主体利益、维护公共利益、维护证券和金融市场稳定、维护税源和财政收入稳定、服务公共财政等领域将进一步发挥重要的作用。

由于我国的特殊国情和国有资产管理工作的需要,我国资产评估行业的发展具有鲜明的中国特色,走出了一条不同于西方国家资产评估行业的发展道路。西方国家资产评估行业是随着经济的发展,为满足相关经济行为当事人在决策过程中了解资产价值的需要而自发产生,并逐步得到发展的。我国资产评估行业的产生则是适应经济体制改革和国有资产管理改革的需要,由政府通过颁布法令等形式推动产生的,其产生首先是基于维护国有资产权益、加强国有资产管理的需要,并通过政府加强资产评估制度建设等工作而推动资产评估行业迅猛发展。

20 世纪 80 年代,随着经济体制改革步伐的加快,国有企业对外合资合作、承包租赁、兼并、破产等经济行为和产权变动行为日益增多,这些行为都需要建立在对所涉及国有资产的价值进行合理确定的基础上。20 世纪 80 年代后期是我国国有资产管理体制改革的起步阶段,政府对国有资产的管理方式已经从过去的无偿行政划拨逐步转向有偿转让,因此对资产价值的合理确定提出了要求。而在实践中,当时国有企业往往以账面价值与境外投资者合资,导致大量国有资产流失,这些现象引起了社会各界的广泛关注,要求合理重估国有资产价值而不是简单地以账面价值进行合资的呼声日益高涨。在这种时代背景下,根据当时经济体制改革和国有资产管理体制改革的需要,为合理地确定国有资产转让价格,维护国有资产所有者合法权益,防止国有资产流失,资产评估作为国有资产管理的一种重要手段被引入我国,并迅速发挥了重要作用。

1989 年,国家体改委、国家计委、财政部、国家国有资产管理局共同发布了《关于出售国有小型企业产权的暂行办法》和《关于企业兼并的暂行办法》,明确规定:"被出售企业的资产(包括无形资产)要认真进行清查评估。……对兼并方的有形资产和无形资产,一定要进行评估作价,并对全部债务予以核实。如果兼并方企业在兼并过程中转换为股份制企业,也要进行资产评估。"同年,原国家国有资产管理局发布了《关于在国有资产产权变化时必须进行资产评估的若干暂行规定》。1990 年 7 月,原国家国有资产管理局成立了资产评估中心,负责资产评估项目和资产评估行业的管理工作。这些早期资产评估管理文件的发布和资产评估管理机构的成立,标志着我国资产评估工作正式起步。

20 世纪 90 年代初,受当时经济体制改革和资产评估工作刚刚起步等特点的影响,国家原国有资产管理局代表政府直接管理资产评估行业,包括法规起草、机构管理、项目管理等基础工作。由于政府的高度重视,在较短的时间内就完成了《国有资产评估管理办法》的起草工作,并于1991年以国务院第91号令发布了该办法。《资产评估机构管理暂行办法》《资产评估收费管理暂行办法》等评估行业基本管理制度的起草和发布工作也陆续完成。《国有资产评估管理办法》的发布和相关评估管理制度的出台,为建立国有资产评估项目管理制度、资产评估资格管理制度等提供了法律依据,推动了我国资产评估行业在初期阶段的快速发展,并对我国资产评估行业的发展发挥了长期指导作用。

《国有资产评估管理办法》发布以后,资产评估行业从无到有,迅速发展为初具规模的中介行业,从而对行业管理提出了新的要求,迫切需要一支具有较强专业性的行业管理队伍推动行业发展。1993年12月,中国资产评估协会成立,标志着中国资产评估开始成为一个独立的专业服务行业,我国资产评估行业管理体制也开始走上政府管理与行业自律管理相结合的道路。

1993年以后,随着我国经济体制改革的深入进行,国有企业股份制改组、国内证券市场迅速发展,以及国企大量海外上市等对资产评估行业提出了更高的要求,也给资产评估行业提供了重要的发展机会。我国资产评估行业得到空前发展,资产评估机构和从业人员的数量迅速增加,建立了注册资产评估师制度,完善了资产评估行业准入制度,发布了《资产评估操作规范意见》等技术性规范。

1998年,根据政府体制改革方案,原国家国有资产管理局被撤销,相应的资产评估管理工作移交到财政部,中国资产评估协会划归财政部管理。1999—2000年,我国资产评估行业完成了资产评估机构脱钩改制工作。2001年12月31日,国务院办公厅转发了财政部《关于改革国有资产评估行政管理方式加强资产评估监督管理工作意见的通知》(国办发〔2001〕102号),对国有资产评估管理方式进行重大改革,取消财政部门对国有资产评估项目的立项确认审批制度,实行财政部门的核准制或财政部门、集团公司及有关部门的备案制。之后,财政部相继制定了《国有资产评估管理若干问题的规定》《国有资产评估违法行为处罚办法》等配套改革文件。评估项目的立项确认制度改为核准制、备案制,促使了将资产评估机构管理、资产评估准则制定等原先划归政府部门的行业管理职能移交给行业协会。这次重大改革不仅是国有资产评估管理的重大变化,同时也标志着我国资产评估行业管理的发展进入一个强化行业自律管理的新阶段。

2003年,国务院设立国有资产监督管理委员会。根据《国务院国有资产监督管理委员会主要职责内设机构和人员编制规定》,财政部有关国有资产管理的部分职能划归国务院国资委。国务院国资委作为国务院特设机构,以出资人的身份管理企业国有资产,包括负责监管所属企业资产评估项目的核准和备案。财政部则作为政府管理部门负责资产评估行业管理工作,这次改革对我国资产评估行业的发展具有重大影响,基本实现了国有资产评估管理与资产评估行业管理的分离,表明我国日益壮大的资产评估行业在形式和实质上都真正成为一个独立的专业服务行业。2003年12月,国务院办公厅发布了《国务院办公厅转发财政部关于加强和规范评估行业管理的意见的通知》(国办发〔2003〕101号),对加强和规范资产评估行业的管理提出了全面要求。根据国务院文件的精神,2004年2月,财政部决定中国资产评估协会继续单独设立,并以财政部的名义发布了《资产评估准则——基本准则》《资产评估职业道德准则——基本准则》。根据101号文件的要求,财政部在全国范围内对资产评估行业进行全面检查,进一步推动了我国资产评估行业的健康发展。

2003年12月31日,国务院国有资产监督管理委员会和财政部联合发布《企业国有产权转让管理暂行办法》,对企业国有产权转让行为进行规范,其中明确规定在企业国有产权转让时,应委托具有相关资质的资产评估机构依照国家有关规定进行资产评估。2005年8月25日,国务院国有资产监督管理委员会发布了《企业国有资产评估管理暂行办法》,对企业国有资产评估行为做了进一步的规范。

2005年5月11日,财政部发布《资产评估机构审批管理办法》(财政部令第22号),这是新时期政府部门制定的资产评估行业管理的重要部门规章,对资产评估机构及其分支机构的设立、变更和终止等行为进行了规范。

2008年4月29日,根据《行政许可法》、新修订的《证券法》《国务院对确需保留的行政审批项目设定行政许可的决定》(国务院令第412号),财政部和中国证监会联合印发了《关于从事证券期货相关业务的资产评估机构有关管理问题的通知》(财企〔2008〕81号),继续对资产评估机构从事证券业务实施行政许可(自1993年开始实施),对资产评估机构申请证券评估资格应满足的条件和应提交的材料、具有证券评估资格的资产评估机构后续监管等问题做了明确规定,不仅加强了资格的准入管理,还建立了"优胜劣汰"的退出机制。

2009年11月17日,国家发展和改革委员会、财政部联合印发《资产评估收费管理办法》(发改价格〔2009〕2914号),对现行资产评估收费制度进行了重大改革和调整,是资产评估行业健康、有序发展的重要制度保障。

2009年12月,财政部发布《财政部关于推动评估机构做大做强做优的指导意见》(财企〔2009〕453号),明确提出了要加快培养一批与我国经济发展水平相适应,具有较大规模、较强实力和较高水平的评估机构,推动资产评估行业科学发展。

2010年11月,财政部发布《关于评估机构母子公司试点有关问题的通知》,鼓励证券评估机构集团化发展,采用母子公司经营模式。

2011年8月11日,财政部颁布了《资产评估机构审批和监督管理办法》(财政部令第64号),进一步规范了资产评估机构审批行为,对于加强资产评估机构的监督管理、促进资产评估行业健康发展具有重要意义。

2011年,财政部发布《中国资产评估行业发展规划》(财企〔2012〕330号,以下简称《规划》)为评估行业未来的科学发展勾画了蓝图,指明了方向,提出了要求。《规划》提出要用5年左右的时间,力争实现资产评估传统业务收入年递增20%以上,全部收入达到300亿的目标。

2014年8月12日,国务院发布《关于取消和调整一批行政审批项目等事项的决定》(国发〔2014〕27号),取消了注册资产评估师等11项职业资格许可和认定事项。2014年8月13日,人力资源和社会保障部印发《关于做好国务院取消部分准入类职业资格相关后续工作的通知》(人社部函〔2014〕144号),将注册资产评估师职业资格调整为水平评价类职业资格。

2016年7月,全国人大常委会通过了《中华人民共和国资产评估法》(以下简称《资产评估法》),奠定了资产评估行业依法执业、健康发展的法治基础。《资产评估法》明确指出,国务院有关评估管理部门(财政部)组织制定基本准则,评估行业协会(中国资产评估协会)依据基本准则制定职业道德准则和执业准则。

为贯彻落实《资产评估法》,规范资产评估执业行为,保证资产评估执业质量,保护资产评估当事人的合法权益和公共利益，在财政部指导下，中国资产评估协会对资产评估准则体系进行了全面修订。2017年9月，中国资产评估协会发布了25项资产评估执业准则和1项职业道德准则修订稿，自2017年10月1日起施行。

第二节　我国的资产评估准则体系

资产评估工作具有很强的专业性，世界各国和地区在资产评估行业发展过程中大都根据自身需要制定了本国、本地区的资产评估准则，用于指导资产评估师执业。资产评估准则的完善和成熟程度在一定程度上反映了一个国家或地区资产评估业发展的综合水平。1997年，在总结资产评估理论研究和实践经验的基础上，中国资产评估协会开始启动制定资产评估准则的工作。2004年2月，财政部正式发布了中国资产评估协会制定的《资产评估准则——基本准则》和《资产评估职业道德准则——基本准则》，标志着我国资产评估准则体系初步形成。截至2012年，财政部和中国资产评估协会累计发布26项评估准则，包括2项基本准则、12项具体准则、4项评估指南和8项指导意见，基本构建了我国资产评估准则体系。这些准则的发布使评估业务的基本程序、主要资产类型的评估业务都有相应的评估准则予以规范，标志着我国的资产评估实践全面进入准则规范时代。2017年9月8日，为贯彻落实《资产评估法》，规范资产评估执业行为，保证资产评估执业质量，保护资产评估当事人的合法权益和公共利益，在财政部指导下，中国资产评估协会根据《资产评估基本准则》，发布若干条《资产评估准则》，自2017年10月1日起施行。此次修订的主要内容包括7个方面：①调整准则规范主体，将准则规范的主体修订为"资产评估机构"和"资产评估专业人员"，全面涵盖了对机构和人员的要求；②明确准则的适用范围，接受财政部监管，以"资产评估报告"名义出具书面专业报告，应遵守资产评估准则；③从增加核查和验证程序、明确资产评估档案的规定期限等方面完善资产评估程序；④明确评估方法的选择范围包括衍生方法；⑤规范资产评估报告的编制，引导正确使用资产评估报告和正确理解评估结论，避免以内容误导为出发点调整资产评估报告出具要求。⑥根据《资产评估法》和实践发展要求，整合和强化资产评估职业道德要求，形成了1项职业道德准则；⑦加强了准则间的协调。

一、我国资产评估准则体系建立的指导思想

资产评估准则体系直接影响各评估具体准则和指南的内容，各国评估界在制定评估准则时都十分重视准则体系的结构设计。由于我国资产评估行业发展的综合性，我国资产评估准则将涉及各种资产类型、各种评估目的和各种经济行为，因此更需要设计合理、灵活的准则体系，使其不仅对资产评估中的共性问题进行规范，同时也对各种类型、各种目的和各种经济行为的资产评估业务有层次地分别予以指导和规范。因此，在设计我国资产评估准则体系时，应遵循以下指导思想。

（1）我国资产评估准则应是综合性的评估准则体系，包括不动产、动产、机器设备、企业价值、无形资产等各类别资产的评估准则。

(2)我国资产评估准则体系应高度重视程序性准则与专业性准则。鉴于资产评估行业的特点,我国资产评估准则体系不仅应包括从程序方面规范评估行为的准则,如评估报告、工作底稿、评估程序等,也应包括针对各主要类别资产特点而进行规范的专业性准则,如《资产评估执业准则——企业价值》《资产评估执业准则——机器设备》《资产评估执业准则——不动产》等。

(3)我国资产评估准则体系中应将职业道德准则放在与业务性准则同等重要的高度。基于职业道德在资产评估行业中的重要作用,我国资产评估准则在重视制定规范评估行为的业务性准则的同时,更应高度重视职业道德准则的作用。

(4)我国资产评估准则体系应层次清楚、逻辑严密,并具有一定的灵活性。我国资产评估准则体系应体现各层次准则文件的不同效力和不同规范领域,同时由于资产评估理论与实践在国际上发展的不均衡性,我国资产评估行业的发展尚处于不断完善的过程中,准则的制定应考虑评估理论和实践的未来发展趋势。

(5)我国的资产评估准则体系应涵盖评估机构质量管理。质量既是评估行业发展的生命线,也是评估行业服务经济社会的基石。加强质量控制不仅是市场对评估行业的期望,也是监管部门对评估行业的要求,更是评估行业自身做优做强的内在动力。准则制定工作应考虑评估机构内部治理机制,促进评估行业向高质量的现代服务业的发展。

二、我国资产评估准则体系的主要内容

我国现行资产评估准则体系包括1项基本准则、1项职业道德准则和25项执业准则,执业准则包括具体准则、评估指南、指导意见等。执业准则和职业道德准则依据基本准则分别从业务和职业道德两方面系统地规范资产评估行为。财政部负责基本准则的制定工作,中国资产评估协会负责执业准则和职业道德准则的制定工作。

(一)《资产评估基本准则》的主要内容

为规范资产评估行为,保证执业质量,明确执业责任,保护资产评估当事人的合法权益和公共利益,根据《资产评估法》《资产评估行业财政监督管理办法》等制定《资产评估基本准则》。资产评估机构及其资产评估专业人员开展资产评估业务应遵守《资产评估基本准则》。该准则对资产评估的基本要求、评估程序、评估报告、评估档案等问题进行了规定。

▶ 1. 对资产评估师执业提出了基本要求

《资产评估基本准则》要求资产评估师执行资产评估业务,应遵守相关法律、法规和资产评估准则,具有良好的职业道德;勤勉尽责,恪守独立、客观、公正的原则。《资产评估基本准则》要求资产评估师具备胜任所执行的评估业务的专业能力,并对聘请专家和助理人员等的行为进行了规范。

▶ 2. 对资产评估程序进行了规范

资产评估程序是资产评估机构和从业人员在执行资产评估业务、形成资产评估结论时所履行的系统性工作步骤。《资产评估基本准则》对评估程序做出了规定,要求资产评估师执行资产评估业务时应根据业务具体情况履行适当的评估程序,并列出八个资产评估基本程序:明确业务基本事项、订立业务委托合同、编制资产评估计划、进行评估现场调查、收集整理评估资料、评定估算形成结论、编制出具评估报告、整理归集评估档案。评估程序的规定有利于规范资产评估师执业行为,切实保证评估业务质量。同时,恰当履行资产

评估程序也是资产评估机构和人员防范执业风险，合理保护自身权益的重要手段。

▶ 3. 对资产评估报告进行了规范

在评估披露要求方面，《资产评估基本准则》要求资产评估师应在履行必要的评估程序后，编制并由所在资产评估机构出具评估报告；应在评估报告中提供必要信息，使评估报告使用者合理理解评估结论；可以根据评估业务具体情况以及其他评估报告使用者的需求，确定评估报告繁简程度。资产评估机构及其资产评估专业人员出具的资产评估报告应符合法律、行政法规等相关规定。资产评估报告的内容包括标题及文号、目录、声明、摘要、正文、附件。《资产评估基本准则》还对资产评估特别事项说明、使用限制说明进行了规定。

▶ 4. 对资产评估档案进行了规范

资产评估档案包括工作底稿、资产评估报告，以及其他相关资料。《资产评估基本准则》规定工作底稿应真实完整、重点突出、记录清晰，能够反映资产评估程序实施情况、支持评估结论。

资产评估档案保存期限不少于15年，属于法定资产评估业务的不少于30年。资产评估档案的管理应严格执行保密制度。

(二)《资产评估职业道德准则》的主要内容

为贯彻落实《资产评估法》，规范资产评估执业行为，保证资产评估执业质量，保护资产评估当事人的合法权益和公共利益，在财政部指导下，中国资产评估协会根据《资产评估基本准则》，制定了《资产评估职业道德准则》，自2017年10月1日起施行。《资产评估职业道德准则》共7章23条，分别从基本要求、专业胜任能力、独立性、与委托方和相关当事方的关系、与其他资产评估师的关系等方面对资产评估师职业道德行为进行了规范。

▶ 1. 资产评估师遵纪守法的要求

资产评估师在具体评估过程中应做到：①要独立地进行专业判断，不得以委托方或相关当事方预先设定的价值量作为评估结果；②不得利用工作之便为自己或他人谋取不正当利益；③应遵守保密守则，除法律、法规和有关制度另有规定外，未经委托方书面许可，不得对外提供在执业过程中获知的各种商业秘密和相关业务资料；④不应同时在两家以上（含）评估机构执业，也不得以个人名义从事资产评估业务活动；⑤对参与评估人员的工作进行指示、督促和复核，保证评估人员执行执业标准程序和遵守职业道德规范；⑥要维护评估行业的职业形象，不得从事与资产评估身份不符或可能损害其职业形象的活动；⑦在每个具体的工作过程中形成能够支持评估结论的工作底稿，并按照有关规定管理和保存好评估工作档案；⑧要自觉接受中国资产评估协会的管理，积极履行对资产评估行业协会义务等要求。

▶ 2. 资产评估师恪守独立、客观、公正的要求

(1) 恪守独立性原则要求。独立性原则是指资产评估师在执业过程中，应在实质上和形式上独立于外部组织和所服务对象。独立性包括实质上的独立和形式上的独立。实质上的独立是指资产评估师与服务对象之间没有利害关系。形式上的独立是指资产评估师在为委托方提供服务时在社会公众或第三者面前呈现的一种独立于委托人的形象。实质上的独立和形式上的独立是专业中介服务行业行为主体能够客观、公正表达意见和取得社会公众信任的保证。在资产评估执业过程中恪守独立性原则，要求资产评估师在执行业务的各个

不同具体环节中,都要始终保持独立的身份和独立的地位,不受包括客户在内的任何人的干预。

(2) 恪守客观性原则要求。客观性原则是指资产评估师在执业过程中应以客观事实为依据,实事求是,尽可能地排除人为的主观因素,真实地反映、分析、判断和处理评估业务,不以个人好恶或成见影响工作结果。在资产评估的执业过程中,资产评估师应始终站在客观立场,坚持以客观事实为依据的科学态度,开展和完成资产评估工作,尽量避免用个人主观臆断来替代客观实际。

(3) 恪守公正性原则要求。公正性原则是指资产评估师在执业时,应具备正直、诚实的品质,公平、正直地对待有关利益各方,杜绝牺牲一方利益而使另一方受益的行为,应始终不偏不倚、公平地对待资产评估业务中的利益相关方。

▶ 3. 资产评估师在承接业务方面的职业道德要求

(1) 不得以个人的名义进行评估业务的承揽工作。这是资产评估职业的特点和资产评估职业胜任能力的职业道德规范所决定的。一方面,资产评估业务涉及经济、财会、工程技术、法律等多学科的各个领域,光靠一个人的知识水平是远远不够的,因此资产评估必须由多个专业人士共同进行;另一方面,目前资产评估机构管理是根据不同的能力水平实行不同的从业资格管理。例如,目前存在证券业务资产评估资格管理和一般资产评估资格管理,以个人名义承揽评估业务则明显违背职业道德中的职业胜任能力规范的要求。当然,这不仅要求资产评估师不得以个人的名义承揽资产评估业务,也要求资产评估师不得以个人的名义接受和开展资产评估业务,还要求资产评估师不得同时在两家或两家以上资产评估机构执业。

(2) 在承揽和接受业务时,与委托方或相关方存在利害关系时,应主动回避。这既是注册资产评估师在执业过程应恪守的独立、客观、公正原则,在承接业务过程的具体道德规范,也是保持社会公信力的客观要求。

(3) 在接受资产评估业务时,应实事求是地与委托方签订规范的委托合同(协议)。一方面是规范委托与受托关系,明确委托方和受托方各自的权利和义务,保证资产评估顺利进行;另一方面是资产评估师职业道德规范中恪守客观性原则和具备胜任能力原则的具体要求。在签订委托合同时,资产评估师应实事求是,根据具备的执业能力,把提供评估服务的有关内容写入合同条款,不得采用欺诈、利诱强迫等不正当手段招揽业务。

▶ 4. 资产评估师专业胜任能力的要求

资产评估师职业道德规范中的专业胜任能力包括两个方面的内容:

(1) 要从事资产评估业务的人员应经过专门教育和培训,获取了评估方面的专业知识、专业训练,并取得评估的实践经验,具备从事资产评估业务的分析、判断和表达能力,才能进入这一行业从事评估活动;

(2) 已进入资产评估行业从事资产评估业务的资产评估师在承揽、接受和进行资产评估业务时,一般只能在其专业技能和时空安排等方面能够胜任的范围内进行,对超越其专业技能和时空安排等胜任能力的业务应放弃、拒绝或采取恰当的措施加以解决。

▶ 5. 资产评估师与委托方和相关当事方关系的要求

(1) 对资产评估业务质量的责任要求。对资产评估业务质量的责任要求是指遵守资产评估技术规范的责任,认真执行资产评估有关准则、评估程序和评估质量控制标准,做好资产评估业务的各项具体工作。

(2) 对委托方的责任要求。对委托方的责任要求主要是指资产评估师在资产评估的过程中，应坦诚地对待委托方，在不违背其他当事人和公众利益的前提下，尽最大努力，竭诚为委托方提供与评估有关的专业服务，维护委托方的合法权益并与委托方保持相互信任的关系。具体要求包括：应按时按质完成委托的资产评估业务；坚持保密原则，做好为委托方保密的工作；竭诚为委托方服务。

(3) 在完成评估任务的整个过程中，不得向委托方或相关当事方索取约定服务费之外的不正当利益。这里所说的服务费用以外的不正当利益，主要是指不正当的经济利益，是指约定服务费用以外的其他酬金，如佣金、回扣、好处费和介绍费等。

(4) 提示委托方恰当使用评估报告，并声明不承担相关当事人决策失误的责任。在进行评估结论披露时，资产评估师应提示报告使用者恰当使用评估报告。由于资产的价值受评估目的、依据的假设和时间等因素限制，所以，每项资产评估的价值只有在一定的假设前提、评估目的、时效等具体的限制条件下才能实现，离开这些限制条件，情况就会发生变化，出于职业责任和专业知识水平能力的考虑，资产评估师应在出具的资产评估报告中，正确引导报告使用者恰当使用评估报告，避免误导而造成对评估报告使用不当的情况发生。

▶ 6. 资产评估师与其他资产评估机构及资产评估人员关系的要求

与其他资产评估师的关系是指资产评估师在从事资产评估业务过程中，应做好与同行之间的沟通与协作，以诚相待，保持良好的工作关系，共同维护和增进本行业的职业信誉和形象。具体要求包括：资产评估机构不得允许其他资产评估机构以本机构名义开展资产评估业务，或者冒用其他资产评估机构名义开展资产评估业务；资产评估专业人员不得签署本人未承办业务的资产评估报告，也不得允许他人以本人名义从事资产评估业务，或者冒用他人名义从事资产评估业务；资产评估机构及其资产评估专业人员在开展资产评估业务的过程中，应与其他资产评估专业人员保持良好的工作关系；资产评估机构及其资产评估专业人员不得贬损或者诋毁其他资产评估机构及资产评估专业人员。

(三) 资产评估执业准则的主要内容

资产评估执业准则由具体准则、评估指南和指导意见构成。

▶ 1. 具体准则的内容

具体准则包括程序性准则和实体性准则两部分。

(1) 程序性准则是关于资产评估师通过履行一定的专业程序完成评估业务、保证评估质量的规范，包括评估程序、评估委托合同、评估工作底稿、评估报告等。该部分内容是根据《资产评估基本准则》制定的，更详尽地规范了在履行资产评估程序、编写资产评估报告和整理资产评估工作底稿等方面应遵循的准则依据。资产评估师只有履行必要的资产评估程序，才能在程序上避免重大的遗漏或疏忽，保证资产评估的质量。资产评估师执行资产评估业务的过程中，应在每个具体的工作过程中形成评估工作底稿。评估工作底稿是用来反映评估过程有关资料、数据内容的文字记录，是为最终完成评估任务、归档和随时准备提供验证做好准备的主要资料依据和来源。同时，资产评估工作底稿也是用来证明资产评估师是否执行资产评估执业程序，是否遵守有关职业道德条款的重要依据。因此，资产评估师在执行资产评估业务时，应自觉整理工作底稿，并妥善加以管理。

在进行评估结论披露时，应根据相关法律、法规和准则出具评估报告。资产评估告既是资产评估机构和人员完成对资产作价意见，提交给委托方的公证性的报告，也是评估机构和人员履行评估合同情况的总结，还是评估机构为资产评估项目承担相应法律责任的重要证明文件，因此，如果资产评估师不根据相关法律、法规和准则出具评估报告，不仅会影响报告的合法性，也会影响委托方的权益，还会给评估机构和资产评估师带来相应的责任。这就要求资产评估师应遵纪守法，恪守独立、客观、公正的原则，依据真实的内容来出具资产评估报告，不得出具含有虚假、不实、有偏见的或具有误导性的分析或结论的资产评估报告。

当资产评估涉及特殊专业知识和经验，可以聘请某一领域中具有专门知识、技能和经验的个人协助工作，作为资产评估专业支持。资产评估机构在聘请专家时，一方面要综合考虑拟聘专家的专业特长、职称、专业资格、声望等因素，综合分析评判专家的专业能力；另一方面要关注专家的独立性。通常，专家与委托人或者其他相关当事人存在关联关系时，专家工作的独立性可能受到影响。资产评估机构聘请相关专家协助工作，必要时应征得委托人同意，并由资产评估机构与专家明确一些基本事项。

（2）实体性准则针对不同资产类别的特点，分别对不同类别资产评估业务中的资产评估师执业行为进行规范。根据我国资产评估行业的惯例和国际上的通行做法，实体性准则主要包括《资产评估执业准则——企业价值》《资产评估执业准则——无形资产》《资产评估执业准则——不动产》《资产评估执业准则——机器设备》《资产评估执业准则——珠宝首饰》。

▶ 2. 资产评估指南的内容

评估指南是对特定评估目的和评估业务中某些重要事项的规范，主要包括企业国有资产评估报告指南、金融企业国有资产评估报告指南、知识产权资产评估指南、资产评估机构业务质量控制。

（1）资产评估机构及其资产评估师根据企业国有资产评估管理的有关规定开展资产评估业务，编制和出具企业国有资产评估报告。企业国有资产评估报告由标题及文号、目录、声明、摘要、正文、附件、评估明细表和评估说明构成。资产评估机构及其资产评估师应清晰、准确地陈述资产评估报告内容，不得使用误导性的表述。资产评估报告提供的信息应使企业国有资产监督管理机构和相关机构能够全面了解资产评估情况，使资产评估报告使用人正确理解评估结论。

（2）资产评估机构及其资产评估师开展知识产权资产评估业务，应遵守法律、行政法规的规定，坚持独立、客观、公正的原则，诚实守信，勤勉尽责，谨慎从业，遵守职业道德规范，自觉维护职业形象，不得从事损害职业形象的活动。执行知识产权资产评估业务，应具备知识产权资产评估的专业知识和实践经验，能够胜任所执行的知识产权资产评估业务。执行某项特定业务缺乏特定的专业知识和经验时，应采取弥补措施，包括利用专家工作及相关报告等。资产评估机构应关注知识产权资产评估业务的复杂性，根据自身的资产评估专业人员配备、专业知识和经验，审慎考虑是否有能力受理知识产权资产评估业务。

（3）执行以财务报告为目的的评估业务，应理解相关会计准则的概念、原则及其与资产评估准则相关概念、原则之间的联系与区别，具备相应的专业知识和实践经验，胜任所执行的评估业务。资产评估专业人员应关注以财务报告为目的的评估业务的复杂性，根据自身的专业知识及经验，审慎考虑是否有能力受理相关评估业务。资产评估机构及其资产评估师应遵守法律、行政法规、资产评估准则和企业会计准则，以及会计核算、披露的有关要求，根据委托对评估基准日以财务报告为目的所涉及的各类资产和负债公允价值或者特定价值进行评定和估算，并出具资产评估报告。

（4）资产评估机构应结合自身规模、业务特征、业务领域等因素，建立质量控制体系，保证评估业务质量，防范执业风险。资产评估机构制定的质量控制政策和程序应形成书面文件，政策和程序的执行情况应有适当的记录。

▶ 3. 资产评估指导意见的主要内容和基本要求

（1）资产评估指导意见的主要内容如下。

资产评估指导意见是针对资产评估业务中的某些具体问题的指导性文件，包括资产评估价值类型、评估对象法律权属、专利资产、著作权、商标资产、金融不良资产、投资性房地产、实物期权、文化企业无形资产等九项评估指导意见。这些内容主要针对评估业务中新出现的问题及时提出指导意见，某些尚不成熟的评估指南或具体评估准则也可以先作为指导意见发布，待实践一段时间或成熟后再上升为具体准则或指南。

① 法律、行政法规或者合同对价值类型有规定的，应按其规定选择价值类型；没有规定的，可以根据实际情况选择市场价值或者市场价值以外的价值类型。执行资产评估业务、选择和使用价值类型，应充分考虑评估目的、市场条件、评估对象自身条件等因素。资产评估专业人员选择价值类型应考虑价值类型与评估假设的相关性。评估方法是估计、判断市场价值和市场价值以外的价值类型评估结论的技术手段，某一种价值类型下的评估结论可以通过一种或者多种评估方法得出。执行资产评估业务，当评估目的、评估对象等资产评估基本要素满足市场价值定义的要求时，一般选择市场价值作为评估结论的价值类型。资产评估专业人员选择市场价值作为价值类型，应知晓同一资产在不同市场的价值可能存在差异。

② 委托人和其他相关当事人委托资产评估业务，应依法提供资产评估对象法律权属等资料，并保证其真实性、完整性、合法性。执行资产评估业务，应明确告知委托人和其他相关当事人，执行资产评估业务的目的是对资产评估对象价值进行估算，并发表专业意见。对资产评估对象的法律权属进行确认或者发表的意见超出资产评估专业人员的执业范围，资产评估专业人员不得对资产评估对象的法律权属提供保证。执行资产评估业务，还应对委托人和其他相关当事人提供的资产评估对象法律权属资料进行核查验证，并对核查验证情况予以披露。对于法律权属不清、存在瑕疵，权属关系复杂、权属资料不完备的资产评估对象，资产评估专业人员应对其法律权属予以特别关注，要求委托人和其他相关当事人提供承诺函或者说明函予以充分说明。资产评估机构应根据前述法律权属状况可能对资产评估结论和资产评估目的所对应的经济行为造成的影响，考虑是否受理资产评估业务。

除了价值类型和评估对象法律权属之外，其他七项指导意见是针对特定资产评估的，内容由总则、基本遵循、评估对象、操作要求、披露要求和附则构成。

（2）资产评估指导意见的基本要求如下。

① 资产评估机构及其资产评估专业人员开展资产评估业务，应遵守法律、行政法规

的规定，坚持独立、客观、公正的原则，诚实守信，勤勉尽责，谨慎从业，遵守职业道德规范，自觉维护职业形象，不得从事损害职业形象的活动。

② 资产评估机构及其资产评估专业人员开展资产评估业务，应独立进行分析和估算，并形成专业意见，拒绝委托人或者其他相关当事人的干预，不得直接以预先设定的价值作为评估结论。

③ 执行资产评估业务，应具备资产评估的专业知识和实践经验，能够胜任所执行的资产评估业务。执行某项特定业务缺乏特定的专业知识和经验时，应采取弥补措施，包括利用专家工作及相关报告等。执行企业价值评估中的资产评估业务，应了解在对持续经营前提下的企业价值进行评估时，资产作为企业资产的组成部分的价值可能有别于作为单项资产的价值，其价值取决于它对企业价值的贡献程度。

④ 执行资产评估业务，应在考虑评估目的等因素的基础上，恰当选择价值类型。以质押为目的可以选择市场价值或者市场价值以外的价值类型，以交易为目的通常选择市场价值或者投资价值，以财务报告为目的通常根据会计准则相关要求选择相应的价值类型。执行资产评估业务，应确定评估假设和限制条件。

⑤ 执行资产评估业务，应对享有的资产相关情况进行调查，包括必要的现场调查、市场调查，并收集相关信息、资料等，应了解与资产共同发挥作用的其他因素，并关注相关案情基本情况、经过质证的资料和资产的历史诉讼情况。

第三节 资产评估的法律规范和制度体系

随着资产评估行业的迅速发展，我国资产评估法律规范体系也在不断完善，目前已初步形成了一套以国务院颁布的《国有资产评估管理办法》为主干，以财政部、原国家国有资产管理局等政府主管部门颁布的一系列关于资产评估管理的规章制度为主体，以全国人大及其常委会、司法机关和其他政府部门颁布的其他相关法律、司法解释和规章制度为补充的资产评估法律规范、规章和规范性文件，也有从不同方面对资产评估进行规范的其他法律法规和规章制度。这些法律法规既包括专门关于资产评估的行政法规、规章和规范性文件，也包括从不同方面对资产评估进行规范的其他制度，内容涵盖资产评估综合管理、考试、培训注册、机构审批、执业规范、项目管理、涉外管理、财务管理、收费管理、业务管理纠纷调处、违规处罚、清理整顿、体制改等各个方面。

▶ 1.《国有资产评估管理办法》

1991年11月16日，国务院发布了《国有资产评估管理办法》（以下简称《办法》）。《办法》是我国第一个关于资产评估管理的行政法规，也是迄今为止我国法律效力最高的资产评估专门法规。《办法》共有6章39条，主要内容如下。

(1) 规定了必须进行国有资产评估的情形，包括资产拍卖、转让，企业兼并、出售、联营、股份经营，设立中外合资、合作经营企业，企业清算，以及依照国家有关规定需要进行资产评估的其他情形。

(2) 规定了国有资产评估的范围，包括固定资产、流动资产、无形资产和其他。

（3）规定了国有资产评估的组织管理，包括国有资产评估项目和资产评估机构的管理等。

（4）规定了评估程序，包括申请立项、资产清查、评定估算和验证确认等评估和管理程序。

（5）规定了评估方法，包括收益法、成本法、现行市价法、清算价格法和国资部门规定的其他评估办法。

（6）规定了违反本《办法》的法律责任。

《办法》不仅建立了国有资产评估管理制度，同时也推动了我国资产评估行业的产生和发展。《办法》既包括了国有资产评估项目管理的内容，如资产评估的立项和评估结果的确认，也包括了资产评估行业管理的内容，如资产评估机构的管理、评估方法的确定等，是我国资产评估法制建设的重要里程碑。随着我国经济体制改革的深化以及资产评估理论和实践的发展，《办法》中的一些内容已经进行了调整，但依然是国有资产评估管理的重要依据之一。

▶ 2. 财政部、原国家国有资产管理局等资产评估行政主管部门制定的资产评估规章制度

二十多年来，作为资产评估行业的主管部门，财政部和原国家国有资产管理局相关部门陆续制定了 120 多个有关资产评估管理的规章制度，其中，有一部分文件是以部长令的形式发布的，属于部门规章，具有较强的约束力。这些规章制度构成了我国资产评估法律规范体系的主要内容，主要内容如下。

（1）资产评估综合管理方面，如原国家国有资产管理局颁布的《国有资产评估管理办法实施细则》（国资办发〔1992〕36 号）。

（2）资格管理与考试方面，如人社部、财政部《关于印发〈资产评估师职业资格制度暂行规定〉及〈资产评估师职业资格考试实施办法〉的通知》（人社部发〔2015〕43 号）。

（3）机构审批管理方面，如财政部颁布的《资产评估机构审批管理办法》（财政部令第 22 号）、财政部颁布的《资产评估机构审批和监督管理办法》（财政部令第 64 号）、财政部颁布的《关于评估机构母子公司试点有关问题的通知》（财企〔2010〕347 号）。

（4）行业监管方面，如财政部颁布的《国有资产评估管理若干问题的规定》（财政部令第 14 号）、《国有资产评估违法行为处罚办法》（财政部令第 15 号）。

（5）后续教育方面，如财政部颁布的《注册资产评估师后续培训制度（试行）》（财评协字〔1998〕2 号）。

（6）执业规范方面，如原国家国有资产管理局颁布的《资产评估操作意见》（国资办发〔1996〕23 号）。

（7）体制改革方面，如财政部颁布的《关于资产评估机构脱钩改制的通知》（财评字〔1999〕119 号）、《财政部关于推动评估机构做大做强做优的指导意见》（财企〔2009〕453 号）、《财政部、中国证券监督管理委员会关于从事证券期货相关业务的资产评估机构有关管理问题的通知》（财企〔2008〕81 号）、财政部印发《关于评估机构母子公司试点有关问题的通知》（财企〔2010〕347 号）。

（8）国家发展改革委《关于放开部分服务价格意见的通知》（发改价格〔2014〕2755 号）。

3. 资产评估相关法律、法规和规章制度

二十多年来，我国立法、司法和行政管理部门陆续制定了许多涉及资产评估的法律法规和规章制度，主要包括以下三方面的内容。

（1）全国人大或者人大常委会颁布的法律，如《公司法》《证券法》《合伙企业法》《企业国有资产法》《拍卖法》《刑法》。这些法律主要在三个方面涉及资产评估行业：第一，对何时需要进行资产评估进行规定；第二，对评估机构、专业人员违反法律规定的罚则做出了规定；第三，对企业国有资产评估、证券评估业务中评估机构选聘以及评估机构执业提出要求。

（2）司法机关颁布的司法解释，如最高人民法院颁布的《关于审理证券市场因虚假陈述引发的民事赔偿案件的若干规定》（法释〔2003〕2 号）、《关于冻结、拍卖上市公司国有股和社会法人股若干问题的规定》（法释〔2001〕28 号）、《最高人民法院关于人民法院民事执行中拍卖、变卖财产的规定》（法释〔2004〕16 号）等。

（3）相关政府部门颁布的规章制度，如国家工商行政管理局颁布的《关于年检工作若干问题的意见》（工商企字〔1995〕第 258 号）、《关于注册公司资本登记管理暂行规定》（工商〔1995〕44 号）、中国证监会颁布的《公开发行股票公司信息披露实施细则（试行）》（证监〔1993〕43 号）、《证券市场禁入暂行规定》（证监〔1997〕7 号）、《上市公司信息披露管理办法》（证监会第 40 号）、《关于加强中央文化企业国有产权转让管理的通知》（财文资〔2013〕5 号）、《企业国有资产评估项目备案工作指引》（国资发产权〔2013〕64 号）、《关于进一步明确国有金融企业直接股权投资有管资产管理问题的通知》（财金〔2014〕31 号）、《关于促进企业国有产权流转有关事项的通知》（国资发产权〔2014〕95 号）以及财政部分别与国家知识产权局、国家林业局、国家工商管理总局、银监会等部门下发的关于知识产权评估管理、森林源资产评估管理、以非货币财产出资的评估管理、规范珠宝等特殊资产抵押贷款评估等方面的规定等。

4. 资产评估行业自律管理制度

资产评估行业实行行政管理与行业自律管理相结合的管理体制。根据党中央、国务院关于规范发展市场中介组织和行业协会的精神，经过不断努力，资产评估行业初步建立了较为完备的行业自律管理体系。

（1）协助财政部门审批和管理资产评估机构。根据财政部《资产评估机构审批和监督管理办法》的规定，中国资产评估协会协助财政部审批和监督管理全国资产评估机构，各省、自治区、直辖市、计划单列市资产评估协会协助省级财政部门审批和监督本地区资产评估机构。

（2）建立了注册资产评估师注册管理制度。根据《国务院关于第三批取消和调整行政审批项目的决定》（国发〔2004〕16 号），授权中国资产评估协会对注册资产评估师注册实行自律管理。中国资产评估协会发布了《注册资产评估师注册管理办法》及与之配套的一系列注册管理办法，包括《注册资产评估师年检办法》《证书与印鉴管理办法》等。

（3）建立了会员管理体系。中国资产评估协会发布了《中国资产评估协会会员管理办法》，建立了分级分类的会员管理体系。

（4）建立了后续教育培训体系。财政部及中国资产评估协会发布了一系列注册资产评估师后续教育制度，包括具体培训制度、培训大纲、培训刚要、考核办法等。

（5）发布了资产评估准则。根据财政部发布的《资产评估基本准则》，研究、制定并发布了资产评估具体准则、资产评估指南、资产评估指导意见等准则。

（6）建立了行业执行质量自律监管及评估机构内部治理方面的管理制度。中国资产评估协会建立了自律检查、惩戒、谈话提醒、诚信档案、业务报备等一系列自律监管制度，以及评估机构内部治理指引制度。

除上述制度外，中国资产评估协会还发布了相关的执业规范等制度，对规范行业自律管理、提高行业执业水平、提升行业影响力等发挥了重要作用。

本章小结

随着资产评估行业的迅速发展，我国资产评估法制和规范体系建设工作也在不断完善。本章系统地阐述了我国资产评估行业发展概况、我国资产评估准则体系的构成、注册资产评估师职业道德及法律规范，这些法律法规既包括专门关于资产评估的行政法规、规章和规范性文件，也包括从不同方面对资产评估进行规范的其他制度。

综合练习

一、判断题

1. 资产评估师虽不能从事资产评估业务以外的业务，但可以承揽、接受、进行和完成自身业务能力不能胜任的资产评估业务。（　　）

2. 恪守公正性原则要求资产评估师应始终不偏不倚、公平地对待资产评估业务中的利益相关方，在承接业务、评估和出具报告的过程中都要坚持公正性。（　　）

3. 为客户保守秘密是资产评估师对客户负责任的一个重要内容。（　　）

4. 资产评估师在评估结论披露时，不得签署本人未参与项目的评估报告，但可以允许他人以本人名义签署评估报告。（　　）

5. 资产评估师具体职业道德规范和资产评估师基本职业道德规范共同构成资产评估师职业道德的道德规范。（　　）

6. 资产评估师可以用个人的名义承揽资产评估业务，可以用个人的名义接受和开展资产评估业务。（　　）

二、简答题

1. 资产评估师职业道德主要包括哪些基本要素？

2. 要保证资产评估师专业胜任职业能力，应注意哪些方面的问题？

3. 资产评估师在承接业务、评定价值、评估结论披露等具体执业过程中的职业道德要求是什么？

附 录

附录 A 复利终值系数表

n \ i	1%	2%	3%	4%	5%	6%	7%	8%	9%	10%
1	1.010 0	1.020 0	1.030 0	1.040 0	1.050 0	1.060 0	1.070 0	1.080 0	1.090 0	1.100 0
2	1.020 1	1.040 4	1.060 9	1.081 6	1.102 5	1.123 6	1.144 9	1.166 4	1.188 1	1.210 0
3	1.030 3	1.061 2	1.092 7	1.124 9	1.157 6	1.191 0	1.225 0	1.259 7	1.295 0	1.331 0
4	1.040 6	1.082 4	1.125 5	1.169 9	1.215 5	1.262 5	1.310 8	1.360 5	1.411 6	1.464 1
5	1.051 0	1.104 1	1.159 3	1.216 7	1.276 3	1.338 2	1.402 6	1.469 3	1.538 6	1.610 5
6	1.061 5	1.126 2	1.194 1	1.265 3	1.340 1	1.418 5	1.500 7	1.586 9	1.677 1	1.771 6
7	1.072 1	1.148 7	1.229 9	1.315 9	1.407 1	1.503 6	1.605 8	1.713 8	1.828 0	1.948 7
8	1.082 9	1.171 7	1.266 8	1.368 6	1.477 5	1.593 8	1.718 2	1.850 9	1.992 6	2.143 6
9	1.093 7	1.195 1	1.304 8	1.423 3	1.551 3	1.689 5	1.838 5	1.999 0	2.171 9	2.357 9
10	1.104 6	1.219 0	1.343 9	1.480 2	1.628 9	1.790 8	1.967 2	2.158 9	2.367 4	2.593 7
11	1.115 7	1.243 4	1.384 2	1.539 5	1.710 3	1.898 3	2.104 9	2.331 6	2.580 4	2.853 1
12	1.126 8	1.268 2	1.425 8	1.601 0	1.795 9	2.012 2	2.252 2	2.518 2	2.812 7	3.138 4
13	1.138 1	1.293 6	1.468 5	1.665 1	1.885 6	2.132 9	2.409 8	2.719 6	3.065 8	3.452 3
14	1.149 5	1.319 5	1.512 6	1.731 7	1.979 9	2.260 9	2.578 5	2.937 2	3.341 7	3.797 5
15	1.161 0	1.345 9	1.558 0	1.800 9	2.078 9	2.396 6	2.759 0	3.172 2	3.642 5	4.177 2
16	1.172 6	1.372 8	1.604 7	1.873 0	2.182 9	2.540 4	2.952 2	3.425 9	3.970 3	4.595 0
17	1.184 3	1.400 2	1.652 8	1.947 9	2.292 0	2.692 8	3.158 8	3.700 0	4.327 6	5.054 5
18	1.196 1	1.428 2	1.702 4	2.025 8	2.406 6	2.854 3	3.379 9	3.996 0	4.717 1	5.559 9

续表

n \ i	1%	2%	3%	4%	5%	6%	7%	8%	9%	10%
19	1.208 1	1.456 8	1.753 5	2.106 8	2.527 0	3.025 6	3.616 5	4.315 7	5.141 7	6.115 9
20	1.220 2	1.485 9	1.806 1	2.191 1	2.653 3	3.207 1	3.869 7	4.661 0	5.604 4	6.727 5
21	1.232 4	1.515 7	1.860 3	2.278 8	2.786 0	3.399 6	4.140 6	5.033 8	6.108 8	7.400 2
22	1.244 7	1.546 0	1.916 1	2.369 9	2.925 3	3.603 5	4.430 4	5.436 5	6.658 6	8.140 3
23	1.257 2	1.576 9	1.973 6	2.464 7	3.071 5	3.819 7	4.740 5	5.871 5	7.257 9	8.954 3
24	1.269 7	1.608 4	2.032 8	2.563 3	3.225 1	4.048 9	5.072 4	6.341 2	7.911 1	9.849 7
25	1.282 4	1.640 6	2.093 8	2.665 8	3.386 4	4.291 9	5.427 4	6.848 5	8.623 1	10.835
26	1.295 3	1.673 4	2.156 6	2.772 5	3.555 7	4.549 4	5.807 4	7.396 4	9.399 2	11.918
27	1.308 2	1.706 9	2.221 3	2.883 4	3.733 5	4.822 2	6.213 9	7.988 1	10.245	13.110
28	1.321 3	1.741 0	2.287 9	2.998 7	3.920 1	5.111 7	6.648 8	8.627 1	11.167	14.421
29	1.334 5	1.775 8	2.356 6	3.118 7	4.116 1	5.418 4	7.114 3	9.173 0	12.172	15.863
30	1.347 8	1.811 4	2.427 3	3.243 4	4.321 9	5.743 5	7.612 3	10.063	13.268	17.449
40	1.488 9	2.208 0	3.262 0	4.801 0	7.040 0	10.286	14.974	21.725	31.409	45.259
50	1.644 6	2.691 6	4.383 9	7.106 7	11.467	18.420	29.457	46.902	74.358	117.39
60	1.816 7	3.281 0	5.891 6	10.520	18.679	32.988	57.946	101.26	176.03	304.48

n \ i	12%	14%	15%	16%	18%	20%	24%	28%	32%	36%
1	1.120 0	1.140 0	1.150 0	1.160 0	1.180 0	1.200 0	1.240 0	1.280 0	1.320 0	1.360 0
2	1.254 4	1.299 6	1.322 5	1.345 6	1.392 4	1.440 0	1.537 6	1.638 4	1.742 4	1.849 6
3	1.404 9	1.481 5	1.520 9	1.560 9	1.643 0	1.728 0	1.906 6	2.097 2	2.300 0	2.515 5
4	1.573 5	1.689 0	1.749 0	1.810 6	1.938 8	2.073 6	2.364 2	2.684 4	3.036 0	3.421 0
5	1.762 3	1.925 4	2.011 4	2.100 3	2.287 8	2.488 3	2.931 6	3.436 0	4.007 5	4.652 6
6	1.973 8	2.195 0	2.313 1	2.436 4	2.699 6	2.986 0	3.635 2	4.398 0	5.289 9	6.327 5
7	2.210 7	2.502 3	2.660 0	2.826 2	3.185 5	3.583 2	4.507 7	5.629 5	6.982 6	8.605 4
8	2.476 0	2.852 6	3.059 0	3.278 4	3.758 9	4.299 5	5.589 5	7.205 8	9.217 0	11.703
9	2.773 1	3.251 9	3.517 9	3.803 0	4.435 5	5.159 8	6.931 0	9.223 4	12.166	15.917
10	3.105 8	3.707 2	4.045 6	4.411 4	5.233 8	6.191 7	8.594 4	11.806	16.060	21.647
11	3.478 5	4.226 2	4.652 4	5.117 3	6.175 9	7.430 1	10.657	15.112	21.199	29.439
12	3.896 0	4.817 9	5.350 3	5.936 0	7.287 6	8.916 1	13.215	19.343	27.983	40.037
13	4.363 5	5.492 4	6.152 8	6.885 8	8.599 4	10.699	16.386	24.759	36.937	54.451
14	4.887 1	6.261 3	7.075 7	7.987 5	10.147	12.839	20.319	31.691	48.757	74.053
15	5.473 6	7.137 9	8.137 1	9.265 5	11.974	15.407	25.196	40.565	64.359	100.71

续表

n\i	12%	14%	15%	16%	18%	20%	24%	28%	32%	36%
16	6.130 4	8.137 2	9.357 6	10.748	14.129	18.488	31.243	51.923	84.954	136.97
17	6.866 0	9.276 5	10.761	12.468	16.672	22.186	38.741	66.461	112.14	186.28
18	7.690 0	10.575	12.375	14.463	19.673	26.623	48.039	85.071	148.02	253.34
19	8.612 8	12.056	14.232	16.777	23.214	31.948	59.568	108.89	195.39	344.54
20	9.646 3	13.743	16.367	19.461	27.393	38.338	73.864	139.33	257.92	468.57
21	10.804	15.668	18.822	22.574	32.324	46.005	91.592	178.41	340.45	637.26
22	12.100	17.861	21.645	26.186	38.142	55.206	113.57	228.36	449.39	866.67
23	13.552	20.362	24.891	30.376	45.008	66.247	140.83	292.30	593.20	1 178.7
24	15.179	23.212	28.625	35.236	53.109	79.497	174.63	374.14	783.02	1 603.0
25	17.000	26.462	32.919	40.874	62.669	95.396	216.54	478.90	1 033.6	2 180.1
26	19.040	30.167	37.857	47.414	73.949	114.48	268.51	613.00	1 364.3	2 964.9
27	21.325	34.390	43.535	55.000	87.260	137.37	332.95	784.64	1 800.9	4 032.3
28	23.884	39.204	50.066	63.800	102.97	164.84	412.86	1 004.3	2 377.2	5 483.9
29	26.750	44.693	57.575	74.009	121.50	197.81	511.95	1 285.6	3 137.9	7 458.1
30	29.960	50.950	66.212	85.850	143.37	237.38	634.82	1 645.5	4 142.1	10 143
40	93.051	188.88	267.86	378.72	750.38	1 469.8	5 455.9	19 427	66 521	*
50	289.00	700.23	1 083.7	1 670.7	3 927.4	9 100.4	46 890.0	*	*	*
60	897.60	2 595.9	4 384.0	7 370.2	20 555.0	56 348.0	*	*	*	*

附录 B 复利现值系数表

n\i	1%	2%	3%	4%	5%	6%	7%	8%	9%	10%
1	0.990 1	0.980 4	0.970 9	0.961 5	0.952 4	0.943 4	0.934 6	0.925 9	0.917 4	0.909 1
2	0.980 3	0.961 2	0.942 6	0.924 6	0.907 0	0.890 0	0.873 4	0.857 3	0.841 7	0.826 4
3	0.970 6	0.942 3	0.915 1	0.889 0	0.863 8	0.839 6	0.816 3	0.793 8	0.772 2	0.751 3
4	0.961 0	0.923 8	0.888 5	0.854 8	0.822 7	0.792 1	0.762 9	0.735 0	0.708 4	0.683 0
5	0.951 5	0.905 7	0.862 6	0.821 9	0.783 5	0.747 3	0.713 0	0.680 6	0.649 9	0.620 9
6	0.942 0	0.888 0	0.837 5	0.790 3	0.746 2	0.705 0	0.666 3	0.630 2	0.596 3	0.564 5

续表

n \ i	1%	2%	3%	4%	5%	6%	7%	8%	9%	10%
7	0.932 7	0.870 6	0.813 1	0.759 9	0.710 7	0.665 1	0.622 7	0.583 5	0.547 0	0.513 2
8	0.923 5	0.853 5	0.789 4	0.730 7	0.676 8	0.627 4	0.582 0	0.540 3	0.501 9	0.466 5
9	0.914 3	0.836 8	0.766 4	0.702 6	0.644 6	0.591 9	0.543 9	0.500 2	0.460 4	0.424 1
10	0.905 3	0.820 3	0.744 1	0.675 6	0.613 9	0.558 4	0.508 3	0.463 2	0.422 4	0.385 5
11	0.896 3	0.804 3	0.722 4	0.649 6	0.584 7	0.268	0.475 1	0.428 9	0.387 5	0.350 5
12	0.887 4	0.788 5	0.701 4	0.624 6	0.556 8	0.497 0	0.444 0	0.397 1	0.355 5	0.318 6
13	0.878 7	0.773 0	0.681 0	0.600 6	0.530 3	0.468 8	0.387 8	0.340 5	0.299 2	0.263 3
14	0.870 0	0.757 9	0.661 1	0.577 5	0.505 1	0.442 3	0.387 8	0.340 5	0.299 2	0.263 3
15	0.861 3	0.743 0	0.641 9	0.555 3	0.481 0	0.417 3	0.362 4	0.315 2	0.274 5	0.239 4
16	0.852 8	0.728 4	0.623 2	0.533 9	0.458 1	0.393 6	0.338 7	0.291 9	0.251 9	0.217 6
17	0.844 4	0.714 2	0.605 0	0.513 4	0.436 3	0.371 4	0.316 6	0.270 3	0.231 1	0.197 8
18	0.836 0	0.700 2	0.587 4	0.493 6	0.415 5	0.350 3	0.295 9	0.250 2	0.212 0	0.179 9
19	0.827 7	0.6 864	0.570 3	0.474 6	0.395 7	0.330 5	0.276 5	0.231 7	0.194 5	0.163 5
20	0.819 5	0.673 0	0.553 7	0.456 4	0.376 9	0.311 8	0.258 4	0.214 5	0.178 4	0.148 6
21	0.811 4	0.659 8	0.537 5	0.438 8	0.358 9	0.294 2	0.241 5	0.198 7	0.163 7	0.135 1
22	0.803 4	0.646 8	0.521 9	0.422 0	0.341 8	0.277 5	0.225 7	0.183 9	0.150 2	0.122 8
23	0.795 4	0.634 2	0.506 7	0.405 7	0.325 6	0.261 8	0.210 9	0.170 3	0.137 8	0.111 7
24	0.787 6	0.621 7	0.491 9	0.390 1	0.310 1	0.247 0	0.197 1	0.157 7	0.126 4	0.101 5
25	0.779 8	0.609 5	0.477 6	0.375 1	0.295 3	0.233 0	0.184 2	0.146 0	0.116 0	0.092 3
26	0.772 0	0.597 6	0.463 7	0.360 4	0.281 2	0.219 8	0.172 2	0.135 2	0.106 4	0.083 9
27	0.764 4	0.585 9	0.450 2	0.346 8	0.267 8	0.207 4	0.160 9	0.125 2	0.097 6	0.076 3
28	0.756 8	0.574 4	0.437 1	0.333 5	0.255 1	0.195 6	0.150 4	0.115 9	0.089 5	0.069 3
29	0.749 3	0.563 1	0.424 3	0.320 7	0.242 9	0.184 6	0.140 6	0.107 3	0.082 2	0.063 0
30	0.741 9	0.552 1	0.412 0	0.308 3	0.231 4	0.174 1	0.131 4	0.099 4	0.075 4	0.057 3
35	0.705 9	0.500 0	0.355 4	0.253 4	0.181 3	0.130 1	0.093 7	0.067 6	0.049 0	0.035 6
40	0.671 7	0.452 9	0.306 6	0.208 3	0.142 0	0.097 2	0.066 8	0.046 0	0.031 8	0.022 1
45	0.639 1	0.410 2	0.264 4	0.171 2	0.111 3	0.072 7	0.047 6	0.031 3	0.020 7	0.013 7
50	0.608 0	0.371 5	0.228 1	0.140 7	0.087 2	0.054 3	0.033 9	0.021 3	0.013 4	0.008 5
55	0.578 5	0.336 5	0.196 8	0.115 7	0.068 3	0.040 6	0.024 2	0.014 5	0.008 7	0.005 3

n \ i	12%	14%	15%	16%	18%	20%	24%	28%	32%	36%
1	0.892 9	0.877 2	0.869 6	0.862 1	0.847 5	0.833 3	0.806 5	0.781 3	0.757 6	0.735 3
2	0.797 2	0.769 5	0.756 1	0.743 2	0.718 2	0.694 4	0.650 4	0.610 4	0.573 9	0.540 7

续表

n\i	12%	14%	15%	16%	18%	20%	24%	28%	32%	36%
3	0.711 8	0.675 0	0.657 5	0.640 7	0.608 6	0.578 7	0.524 5	0.476 8	0.434 8	0.397 5
4	0.635 5	0.592 1	0.571 8	0.552 3	0.515 8	0.482 3	0.423 0	0.372 5	0.329 4	0.292 3
5	0.567 4	0.519 4	0.497 2	0.476 1	0.437 1	0.401 9	0.341 1	0.291 0	0.249 5	0.214 9
6	0.506 6	0.455 6	0.432 3	0.410 4	0.370 4	0.334 9	0.275 1	0.227 4	0.189 0	0.158 0
7	0.452 3	0.399 6	0.375 9	0.353 8	0.313 9	0.279 1	0.211 8	0.177 6	0.143 2	0.116 2
8	0.403 9	0.350 6	0.326 9	0.305 0	0.266 0	0.232 6	0.178 9	0.138 8	0.108 5	0.085 4
9	0.360 6	0.307 5	0.284 3	0.263 0	0.225 5	0.193 8	0.144 3	0.108 4	0.082 2	0.062 8
10	0.322 0	0.269 7	0.247 2	0.226 7	0.191 1	0.161 5	0.116 4	0.084 7	0.062 3	0.046 2
11	0.287 5	0.236 6	0.214 9	0.195 4	0.161 9	0.134 6	0.093 8	0.066 2	0.047 2	0.034 0
12	0.256 7	0.207 6	0.186 9	0.168 5	0.137 3	0.112 2	0.075 7	0.051 7	0.035 7	0.025 0
13	0.229 2	0.182 1	0.163 0	0.145 2	0.116 3	0.093 5	0.061 0	0.040 4	0.027 1	0.018 4
14	0.204 6	0.159 7	0.141 3	0.125 2	0.098 5	0.077 9	0.049 2	0.031 6	0.020 5	0.013 5
15	0.182 7	0.140 1	0.122 9	0.107 9	0.083 5	0.064 9	0.039 7	0.024 7	0.015 5	0.009 9
16	0.163 1	0.122 9	0.106 9	0.093 0	0.070 8	0.054 1	0.032 0	0.019 3	0.011 8	0.007 3
17	0.145 6	0.107 8	0.092 2	0.080 2	0.060 0	0.045 1	0.025 8	0.015 0	0.008 9	0.005 4
18	0.130 0	0.094 6	0.080 8	0.069 1	0.050 8	0.037 6	0.020 8	0.011 8	0.006 8	0.003 9
19	0.116 1	0.082 9	0.070 3	0.059 6	0.043 1	0.031 3	0.016 8	0.009 2	0.005 1	0.002 9
20	0.103 7	0.072 8	0.061 1	0.051 4	0.036 5	0.026 1	0.013 5	0.007 2	0.003 9	0.002 1
21	0.092 6	0.063 8	0.053 1	0.044 3	0.030 9	0.021 7	0.010 9	0.005 6	0.002 9	0.001 6
22	0.082 6	0.056 0	0.046 2	0.038 2	0.026 2	0.018 1	0.008 8	0.004 4	0.002 2	0.001 2
23	0.073 8	0.049 1	0.040 2	0.032 9	0.022 2	0.015 1	0.007 1	0.003 4	0.001 7	0.000 8
24	0.065 9	0.043 1	0.034 9	0.028 4	0.018 8	0.012 6	0.005 7	0.002 7	0.001 3	0.000 6
25	0.058 8	0.037 8	0.030 4	0.024 5	0.016 0	0.010 5	0.004 6	0.002 1	0.001 0	0.000 5
26	0.052 5	0.033 1	0.026 4	0.021 1	0.013 5	0.008 7	0.003 7	0.001 6	0.000 7	0.000 3
27	0.046 9	0.029 1	0.023 0	0.018 2	0.011 5	0.007 3	0.003 0	0.001 3	0.000 6	0.000 2
28	0.041 9	0.025 5	0.020 0	0.015 7	0.009 7	0.006 1	0.002 4	0.001 0	0.000 4	0.000 2
29	0.037 4	0.022 4	0.017 4	0.013 5	0.008 2	0.005 1	0.002 0	0.000 8	0.000 3	0.000 1
30	0.033 4	0.019 6	0.015 1	0.011 6	0.007 0	0.004 2	0.001 6	0.000 6	0.000 2	0.000 1
35	0.013 9	0.010 2	0.007 5	0.005 5	0.003 0	0.001 7	0.000 5	0.000 2	0.000 1	*
40	0.010 7	0.005 3	0.003 7	0.002 6	0.001 3	0.000 7	0.000 2	0.000 1	*	*
45	0.006 1	0.002 7	0.001 9	0.001 3	0.000 6	0.000 3	0.000 1	*	*	*
50	0.003 5	0.001 4	0.000 9	0.000 6	0.000 3	0.000 1	*	*	*	*
55	0.002 0	0.000 7	0.000 5	0.000 3	0.000 1	*	*	*	*	*

附录 C 年金终值系数表

n\i	1%	2%	3%	4%	5%	6%	7%	8%	9%	10%
1	1.000 0	1.000 0	1.000 0	1.000 0	1.000 0	1.000 0	1.000 0	1.000 0	1.000 0	1.000 0
2	2.010 0	2.020 0	2.030 0	2.040 0	2.050 0	2.060 0	2.070 0	2.080 0	2.090 0	2.100 0
3	3.030 1	3.060 4	3.090 9	3.121 6	3.152 5	3.183 6	3.214 9	3.246 4	3.278 1	3.310 0
4	4.060 4	4.121 6	4.183 6	4.246 5	4.310 1	4.374 6	4.439 9	4.506 1	4.573 1	4.641 0
5	5.101 0	5.204 0	5.309 1	5.416 3	5.525 6	5.637 1	5.750 7	5.866 6	5.984 7	6.105 1
6	6.152 0	6.308 1	6.468 4	6.633 0	6.801 9	6.975 3	7.153 3	7.335 9	7.523 3	7.715 6
7	7.213 5	7.434 3	7.662 5	7.898 3	8.142 0	8.393 8	8.654 0	8.922 8	9.200 4	9.487 2
8	8.285 7	8.583 0	8.892 3	9.214 2	9.549 1	9.897 5	10.260	10.637	11.028	11.436
9	9.368 5	9.754 6	10.159	10.583	11.027	11.491	11.978	12.488	13.021	13.579
10	10.462	10.950	11.464	12.006	12.578	13.181	13.816	14.487	15.193	15.937
11	11.567	12.169	12.808	13.486	14.207	14.972	15.784	16.645	17.560	18.531
12	12.683	13.412	14.192	15.026	15.917	16.870	17.888	18.977	20.141	21.384
13	13.809	14.680	15.618	16.627	17.713	18.882	20.141	21.495	22.953	24.523
14	14.947	15.974	17.086	18.292	19.599	21.015	22.550	24.215	26.019	27.975
15	16.097	17.293	18.599	20.024	21.579	23.276	25.129	27.152	29.361	31.772
16	17.258	18.639	20.157	21.825	23.657	25.673	27.888	30.324	33.003	35.950
17	18.430	20.012	21.762	23.698	25.840	28.213	30.810	33.750	36.974	40.545
18	19.615	21.412	23.414	25.645	28.132	30.906	33.999	37.450	41.301	45.599
19	20.811	22.841	25.117	27.671	30.539	33.760	37.379	41.446	46.018	51.159
20	22.019	24.297	26.870	29.778	33.066	36.786	40.995	45.762	51.160	57.275
21	23.239	25.783	28.676	31.969	35.719	39.993	44.865	50.423	56.765	64.002
22	24.472	27.299	30.537	34.248	38.505	43.392	49.006	55.457	62.873	71.403
23	25.716	28.845	32.453	36.618	41.430	46.996	53.436	60.893	69.532	79.543
24	26.973	30.422	34.426	39.083	44.502	50.816	58.177	66.765	76.790	88.497
25	28.243	32.030	36.459	41.646	47.727	54.865	63.249	73.106	84.701	98.347
26	29.526	33.671	38.553	44.312	51.113	59.156	68.676	79.954	93.324	109.18
27	30.821	35.344	40.710	47.081	54.669	63.706	74.484	87.351	102.72	121.10
28	32.129	37.051	42.931	49.968	58.403	68.528	80.698	95.339	112.97	134.21
29	33.450	38.792	45.219	52.966	62.323	73.640	87.347	103.97	124.14	148.63

续表

n \ i	1%	2%	3%	4%	5%	6%	7%	8%	9%	10%
30	34.785	40.568	47.575	56.085	66.439	79.058	94.461	113.28	136.31	164.49
40	48.886	60.402	75.401	95.026	120.80	154.76	199.64	259.06	337.88	442.59
50	64.463	84.579	112.80	152.67	209.35	290.34	406.53	573.77	815.08	1 163.9
60	81.670	114.05	163.05	237.99	353.58	533.13	813.52	1 253.2	1 944.8	3 034.8

n \ i	12%	14%	15%	16%	18%	20%	24%	28%	32%	36%
1	1.000 0	1.000 0	1.000 0	1.000 0	1.000 0	1.000 0	1.000 0	1.000 0	1.000 0	1.000 0
2	2.120 0	2.140 0	2.150 0	2.160 0	2.180 0	2.200 0	2.240 0	2.280 0	2.320 0	2.360 0
3	3.374 4	3.439 6	3.472 5	3.505 6	3.572 4	3.640 0	3.777 6	3.918 4	3.062 4	3.209 6
4	4.779 3	4.921 1	4.993 4	5.066 5	5.215 4	5.368 0	5.684 2	6.015 6	6.362 4	6.725 1
5	6.352 8	6.610 1	6.742 4	6.877 1	7.154 2	7.441 6	8.048 4	8.699 9	9.398 3	10.146
6	8.115 2	8.535 5	8.753 7	8.977 5	9.442 0	9.929 9	10.980	12.136	13.406	14.799
7	10.089	10.730	11.067	11.414	12.142	12.916	14.615	16.534	18.696	21.126
8	12.300	13.233	13.727	14.240	15.327	16.499	19.123	22.163	25.678	29.732
9	14.776	16.085	16.786	17.519	19.086	20.799	24.712	29.369	34.895	41.435
10	17.549	19.337	20.304	21.321	23.521	25.959	31.643	38.593	47.062	57.352
11	20.655	23.045	24.349	25.733	28.755	32.150	40.238	50.398	63.122	78.998
12	24.133	27.271	29.002	30.850	34.931	39.581	50.895	65.510	84.320	108.44
13	28.029	32.089	34.352	36.786	42.219	48.497	64.110	84.853	112.30	148.47
14	32.393	37.581	40.505	43.672	50.818	59.196	80.496	109.61	149.24	202.93
15	37.280	43.842	47.530	51.660	60.965	72.035	100.82	141.30	198.00	276.98
16	42.753	50.980	55.717	60.925	72.939	87.442	126.01	181.87	262.36	377.69
17	48.884	59.118	65.075	71.673	87.068	105.93	157.25	233.79	347.31	514.66
18	55.750	68.394	75.836	84.141	103.74	128.12	195.99	300.25	459.45	700.94
19	63.440	78.969	88.212	98.603	123.41	154.74	244.03	385.32	607.47	954.28
20	72.052	91.025	102.44	115.38	146.63	186.69	303.60	494.21	802.86	1 298.8
21	81.699	104.77	118.81	134.84	174.02	225.03	377.46	633.59	1 060.8	1 767.4
22	92.503	120.44	137.63	157.41	206.34	271.03	469.06	812.00	1 401.2	2 404.7
23	104.60	138.30	159.28	183.60	244.49	326.24	582.63	1 040.4	1 850.6	3 271.3
24	118.16	158.66	184.17	213.98	289.49	392.48	723.46	1 332.7	2 443.8	4 450.0
25	133.33	181.87	212.79	249.21	342.60	471.98	898.09	1 706.8	3 226.8	6 053.0
26	150.33	208.33	245.71	290.09	405.27	567.38	1 114.6	2 185.7	4 260.4	8 233.1

续表

n \ i	12%	14%	15%	16%	18%	20%	24%	28%	32%	36%
27	169.37	238.50	283.57	337.50	479.22	681.85	1 383.1	2 798.7	5 624.8	11 198.0
28	190.70	272.89	327.10	392.50	566.48	819.22	1 716.1	3 583.3	7 425.7	15 230.3
29	214.58	312.09	377.17	456.30	669.45	984.07	2 129.0	4 587.7	9 802.9	20 714.2
30	241.33	356.79	434.75	530.31	790.95	1 181.9	2 640.9	5 873.2	12 941.0	28 172.3
40	767.09	1 342.0	1 779.1	2 360.8	4 163.2	7 343.9	22 729.0	69 377.0	*	*
50	2 400.0	4 994.5	7 217.7	10 436.0	21 813.0	45 497.0	*	*	*	*
60	7 471.6	18 535.0	29 220.0	46 058.0	*	*	*	*	*	*

附录 D 年金现值系数表

n \ i	1%	2%	3%	4%	5%	6%	7%	8%	9%
1	0.990 1	0.980 4	0.970 9	0.961 5	0.952 4	0.943 4	0.934 6	0.925 9	0.917 4
2	1.970 4	1.941 6	1.913 5	1.886 1	1.859 4	1.833 4	1.808 0	1.783 3	1.759 1
3	2.941 0	2.883 9	2.828 6	2.775 1	2.723 2	2.673 0	2.624 3	2.577 1	2.531 3
4	3.902 0	3.807 7	3.717 1	3.629 9	3.546 0	3.465 1	3.387 2	3.312 1	3.239 7
5	4.853 4	4.713 5	4.579 7	4.451 8	4.329 5	4.212 4	4.100 2	3.992 7	3.889 7
6	5.795 5	5.601 4	5.417 2	5.242 1	5.075 7	4.917 3	4.766 5	4.622 9	4.485 9
7	6.728 2	6.472 0	6.230 3	6.002 1	5.786 4	5.582 4	5.389 3	5.206 4	5.033 0
8	7.651 7	7.325 5	7.019 7	6.732 7	6.463 2	6.209 8	5.971 3	5.746 6	5.534 8
9	8.566 0	8.162 2	7.786 1	7.435 3	7.107 8	6.801 7	6.515 2	6.246 9	5.995 2
10	9.471 3	8.982 6	8.530 2	8.110 9	7.721 7	7.360 1	7.023 6	6.710 1	6.417 7
11	10.367 6	9.786 8	9.252 6	8.760 5	8.306 4	7.886 9	7.498 7	7.139 0	6.805 2
12	11.255 1	10.575 3	9.954 0	9.385 1	8.863 3	8.383 8	7.942 7	7.536 1	7.160 7
13	12.133 7	11.348 4	10.635 0	9.985 6	9.393 6	8.852 7	8.357 7	7.903 8	7.486 9
14	13.003 7	12.106 2	11.296 1	10.563 1	9.898 6	9.295 0	8.745 5	8.244 2	7.786 2
15	13.865 1	12.849 3	11.937 9	11.118 4	10.379 7	9.712 2	9.107 9	8.559 8	8.060 7
16	14.717 9	13.577 7	12.561 1	11.652 3	10.837 8	10.105 9	9.446 6	8.851 4	8.312 6
17	15.562 3	14.291 9	13.166 1	12.165 7	11.274 1	10.477 3	9.763 2	9.121 6	8.543 6

续表

n \ i	1%	2%	3%	4%	5%	6%	7%	8%	9%
18	16.398 3	14.992 0	13.753 5	12.659 3	11.689 6	10.827 6	10.059 1	9.371 9	8.755 6
19	17.226 0	15.678 5	14.323 8	13.133 9	12.085 3	11.158 1	10.335 6	9.603 6	8.950 1
20	18.045 6	16.351 4	14.877 5	13.590 3	12.462 2	11.469 9	10.594 0	9.818 1	9.128 5
21	18.857 0	17.011 2	15.415 0	14.029 2	12.821 2	11.764 1	10.835 5	10.016 8	9.292 2
22	19.660 4	17.658 0	15.936 9	14.451 1	13.163 0	12.041 6	11.061 2	10.200 7	9.442 4
23	20.455 8	18.292 2	16.443 6	14.856 8	13.488 6	12.303 4	11.272 2	10.371 1	9.580 2
24	21.243 4	18.913 9	16.935 5	15.247 0	13.798 6	12.550 4	11.469 3	10.528 8	9.706 6
25	22.023 2	19.523 5	17.413 1	15.622 1	14.093 9	12.783 4	11.653 6	10.674 8	9.822 6
26	22.795 2	20.121 0	17.876 8	15.982 8	14.375 2	13.003 2	11.825 8	10.810 0	9.929 0
27	23.559 6	20.706 9	18.327 0	16.329 6	14.643	13.210 5	11.986 7	10.935 2	10.026 6
28	24.316 4	21.281 3	18.764 1	16.663 1	14.898 1	13.406 2	12.137 1	11.051 1	10.116 1
29	25.065 8	21.844 4	19.188 5	16.983 7	15.141 1	13.590 7	12.277 7	11.158 4	10.198 3
30	25.807 7	22.396 5	19.600 4	17.292 0	15.372 5	13.764 8	12.409 0	11.257 8	10.273 7
35	29.408 6	24.998 6	21.487 2	18.664 6	16.374 2	14.498 2	12.947 7	11.654 6	10.566 8
40	32.834 7	27.355 5	23.114 8	19.792 8	17.159 1	15.046 3	13.331 7	11.924 6	10.757 4
45	36.094 5	29.490 2	24.518 7	20.720 0	17.774 1	15.455 8	13.605 5	12.108 4	10.881 2
50	39.196 1	31.423 6	25.729 8	21.482 2	18.255 9	15.761 9	13.800 7	12.233 5	10.961 7

n \ i	10%	12%	14%	15%	16%	18%	20%	24%	28%	32%
1	0.909 1	0.892 9	0.877 2	0.869 6	0.862 1	0.847 5	0.833 3	0.806 5	0.781 3	0.757 6
2	1.735 5	1.690 1	1.646 7	1.625 7	1.605 2	1.565 6	1.527 8	1.456 8	1.391 6	1.331 5
3	2.486 9	2.401 8	2.321 6	2.283 2	2.245 9	2.174 3	2.106 5	1.981 3	1.868 4	1.766 3
4	3.169 9	3.037 3	2.913 7	2.855 0	2.798 2	2.690 1	2.588 7	2.404 3	2.241 0	2.095 7
5	3.790 8	3.604 8	3.433 1	3.352 2	3.274 3	3.127 2	2.990 6	2.745 4	2.532 0	2.345 2
6	4.355 3	4.111 4	3.888 7	3.784 5	3.684 7	3.497 6	3.325 5	3.020 5	2.759 4	2.534 2
7	4.868 4	4.563 8	4.288 2	4.160 4	4.038 6	3.811 5	3.604 6	3.242 3	2.937 0	2.677 5
8	5.334 9	4.967 6	4.638 9	4.487 3	4.343 6	4.077 6	3.837 2	3.421 2	3.075 8	2.786 0
9	5.759 0	5.328 2	4.946 4	4.771 6	4.606 5	4.303 0	4.031 0	3.565 5	3.184 2	2.868 1
10	6.144 6	5.650 2	5.216 1	5.018 8	4.833 2	4.494 1	4.192 5	3.681 9	3.268 9	2.930 4
11	6.495l	5.937 7	5.452 7	5.233 7	5.028 6	4.656 0	4.327 1	3.775 7	3.335 1	2.977 6
12	6.813 7	6.194 4	5.660 3	5.420 6	5.197 1	4.793 2	4.439 2	3.851 4	3.386 8	3.013 3
13	7.103 4	6.423 5	5.842 4	5.583 1	5.342 3	4.909 5	4.532 7	3.912 4	3.427 2	3.040 4

续表

n \ i	10%	12%	14%	15%	16%	18%	20%	24%	28%	32%
14	7.366 7	6.623 2	6.002 1	5.724 5	5.467 5	5.008 1	4.610 6	3.961 6	3.458 7	3.060 9
15	7.606 1	6.810 9	6.142 2	5.847 4	5.575 5	5.091 6	4.675 5	4.001 3	3.483 4	3.076 4
16	7.823 7	6.974 0	6.265 1	5.954 2	5.668 5	5.162 4	4.729 6	4.033 3	3.502 6	3.088 2
17	8.021 6	7.119 6	6.372 9	6.047 2	5.748 7	5.222 3	4.774 6	4.059 1	3.517 7	3.097 1
18	8.201 4	7.249 7	6.467 4	6.128 0	5.817 8	5.273 2	4.812 2	4.079 9	3.529 4	3.103 9
19	8.364 9	7.365 8	6.550 4	6.198 2	5.877 5	5.316 2	4.843 5	4.096 7	3.538 6	3.109 0
20	8.513 6	7.469 4	6.623 1	6.259 3	5.928 8	5.352 7	4.869 6	4.110 3	3.545 8	3.112 9
21	8.648 7	7.562 0	6.687 0	6.312 5	5.973 1	5.383 7	4.891 3	4.121 2	3.551 4	3.115 8
22	8.771 5	7.644 6	6.742 9	6.358 7	6.011 3	5.409 9	4.909 4	4.130 0	3.555 8	3.118 0
23	8.883 2	7.718 4	6.792 1	6.398 8	6.044 2	5.432 1	4.924 5	4.137 1	3.559 2	3.119 7
24	8.984 7	7.784 3	6.835 1	6.433 8	6.072 6	5.450 9	4.937 1	4.142 8	3.561 9	3.121 0
25	9.077 0	7.843 1	6.872 9	6.464 1	6.097 1	5.466 9	4.947 6	4.147 4	3.564 0	3.122 0
26	9.160 9	7.895 7	6.906 1	6.490 6	6.118 2	5.480 4	4.956 3	4.151 1	3.565 6	3.122 7
27	9.237 2	7.942 6	6.935 2	6.513 5	6.136 4	5.491 9	4.963 6	4.154 2	3.566 9	3.123 3
28	9.306 6	7.984 4	6.960 7	6.533 5	6.152 0	5.501 6	4.969 7	4.156 6	3.567 9	3.123 7
29	9.369 6	8.021 8	6.983 0	6.550 9	6.165 6	5.509 8	4.974 7	4.158 5	3.568 7	3.124 0
30	9.426 9	8.055 2	7.002 7	6.566 0	6.177 2	5.516 8	4.978 9	4.160 1	3.569 3	3.124 2
35	9.644 2	8.175 5	7.070 0	6.616 6	6.215 3	5.538 6	4.991 5	4.164	3.570 8	3.124 8
40	9.779 1	8.243 8	7.105 0	6.641 8	6.233 5	5.548 2	4.996 6	4.165 9	3.571 2	3.125 0
45	9.862 8	8.282 5	7.123 2	6.654 3	6.242 1	5.552 3	4.998 6	4.166 4	3.571 4	3.125 0
50	9.914 8	8.304 5	7.132 7	6.660 5	6.246 3	5.554 1	4.999 5	4.166 6	3.571 4	3.125 0

参 考 文 献

[1] 付正，张煦．我国资产评估行业的发展历程与现状[J]．中小企业管理与科技（中旬刊），2015，(02)：131-132．
[2] 于翠芳．资产评估学[M]．北京：科学出版社，2013．
[3] 陈文军．资产评估学理论、实务与案例[M]．北京：北京大学出版社，2015．
[4] 中国资产评估协会．资产评估[M]．北京：中国财政经济出版社，2016．
[5] 徐茜，黄辉，刘俊萍．资产评估学[M]．北京：科学出版社，2017．
[6] 刘颖．资产评估学[M]．北京：中国矿业大学出版社，2010．
[7] 王建中，李双海，刘玉河．我国资产评估准则体系初探[J]．河北农业大学学报（农林教育版），2002，4(1)：16-19．
[8] 潘学模．资产评估学[M]．成都：西南财经大学出版社，2012．

教师服务

感谢您选用清华大学出版社的教材！为了更好地服务教学，我们为授课教师提供本书的教学辅助资源，以及本学科重点教材信息。请您扫码获取。

❯❯ 教辅获取

本书教辅资源，授课教师扫码获取

❯❯ 样书赠送

会计学类重点教材，教师扫码获取样书

 清华大学出版社

E-mail: tupfuwu@163.com
电话: 010-83470332 / 83470142
地址: 北京市海淀区双清路学研大厦 B 座 509

网址: http://www.tup.com.cn/
传真: 8610-83470107
邮编: 100084